Gefahrverteilung und Schadensersatz im Rückabwicklungsschuldverhältnis nach gesetzlichem Rücktritt

Zivilrechtliche Schriften

Beiträge zum Wirtschafts-, Bank- und Arbeitsrecht

Herausgegeben von Peter Kreutz und Dieter Reuter

Band 58

PETER LANG

Frankfurt am Main · Berlin · Bern · Bruxelles · New York · Oxford · Wien

Marlena Hütte

Gefahrverteilung und Schadensersatz im Rückabwicklungsschuldverhältnis nach gesetzlichem Rücktritt

Unter Berücksichtigung der Auswirkungen auf die Rückabwicklung nach Leistungskondiktion

PETER LANG
Internationaler Verlag der Wissenschaften

Bibliografische Information der Deutschen Nationalbibliothek
Die Deutsche Nationalbibliothek verzeichnet diese Publikation in der Deutschen Nationalbibliografie; detaillierte bibliografische Daten sind im Internet über http://dnb.d-nb.de abrufbar.

Zugl.: Kiel, Univ., Diss., 2009

Gedruckt auf alterungsbeständigem,
säurefreiem Papier.

D 8
ISSN 0941-147X
ISBN 978-3-631-59770-5

www.peterlang.de

Inhaltsübersicht

Inhaltsverzeichnis

Einleitung

Bereits in den Motiven zum BGB wurde das Ziel zugrunde gelegt, durch den Rücktritt den *status quo ante contractum*, also die vor Vertragsschluss bestehende Rechtslage, wiederherzustellen.[1] An dieser Zielsetzung hat sich durch die Schuldrechtsreform im Jahr 2002 nichts geändert.[2] Dementsprechend ist in § 346 Abs. 1 BGB als primäre Rechtsfolge die Rückgewähr der empfangenen Leistungen und die Herausgabe der gezogenen Nutzungen bestimmt. Der *status quo ante contractum* kann jedoch in tatsächlicher Hinsicht dann nicht mehr erreicht werden, wenn der zurückzugewährende Gegenstand beeinträchtigt oder untergegangen ist. Die Restitutionsstörung ereignet sich in der Regel zu einem Zeitpunkt, in dem die Gefahr des zufälligen Untergangs und der zufälligen Beeinträchtigung bereits nach § 446 S. 1 BGB bzw. § 644 Abs. 1 BGB auf den Rückgewährschuldner übergegangen ist. Fraglich ist, ob der Gefahrübergang auch im Falle eines ausgeübten Rücktritts Bestand haben soll oder ob die Gefahr auf den Rückgewährgläubiger „zurückspringen" soll.[3] Diesen Fragen hat sich die Kommission zur Überarbeitung des Schuldrechts gestellt und einen Entwurf beschlossen, aufgrund dessen die Rücktrittsvorschriften 2002 vom Gesetzgeber neu gefasst wurden. Das Gesetz enthält nunmehr neu formulierte Regelungen, die einen wirtschaftlich gerechten Ausgleich zwischen den Parteien unter Berücksichtigung der jeweiligen Umstände, die zum Restitutionshindernis geführt haben, ermöglichen sollen. Nach der Gesetzesbegründung erfolgt das Auferlegen des Verlusts bei zwei am Untergang oder der Beeinträchtigung der Sache schuldlos Beteiligten aus Billigkeitserwägungen und rechtspolitischen Erwägungen.[4] Es ist also angezeigt nach den Gründen zu differenzieren, die dafür maßgeblich sind, dass es einer Partei nicht möglich ist, das Erlangte in seinem ursprünglichen Zustand zurückzugeben. Die verschiedenen Gründe sind nach *von Caemmerer*[5] – im Anschluss an *Rabel*[6] – in vier Fallgruppen unterteilbar: (1) Der Untergang oder die Verschlechterung ist auf einen bereits bei Empfang angeleg-

1 Mot. II, S. 280.
2 BT-Drs. 14/6040, S. 189.
3 Vgl. zu den aufgeworfenen Fragen im Gesetzgebungsverfahren: BT-Drs. 14/6040, S. 189 f.
4 Vgl. BT-Drs. 14/6040, S. 190 f.
5 *v.Caemmerer*, in: FS Larenz (1973), S. 621, 627 f.
6 *Rabel*, Bd. II (1958), S. 246 ff.

ten Mangel zurückzuführen. (2) Das Empfangene geht durch Zufall unter bzw. verschlechtert sich zufällig. (3) Die Unmöglichkeit der unversehrten Rückgabe wird durch ein Verhalten des Empfängers verursacht, das nicht als Verschulden qualifiziert werden kann. (4) Den Empfänger trifft für den Untergang bzw. die Verschlechterung ein Verschulden. Hinzuzufügen ist die Konstellation (5), in der die empfangene Sache durch ein Verschulden des Leistenden untergeht bzw. sich verschlechtert. Diese Fallgruppen finden sich in den Regelungen der §§ 346 ff. BGB, die in solche der Gefahrverteilung und des Schadensersatzes einteilbar sind, wieder. So wird durch die Gefahrverteilung der wirtschaftliche Verlust des Leistungsgegenstands aufgrund der zu berücksichtigenden Risikoverteilung der einen oder anderen Partei zugewiesen. Von Relevanz ist dabei zunächst, welche Partei die Ursache für den Rücktrittsgrund der anderen Partei und damit für die Rückabwicklung des Vertrags gesetzt hat. Daneben ist für die Gefahrverteilung erheblich, auf welchem Verhalten die Restitutionsstörung beruht. Geht die Sache wegen eines bei Gefahrübergang angelegten Mangels unter oder verschlechtert sich, muss der Leistende die Gefahr mit der Folge zu tragen, dass er den wirtschaftlichen Verlust spürt. Das Auferlegen der finanziellen Einbuße ist also je nachdem, ob der Leistungsgegenstand durch Zufall beeinträchtigt wurde, oder ob eine Verantwortlichkeit einer der Parteien mitgewirkt hat, geregelt. Soweit der Rückgewährschuldner Kenntnis von der Rückgewährmöglichkeit und die Restitutionsstörung i.S.d. §§ 276 ff. BGB zu vertreten hat, ist dies bei der Frage nach einer Schadensersatzhaftung zu berücksichtigen. Ausgehend von diesem Ansatz bilden die Gefahrverteilung und der Schadensersatz im Rückabwicklungsverhältnis nach gesetzlichem Rücktritt das Kernstück dieser Arbeit.

Der *erste Teil* befasst sich mit der Gefahrtragung im Allgemeinen. Dabei wird dargestellt, was es für eine Partei eines gegenseitigen Vertrags allgemein bedeutet, die Gefahr zu tragen. Zu differenzieren ist zwischen der Sach-, Leistungs- und Gegenleistungsgefahr. Daneben existiert – insbesondere im bereicherungsrechtlichen Rückabwicklungsverhältnis – die Entreicherungsgefahr.

Im sich daran anschließenden *zweiten Teil* wird auf die Gefahrverteilung im Rücktrittsrecht eingegangen. Im Rückabwicklungsschuldverhältnis ist die Leistungsgefahr durch das Verhältnis der Rückgewähr- zur Wertersatzpflicht umschrieben. Dabei ist von Relevanz, ob ein Unvermögen des Schuldners zur Rückgewähr in natura mit der Folge einer Wertersatzpflicht unabhängig von einer etwaigen Beseitigungsmöglichkeit des Restitutionshindernisses gegeben ist. Die Gegenleistungsgefahr wird durch die einzelnen Tatbestände des § 346 BGB, die eine Pflicht zum Wertersatz anordnen bzw. entfallen lassen, verteilt. Für die Gegenleistungsgefahr ist damit zunächst von Bedeutung, welchen Umfang die Wertersatzpflicht hat bzw. welche Bemessungsgrundlage die maßgebliche ist. Nach Klärung dieser Frage werden die einzelnen, die Gefahrtragung regelnden Tatbestände des § 346 Abs. 2 und 3 BGB untersucht. Innerhalb dieser Tatbestände wird den in der Literatur[7] diskutierten Vorschlägen nach analogen Anwendungen und teleologischen Reduktionen nachgegangen. Insbesondere über die Frage nach einer Privilegierung des Rückgewährschuldners gem. § 346 Abs. 3 S. 1 Nr. 3 BGB bei Kenntnis vom Rücktrittsgrund besteht Uneinigkeit. Ein besonderes Problem stellt sich für die Wertersatzpflicht bei untrennbar verbundenen Werkleistungen, die nach der h.M. in § 346 Abs. 2 Nr. 1 BGB ihre Entsprechung zu § 346 S. 2 BGB a.F. gefunden haben soll. Dieser in der zu den Neuregelungen des Rücktrittsrechts bestehenden Literatur eher außer Acht gelassene Problembereich aus dem Werkrecht wird umfassend erörtert.

Im Anschluss an die rücktrittsrechtliche Gefahrtragung wird im *dritten Teil* die rücktrittsrechtliche Schadensersatzhaftung behandelt. Im Mittelpunkt steht dabei die Auseinandersetzung mit der Frage, ab welchem Zeitpunkt und unter Annahme welchen Kenntnisstands des Rückgewährschuldners vom Rücktrittsgrund eine schadensersatzrechtliche Haftung möglich ist.

Im *vierten Teil* wird im Hinblick auf eine Harmonisierung der Rückabwicklungsschuldverhältnisse nach gesetzlichem Rücktritt und nach Leistungskondiktion auf die Auswirkungen der Neuregelung der §§ 346 ff. BGB auf die Vorschriften der §§ 812 ff. BGB eingegangen. Wegen der vergleichbaren Interessenlagen bei der Rückabwicklung eines gegenseitigen Vertrags nach Rücktritts- und Bereicherungsrecht wurde auch schon seit langem gefordert, ein einheitliches Rückabwicklungsmodell anzuerkennen.[8] Mitbestimmendes Ziel der Neuregelung des Rücktrittsrechts war es auch, eine Harmonisierung der Rückabwicklungsmodelle des Rücktritts- und Bereicherungsrechts herbeizuführen.[9] Im Recht vor der Schuldrechtsreform wurde ein Gleichklang des Schuldverhältnisses unabhängig vom jeweiligen Rückabwicklungsmodell zum Teil darin gesehen, die §§ 346 ff. BGB beim gesetzlichen Rücktritt erst ab der Kenntnis des Rücktrittsgrunds anzuwenden und zuvor nach dem Rechtsgedanken des § 327 S. 2 BGB a.F. das Bereicherungsrecht maßgebend sein zu lassen. Überwiegend wurde dies jedoch abgelehnt und über eine analoge Anwendung der §§ 350 f. BGB a.F. eine Anpassung der Rückabwicklung nach Leistungskondiktion an die §§ 346 ff. BGB befürwortet. Durch die Neuregelungen infolge der Schuldrechtsreform ist eine Begrenzung des Anwendungsbereichs der §§ 346 ff. BGB zugunsten des Bereicherungsrechts

---

7 Verschiedene teleologische Reduktionen und Analogien wurden insbesondere vorgeschlagen von *Kaiser*, JZ 2001, 1057 ff. und *Kohler*, JZ 2002, 682 ff.

8 Ein einheitlicher Rückabwicklungstypus wird befürwortet von *Hellwege* (2004), S. 28 f., 84; *ders.*, JZ 2005, 337 ff.; *Zimmermann*, in: FS Ernst A. Kramer (2004), S. 746 ff., *Büdenbender*, AcP 200 (2000), S. 631 f.; *Wolf*, AcP 153 (1954), S. 109 f.; *Wunner*, AcP 168 (1968), S. 431 ff.

9 BT-Drs.14/6040, S. 195.

bei der Rückabwicklung eines gegenseitigen Vertrags nach gesetzlichem Rücktritt nicht mehr möglich, da § 327 S. 2 BGB a.F. ersatzlos gestrichen wurde. Auch der in § 347 BGB a.F. enthaltene Verweis auf die Haftung nach den Vorschriften über das Eigentümer-Besitzer-Verhältnis ab Eintritt der Rechtshängigkeit ist entfallen und durch eigenständige Regelungen ersetzt worden. Dies stellt – im Hinblick auf §§ 819, 818 Abs. 4, 292 BGB – auf den ersten Blick ein Abstandnehmen einer Regelungsharmonie zwischen Rücktritts- und Bereicherungsrecht dar. Zugunsten eines Gleichlaufs ist hingegen die bis dahin in den §§ 346 ff. BGB a.F. geltende Ausschlusslösung durch ein „Modell der Rückabwicklung dem Werte nach" ersetzt wurde. Ob und inwieweit eine Harmonisierung der Rückabwicklungsschuldverhältnisse nach den §§ 346 ff. BGB und nach Leistungskondiktion infolge der Schuldrechtsreform möglich ist, ist Gegenstands dieses vierten Teils der Arbeit. Die Arbeit endet mit einem *fünften Teil*, in dem die gefundenen Ergebnisse zusammengefasst wiedergegeben werden.

Teil 1: Allgemeines zur Gefahrtragung

Treten in einem Rückabwicklungsschuldverhältnis Leistungsstörungen auf, die eine unbeeinträchtigte Rückgewähr des Empfangenen verhindern, ist anhand der Gefahrverteilung zu bestimmen, welche Partei die durch die Restitutionsstörung herbeigeführte wirtschaftliche Einbuße zu spüren bekommt. Ehe jedoch darauf eingegangen wird, wie sich die Gefahrtragung im Rückabwicklungsverhältnis darstellt, ist zunächst zu klären, welche Bedeutung und welcher Inhalt der Gefahrtragung im Allgemeinen zukommen und wie die Gefahr verteilt ist.

A. Begriff der Gefahr

„Gefahr" ist die Möglichkeit von Einwirkungen auf die Sache, die vom Besitzer, jedem Dritten oder aus einer objektiven Sachlage ausgehen können.[10] Sie verwirklicht sich, wenn der Gegenstand untergeht oder sich verschlechtert. Dabei sind vom Untergang nicht nur die physische Vernichtung oder Zerstörung erfasst, sondern alle Umstände, die zur allgemeinen Unmöglichkeit der Übertragung des Besitzes und des Eigentums an der Sache führen, wie auch die widerrechtliche Entziehung durch einen Dritten oder eine Beschlagnahme. Die Frage nach der Gefahrtragung wird somit stets relevant, wenn der Leistungsgegenstand beeinträchtigt wird. Dabei verwendet das Gesetz den Begriff „Gefahr" einheitlich sowohl für die Leistungs- als auch für die Sachgefahr.[11] Das durch die Sachgefahr auferlegte vermögensmäßige Risiko kann durch die Gegenleistungs- bzw. Vergütungsgefahr beeinflusst werden.

B. Inhalt der Gefahrtragung

Diese dem Gesetz zugrunde gelegte Differenzierung in Sach-, Leistungs- und Gegenleistungsgefahr besagt noch nicht, was unter der Gefahrtragung zu verste-

10 *Weidenkaff*, in: Palandt, § 446 Rn 5.

11 So wird bspw. in § 446 S. 1 BGB („ ..., geht die Gefahr des zufälligen Untergangs und der zufälligen Verschlechterung auf den Käufer über") die Sachgefahr umschrieben, wohingegen in § 300 Abs. 2 BGB („..., geht die Gefahr mit dem Zeitpunkt auf den Gläubiger über...") die Leistungsgefahr geregelt ist.

hen ist. Denn das Gesetz bietet keine Definition für die verschiedenen Gefahren, sondern beschränkt sich auf die Regelungen der Rechtsfolgen, die sich daraus ergeben, dass eine Partei die Gefahr trägt. Damit stellt sich die Frage, welchen Inhalt die einer Partei auferlegte Gefahr hat, d.h. was es für sie bedeutet, die Gefahr zu tragen. Der Inhalt der Gefahrtragung ist – je nach dem, welche Gefahr betroffen ist – unterschiedlich ausgestaltet.

I. Leistungsgefahr

Sobald die Sache Gegenstand einer Leistungspflicht des Eigentümers geworden ist, besteht neben dem Interesse des Eigentümers an der Übereignung dasjenige des Gläubigers am Erhalt der Sache. Der Schuldner muss seine Leistung solange erbringen, bis ihm die Erbringung entweder absolut unmöglich i.S.d. § 275 Abs. 1 BGB oder unzumutbar i.S.d. § 275 Abs. 2, 3 BGB geworden ist.[12] Die Leistungsgefahr besagt demzufolge, ob der Schuldner trotz des Leistungshindernisses weiterhin zur Leistung verpflichtet ist oder ob der Gläubiger auf den geschuldeten Leistungserfolg verzichten muss. Gem. § 275 BGB entfällt der Leistungsanspruch des Gläubigers bei Verwirklichung der Gefahr unabhängig von einer etwaigen Verantwortlichkeit einer der Parteien an dem zur Unmöglichkeit bzw. Unzumutbarkeit führenden Umstand und sogar bei Verschulden. Lediglich im Rahmen des § 275 Abs. 2 BGB bei der Feststellung eines groben Missverhältnisses werden das Vertretenmüssen des Schuldners sowie etwaige Risikoübernahmen und Billigkeitserwägungen berücksichtigt. Diese Umstände führen jedoch nicht dazu, dass die Leistungsgefahr auf den Schuldner übergeht, sondern auferlegen ihm lediglich erhöhte Anstrengungen, die er zu unternehmen hat, ehe er sich auf die Leistungsbefreiung berufen kann. Die Leistungsgefahr trägt somit der Gläubiger unabhängig von Zufall, Verursachung und Verschulden des Schuldners an der Leistungsstörung. Dahinter steht der Gedanke, dass eine unmögliche oder unzumutbar zu erbringende Leistung von niemandem gefordert werden kann. Die einseitige Gefahrtragung des Gläubigers wird damit gerechtfertigt, dass durch die Leistungsgefahr nicht geregelt wird, welche Partei den wirtschaftlichen Verlust des Gegenstands zu tragen hat. Letzteres ist Inhalt der Gegenleistungsgefahr, in deren Rahmen die Verursachungsbeiträge der Parteien, die zur Leistungsstörung geführt haben, Berücksichtigung finden.

12 Für die Stück- und die Gattungsschuld gelten grundsätzlich verschiedene Maßstäbe, wann einer der in § 275 BGB aufgeführten Tatbestände erfüllt ist. Eine Gattungsschuld ist erst dann unmöglich, wenn eine Leistung aus der geschuldeten Gattung unüberwindlichen Hindernissen gegenübersteht oder wenn sich die Gattungsschuld nach §§ 243 Abs. 2, 300 Abs. 2 BGB auf eine bestimmte Sache konkretisiert hat und die Leistung dieser Sache nicht möglich ist.

II. Sach- und Gegenleistungsgefahr

Die Sach- und Gegenleistungsgefahren beinhalten, welche der Parteien den wirtschaftlichen Verlust des Leistungsgegenstands zu tragen hat. Bis zur Begründung eines auf die Übertragung des Gegenstands gerichteten Leistungsverhältnisses macht sich jede finanzielle Einbuße, für die keine außenstehende Person haftet, ausschließlich im Vermögen des Eigentümers bemerkbar. Die Sachgefahr weist damit alle auf zufälligem Verlust oder zufälliger Beschädigung beruhenden Vermögenseinbußen dem Eigentümer der Sache zu. Durch die mit der Begründung eines auf Austausch gerichteten Leistungsverhältnisses entstehende Gegenleistungsgefahr kann dieses Ergebnis beeinflusst werden. Die Gegenleistungsgefahr beinhaltet, ob der wegen eines Leistungshindernisses gem. § 275 BGB frei gewordene Schuldner die Gegenleistung vom Gläubiger fordern kann. Grundsätzlich trägt der Schuldner solange die Gegenleistungsgefahr, bis er seine Schuld erfüllt hat. Damit trägt in der Regel der Schuldner im Austauschverhältnis als Noch-Eigentümer bis zur Übertragung weiterhin die Gefahr bei zufälligem Verlust bzw. zufälliger Beschädigung keinen Ersatz zu erhalten, vgl. § 326 Abs. 1 BGB. Mit der Erfüllung gem. § 362 Abs. 1 BGB als bestimmungsgemäße Beendigung des Schuldverhältnisses endet auch die Gefahrverteilung. Bereits vor vollständiger Übereignung des Leistungsgegenstands geht mit der Sachgefahr die Gegenleistungsgefahr auf den Gläubiger über, wenn ihm – als Käufer – gem. § 446 S. 1 BGB die Kaufsache übergeben wurde oder er – als Besteller – die Sache gem. § 640 BGB abgenommen hat, § 644 S. 1 BGB.[13] Das bedeutet, dass der Gläubiger ab der Übergabe bzw. der Abnahme trotz zufälliger Verschlechterung oder zufälligem Untergang des Leistungsgegenstands weiterhin zur Erbringung der Gegenleistung verpflichtet ist. Gleiches gilt für die Fälle, in denen der Gläubiger für die Leistungsstörung verantwortlich ist (§ 645 BGB) oder sich im Zeitpunkt des Eintritts der Leistungsstörung im Verzug der Annahme befunden hat (§§ 446 S. 3; 644 Abs. 1 S. 2 BGB).[14]

Durch die Leistungsgefahr wird also auf der ersten Stufe eine unmögliche oder volkswirtschaftlich unsinnige Leistungserbringung vermieden. Auf der zweiten Stufe werden die wirtschaftlichen Folgen des gestörten Leistungsver-

---

13 Daneben existieren noch weitere Ausnahmen zu dem Grundsatz aus § 326 Abs. 1 BGB, nach denen eine Pflicht des Gläubigers zu Erbringung der Gegenleistung bestehen bleibt; dies sind bspw. § 2380 BGB für den Erbschaftskauf und § 447 BGB für den Versendungskauf.

14 Dieser Gefahrübergang rechtfertigt sich daraus, dass der Schuldner ohne den Gläubigerverzug seine Leistung bereits erbracht hätte und deshalb von dem Umstand, welcher das Leistungshindernis begründet, nicht betroffen wäre, vgl. *Medicus*, SchuldR AT, Rn 503 a.

hältnisses abhängig vom Verhalten der Parteien und den Umständen, auf denen die Leistungsstörung beruht, geregelt.[15] Die Gefahrverteilung hat somit als Inhalt das Ziel eines wirtschaftlichen Ausgleichs für die Partei, für die es nicht sachgerecht ist, den finanziellen Verlust des Gegenstands zu tragen.

C. Gefahrverteilung

Die Leistungsgefahr ist stets vom Gläubiger des Leistungsverhältnisses zu tragen. Für die Frage, welche Partei den wirtschaftlichen Verlust des Gegenstands zu tragen hat, ist zunächst zu klären, wie die Sachgefahr verteilt ist. Anschließend ist fraglich, inwieweit die Gegenleistungs- auf die Sachgefahr Einfluss nehmen kann.

I. Verschiedene Prinzipien der Gefahrverteilung

In der historischen Entwicklung entstanden verschiedene Prinzipien, die die Gefahrverteilung regelten. Ausgangspunkt ist der allgemeine Grundsatz, dass der Eigentümer die Gefahr des zufälligen Untergangs der Sache trägt – *casum sentit dominus.* An dieser Grundregel kann sich etwas ändern, sobald die Sache Gegenstand eines auf Austausch gerichteten Vertrags wird. Im römischen Recht galt die Regel *periculum est emptoris*[16], nach der grundsätzlich bereits mit Vertragsschluss die Gefahr vom Verkäufer auf den Käufer überging. Das Prinzip wurde auf den Gedanken gestützt, dass mit Abschluss des Kaufvertrags die Sache dem Vermögen des Käufers mit der Folge zugeordnet wurde, dass Letzterer die Gefahr für zufällige Vermögenseinbußen zu tragen hatte. Nur bei der *actio redhibitoria* wurde im Ergebnis angenommen, dass die Sache wegen der nicht erkennbaren Fehlerhaftigkeit nicht zum Bestandteil des Käufervermögens wurde, so dass kein Gefahrübergang stattfand. Diese Gefahrtragungsregel beruhte auf der – durch das Abstraktionsprinzip zumindest im deutschen Recht

15 So ist der Übergang der Gegenleistungsgefahr wegen Annahmeverzugs davon abhängig, ob der Schuldner das Leistungshindernis zu vertreten hat. Da er gem. § 300 Abs. 1 BGB nur für Vorsatz und grobe Fahrlässigkeit einstehen muss, erstreckt sich der Gefahrübergang auch auf die von ihm leicht fahrlässig verursachte Unmöglichkeit, *Grüneberg*, in: Palandt, § 326 Rn 12.

16 Dieses Prinzip ist heute noch in den Rechtsordnungen der Schweiz (Art. 185 I), der Türkei (Art. 183 OR), von Spanien (Art. 1452, 1182), Chile (Art. 1820), Kolumbien (Art. 1876) und Kuba (Art. 1452) zu finden, vgl. *Reinhardt,* Gefahrtragung (1998), S. 20.

mittlerweile überholten – Auffassung, dass bereits mit Abschluss des Kaufvertrags die Änderung der Vermögenslage herbeigeführt und nicht lediglich die Verpflichtung begründet wurde, eine Änderung herbeizuführen.[17] Diese Betrachtungsweise wurde bereits im allgemeinen preußischen Landrecht abgelehnt und für den Gefahrübergang an die formale Eigentümerstellung angeknüpft. Zugrunde gelegt wurde für diese Lösung das Prinzip *casum sentit dominus*, nach dem der Schaden von derjenigen Partei zu tragen ist, bei welcher er auf Grund der vorhandenen Vermögensverteilung und des Naturverlaufs eingetreten ist.[18] Die Verfasser des BGB folgten weder dem römischen noch dem preußischen Ansatz, sondern beschritten einen Mittelweg. Unter ausdrücklicher Ablehnung des römischen Prinzips bekannten sie sich zunächst zu der Regelung des preußischen Rechts.[19] Dabei wurde jedoch weniger der formale Eigentumswechsel als vielmehr die Übergabe der Sache als maßgeblich für den Gefahrübergang angesehen. Ab diesem Zeitpunkt entspreche es den Parteiinteressen, den Käufer mit der Gefahr zu belasten, da er die tatsächliche Herrschaft erlange und Vorkehrungen zum Schutz der Sache treffen könne.[20] Das Traditionsprinzip kommt in § 446 S. 1 BGB zum Ausdruck, nach dem mit der Übergabe der Kaufsache die Gefahr des zufälligen Untergangs und der zufälligen Verschlechterung auf den Käufer übergeht.[21]

---

17 Vgl. *Windscheid/Kipp*, Pandektenrecht (1906), Bd. II, § 390, S. 616 f., die den Grund dieses Gefahrtragungssatzes in der Entäußerungsnatur des Kaufs sehen, welche zu der Auffassung geführt habe, dass die Kaufsache auch ohne Tradition aus dem Vermögen des Verkäufers ausgeschieden und in das Vermögen des Käufers übergegangen sei. Vgl. dazu auch: *Ernst* (1981), S. 73 ff.; *Hartmann*, AcP 73 (1888), S. 309, 386.

18 *Rümelin* (1896), S. 13; *Hager* (1982), S. 40; *Reinhardt*, in: FS Ehmann, S. 135, 138. Dieses Prinzip ist in den französischen und englischen Rechtsordnungen zu finden. Die Auswirkungen sind dabei – je nach dem, wie der Eigentumsübergang geregelt ist – unterschiedlich. Da im französischen Recht beim Spezieskauf das Eigentum bereits mit dem Vertragsschluss übergeht, wird im Ergebnis das Prinzip des *periculum est emptoris* verwirklicht. Unterschiede zeigen sich indessen bei einem Kauf unter Eigentumsvorbehalt, bei dem im französischen Recht der Gefahrübergang – anders als im römischen Recht – nicht mit Vertragsabschluss stattfindet, vgl. zum Ganzen: *Reinhardt*, Gefahrtragung (1998), S. 23 ff.

19 *Jakobs/Schubert*, Beratungen SchR II, S. 81; Mot. II, S. 206; *Sickinger* (1994), S. 155.

20 Vgl. Nachweise bei *Hager* (1982), S. 40.

21 Früher wurde zu § 446 BGB vertreten, dass neben der Übergabe auch die Verschaffung des Eigentums erforderlich sei (vgl. *Kreß*, Allg. SchuldR (1929), S. 414; *Titze* (1932), S. 256). Diese Ansicht gilt heute als überwunden (vgl. *Filios* (1964). S. 23 ff.)

II. Grundsatz der Sachgefahr: casum sentit dominus

Für die Gefahrverteilung wurde der im Naturrecht begründete und im heutigen Recht noch geltende Grundsatz *casum sentit dominus* zugrunde gelegt.[22] Dieses Prinzip dient nunmehr als Ausgangspunkt für die Entwicklung eines allgemeinen Grundsatzes der Gefahrverteilung, der auch bei der Rückabwicklung von Schuldverhältnissen Geltung erhält. Grundsätzlich trägt danach der Eigentümer einer Sache die Gefahr des zufälligen Untergangs, des Verlustes oder der Verschlechterung, d.h. er spürt den durch Zufall entstandenen Vermögensnachteil.

1. Zum Begriff des ***dominus***

Die vom Eigentümer zu tragende Sachgefahr ist Folge seiner rechtlichen Stellung. Durch die umfassende Zuordnung der Sache zu seiner Person sind ihm auf der einen Seite alle Vorteile, auf der anderen Seite aber auch die Belastung mit dem Risiko zufälliger Einbußen durch Sachuntergang bzw. -verschlechterung zugewiesen. Fraglich ist, ob als *dominus* nur der formale Eigentümer anzusehen ist oder auch derjenige, dem – ohne Eigentümer zu sein – die Sache vergleichbar umfassend zugeordnet ist. Der Begriff *dominus* stammt aus dem Lateinischen bedeutet in der Übersetzung u.a. Herr im Haus oder Gewaltherrscher. Derjenige, der also als Herr über die Sache anzusehen ist, muss als *dominus* gelten. Grundsätzlich hat der tatsächliche Eigentümer einer Sache die vollständige Verfügungsgewalt und das Recht, die Sache selbst zu nutzen oder anderen zur Nutzung zu überlassen. Sobald er sich der Einwirkungs- und Nutzungsmöglichkeit begibt, endet seine Herrschaft und geht auf eine andere Person über. Fraglich ist, nach welchen Merkmalen diese Herrschaftsstellung bestimmt wird.

Die Gefahrverteilung zulasten des *dominus* könnte zunächst auf dem Beherrschbarkeitsprinzip beruhen. Danach soll von demjenigen die Gefahr für zufällige Ereignisse getragen werden, die sich in seinem Herrschaftsbereich ereignen.[23] Gem. § 854 BGB hat der unmittelbare Besitzer die tatsächliche Gewalt über die Sache und damit die Möglichkeit, jederzeit auf die Sache zuzugreifen und sie vor schädigenden Einwirkungen zu schützen. Fraglich ist, ob diese Einwirkungs- und Überwachungsmöglichkeit des unmittelbaren Besitzers genügt, um ihn als *dominus* ansehen zu können. Soweit der unmittelbare Besitzer Eigenbesitzer ist, könnte er als Herrscher der Sache angesehen werden. Ist hingegen ein mittelbarer Besitzer i.S.d. § 868 BGB vorhanden, hat dieser unter bestimmten Vo-

22 Nach *Huber* (in: Soergel, Vor § 446 Rn 18) ist dieses Prinzip der Gefahrtragung hingegen im geltenden Recht nicht mehr anerkannt.

23 *Larenz*, SchuldR II/1, § 42 II a, S. 96 f.; *Koller* (1979), S. 78 ff.

raussetzungen die Möglichkeit, die Herrschaft über die Sache mittels eines Herausgabeanspruchs zu erlangen. Daneben fehlen die Herrschaftsbefugnisse des unmittelbaren Besitzers, da der mittelbare Besitzer die Nutzungsmöglichkeit des unmittelbaren Besitzers bestimmen, sich vergüten lassen und zeitlich eingrenzen kann.[24] In diesem Fall könnte der mittelbare Eigenbesitzer wegen der Einflussmöglichkeit gegenüber dem unmittelbaren Besitzer als tatsächlicher Beherrscher der Sache anzusehen sein. Es gibt aber auch Fallkonstellationen – wie bspw. beim Eigentumsvorbehalt i.S.d. § 449 BGB –, in denen der Verkäufer den mittelbaren Eigenbesitz i.S.d. § 868 BGB[25] inne hat, ohne dass ihm das Recht zusteht, in irgendeiner Form auf die Sache einzuwirken, solange der Käufer seiner Kaufpreiszahlungspflicht nachkommt.[26] Dadurch wird deutlich, dass der Eigenbesitz als eine vom natürlichen Willen getragene tatsächlich Beziehung einer Person zu einer Sache zwar in der Regel mit einer *dominus*-Stellung einhergeht, aber allein nicht ausreichend ist, um eine solche Stellung zu begründen.

Erforderlich ist vielmehr eine Zuweisung der gesamten Vorteile der Sache sowie der Lasten, wie sie bei einem formalen Eigentümer zur Sache vorhanden wäre.[27] Dem Herrn der Sache gebühren die Nutzungen i.S.d. § 100 BGB, da ihm der ehemalige Herrscher die Nutzungsmöglichkeit nicht mehr entziehen kann. Das bedeutet, dass er entweder die Sache selber nutzen kann und die Nutzungen behalten darf oder die Sache zur Nutzung einer anderen Person überlassen und dafür im Gegenzug einen Nutzungszins verlangen kann. Als Lasten hat er alle aus der Sache resultierenden Nachteile i.S.d. § 103 BGB zu tragen, die er vergleichbar in der Stellung eines Eigentümers aufzuwenden hätte. Das beim ehemaligen Herrn der Sache verbliebene Eigentum gleicht lediglich einer leeren Hülle, da er nicht mehr darüber verfügen darf und kann.[28]

Als *dominus* ist außer dem formalen Eigentümer mithin auch derjenige anzusehen, der ihm wirtschaftlich gleich zu stellen ist bzw. dessen wirtschaftlicher Sphäre die Sache zuzuordnen ist. Die Gefahrtragung knüpft demzufolge nicht

---

24 So ist es bspw. einem Vermieter bzw. Verleiher möglich, sowohl auf die Nutzungsdauer als auch auf die Gebrauchspersonen Einfluss zu nehmen.

25 Der Kauf unter Eigentumsvorbehalt wird als ein ähnliches Verhältnis i.S.d. § 868 BGB angesehen, da bei Ausbleiben der Bedingung ein Herausgabeanspruch gem. § 985 BGB besteht, dem der Vorbehaltskäufer wegen §§ 449 Abs. 2, 346 Abs. 1, 323 BGB kein aus dem Kaufvertrag resultierendes Recht zum Besitz i.S.d. § 986 BGB entgegenhalten kann.

26 Vgl. zum Begriff der Übergabe i.S.d. § 446 S. 1 BGB auch *Oetker/Maultzsch*, S. 34 f.

27 So auch *Canaris*, in: FS Lorenz (1991), S. 28; *Biederbeck* (1982), S. 8; *Kniese* (1993), S. 37; *Filios* (1964), S. 18.

28 *Köhler*, in: Staudinger, § 446 Rn 4; hingegen behält nach *Reinhardt* (Gefahrtragung (1998), S. 89) das Eigentum nach der Übergabe noch den Wert der Sicherung des Kaufpreisanspruchs.

an das Eigentum, sondern vielmehr daran an, ob die Sache einem anderen so übergeben wird, dass Letzterem die Bestimmungsmacht über den Gegenstand zusteht, was in der Regel mit der Zuweisung der Lasten sowie der Nutzungen einhergeht. Erst wenn dieser die Sache wirtschaftlich nutzen kann und durch die zugleich auferlegten Lasten wirtschaftlich wie ein Eigentümer zu behandeln ist, ist es sachgerecht, die Gefahr für den zufälligen Untergang auf ihn übergehen zu lassen.

Mit Eintritt welchen Ereignisses die Herrschaft von einer Person auf die andere übergehen soll, wird in §§ 446 S. 1 und 3, 447, 644 S. 1 BGB sowie § 2380 BGB unterschiedlich bestimmt. Durch diese Normen wird festgeschrieben, wodurch der alte Herr der Sache seine Herrschaft beendet und auf den neuen Herrn der Sache übergehen lässt. Neben der Zuordnung der Sache zur wirtschaftlichen Sphäre des neuen Herrn ist somit ein willentlich herbeigeführter „Übertragungsakt" des ehemaligen Herrn erforderlich.[29] Dieser „Übertragungsakt" muss kumulativ zur wirtschaftlichen Herrscherstellung gegeben sein. Denn erst dann, wenn der ehemalige *dominus* die Sache willentlich aus seinem Herrschaftsbereich entlässt, kann eine neue *dominus*-Stellung begründet werden.[30]

§ 446 S. 1 BGB ordnet für den Kaufvertrag den Gefahrübergang des zufälligen Untergangs und der zufälligen Verschlechterung mit der Übergabe der verkauften Sache auf den Käufer an. Gem. § 446 S. 2 BGB gebühren dem Käufer ab diesem Zeitpunkt die Nutzungen und er trägt die Lasten der Sache. Damit wird die *dominus*-Stellung des Käufers mit Besitzübertragung begründet. Dabei ist es im Rahmen eines Eigentumsvorbehaltskaufs gem. § 449 BGB möglich, dass der Veräußerer noch so lange den mittelbaren Eigenbesitz i.S.d. § 868 BGB an der Sache hat, bis die Bedingung mit vollständiger Kaufpreiszahlung eintritt. Die in § 446 S. 1 BGB angeordnete Übergabe ist also in einem anderen Sinn zu verstehen, als diejenige in den §§ 929 ff. BGB.[31] Ausreichend ist der mittelbare oder unmittelbare Besitz des Käufers, unabhängig davon, wie die Besitzerstellung des Verkäufers zu bestimmen ist, solange Letzterem nicht das Recht zusteht, in irgendeiner Form auf die Sache einzuwirken.

---

29 Für das Rückabwicklungsverhältnis bedeutet dies, dass die Gefahr nicht „zurückspringt". Entweder ging sie erst gar nicht auf den Käufer über oder sie verbleibt so lange bei diesem, bis die Sache analog § 446 S. 1 BGB zurück übertragen wird, vgl. Teil 2, A. I., II.

30 Dies gilt zumindest für die Fälle, in denen eine neue *dominus*-Stellung vertraglich begründet werden soll. Etwas anderes gilt beim Eigentumserwerb durch Ersitzung gem. §§ 937 ff. BGB oder Fund gem. §§ 965 ff. BGB. Hier wird die willentliche Übertragung zugunsten der Rechtsklarheit durch Zeitablauf ersetzt.

31 Bei den Übereignungstatbeständen der §§ 929 ff. BGB liegt eine Übergabe erst dann vor, wenn der Erwerber den Besitz an der Sache erhalten hat, der Veräußerer den Besitz aufgegeben hat und dies auf Veranlassung des Veräußerers geschah.

Gem. § 446 S. 3 BGB steht es einer Übergabe i.S.d. § 446 S. 1 BGB gleich, wenn der Käufer im Verzug der Annahme ist.[32] Fraglich ist, ob sich die Sache bereits dann in der wirtschaftlichen Sphäre des Käufers befindet, so dass dieser als *dominus* angesehen werden kann. Rechtsfolgen des Annahmeverzugs sind, dass der Käufer für die Aufbewahrung und Erhaltung gem. § 304 BGB aufzukommen bzw. gegebenenfalls die Kosten einer Hinterlegung gem. § 382 BGB oder einer Versteigerung gem. § 386 BGB zu tragen hat. Inwieweit dem Käufer neben den Lasten auch die Vorteile der Sache gebühren, bestimmt § 302 BGB. Danach kann der im Verzug befindliche Gläubiger von dem Schuldner nur dann die gezogenen Nutzungen verlangen, wenn der Schuldner zur Nutzziehung verpflichtet war. Diese Norm stellt gegenüber dem sich aus § 446 S. 2 BGB ergebenden Grundsatz, dass grundsätzlich dem Käufer der Sache die Nutzungen gebühren, eine Einschränkung zugunsten des Schuldners dar. Daraus ergibt sich, dass der Käufer die Lasten der Sache trägt und ihm grundsätzlich auch die Nutzungen zustünden, wenn der Schuldner wegen der Obliegenheitsverletzung des Gläubigers nicht begünstigt werden müsste. Die Sache ist mithin der wirtschaftlichen Sphäre des Käufers zuzurechnen, so dass er auch beim Annahmeverzug zum *dominus* wird und die Sachgefahr zu tragen hat.

In gleicher Weise wie § 446 S. 1 BGB weist § 447 BGB dem Käufer die *dominus*-Stellung zu, wenn dieser durch sein Versendungsverlangen den Aufenthalt und die Handhabung mit der Sache beherrscht. Aufgrund der hinsichtlich der Übersendung bestehenden Zahlungspflicht des Empfängers, kann die Sache bereits mit der Absendung der wirtschaftlichen Sphäre des Käufers zugerechnet werden.[33] Zwar ist bei einer Versendung der Absender gem. § 418 HGB in der Regel befugt, nachträglich über das Gut zu verfügen, indem er eine Weiterbeförderung oder eine Auslieferung an eine andere Person verlangen kann. In diesem Fall erlischt jedoch auch die Herrschaft des Käufers, so dass er nicht mehr die Sachgefahr zu tragen hat. Wie bei § 446 BGB hat der Empfänger ab dem Zeitpunkt des Versendungsbeginns die Gefahr des zufälligen Untergangs oder des Verlusts und der zufälligen Verschlechterung zu tragen. Da die Sachgefahr nur so weit auf den Empfänger übergehen kann, wie das

---

32 Im Verhältnis zu § 326 Abs. 2 S. 1 Alt. 2 BGB regelt § 446 S. 3 BGB den Übergang der Sachgefahr und nicht der Gegenleistungsgefahr. Da die Sachgefahr in der Regel nur dann übergeht, wenn im Gegenzug zum Erhalt der Sache eine Gegenleistung geschuldet ist, bestehen beide Regelungen häufig nebeneinander.

33 Dies ist für den Frachtvertrag in § 420 HGB ausdrücklich geregelt und ergibt sich bei einem nicht unter die §§ 407 ff. HGB fallenden Versendungskauf aus § 448 Abs. 1 BGB.
Die Vorschriften über einen Frachtvertrag nach §§ 407 ff. HGB werden hier zur Bewertung zugrunde gelegt, da in der Praxis ein solcher Vertrag häufig gegeben ist, vgl. § 407 Abs. 3 S. 1, 2 HGB.

Versendungsverlangen reicht, sind jedoch Schäden, die nicht auf den Transport zurückzuführen sind, nicht erfasst. Damit spürt der Käufer nicht den finanziellen Verlust bei einer Beschlagnahme der Sache, die nicht durch den Transport verursacht wurde.[34]

§ 644 S. 1 BGB bestimmt für den Werkvertrag, dass der Besteller ab dem Zeitpunkt der Abnahme i.S.d. § 640 BGB – die eine körperliche Hinnahme im Rahmen einer Besitzübertragung beinhaltet – als wirtschaftlicher Eigentümer anzusehen ist und damit die Gefahr zufälliger Beeinträchtigungen trägt.

Abweichend von diesen Vorschriften bestimmt § 2380 BGB, dass bereits mit Abschluss des Erbschaftskaufvertrags dem Käufer die Nutzungen gebühren und ihn die Lasten der Erbschaft treffen, weswegen die Gefahr auch schon zu diesem Zeitpunkt übergeht. Der Grund dieser Abweichung zum Kaufvertrag i.S.d. § 433 BGB liegt darin, dass der Erbschaftskäufer bereits mit Abschluss des Vertrags wirtschaftlich in die Stellung des Erben einrückt.

2. Zum Begriff des ***casus***

Fraglich ist, was unter dem Begriff des *casus* zu verstehen ist. *Casus* hat in der Übersetzung aus dem Lateinischen mehrere unterschiedliche Bedeutungen und wird in diesem Zusammenhang als Zufall verstanden. Zufällige Umstände liegen nach allgemeiner Meinung vor, wenn eine von den Parteien nicht zu vertretende Ursache zum Untergang oder zur Verschlechterung des Gegenstands führt.[35] Problematisch an dieser Definition ist, dass es sich bei dem Grundsatz *casum sentit dominus* um die finanziellen Einbußen handelt, die der Eigentümer zunächst unabhängig von einer etwaigen Verpflichtung zur Übereignung des Gegenstands an einen Dritten erleiden muss. Zwar kann die Gegenleistungsgefahr auf das wirtschaftliche Ergebnis der Sachgefahr Einfluss nehmen. Daraus folgt jedoch nicht, dass bereits die Sachgefahr im Hinblick auf ein eventuelles Gegenseitigkeitsverhältnis umschrieben werden kann. Ob die Parteien eines Schuldverhältnisses den Untergang oder die Verschlechterung zu vertreten haben, kann demnach für die Sachgefahr nicht ausschlaggebend sein. Als *casus* müssen aus wirtschaftlicher Sicht vielmehr diejenigen Umstände verstanden werden, für die der *dominus* keinen finanziellen Ersatz erhält. Damit werden zunächst von außen kommende Ereignisse, die auf höherer Gewalt beruhen – wie bspw. Naturkatastrophen – er-

34 In gleicher Weise trägt der Empfänger nicht die Gefahr für Schäden, die durch die Mangelhaftigkeit des Leistungsgegenstands oder durch eine unsachgemäße Verpackung herbeigeführt wurden. Dies beruht darauf, dass das typische Leistungsinteresse des Käufers dann nicht befriedigt wurde.

35 *Weidenkaff*, in: Palandt, § 446 Rn 8; *Köhler*, in: Staudinger, § 446 Rn 22.

fasst.[36] Zufall ist auch gegeben, wenn keine schuldhafte Einwirkung eines Dritten vorliegt und der Eigentümer demzufolge keine Ansprüche – etwa aus unerlaubter Handlung – auf Ausgleich der erlittenen Vermögenseinbuße erhält. Ebenso muss der Eigentümer den Verlust tragen, wenn die Sache zwar durch eine widerrechtliche Dritthandlung beschädigt wurde, der Dritte aber nicht auszumachen ist. Besteht hingegen die Möglichkeit, den wirtschaftlichen Verlust der Sache durch einen Ersatzanspruch gegen eine andere Person auszugleichen, liegt kein Zufall vor. Damit wird die Reichweite des *casus* im Austauschverhältnis entscheidend durch die Frage nach der Gegenleistungsgefahr umschrieben.

III. Einfluss der Gegenleistungs- auf die Sachgefahr

Die Sachgefahr äußert sich darin, dass derjenige, der sie trägt, beim Untergang oder bei der Beschädigung der Sache keinen finanziellen Ausgleich erhält. Dies ist grundsätzlich der (formale oder wirtschaftliche) Eigentümer, soweit nicht eine dritte Person ersatzpflichtig ist. Den wirtschaftlichen Verlust muss der *dominus* nicht mehr tragen, wenn die Gegenleistungsgefahr auf den Gläubiger übergegangen ist. Fraglich ist, unter welchen Voraussetzungen und in welchem Umfang die Gegenleistungsgefahr auf das wirtschaftliche Ergebnis der Sachgefahr Einfluss nehmen kann.

Dafür stellt sich zunächst die Frage, unter welchen Voraussetzungen eine Einflussnahme der Gegenleistungs- auf die Sachgefahr möglich ist bzw. wann überhaupt die Gegenleistungsgefahr entsteht, die das Ergebnis der Sachgefahr verändern kann. Die Gegenleistungsgefahr besteht bei Austauschverträgen, wenn ein Schuldner zur Übertragung einer beweglichen oder unbeweglichen Sache i.S.d. § 90 BGB synallagmatisch zur Gegenleistung des Gläubigers verpflichtet ist. Damit sie Relevanz für die von der Sachgefahr zugewiesene finanzielle Einbuße erhält, muss die Überlassung der Sache als solche – und nicht lediglich ein Ausschnitt aus derselben – Gegenstand der Hauptleistungspflicht des Schuldners sein.[37] Zur Begründung der Gegenleistungsgefahr ist weiterhin erforderlich,

36 Bei *Ulpian* (D.50.17.23) hieß es hierzu nach freier Übersetzung von *Huber* (Leistungsstörungen, Bd. I (1999) S. 74 Fn. 58): „Für Unfall und Tod von Tieren, soweit sie ohne Verschulden eintreten, für die Flucht von Sklaven, die üblicherweise nicht bewacht werden, für die Folgen von Raub, Aufruhr, Feuersbrunst, Hochwasser und Plünderung wird nicht gehaftet.“ Im preußischen Landrecht war die Rede von der durch Zufall oder durch unabwendbare Gewalt und Übermacht entstandenen Unmöglichkeit, den geschlossenen Vertrag zu erfüllen (*Huber*, Leistungsstörungen, Bd. I (1999), S. 74 Fn. 66).

37 Zwar existieren auch Gefahrtragungsregelungen, wenn lediglich einzelne Rechte an der Sache – wie insbesondere Gebrauchsrechte – Inhalt der Leistungspflicht des

dass die Sache Gegenstand eines Übertragungsakts ist. Die Übertragungspflicht orientiert sich an der rechtlichen Stellung des Schuldners. Aus dem Umstand, dass die Sachgefahr nicht an die formale Eigentümerstellung anknüpft, ergibt sich, dass die Verpflichtung auch lediglich zur Übertragung des Besitzes verstanden werden kann.[38] Unerheblich ist dabei, ob diese Verpflichtung aus einem vertraglichen oder gesetzlichen Schuldverhältnis resultiert. Einschränkend muss jedoch hinzukommen, dass der geschuldete Besitz nicht nur vorübergehend[39] sein darf und derjenige, dem der Besitz übertragen wird, Eigentümer der Sache ist oder (wieder) werden soll. Denn auch bei einem Leih- oder Mietverhältnis ist die Übertragung des Besitzes vom Verleiher zum Entleiher bzw. vom Vermieter zum Mieter oder umgekehrt geschuldet, ohne dass der Grundsatz *casum sentit dominus* berührt wird. Dies ergibt sich daraus, dass der Eigentümer in die Überlassung der Sache an den Dritten und damit darin eingewilligt hat, für Zufallsschäden auch beim Besitzer einzustehen. In diesen Fällen kann es keine Gefahrverteilung geben, die den wirtschaftlichen Ausgleich der Parteien für den Verlust des Leistungsgegenstands regelt. Hat der Eigentümer seine Sache hingegen bewusst hingegeben, um das Eigentum daran an den Erwerber zu übertragen, wollte er sie endgültig aus seinem Vermögen entlassen. Nur soweit das Ziel der Hingabe des Gegenstands darin bestand, der Pflicht zur Eigentumsübertragung – bspw. aus § 433 Abs. 1 BGB – nachzukommen oder einen gescheiterten Austauschvertrag rückabzuwickeln – bspw. gem. §§ 812 ff., 346 ff. BGB –, kann mithin der wirtschaftliche Verlust der Sache im Wege einer Gefahrverteilung geregelt werden. Voraussetzungen für das Bestehen der Gegenleistungsgefahr sind demnach, dass es sich um (1) eine (un-) bewegliche Sache i.S.d. § 90 BGB handelt, die (2) Gegenstand eines Besitzübertragungsaktes ist, wobei derjenige, dem der Besitz übertragen wird, (3) Eigentümer ist oder werden soll und der Gegenstand (4) bewusst hingegeben wird, um der Pflicht zur Eigentumsübertragung nachzukommen.

Schuldners sind. So steht bspw. beim Mietvertrag die Pflicht des Vermieters zur Überlassung der Mietsache mit der Pflicht des Mieters zur Entrichtung des Mietzinses im Gegenseitigkeitsverhältnis. Wird dem Vermieter die Gewährung des vertragsgemäßen Gebrauchs der Mietsache i.S.d. § 275 BGB unmöglich, verliert er gem. § 326 Abs. 1 BGB seinen Anspruch auf Mietzahlung gegen den Mieter. Diese Gefahrtragungsregelungen nehmen aber keinen Einfluss auf die Sachgefahr des Eigentümers und bleiben deswegen vorliegend außer Betracht.

38 Hat der *dominus* selbst noch keinen Besitz an der Sache erhalten, muss er seinen eigenen Schuldner oder eine Dritte Person zur Besitzübertragung an seinen Gläubiger anweisen.

39 Bei einem Miet- oder Leihvertrag ist lediglich der Gebrauch der Sache endgültig geschuldet, so dass hierfür eigene Gefahrtragungsregelungen greifen (vgl. bereits Fn. 37).

Die Gegenleistungsgefahr ist in der Regel vom Schuldner – der grundsätzlich zugleich der *dominus* ist – zu tragen. Unter bestimmten Voraussetzungen geht sie jedoch auf den Gläubiger des Abwicklungsverhältnisses mit der Folge über, dass der *dominus* bei Beeinträchtigung des Leistungsgegenstands nicht den wirtschaftlichen Verlust erfährt. Er erhält dann nämlich seine ihm geschuldete Gegenleistung und der Gläubiger spürt die finanzielle Einbuße. Für das primäre Austauschverhältnis ist der Übergang der Gegenleistungsgefahr auf den Gläubiger in § 326 Abs. 2 S. 1 Alt. 1 BGB geregelt.[40] Danach behält der Schuldner seinen Anspruch auf die Gegenleistung, soweit der Gläubiger für den zur Primärschuldbefreiung führenden Umstand i.S.d. § 326 Abs. 2 S. 1 Alt. 1 BGB verantwortlich ist. Durch die Verwendung des Begriffs der „Verantwortlichkeit" und nicht des „Vertretenmüssens", lässt der Gesetzgeber erkennen, dass die Voraussetzungen der §§ 276 ff. BGB noch nicht erreicht sein müssen.[41] Eine Verantwortung des Gläubigers für die Befreiung des Schuldners besteht bereits dann, wenn er eine zur Leistungserbringung erforderliche Beteiligung – bspw. eine Mitwirkungshandlung – unterlässt oder diese nicht vertragsgemäß erbringt. Die Gegenleistungsgefahr nimmt damit auf die Sachgefahr Einfluss, indem sie dem *dominus* einen wirtschaftlichen Ausgleich unter Voraussetzungen gewährt, die nicht für einen Ersatzanspruch gegen Dritte ausgereicht hätten. Der Umfang der vom *dominus* zu tragenden Haftung für „Zufälle" wird demnach durch die Gegenleistungsgefahr und damit durch das jeweilige Leistungsverhältnis festgeschrieben. Da nach dem obigen Begriff vom Zufall alle Ereignisse umfasst sind, die zu einem ersatzlosen Verlust der Sache führen, hat der Erhalt der Gegenleistung zwar Einfluss auf die Reichweite des Zufalls, führt aber nicht zu einer Änderung der Begriffsbestimmung. Hingegen kann die im alten Recht zu § 323 BGB a.F. entwickelte Definition des Zufalls als eine „von den Parteien nicht zu vertretende Ursache", die zum Untergang oder der Verschlechterung des Gegenstands führt, so nicht bestehen bleiben. Der Umfang der Sachgefahr wird durch die Gegenleis-

40 Ein Annahmeverzug (§ 326 Abs. 2 S. 1 Alt. 2 BGB) bewirkt hingegen den Übergang der *dominus*-Stellung mit der Folge, dass der Gläubiger bereits die Sachgefahr zu tragen hat, vgl. oben Teil 1, C. II. 1.

41 Im alten Recht bestanden Meinungsverschiedenheiten über die Bestimmung des Maßstabs des Vertretenmüssens des Gläubigers im Rahmen des § 324 BGB a.F., die im neuen Recht ihre Entsprechung finden. Dabei wurde z.T. vertreten, dass die Verantwortung des Gläubigers nach seiner Risikosphäre zu beurteilen sei (so: *Beuthien*, JZ 1972, 247, 248; *Kronke*, JuS 1984, 758, 760 ff.; *Koller* (1979), S. 287 ff.). Die überwiegende Meinung vertrat hingegen eine entsprechende Anwendung der §§ 276 ff. BGB auf den Gläubiger (*Huber*, JuS 1972, 57, 61; *Fikentscher*, Schuldrecht (1992), § 44 III 2, Rn 344; *Nassauer* (1978). S. 192 ff.). Der BGH (BGHZ 135, 116, 118 f.) lehnte die Sphärentheorie mit der Begründung ab, dass das BGB eine verschuldensunabhängige Haftung nur in Ausnahmefällen kenne.

tungsgefahr sachgerecht begrenzt, so dass beim primären Austauschverhältnis im Hinblick auf § 326 Abs. 2 S. 1 Alt. 1 BGB die Definition lauten muss: „Zufall bezeichnet alle Umstände, die von den Parteien nicht zu verantworten sind."

D. Entreicherungsgefahr

Neben den oben genannten Gefahrtragungsregelungen des allgemeinen Leistungsstörungsrechts existiert die Entreicherungsgefahr. Diese vornehmlich im Bereicherungsrecht vorkommende Gefahr beinhaltet das Risiko beider Parteien im bereicherungsrechtlichen Rückabwicklungsverhältnis wegen weggefallener bzw. fehlender Bereicherung – Entreicherung – des Bereicherungsschuldners die daraus folgenden finanziellen negativen Auswirkungen zu spüren. Nach der Konzeption des historischen Gesetzgebers ist das Bereicherungsrecht als reine Billigkeitshaftung ausgestaltet, die der Abschöpfung jedweder vom Bereicherungsschuldner ungerechtfertigt erlangter Vermögensvorteile ohne Rücksicht auf ihre Ursachen dient. Dementsprechend ist § 818 Abs. 3 BGB dergestalt gefasst, dass die Verpflichtung zur Herausgabe oder zum Ersatz des Wertes ausgeschlossen ist, soweit der Empfänger nicht mehr bereichert ist. Während im Primärverhältnis der Schuldner einer konkreten Sachleistung gem. § 275 BGB von seiner Leistungspflicht befreit wird, wenn ihm die Leistung unmöglich wird, bleibt der Bereicherungsanspruch auch im Falle der Unmöglichkeit der Sachleistung als Anspruch auf den Wertersatz gem. § 818 Abs. 2 BGB bestehen. Der Bereicherungsanspruch fällt aber – unabhängig davon, ob die Herausgabe des ohne Rechtsgrund Erlangten möglich ist oder nicht – bei strikter Anwendung des § 818 Abs. 3 BGB weg, wenn und insoweit der Empfänger nicht mehr bereichert ist. Im Grundsatz weist damit das Gesetz in § 818 Abs. 3 BGB für die bereicherungsrechtliche Rückabwicklung dem Bereicherungsgläubiger die Gefahr der Entreicherung zu. Im Laufe der Zeit hat sich jedoch in Schrifttum und Rechtsprechung die Erkenntnis durchgesetzt, dass der Bereicherungsschuldner seinen Entreicherungseinwand nicht uneingeschränkt auf jedwede Umstände, die seine Bereicherung schmälern oder beseitigen, stützen kann. Um den Entreicherungseinwand sinnvoll und sachgerecht zu beschränken, sind viele verschiedene Lösungsansätze formuliert worden.[42] Demzufolge ist von dem Grundsatz, dass der Bereicherungsgläubiger die Entreicherungsgefahr trägt, eine Reihe von Ausnahmen anerkannt, die aus Gründen der Sachgerechtigkeit und Billigkeit die Gefahrverteilung mit der Folge ändern, dass der Empfänger des Erlangten selbst die Auswirkungen der Entreicherung in seinem Vermögen spürt. Diesen Bemühungen der Eingrenzung des durch § 818

42 Vgl. dazu *Reuter*, in: FS Georgiades (2006), S. 321 f.

Abs. 3 BGB gewährten Schutzes lag im Wesentlichen zugrunde, den unterschiedlichen Gründen, auf denen eine Bereicherung des Bereicherungsschuldners beruhen kann – Leistung des Bereicherungsgläubigers, Eingriff des Bereicherungsschuldners, aufgedrängte Bereicherung – gerecht zu werden.[43] Insbesondere für die Rückabwicklung nach Leistungskondiktion besteht dahin weitgehende Einigkeit, dass der Bereicherungsschuldner seinen Entreicherungseinwand nur auf solche vermögensmindernden Umstände stützen kann, die er im guten Glauben an die Rechtsbeständigkeit des Erwerbs erlitten hat.[44] Denn ansonsten stünde er besser, als wenn das, woran er geglaubt hat, Rechtswirklichkeit wäre. Das bedeutet, dass die Gefahr der Entreicherung mit Eintritt der Bösgläubigkeit auf den Bereicherungsschuldner übergeht. Dies gilt bei der Leistungskondiktion zunächst für nicht gegenständliche Leistungen und für neben dem Erwerb auftretende Aufwendungen, die das Vermögen des Bereicherungsschuldners gemindert haben. Ab Eintritt der Rechtshängigkeit bzw. Bösgläubigkeit bleibt dem Bereicherungsschuldner dann nur der Weg über den Verwendungsersatz nach §§ 818 Abs. 4, 819 Abs. 1, 292, 994 ff. BGB. Zudem regelt die Entreicherungsgefahr, welche der Parteien des bereicherungsrechtlichen Rückabwicklungsverhältnisses die finanziellen Folgen einer Beeinträchtigung des Leistungsgegenstands zu tragen hat. Bei der Rückabwicklung eines gegenseitigen Vertrags ähnelt diese Gefahrverteilung dann derjenigen der Gegenleistungsgefahr. Denn die Frage, ob sich der Bereicherungsschuldner in dem Fall, in dem der von ihm rechtsgrundlos erlangte Gegenstand untergegangen ist oder beeinträchtigt wurde, gem. § 818 Abs. 3 BGB auf den Einwand der Entreicherung berufen kann, ist vergleichbar mit derjenigen, ob er die als Gegenleistungsgefahr anzusehende Gefahr zu tragen hat, seine ehemals hingegebene Leistung, die nunmehr als Gegenleistung zur Rückgewähr des Gegenstands anzusehen ist, nicht oder nur gekürzt zurück erhält.

Die Entreicherungsgefahr regelt also im Rückabwicklungsverhältnis in ähnlicher Weise wie die oben genannten Gefahrtragungsregelungen, welche der Parteien die finanzielle Einbuße bei einer Leistungsstörung zu tragen hat. Dabei ist diese Art der Gefahrtragung nicht auf die bereicherungsrechtliche Rückabwicklung beschränkt, sondern kann auch in anderen Schuldverhältnissen – wie bspw. im Rücktrittsrecht – Relevanz haben.

---

43 So überzeugend *Reuter*, in: FS Georgiades (2006), S. 321, 323.
44 Vgl. nur *Larenz/Canaris*, SchuldR II/2, § 71 II, S. 257; *Reuter/Martinek*, S. 589 f.

Teil 2: Gefahrverteilung im Rücktrittsrecht

Mit Ausübung des Rücktrittsrechts wandelt sich das ursprüngliche Schuldverhältnis in ein Abwicklungsverhältnis um, durch das der Zustand herbeigeführt werden soll, der ohne den Vertrag bestanden hätte. Das bedeutet, dass – soweit die gegenseitigen Leistungsversprechen noch nicht erfüllt wurden – die primären Leistungspflichten erlöschen. Diese Rechtsfolge ist zwar nicht ausdrücklich im Gesetz angeordnet, wird aber als selbstverständlich vorausgesetzt.[45] Hinsichtlich der Gefahrtragung bedeutet dies, dass durch die Befreiungswirkung jede Partei nur sich selbst gegenüber das Risiko des wirtschaftlichen Verlusts seiner Leistung trägt. Gegenüber der anderen Partei sind sämtliche Verbindungen und somit Gefahrverteilungen aufgehoben. Wurden bereits Leistungen erbracht, wandelt sich das ursprüngliche Schuldverhältnis mit der Ausübung des Rücktrittsrechts in ein Rückabwicklungsschuldverhältnis mit neuen Leistungspflichten um, die auf die Rückgewähr der Leistungen bezogen sind. So haben sich die Parteien gem. § 346 Abs. 1 BGB die empfangenen Leistungen zurückzugewähren und die gezogenen Nutzungen herauszugeben. Dabei müssen die Leistungen grundsätzlich in Natur und damit so zurückgewährt werden, wie sie erbracht worden sind. Die Frage nach der Gefahrverteilung in diesem Abwicklungsverhältnis gewinnt beim Auftreten von Restitutionsstörungen an Relevanz, da in diesem Fall zu entscheiden ist, welche der Parteien die negativen Auswirkungen einer Beeinträchtigung des zurückzugewährenden Gegenstands zu spüren bekommt. Zu unterscheiden sind dabei die Leistungsgefahr, die den Verzicht auf den Leistungsgegenstand beinhaltet, sowie die Sach-, Gegenleistungs- und Entreicherungsgefahr, deren Verteilung einen gerechten wirtschaftlichen Ausgleich zwischen den Parteien zum Ziel hat. Die Leistungs- und Gegenleistungsgefahr bestehen neben der Sachgefahr erst nachdem durch Erklärung des Rücktritts neue Leistungspflichten begründet wurden. Vor diesem Zeitpunkt entscheidet allein die Sachgefahr, wie sich der Verlust der Sache wirtschaftlich auswirkt.

45 BT-Drs. 14/6040, S. 194. Auch im alten Recht des BGB fehlte eine dementsprechende Regelung, so dass Gegenstand der Erörterung in der eingesetzten Kommission zur Überarbeitung des Schuldrechts die Frage war, ob die Befreiungswirkung im § 346 BGB ausdrücklich erwähnt werden sollte. Der Gesetzgeber hat sich gegen eine solche Anordnung entschieden, ohne an dem bisherigen Verständnis etwas ändern zu wollen (BT-Drs. 14/6040, S. 191). Dagegen wird von *Kaiser* (JZ 2001, 1057, 1058) eingewandt, dass im Hinblick auf § 281 Abs. 3 BGB die Befreiung ausdrücklich geregelt werden sollte.

A. Sachgefahr

I. Übergang der Sachgefahr auf den Leistungsempfänger

Die Sachgefahr hat der formale oder wirtschaftliche Eigentümer (*dominus*) der Sache zu tragen. Der spätere Rückgewährschuldner ist grundsätzlich mit Übergabe des Sache i.S.d. § 446 S. 1 BGB beim Kaufvertrag bzw. mit Abnahme des Werks i.S.d. §§ 644 S. 1, 640 BGB beim Werkvertrag in die für die Sachgefahr relevante *dominus*-Stellung eingerückt. Ab diesem Zeitpunkt gilt für ihn der Grundsatz *casum sentit dominus*, d.h. er hat den finanziellen Verlust bei zufälligem Untergang oder zufälliger Verschlechterung des Gegenstands zu tragen. Fraglich ist, ob die *dominus*-Stellung des späteren Rückgewährschuldners durch die Ausübung des Rücktritts verändert wird.[46] Mit der Rücktrittserklärung wandelt sich der Vertrag in ein Rückgewährschuldverhältnis mit umgekehrten Vorzeichen. Der Rückgewährschuldner hat dem -gläubiger gem. § 346 Abs. 1 BGB die gezogenen Nutzungen herauszugeben und gem. § 347 Abs. 1 S. 1 BGB für die entgegen den Regeln einer ordnungsgemäßen Wirtschaft und trotz Möglichkeit nicht gezogenen Nutzungen Wertersatz zu leisten. Der Anspruch auf Nutzungsersatz wird im Falle eines gesetzlichen Rücktrittsrechts gem. § 347 Abs. 1 S. 2 BGB zugunsten des Berechtigten dahingehend modifiziert, dass er nur für eigenübliche Sorgfalt einzustehen hat. Im Gegenzug zur Nutzungsherausgabe hat der Rückgewährgläubiger dem -schuldner gem. § 347 Abs. 2 S. 1 BGB die notwendigen Verwendungen zu ersetzen, wenn Letzterer den Gegenstand zurückgibt, Wertersatz leistet oder die Wertersatzpflicht gem. § 346 Abs. 3 S. 1 Nr. 1 und 2 BGB ausgeschlossen ist. Nach Ausübung des Rücktritts trägt demnach der Rückgewährgläubiger die Lasten der Sache und ihm gebühren die Nutzungen.[47] Trotz der einer Eigentümerstellung wirtschaftlich vergleichbaren Stellung des Rückgewährgläubigers verbleibt die Zufallsgefahr durch die generelle Anordnung einer Wertersatzpflicht bei Beeinträchtigung des Rückgewährgegenstands nach § 346 Abs. 2 BGB grundsätzlich beim Rückgewährschuldner. Dies resultiert daraus, dass zwar auf der einen Seite das Ziel des Rücktritts darin besteht, den *status quo ante contractum*

46 Unerheblich für die Frage des *dominus* muss in diesem Zusammenhang sein, ob der Rückgewährschuldner bereits formaler Eigentümer der Sache geworden ist oder ob sich bspw. der Gläubiger das Eigentum vorbehalten hat. Da beim Kaufvertrags durch § 446 S. 1 BGB und beim Werkvertrag durch §§ 644 S. 1, 640 BGB die *dominus*-Stellung des Käufers bzw. Bestellers begründet wird, kann auch hier die formale Eigentümerstellung nicht ausschlaggebend sein.

47 Von den zu ersetzenden notwendigen Verwendungen gem. § 347 Abs. 2 BGB sind wie im Eigentümer-Besitzer-Verhältnis gem. § 995 BGB auch die Aufwendungen, die der Rückgewährschuldner zur Bestreitung von Lasten der Sache gemacht hat, erfasst.

herzustellen auf der anderen Seite jedoch die *dominus*-Stellung gem. § 446 S. 1 BGB bzw. §§ 644 S. 1, 640 BGB auf den späteren Rückgewährschuldner übergegangen ist. Wäre der vertragliche Austauschvertrag nicht zustande gekommen, hätten dem späteren Rückgewährgläubiger die Nutzungen gebührt und er hätte auch die Lasten der Sache getragen. Mit Ausübung des Rücktritts wird die Sache dementsprechend wirtschaftlich wieder dem Rückgewährgläubiger zugewiesen. Trotz der Zuordnung der Sache zur wirtschaftlichen Sphäre des Gläubigers ist jedoch der Rückgewährschuldner wegen der einmal begründeten Stellung als *dominus* anzusehen. Wäre kein Rücktritt ausgeübt worden, wäre dem Käufer bzw. Besteller die *dominus*-Stellung endgültig zugewiesen. Damit derjenige, dem die Sache wirtschaftlich zugewiesen ist, auch die *dominus*-Stellung eingeräumt wird, bedarf es neben der Stellung eines wirtschaftlichen Eigentümers eines „Übertragungsakts" bzw. eines darauf gerichteten Verlangens.[48] Beim Rücktritt sind gem. § 346 Abs. 1 BGB die empfangenen Leistungen so zurückzugewähren, wie sie erbracht worden sind. Der zum Übergang der *dominus*-Stellung erforderliche „Übertragungsakt" stellt sich beim Kauf- und Werkvertrag in der Übertragung des Besitzes dar. Erst dann also, wenn der Gläubiger analog § 446 S. 1 BGB den Besitz an dem Rückgewährgegenstand zurückerhalten hat, geht die *dominus*-Stellung wieder auf ihn über.[49] In gleicher Weise ist der „Übertragungsakt" gegeben, wenn sich der Rückgewährgläubiger analog § 446 S. 3 BGB im Verzug der Annahme befindet oder der Rückgewährgegenstand zur Erfüllung der Rückgewährpflicht auf dessen Verlangen i.S.d. § 447 BGB versandt wurde.[50]

Für das Rückabwicklungsverhältnis bedeutet dies, dass *dominus* grundsätzlich der (spätere) Rückgewährschuldner ist und für ihn der Grundsatz *casum sentit dominus* gilt. *Casus* stellen nach der obigen Definition alle Umstände dar, für die der *dominus* keinen Ersatz erhält bzw. dessen wirtschaftlichen Folgen er zu tragen hat.[51] Soweit der Rückgewährschuldner bei Beeinträchtigung des Rückgewährgegenstands gem. § 346 Abs. 3 BGB keinen Wertersatz leisten muss, aber seine Gegenleistung gem. § 346 Abs. 1 BGB zurückerhält, spürt er nicht den finanziellen Verlust. Dies ist stets der Fall, wenn die Gegenleistungsgefahr auf den Gläubiger übergegangen ist. Soweit der Gläubiger gem. § 346 Abs. 3 S. 1 Nr. 2 BGB die Verschlechterung oder den Untergang zu vertreten hat oder der Schaden

48 Vgl. dazu oben, Teil 1, C. II. 1.

49 Dabei gilt § 446 S. 1 BGB analog auch für den Werkvertrag, da allein die Übertragung des Besitzes ausreichend ist und es unsinnig ist, vom Rückgewährschuldner bspw. bei einer eingebauten Sache den Einbau beim Rückgewährgläubiger zu verlangen.

50 Erfolgsort im Rückabwicklungsschuldverhältnis ist der Ort, an dem sich die Sache vertragsgemäß befindet (BGHZ 87, 104, 109) und liegt damit beim Rückgewährschuldner.

51 Siehe dazu oben, Teil 1, C. II. 2.

bei ihm gleichfalls eingetreten wäre, entfällt die Pflicht zum Wertersatz für den Rückgewährschuldner. Damit modifiziert § 346 Abs. 3 S. 1 Nr. 2 BGB die Reichweite des *casus* im Rückabwicklungsverhältnis.[52]

II. Verbleiben der Sachgefahr beim Leistenden

Eine Ausnahme von dem Grundsatz, dass mit dem „Übertragungsakt" die Sachgefahr auf den Empfänger übergeht, besteht, wenn der Leistende seine Leistungspflicht nicht ordnungsgemäß – mangelfrei und vollständig – erfüllt. In der überwiegenden Literatur wird diese Abwendung vom Traditionsprinzip damit begründet, dass der in § 446 S. 1 BGB verankerte Grundsatz nur gelte, wenn die Sache frei von Rechts- oder Sachmängeln übergeben werde. Nur dem vertragstreuen Verkäufer soll das Traditionsprinzip zugute kommen, wohingegen eine mangelhafte Vertragserfüllung keinen Gefahrübergang herbeiführen könne.[53] Gestützt wird dies auf die Erwägung, dass bei einer mangelhaften Gattungssache keine Konkretisierung eintrete und der Verkäufer bei zufälligem Untergang zur Leistung verpflichtet bleibe.[54] In gleicher Weise erfülle ein Verkäufer bei Erbringung einer mangelhaften Speziessache nicht die sich aus § 433 Abs. 1 BGB ergebende Leistungspflicht, so dass auch in diesem Fall die Zufallsgefahr nicht auf den Käufer übergehen könne.

Das Verbleiben der Zufallsgefahr bei pflichtwidriger Leistung des Verkäufers beruht bereits auf den im römischen Recht in den Rechtsfolgen der Leistung einer fehlerhaften Sache verankerten Wertungen. Nach den ädilizischen Edikten[55] musste der Verkäufer den Käufer über sämtliche Mängel der Ware aufklären. Unterließ der Verkäufer die Aufklärung und verkaufte er dem unwissenden Käufer mangelhafte Sklaven oder Vieh, dann sollte Letzterer so gestellt werden, als wenn er rechtzeitig bei Abschluss des Vertrags von der Mangelhaftigkeit Kenntnis gehabt hätte. In gleicher Weise wie im römischen Recht geht es bei der Minderung und dem Rücktritt im Ergebnis darum, den Käufer in seinem Vertrauen auf die Fehlerfreiheit der Ware zu schützen.[56] Hätte der Käufer von der Mangelhaftigkeit

52 Der Rückgewährschuldner als *dominus* erhält somit stets einen Ersatz, wenn er seine einst erbrachte Gegenleistung zurückerhält. Deswegen wird zur Bestimmung des *casus* im Rückabwicklungsverhältnis auf die Ausführungen zur Gegenleistungsgefahr verwiesen.

53 Vgl. *Glaß* (1957), S. 28 f.; *Reinicke/Tiedtke*, S. 103; *Hager* (1982), S. 176; *Huber*, in: Soergel, § 467 a.F. Rn 11; *Westermann*, in: MüKo, § 446 Rn 1.

54 *Glaß* (1957), S. 29; *Herold* (2001), S. 82.

55 D. 21, 1, 1, 2 (Ulp. 1 ed.aedil.curul.)

56 *Sickinger* (1994), S. 157; *Herold* (2001), S. 85.

des Kaufgegenstands bereits bei Vertragsschluss Kenntnis gehabt, hätte er entweder die Sache gar nicht gekauft oder direkt weniger gezahlt. Der Käufer ist also beim Rücktritt so zu stellen, als wenn er den Kaufvertrag nicht abgeschlossen hätte und damit die Sache nicht Bestandteil seines Vermögens geworden wäre. Als Folge wäre auch nicht die Gefahr des zufälligen Sachuntergangs auf ihn übergegangen. Um den vom Mängelgewährleistungsrecht angestrebten Schutz des Käufers zu erreichen, kann also nicht einerseits der Käufer im Rahmen des Rücktritts so gestellt werden, als hätte er den Vertrag nicht geschlossen und andererseits ihm die Gefahr des zufälligen Untergangs aufgebürdet werden. Dementsprechend wird der Verkäufer erst dann von der Gefahr entlastet, wenn er das typische Vertragsinteresse des Käufers befriedigt hat. Dass er im Rückabwicklungsverhältnis als Rücktrittsgegner bei einer mangelhaft erbrachten Leistung die Sachgefahr trägt, kommt durch § 346 Abs. 3 S. 1 Nr. 3 BGB zum Ausdruck. Dabei geht es nicht um ein „Zurückspringen der Gefahr“[57] auf den Leistenden, sondern vielmehr um ein anfängliches Verbleiben der Sachgefahr, da gar kein Gefahrübergang stattgefunden hat. Der Rückgewährgläubiger trägt die Zufallsgefahr also auch dann, wenn sich die Sache beim Rückgewährschuldner befindet.[58] Damit wird der Rückgewährschuldner als Empfänger einer mangelhaften Sache wie der Verwahrer einer „fremden“ Sache behandelt, unabhängig davon, ob er formal Eigentümer geworden ist. In gleicher Weise wie ein unentgeltlicher Verwahrer gem. § 690 BGB haftet er auch nur für die Einhaltung der eigenüblichen Sorgfalt gem. § 346 Abs. 3 S. 1 Nr. 3 BGB.[59] Aus dem Umstand, dass diese Begrenzung der Haftung einen Verschuldensmaßstab bei Beeinträchtigungen „fremder“ Sachen festlegt, ergibt sich bereits, dass die Sachgefahr nicht auf den Rückgewährschuldner übergegangen sein kann. Der Bestimmung eines Haftungsmaßstabs bedarf es nämlich nur dann, wenn es sich nicht um eine „eigene“ Sache handelt, für die stets der wirtschaftliche Verlust zu tragen ist. Da der Rückgewährgläubiger bei der

57 Vgl. *Leser* (1975), S. 190, 191, ebenso erwähnt von BT-Drs. 14/6040, S. 190.

58 Der sich daraus ergebende Nachteil realisiert sich nur dann, wenn sich der Käufer zur Geltendmachung seiner Gewährleistungsrechts entscheidet. In diesem Sinne auch *Flume* (AcP 193 (1993), S. 107, 112), nach dem die „gesetzliche Sachmangelhaftung für Fehler der Kaufsache in Wahrheit gar keine „Haftung“ des Verkäufers sei. Wegen der Nichtübereinstimmung von Vertrag und Wirklichkeit gilt der Kaufvertrag nur nicht, wenn der Käufer dies will.“

59 Die weiteren im Gesetz zu findenden Beschränkungen der Haftung auf die eigenübliche Sorgfalt, wie bei der BGB-Gesellschaft (§ 708 BGB), bei Ehegatten (§ 1359 BGB) und bei der Haftung der Eltern gegenüber dem Kind (1664 Abs. 1 BGB), können hier nicht herangezogen werden. Bei diesen Haftungsbeschränkungen handelt es sich nämlich um solche, die auf dem engen persönlichen Verhältnis beruhen. In der vorliegenden Konstellation geht es hingegen um den Fall, dass sich eine „fremde“ Sache in der Obhut eines anderen befindet.

Leistung einer mangelhaften Sache der *dominus* geblieben ist, haftet der Rückgewährschuldner also wie bei einer Beeinträchtigung einer „fremden“ Sache. Wegen des vor Entdeckung und Kenntnis vom Mangel bestehenden Vertrauens an die Rechtsbeständigkeit des Erwerbs muss der Haftungsmaßstab hinsichtlich der in seinem Besitz befindlichen Sache modifiziert werden. Durch § 346 Abs. 3 S. 1 Nr. 3 BGB wird er privilegiert, indem er nicht für den wirtschaftlichen Verlust aufkommen muss, wenn er diejenige Sorgfalt beobachtet hat, die er in eigenen Angelegenheiten anzuwenden pflegt. Im Unterschied zu einem unentgeltlichen Verwahrer darf der Empfänger beim Austauschvertrag die Sache zwar zunächst nutzen; im Ergebnis steht ihm aber das Nutzungsrecht nicht zu. Dies äußert sich dadurch, dass er gem. § 346 Abs. 1 BGB die gezogenen Nutzungen herausgeben und für Gebrauchsvorteile gem. § 346 Abs. 2 S. 1 Nr. 1 BGB Wertersatz leisten muss.[60] Als Ausgleich dafür, dass durch diese Privilegierung des gesetzlich zum Rücktritt Berechtigten der Rückgewährgläubiger den wirtschaftlichen Verlust der Sache trägt, obwohl diese auf Gründen außerhalb seines Risikobereichs beruhen, muss er bei Beeinträchtigung der Sache die notwendigen Verwendungen gem. § 347 Abs. 2 S. 1 BGB nicht ersetzen.

Da sich die Ausnahme vom Traditionsprinzip auf das Vertrauen des Empfängers auf die Mangelfreiheit des Leistungsgegenstands bezieht, gilt diese Risikoverteilung naturgemäß nicht, wenn der Empfänger beim Übertragungsakt Kenntnis vom Mangel hatte. Wegen §§ 442, 640 Abs. 2 BGB kann er den Gefahrübergang nur dadurch abwenden, dass er sich die Rechte wegen des Mangels vorbehält. Ansonsten ist der Gefahrübergang endgültig, da der Käufer keine Möglichkeit mehr hat, seine Gewährleistungsrechte geltend zu machen.

Das Ergebnis der Sachgefahr kann durch die Gegenleistungsgefahr beeinflusst werden. So kann trotz Verbleibens der Sachgefahr wegen Mangelhaftigkeit des Leistungsgegenstands der Rückgewährschuldner zum Wertersatz verpflichtet sein, wenn er trotz Kenntnis vom Mangel die Sache verarbeitet bzw. umgestaltet hat. § 346 Abs. 3 S. 1 Nr. 1 BGB regelt also in diesem Fall den Übergang der Gegenleistungsgefahr auf den Rückgewährschuldner mit der Folge, dass Letzterer den finanziellen Verlust zu tragen hat. In gleicher Weise lässt § 346 Abs. 3 S. 1 Nr. 3 BGB die Gegenleistungsgefahr übergehen, wenn dem Rückgewährschuldner grob fahrlässiges oder vorsätzliches Verhalten in Bezug auf die Beeinträchtigung des Leistungsgegenstands vorgeworfen werden kann. Auch § 346 Abs. 3 S. 1 Nr. 1 und 3 BGB modifizieren damit die Bestimmung des *casus* im Rückabwicklungsverhältnis. Im Unterschied zu § 346 Abs. 3 S. 1 Nr. 2 BGB wird hier die

60 An dieser Rechtsfolge ändert auch § 347 Abs. 1 S. 2 BGB nichts. Bei dieser Norm geht es nämlich nur um solche Nutzungen, die der Empfänger entgegen den Regeln einer ordnungsgemäßen Wirtschaft zu ziehen unterlassen hat.

Reichweite der vom Rückgewährgläubiger – und nicht vom Rückgewährschuldner – zu tragenden Zufallsgefahr festgelegt.

III. Ergebnis

Die Sachgefahr geht grundsätzlich mit Übergabe der Sache gem. § 446 S. 1 BGB bzw. Abnahme gem. §§ 644 S. 1, 640 BGB auf den späteren Rückgewährschuldner über. Dies gilt dann nicht, wenn der Leistende – der spätere Rückgewährgläubiger – seine Leistungspflicht nicht mangelfrei und vollständig erfüllt hat und der Rückgewährschuldner auf die Mangelfreiheit vertraute. In diesem Fall verbleibt die Sachgefahr beim Leistenden.

B. Leistungsgefahr

Um die Leistungsgefahr einer der Vertragsparteien zuordnen zu können, muss grundsätzlich zwischen einer Gattungs- und einer Stückschuld differenziert werden. Bei einem Rückabwicklungsverhältnis infolge eines ausgeübten Rücktrittsrechts sind die zurückzugewährenden Gegenstände konkret individualisiert, da es sich um diejenigen handelt, die ehemals ausgetauscht wurden. Demnach stellt sich lediglich die Frage nach der Leistungsgefahr bei einer Stückschuld. Bei einer Stückschuld trägt stets derjenige die Leistungsgefahr, dem die Leistung geschuldet ist. Im Rückabwicklungsverhältnis infolge eines ausgeübten Rücktritts obliegt dem Rückgewährschuldner die Pflicht, den ehemals empfangenen Gegenstand unversehrt zurückzugewähren. Sobald die unbeeinträchtigte Rückgewähr durch ein Restitutionshindernis verhindert wird, muss der Rückgewährgläubiger darauf verzichten. Er trägt demzufolge das Risiko, den Gegenstand nicht unbeeinträchtigt zurückzuerhalten, und damit die Leistungsgefahr.[61]

I. Verhältnis der Rückgewähr- zur Wertersatzpflicht

Für die Leistungsgefahr ist die Frage entscheidend, bei Vorliegen welcher Voraussetzungen der Rückgewährschuldner von seiner Verpflichtung zur Rückgewähr des Gegenstands nach § 346 Abs. 1 BGB befreit wird und gem. § 346

61 Ebenso wie im primären Austauschverhältnis ist es für das Freiwerden des Rückgewährschuldners unerheblich, ob das Restitutionshindernis vor oder nach der Begründung des (Rückabwicklungs-) Schuldverhältnisses eingetreten ist.

Abs. 2 BGB Wertersatz schuldet. § 346 Abs. 2 BGB ordnet eine Wertersatzpflicht „statt der Rückgewähr" der empfangenen Sache an. Daraus könnte zunächst geschlossen werden, dass bei Vorliegen einer der in § 346 Abs. 2 BGB genannten Tatbestände die Pflicht zur Rückgewähr des Empfangenen stets ausgeschlossen ist. Zum anderen könnte angenommen werden, dass eine Wertersatzpflicht nicht besteht, wenn eine Rückgewähr der Sache möglich ist, auch wenn sich diese nicht in dem Zustand befindet, den sie beim Erhalt durch den späteren Rückgewährschuldner hatte. Beide Ansätze sind jedoch nicht mit der gesetzlichen Wertung vereinbar. Wertersatz wird nämlich geschuldet, „soweit" der empfangene Gegenstand verbraucht, veräußert, belastet, verarbeitet oder umgestaltet wurde bzw. untergegangen ist oder sich verschlechtert hat. Dadurch wird deutlich, dass keine Alternativität zwischen dem Wertersatz und der Rückgewähr geschaffen werden sollte.[62] Der beeinträchtigte Gegenstand muss also an den Gläubiger zurückgewährt und zusätzlich ein Wertersatz entrichtet werden. Eine Wertersatzpflicht nach § 346 Abs. 2 BGB kann also erst dann begründet sein, wenn ein Unvermögen des Schuldners zur teilweisen oder vollständigen Rückgewähr besteht.

II. Unvermögen des Schuldners zur Rückgewähr in natura

Problematisch ist, ob ein solches Unvermögen bereits bei bloßer Erfüllung der in § 346 Abs. 2 BGB genannten Tatbestände – unabhängig von einer etwaigen Beseitigungsmöglichkeit – gegeben ist oder erst wenn eine Unmöglichkeit i.S.d. § 275 BGB zur (unbeeinträchtigten) Rückgewähr feststeht. Soweit letzterem Ansatz gefolgt würde, ist fraglich, welche Anstrengungen dem Rückgewährschuldner im Rahmen des § 275 Abs. 2 BGB zuzumuten sind, um die Beeinträchtigung zu beseitigen und ob gegebenenfalls ein Wahlrecht zwischen der Beseitigung und dem Wertersatz anzunehmen ist. Auf der anderen Seite ist zu klären, ob der Rückgewährgläubiger zur Rücknahme des Gegenstands verpflichtet ist oder ob er diese verweigern und Wertersatz fordern kann. Zu diesem Problemkreis werden verschiedene Meinungen vertreten.

1. Meinungsstand

Ausgehend von dem von *Faust*[63] vertretenen Standpunkt hat sich die Ansicht[64] entwickelt, dass der Rückgewährschuldner eine Veräußerung, Belastung oder

62 So auch *Gaier*, WM 2002, 1, 9.

63 *Faust*, in: Huber/Faust, S. 244, sowie später: *ders*, in: jurisPK, § 346 Rn 34.

64 *Benicke*, ZGS 2002, 369, 371; *Röthel*, in: Erman, § 346 Rn 10; *Kaiser*, in: Staudinger, § 346 Rn 152 f.; *Looschelders*, SchuldR AT, Rn 840; nunmehr auch *Gaier*, in: MüKo, § 346 Rn 39.

Umgestaltung nicht rückgängig machen muss. Vielmehr sei stets eine Wertersatzpflicht anzunehmen, soweit einer der Tatbestände des § 346 Abs. 2 BGB erfüllt sei, ohne Rücksicht auf eine etwaige Möglichkeit des Rückgewährschuldners, den Umstand, der eine (vollständige) Rückgewähr verhindert, zu beseitigen. Diese Folgerung ergebe sich bereits aus dem Wortlaut des § 346 Abs. 2 BGB, wonach eine Rückgewähr des empfangenen Gegenstands in Natur auch dann ausgeschlossen sei, wenn die Veräußerung bzw. Belastung ohne großen Aufwand rückgängig gemacht werden könnte.[65] Hätte der Gesetzgeber gewollt, dass sich der Rückgewährschuldner bis zur Grenze des § 275 BGB um eine Rückgängigmachung bzw. Beseitigung der Beeinträchtigung bemühen müsste, hätte er in § 346 Abs. 2 BGB auf § 275 BGB Bezug genommen. Dies wäre durch eine – ähnlich der in §§ 283, 285, 326 Abs. 1 BGB befindlichen – Formulierung, wie „der Schuldner hat Wertersatz zu leisten, soweit er die empfangene Leistung nach § 275 Abs. 1 bis 3 BGB nicht zurückgewähren braucht, weil..." zum Ausdruck gekommen. Neben dem rein am Wortlaut der Norm orientierten Argument, stützt sich diese Meinung daneben auf Gründe der Sachgerechtigkeit. Der Rückgewährschuldner habe – anders als derjenige, der aufgrund eines Vertrags schulde – seine Leistungspflicht nicht freiwillig übernommen, weswegen es nicht angemessen sei, ihn bis zur hohen Grenze des § 275 BGB zu belasten. Auf der anderen Seite habe der Rückgewährgläubiger durch den Vertragsschluss gezeigt, dass er grundsätzlich bereit sei, gegen eine entsprechende Gegenleistung auf seinen Gegenstand zu verzichten. Seine Interessen würden deswegen durch den Anspruch auf Wertersatz ausreichend geschützt.[66]

Modifizierend fügt *Benicke*[67] an, dass in den Fällen, in denen der Rückgewährschuldner die Sache infolge eines wegen Mangelhaftigkeit ausgeübten Rücktritts von einem Dritterwerber zurückerhielte, er ein Interesse daran habe, die Sache an den Rückgewährgläubiger zurückzugeben. Diese Möglichkeit dürfe ihm trotz der grundsätzlichen Erfüllung des Tatbestands der Veräußerung in § 346 Abs. 2 S. 1 Nr. 2 BGB nicht genommen werden. Auf der anderen Seite sei es im Interesse des Rückgewährgläubigers gerecht, die Möglichkeit des Rückgewährschuldners,

65 So auch *Krebs* (in: DB 2000 (Beilage), S. 12 f.), der ebenso wie *Kaiser* (JZ 2001, 1057, 1062) die unabhängig von einer etwaigen Rückgängigmachung der Beeinträchtigung bestehende Wertersatzpflicht kritisiert und für eine Änderung des Wortlauts plädiert.

66 *Faust*, in: Huber/Faust, S. 244; *Benicke*, ZGS 2002, 369, 371. Letzterer mit Verweis darauf, dass beim vertraglichen Rückrittsrecht dann etwas anderes gelten müsse, wenn dem Rückgewährgläubiger gerade zu dem Zweck das Rücktrittsrecht eingeräumt wurde, den Gegenstand wiedererlangen zu können.

67 *Benicke*, ZGS 2002, 369, 371.

statt eines Wertersatzes den Gegenstand in Natur zurückzugewähren, durch eine Frist zu begrenzen. Der Rückgewährgläubiger würde nämlich die Ungewissheit tragen, ob er Wertersatz oder die Sache (zurück-) erhalte. Dies könne ihn belasten, wenn er für die Rücknahme der Sache besondere Vorkehrungen bereithalten müsse oder sie anderweitig nur schwer verwerten könne. Deswegen sei es sachgerecht, wenn das Recht des Rückgewährschuldners, statt des Wertersatzes den Leistungsgegenstand zurückzugeben, ende, soweit der Rückgewährgläubiger ihm hierzu eine angemessene Frist gesetzt habe und danach die Rücknahme des Leistungsgegenstands verweigere.

Nach der überwiegend vertretenen Gegenansicht[68] setzt die Wertersatzpflicht gem. § 346 Abs. 2 BGB voraus, dass der Rückgewährschuldner in entsprechender Anwendung des § 275 BGB nicht mehr in der Lage sei, den Gegenstand zurückzubekommen bzw. die Beeinträchtigung zu beseitigen. Dieses Verständnis ergebe sich bereits aus dem Wortlaut der Norm, nach dem erst in zweiter Linie „statt" der primär geschuldeten Rückgewähr Wertersatz zu leisten sei.[69] Danach sei der Schuldner erst bei feststehender Unmöglichkeit einer (vollständig unbelasteten) Rückgewähr des Leistungsgegenstands in Natur berechtigt, Wertersatz zu leisten. Die Rückgabeverpflichtung schließe mit ein, einen beschädigten Gegenstand – wenn möglich – zu reparieren oder einen bereits veräußerten Gegenstand zurück zu erwerben.[70] Damit werde das im BGB angelegte Rangverhältnis von Primär- zu Sekundäransprüchen gewahrt. Die in § 346 Abs. 2 BGB sekundär angeordnete Wertersatzpflicht schütze das Interesse des Rückgewährgläubigers, die hingegebene Sache in Natur zurückzubekommen. Seine Bereitschaft, sie gegen eine andere Leistung auszutauschen, sei an die Bedingung geknüpft, dass der Vertrag reibungslos durchgeführt werde und könne nicht jetzt dafür angeführt werden, dass er kein Interesse am Rückerhalt des Gegenstands habe.[71] Darüber hinaus seien in § 346 Abs. 2 BGB typisierte Fälle der Unmöglichkeit geregelt, weswegen eine Anwendung des § 275 BGB angelegt sei.[72] Dabei sei § 275 Abs. 2

68 *Canaris*, Schuldrechtsreform, S. XXXVII; *Arnold*, Jura 2002, 154, 157; *Schulze/Ebers*, JuS 2004, 367, 369; *Gaier*, WM 2002, 1, 9; *ders.*, in: MüKo (2003), § 346 Rn 41 (anders nunmehr in MüKo (2007), § 346 Rn 39); *Schwab*, JuS 2002, 630 ff.; *ders.*, in: Schwab/Witt, S. 343, 349 ff.; *Ehmann/Sutchet*, S. 139; *Grothe*, in: Bamberger/Roth, § 346 Rn 38; *Hager*, in AnwKom-BGB, § 346 Rn 37; *Grüneberg*, in: Palandt, § 346 Rn 8a; *Stadler*, in: Jauernig, § 346 Rn 5; *Lorenz*, in: Schulze/Schulte-Nölke, S. 329, 344. Im Grundsatz vertreten diese Ansicht auch *Kaiser* (JZ 2001, 1057, 1062) und *Krebs* (DB 2000, Beilage 14, S. 12).

69 *Grothe*, in: Bamberger/Roth, § 346 Rn 41; *Schulze/Ebers*, JuS 2004, 367, 369.

70 *Stadler*, in: Jauernig, § 346 Rn 2.

71 *Schwab*, JuS 2002, 630, 632

72 Aufgrund der gegen den Wortlaut des § 346 Abs. 2 BGB vorgebrachten Kritik will *Kaiser* (JZ 2001, 1057, 1062) so weit gehen und den Einleitungssatz des § 346 Abs. 2

BGB nicht nur für vertragliche, sondern für alle und insbesondere auch für nicht freiwillig übernommene Verbindlichkeiten die Grenze der Leistungspflicht. Für ein – von der ersten Ansicht favorisiertes – Recht des Schuldners, die primäre Pflicht zur lastenfreien Rückgewähr in Natur durch Zahlung von Wertersatz abzuwenden, bestünde überdies kein Bedürfnis. Habe nämlich der Rückgewährberechtigte die Veräußerung oder Belastung vorgenommen, so mag er sich vor Ausübung des Rücktrittsrechts vergewissern, dass er ohne zumutbaren Aufwand den Leistungsgegenstand lastenfrei zurückerlangen könne. Habe der Rücktrittsgegner hingegen veräußert, bestehe kein Anlass ihn zu schützen, da er beim gesetzlichen Rücktritt die Rückabwicklung durch in der Regel eigenes vertragswidriges Verhalten heraufbeschworen habe.[73] Zudem entspreche der Vorrang der Rückgewähr der bisherigen Rechtslage. Danach sei ein Rücktritt nach § 351 BGB a.F. nicht ausgeschlossen gewesen, soweit eine Möglichkeit des Rückgewährschuldners zur Wiedererlangung bzw. Beseitigung der Beeinträchtigung bestand.[74] Hätte der Reformgesetzgeber etwas Abweichendes gewollt, hätte er sich von der damaligen h.M. erkennbar distanzieren müssen. Da dies nicht erfolgt sei, sei davon auszugehen, dass erst bei Unmöglichkeit der Rückgewähr i.S.d. § 275 BGB eine Wertersatzpflicht nach § 346 Abs. 2 BGB bestehen könne.

Die Vertreter dieser Ansicht stimmen zwar in der Anwendung des § 275 BGB überein, scheiden sich aber zum Teil bei der Frage nach einem Wahlrecht einer der Parteien. Dabei besteht größtenteils Einigkeit darüber, dass der Rückgewährschuldner bis zur Grenze des § 275 BGB verpflichtet sei, die Beeinträchtigung zu beseitigen bzw. den Gegenstand zurück zu erwerben. Vorher sei er einerseits nicht verpflichtet, Wertersatz zu leisten und andererseits nicht berechtigt, die primäre Herausgabepflicht durch Leistung eines Wertersatzes abzuwenden.[75] Ebenso wenig könne der Rückgewährgläubiger zwischen der Rückgewähr und dem Wertersatz wählen. Überwiegend wird damit ein Wahlrecht sowohl des Rückgewährschuldners als auch des -gläubigers abgelehnt.

Innerhalb dieser Ansicht existieren zu dieser Frage jedoch auch abweichende Meinungen. So sieht *Krebs*[76] das Interesse des Rückgewährgläubigers als zu wenig beachtet an, weswegen Letzterem ein Wahlrecht eingeräumt werden sollte.

BGB dergestalt umformulieren, dass eine Wertersatzpflicht nur dann besteht, wenn dem Schuldner die Rückgewähr der empfangenen Leistung ganz oder teilweise unmöglich geworden ist.

73 *Schwab* in: Schwab/Witt, S. 351.

74 *Kaiser*, JZ 2001, 1057, 1062.

75 *Schwab*, JuS 2002, 630, 632. Andere Vertretern erwähnen diese Frage gar nicht, woraus geschlossen werden kann, dass sie § 275 BGB das gleiche Normverständnis zugrunde legen, wie in einem „normalen“ Austauschverhältnis.

76 *Krebs*, DB 2000 (Beilage 14), 1, 13.

Danach könne der Rückgewährgläubiger entscheiden, ob er den Leistungsgegenstand in Natur zurück oder Wertersatz erhalten wolle.

Nach der Ansicht von *Grothe*[77] muss das Unvermögen des Schuldners zur Rückgewähr nicht im Einzelfall positiv festgestellt werden, sondern wird bei Erfüllung der Tatbestandsvoraussetzungen gesetzlich vermutet. Damit sei es Sache des Schuldners eine etwaige Wiederbeschaffungsmöglichkeit darzulegen und zu beweisen. Stehe fest, dass der Schuldner den empfangenen Gegenstand zurück erwerben, eine Belastung beseitigen oder eine Verbindung lösen könne, ohne dass ein grobes Missverhältnis i.S.d. § 275 Abs. 2 BGB vorliege, so sei die Vermutung widerlegt und es bestehe die Verpflichtung zur Rückgewähr des Leistungsgegenstands. Die dem Schuldner gegebene Möglichkeit, die Voraussetzungen des § 275 BGB darzulegen und zu beweisen, begründe für ihn ein Wahlrecht, ob er den Gegenstand zurück erwerben bzw. die Beeinträchtigung beseitigen oder Wertersatz leisten will.

2. Stellungnahme

a) Kritik

Bei den Meinungsdarstellungen bleibt unklar, welche Tatbestände des § 346 Abs. 2 BGB von der Frage nach einem an § 275 BGB zu bemessenden Unvermögen des Rückgewährschuldners erfasst werden sollen. Sie werden vielmehr beliebig genannt. Größtenteils wird das Unvermögen des Schuldners zur Rückgewähr in Natur im Rahmen einer Wertersatzpflicht bei Veräußerung und Belastung gefordert.[78] Daneben werden zum Teil auch die Verarbeitung oder Umgestaltung in dieses Problemfeld einbezogen[79] und schließlich wird vertreten, dass die Rückgabeverpflichtung des Rückgewährschuldners auch die Reparatur des beschädigten Gegenstands[80] einschließe. Damit beschränkt sich dieser Streit nicht nur auf die Tatbestände des § 346 Abs. 2 S. 1 Nr. 2 BGB, sondern erstreckt sich auch auf den des § 346 Abs. 2

77 *Grothe*, in: Bamberger/Roth, § 346 Rn 18 im Anschluss an die ehemalige Ansicht von *Gaier*, WM 2002, 1, 9; nunmehr anders i.S.d. ersten Ansicht: *ders.*, in MüKo (2007), § 346 Rn 39.

78 *Kaiser*, JZ 2001, 1057, 1062; *Grüneberg*, in: Palandt, § 346 Rn 8a; *Faust*, in: Huber/Faust, S. 244; *Schwab*, JuS 2002, 630, 632; *Gaier*, WM 2002, 1, 9; *Stadler*, in: Jauernig, § 346 Rn 5.

79 *Faust*, in: Huber/Faust, S. 244. Ebenso *Gaier* (WM 2002, 1, 9), der eine Verpflichtung des Schuldners zur Rückgewähr des Leistungsgegenstands bejaht, wenn dieser eine Verbindung lösen könne. An anderer Stelle (WM 2002, 1, 9 unten) stellt er die Verarbeitung und Umgestaltung einem Untergang mit der Folge gleich, dass stets Wertersatz zu leisten sei.

80 *Stadler*, in: Jauernig, § 346 Rn 5.

S. 1 Nr. 3 BGB. Aufgrund dieser Unklarheit ist bereits eine Rechtsunsicherheit angelegt. Diese wird dadurch verstärkt, dass bei konsequenter Anwendung auch der Verbrauch und der Untergang des Leistungsgegenstands erfasst sein müssten.

Darüber hinaus ist festzustellen, dass der Wortlaut des § 346 Abs. 2 BGB nicht ergiebig dafür ist, Antworten auf die Frage, ob § 275 BGB ein geeigneter Maßstab für die Beurteilung eines Unvermögens des Schuldners im Rahmen seiner Rückgewährpflicht ist, zu geben. Zwar könnte aus „statt der Rückgewähr" ein Rangverhältnis, das die Anwendung des § 275 BGB nach sich zieht und die Wertersatzpflicht als Sekundärpflicht einstuft, entnommen werden. Es muss sich daraus jedoch nicht der unbedingte Schluss ergeben, dass die Sekundärpflicht davon abhängt, dass der Rückgewährschuldner keine Möglichkeit zur Rückgängigmachung bzw. Beseitigung des beeinträchtigenden Umstands hat. Umgekehrt musste der Gesetzgeber vergleichbar mit §§ 283, 285, 326 BGB auch nicht § 275 BGB erwähnen, wenn er diese Grenze gewollt hätte. Aus dem Wortlaut ergibt sich somit weder, dass die Grenze des § 275 BGB für ein Unvermögen des Schuldners gilt, noch, dass ein Unvermögen stets anzunehmen ist, wenn einer der Tatbestände des § 346 Abs. 2 BGB erfüllt ist.

Auch ein Vergleich des alten mit dem neuen Recht ergibt nicht zwingend, dass als Voraussetzung der Wertersatzpflicht das Unvermögen des Schuldners zur Rückgewähr i.S.d. § 275 BGB gegeben sein muss. Im alten Recht war es zwar ständige Rechtsprechung[81], dass ein Unvermögen i.S.d. § 351 BGB dann nicht gegeben war, wenn der Berechtigte zum Rückerwerb in der Lage war. Dabei muss jedoch beachtet werden, dass die Unmöglichkeit der Rückgewähr den Rücktritt ausschloss und sich somit eine andere Interessenlage mit anderen Rechtsfolgen ergab. Im jetzigen Recht ist die Frage nach dem Unvermögen nicht für den Ausschluss des Rücktrittsrechts, sondern für die Umwandlung der primären Herausgabepflicht in eine sekundäre Wertersatzpflicht relevant. Daneben existieren weitere Unterschiede. Zunächst galt § 351 BGB a.F. nur bei Beeinträchtigung des Rückgewährgegenstands beim Rückrittsberechtigten und nicht beim -gegner.[82] § 346 Abs. 2 BGB ordnet hingegen unabhängig davon, wer zum Rücktritt berechtigt ist, eine Wertersatzpflicht beim Erfüllen der Voraussetzungen an. Darüber hinaus musste für § 351 BGB a.F. ein Verschulden des Rückgewährschuldners vorliegen[83], wohingegen in § 346 Abs. 2 BGB eine verschuldensunabhängige

---

81 RGZ 56, 258, 261; 128, 365, 367.

82 Der Rücktrittsgegner haftete hingegen über § 347 BGB a.F. nach den Vorschriften des Eigentümer-Besitzer-Verhältnisses und schuldete gem. §§ 347 S. 1, 989, 249 S. 1 BGB zunächst Rückgewähr der veräußerten Sache.

83 Dabei wurde überwiegend bereits die Veräußerung ohne Verpflichtung des Erwerbers zur Rückgewähr als Verschulden angesehen, vgl. *Janßen*, in: MüKo (2001), § 351 Rn 11; *Heinrichs*, in: Palandt (2002), § 351 Rn 4; *Medicus*, SchuldR AT (1999), Rn 543.

Wertersatzpflicht enthalten ist. Aus diesen Unterschieden ergibt sich, dass der Gesetzgeber sich nicht unbedingt von der damaligen h.M. distanzieren musste, da er in § 346 Abs. 2 BGB andere Voraussetzungen und eine andere Rechtsfolge regelte als in § 351 BGB a.F.

Schließlich kann die Teilansicht der zweiten Ansicht, die eine gesetzliche Vermutung zur Wertersatzpflicht annehmen will, nicht überzeugen. Würde diesem Ansatz gefolgt, würde dies eine „Verdrehung" des § 275 BGB bedeuten. § 275 BGB schützt im Kern den Gläubiger, da der Schuldner angehalten wird, solange zu leisten, bis eine Unmöglichkeit oder Unzumutbarkeit i.S.d. § 275 Abs. 1 bis 3 BGB gegeben ist. Dabei statuiert § 275 Abs. 1 BGB eine von Amts wegen zu beachtende Einwendung, wohingegen § 275 Abs. 2 und 3 BGB als Einreden ausgestaltet sind. Das bedeutet, dass sich der Schuldner auf eine Unzumutbarkeit berufen kann, wenn die entsprechenden Voraussetzungen vorliegen. Bei dem Verständnis, dass § 346 Abs. 2 BGB eine gesetzliche Vermutung für eine Wertersatzpflicht beinhaltet, die der Schuldner gegebenenfalls widerlegen kann, bestünde für den Schuldner das einseitige Wahlrecht, ob er Wertersatz leistet oder sich unter die strengen Voraussetzungen des § 275 BGB begibt, bei denen eine Unzumutbarkeit zur Leistung nur in Ausnahmefällen anzunehmen ist. Kein vernünftiger Schuldner würde sich diesen Anstrengungen aussetzen, wenn er nicht den Rückgewährgegenstand beinahe in den Händen hält. Dann aber stellt sich die Frage, warum ihm ein Wahlrecht zwischen der Pflicht zum Wertersatz und derjenigen zur unbeeinträchtigten Rückgewähr in natura eingeräumt wird.

Bei beiden Ansichten werden die Interessen der Parteien an der Rückgewähr des Leistungsgegenstands nicht ausreichend beachtet. Der Rückgewährgläubiger hat – der ersten Ansicht folgend – den Gegenstand aus der Hand gegeben, um dafür eine Gegenleistung, die in der Regel in Geld besteht, zu erhalten. Sein Interesse ist demnach dem Grunde nach erfüllt, wenn er einen Wertersatz in Geld erhält. Auf der anderen Seite kann auch ein besonderes Interesse des Schuldners an einer Rückgewähr in Natur oder an einer Wertersatzpflicht begründet sein. Mit dem Zugestehen eines einseitigen Wahlrechts der einen oder anderen Partei wird der Versuch unternommen, diesem Umstand Rechnung zu tragen. Beide Ansätze können jedoch nicht überzeugen. Es stellt sich die Frage, warum einer Partei einseitig ein Wahlrecht zwischen der Rückgewähr des Leistungsgegenstands und der Wertersatzpflicht, unabhängig davon gewährt werden soll, welche Partei die Ursache für den Rücktritt gesetzt hat. War bspw. der Rückgewährschuldner wegen einer mangelhaften Leistung des späteren Rückgewährgläubigers gesetzlich zum Rücktritt berechtigt, müssen seine Interessen eher Berücksichtigung finden, als in dem Fall, in dem er durch Zahlungsverzug den Gegner zum Rücktritt veranlasst hat. Damit stellt sich die Aufgabe, diese Interessen der Parteien und insbesondere den zum Rücktritt führenden Umstand zu berücksichtigen und in einer Rückgewähr in Natur oder einer Wertersatzpflicht aufgehen zu lassen.

b) Eigene Ansicht

Bei der Darstellung der eigenen Ansicht wird zunächst der Frage nachgegangen, welche Tatbestände des § 346 Abs. 2 BGB von dieser Problematik erfasst sind. Daran anschließend wird untersucht, ob und inwiefern § 275 BGB ein geeigneter Maßstab zur Bemessung des Unvermögens des Schuldners zur Rückgewähr ist.

aa) Relevanz des Streits innerhalb des § 346 BGB

Fraglich ist zunächst, für welche Tatbestände die Frage nach einer unbeeinträchtigten bzw. vollständigen Rückgewährpflicht Relevanz hat. Unstreitig stellt sich diese Frage – ebenso, wie bereits im alten Recht[84] –, wenn der empfangene Gegenstand gem. § 346 Abs. 2 S. 1 Nr. 2 BGB belastet oder veräußert wurde. Möglich ist es auch, dass nur ein Teil des Leistungsgegenstands belastet oder veräußert wurde, so dass nur für diesen Teil die hier aufgeworfene Frage gestellt wird.

Daneben stellt sich die Frage, ob der Rückgewährschuldner auch bei einer Verarbeitung oder Umgestaltung des Leistungsgegenstands bis zur Grenze des § 275 BGB zur Rückgewähr verpflichtet ist. Diese Pflicht könnte zum einen in der Abtrennung des Leistungsgegenstands und zum anderen in der Herausgabe der gem. § 950 BGB geschaffenen neuen Sache aufgehen. Letzteres muss ausscheiden, da der Gegenstand nicht mehr so existiert, wie er in die Hände des Empfängers gelangt ist und der Rückgewährgläubiger dadurch besser gestellt wäre als ein Eigentümer nach § 951 BGB.[85] Fraglich ist somit, ob eine Abtrennung des Leistungsgegenstands in der Grenze des § 275 BGB durch den Rückgewährschuldner zu erfolgen hat. Bei dieser Frage ist die gesetzliche Wertung in §§ 946 ff. BGB zu beachten, die ein Zerschlagen von geschaffenen Werten verhindern will und deswegen grundsätzlich nur eine Entschädigung in Geld anordnet. Die Gefahr eines Zerschlagens von wirtschaftlichen Werten stellt sich dabei jedoch nur dann, wenn die neue Sache für den neuen Eigentümer auch einen Nutzen hat. Ausnahmsweise kann deswegen der ehemalige Eigentümer gem. § 951 Abs. 1 S. 2 BGB i.V.m. § 997 BGB eine Abtrennung verlangen, wenn ihm der neue Eigentümer im Gegenzug mangels Interesses an der neuen Sache keinen Wertersatz anbietet. Dies gilt naturgemäß nur dann, wenn die Pflicht zum Wer-

84 BGH NJW 1994, 1161, 1162; *Huber*, in: Soergel, § 467 a.F. Rn 154.
85 Vgl. *Gaier*, WM 2002, 1, 6; *Schwab*, JuS 2002, 630, 631.

tersatz nicht nach § 346 Abs. 3 S. 1 Nr. 1 BGB ausgeschlossen ist. Nur soweit also der hingegebene Gegenstand mangelfrei ist oder trotz Kenntnis des Rückgewährschuldners vom Mangel verarbeitet wurde, kann der Rückgewährgläubiger eine Abtrennung verlangen, wobei der Rückgewährschuldner die Wahl hat, ob er die Sache abtrennt oder im Gegenzug einen Wertersatz anbietet. Soweit dieser sich aus der gesetzlichen Wertung der §§ 946 ff. BGB zugunsten eines Wahlrechts des Rückgewährschuldners ergebende Umstand im Rahmen des § 275 BGB berücksichtigt wird, steht einer Anwendung dieser Norm bei diesem Tatbestand nichts im Wege. Die Frage nach einem Unvermögen des Schuldners im Rahmen der Rückgewährpflicht hat demnach auch bei einer Verarbeitung oder Umgestaltung des Leistungsgegenstands Relevanz.

Fraglich ist darüber hinaus, ob und inwieweit bei einem Verbrauch gem. § 346 Abs. 2 S. 1 Nr. 2 BGB, bei einem Untergang oder einer Verschlechterung gem. § 346 Abs. 2 S. 1 Nr. 3 BGB das Verhältnis zwischen der Rückgewähr- und der Wertersatzpflicht zu diskutieren ist. Bei diesen Tatbeständen ist es dem Rückgewährschuldner nicht mehr möglich, die empfangene Sache vollständig oder teilweise zurückzugewähren. Es stellt sich also die Frage, ob die Pflicht zur Rückgewähr auch eine Reparatur des Gegenstands bzw. eine Ersatzbeschaffung vorsieht. Grundsätzlich sind bei einem (vollständigen) Verbrauch und beim Untergang des Leistungsgegenstands die Beschaffung eines Ersatzgegenstands nicht von der Rückgewährpflicht des § 346 Abs. 1 BGB umfasst, da nur solche Leistungen zurück zu gewähren sind, die ehemals empfangen wurden. Zwar wird im Rahmen eines Nacherfüllungsanspruchs gem. §§ 437 Nr. 1, 439 BGB bei Unmöglichkeit (§ 275 BGB) einer Nachbesserung von der Rechtsprechung[86] und der sich daran anschließenden Literatur[87] vertreten, dass bei vertretbaren Sachen eine Ersatzlieferung auch beim Stückkauf erfolgen kann, soweit diese wirtschaftlich vergleichbar ist und dem Leistungsinteresse des Käufers entspricht. Ebenso besteht die Naturalrestitution gem. § 249 Abs. 1 BGB im Schadensrecht in einer Ersatzlieferung einer gleichartigen und gleichwertigen Sache.[88] Eine

86 BGH, NJW 2006, 2839; OLG Schleswig, NJW-RR 2005, 1579; OLG Braunschweig, JZ 2003, 863; LG Ellwangen, NJW 2003, 517, 517; a.A.: OLG Hamm, NJW-RR 2005, 1220.

87 *Canaris*, JZ 2003, 831 f.; *Bitter/Meidt*, ZIP 2001, 2114, 2116; *Weidenkaff*, in: Palandt, § 439 Rn 15; *Berger*, in: Jauernig, § 439 Rn 9; *Spickhoff*, BB 2003, 589, 590; *Heinemann/Pickartz*, ZGS 2003, 151 f.; *Pammler*, NJW 2003, 1992 ff.; *Ackermann*, JZ 2002, 378, 381.

88 Dabei hat der Geschädigte ein Wahlrecht zwischen der Reparatur der Sache bzw. der Neubeschaffung einer gleichwertigen Sache und dem dafür erforderlichen Geldbetrag gem. § 249 Abs. 2 BGB. Erst wenn eine Naturalrestitution nicht oder nur mit unverhältnismäßigen Aufwand möglich ist, ist der Schaden gem. §§ 251, 253 BGB in Geld zu ersetzen.

Übertragung dieser Pflicht in die Rückabwicklungsvorschriften der §§ 346 ff. BGB verbietet sich jedoch sowohl aufgrund des Wortlauts als auch aufgrund der Interessenlage der Parteien. Im Unterschied zu §§ 437 Nr. 1, 439 BGB wird die Lieferung bzw. Rückgewähr einer anderen als der empfangenen Sache in § 346 Abs. 1 BGB nicht genannt. Daraus folgend besteht beim Rücktritt lediglich die Pflicht zur Rückgewähr des Empfangenen, um die Lage vor Vertragsschluss herbeizuführen. Soweit dies tatsächlich nicht möglich ist, wird ein wirtschaftlicher *status quo ante* durch die Leistung eines Wertersatzes angestrebt. Darüber hinaus könnten Folgeprobleme auftreten, wenn der geleistete Ersatzgegenstand etwaige Mängel aufweist. Durch den Rücktritt soll die Vertragsbeziehung aber gerade beendet und nicht durch eine weitere Verbindung aufrechterhalten werden. Auch im Vergleich zum Schadensrecht kann eine solche Pflicht nicht gerechtfertigt werden. Zwar nimmt ebenso wie § 346 Abs. 1 BGB auch § 249 BGB nicht in mit § 439 BGB vergleichbar konkreter Weise auf eine Ersatzlieferung Bezug. Im Unterschied zum Schadensrecht entstehen die Pflichten im Rückabwicklungsverhältnis jedoch unabhängig davon, ob der Rückgewährschuldner die Beeinträchtigung, die eine uneingeschränkte Rückgewähr verhindert, verschuldet hat oder nicht. Da ab dem Leistungsaustausch ein Schuldverhältnis entsteht, das Schadensersatzpflichten bei verschuldetem Untergang auslösen kann, besteht keine Notwendigkeit eine Ersatzlieferung gegen den klaren Wortlaut des § 346 Abs. 1 BGB unter diese Norm zu fassen. Verletzt der Rückgewährschuldner ab Kenntnis von den Rücktrittsvoraussetzungen schuldhaft die (fingierte) Rückgewährpflicht, kann er im Rahmen des Schadensersatzanspruchs gem. § 249 Abs. 1 BGB zur Naturalrestitution und damit im Einzelfall zur Ersatzlieferung[89] verpflichtet sein.[90]

Fraglich ist, ob der Rückgewährschuldner eine Reparatur des Gegenstands bei einer Verschlechterung durchzuführen hat. Dagegen könnte zunächst sprechen, dass es im Unterschied zur Belastung und Veräußerung des Leistungsgegenstands bei einer Verschlechterung nicht darauf ankommt, wer die Beeinträchtigung beseitigt, also wer den Gegenstand repariert. Wurde der Rückgewährgegenstand weiterveräußert, ist ein Rückerwerb für den Rückgewährschuldner in der Regel einfacher als für den Rückgewährgläubiger, dem der Dritterwerber unbekannt ist. Bei einer Verschlechterung hingegen kann auch der Gläubiger – bei entsprechender Leistung eines Wertersatzes – die Reparatur durchführen. Für einen Wertersatz spricht zudem, dass dann der Gläubiger entscheiden kann, ob und gegebenenfalls wie und wo er seine Sache reparieren lässt. Eine modifizierte

89 Soweit die zerstörte Sache kein Unikat darstellt, ist nach der Rechtsprechung von der Naturalrestitution auch die Beschaffung einer gleichwertigen Ersatzsache umfasst: BGHZ 92, 85 ff.; 115, 364 ff.; LG Hildesheim NJW 2003, 3355.

90 Vgl. dazu ausführlich unten, Teil 3, C. I. 2.

Anwendung des § 275 BGB ermöglicht es jedoch, neben den Interessen des Rückgewährgläubigers auch diejenigen des -schuldners zu beachten. Insbesondere können so die Umstände des Einzelfalls, die zum Rücktritt und zur Restitutionsstörung geführt haben, Berücksichtigung finden. Die Bestimmung des Unvermögens des Rückgewährschuldners zur unbeeinträchtigten Rückgewähr anhand von § 275 BGB vorzunehmen, ist somit sachgerechter, als generell eine Wertersatzpflicht bei Verschlechterung des Leistungsgegenstands anzuordnen. Ebenso wie bei den übrigen Tatbeständen darf dabei jedoch nicht außer Acht gelassen werden, dass die Ausschlussgründe des § 346 Abs. 3 BGB zu einem Entfallen einer Verpflichtung zur Reparatur im Rahmen der Rückgewährpflicht führen.

Im Ergebnis hat die Frage nach einem Unvermögen des Schuldners im Rahmen der Rückgewährpflicht, ausgenommen vom Untergang und vom Verbrauch, bei allen Tatbestandsmerkmalen des § 346 Abs. 2 BGB Relevanz.

bb) Interessenbewertung im Rahmen des § 275 Abs. 2 BGB

Fraglich ist, wann ein Unvermögen des Rückgewährschuldners zur (unbeeinträchtigen) Rückgewähr des Leistungsgegenstands anzunehmen ist. Als Ausgangspunkt einer Lösung ist – der überwiegenden Literatur folgend – § 275 BGB zugrunde zu legen. Der Rückgewährschuldner hat im Rahmen des § 275 BGB die Beeinträchtigung des Gegenstands zu beseitigen und erst, wenn dies nicht möglich ist, Wertersatz zu leisten. Eine gesetzliche Vermutung einer Wertersatzpflicht mit der Möglichkeit des Schuldners, die Wiederbeschaffung des Gegenstands bzw. die Beseitigung des beeinträchtigenden Umstands darzulegen und zu beweisen, ist nicht anzunehmen. Ebensowenig überzeugt ein generelles Wahlrecht des Rückgewährgläubigers. § 275 BGB ist vielmehr stets anwendbar, wenn eine (vollständige) Rückgewähr des Leistungsgegenstands unmöglich ist. Damit steht zunächst fest, dass bei Vorliegen einer absoluten subjektiven oder objektiven Unmöglichkeit der (vollständigen) Rückgewähr des Leistungsgegenstands i.S.d. § 275 Abs. 1 BGB ein Wertersatz nach § 346 Abs. 2 BGB zu leisten ist. Eine aus der persönlichen Unzumutbarkeit i.S.d. § 275 Abs. 3 BGB resultierende Befreiung des Rückgewährschuldners ist im Rahmen des § 346 Abs. 2 BGB schwer vorstellbar, da sich diese Norm nur auf solche Leistungen, die der Schuldner persönlich auf Grundlage eines Dienst-, Werk- oder Geschäftsbesorgungsvertrags zu erbringen hat, bezieht. Problematisch ist damit allein, wann ein grobes Missverhältnis i.S.d. § 275 Abs. 2 BGB und damit eine Unmöglichkeit der Rückgewähr in Natur gegeben ist.

(1) Leistungsinteresse des Gläubigers

Damit der Rückgewährschuldner von seiner Verpflichtung zur vollständigen Rückgewähr frei wird, muss gem. § 275 Abs. 2 BGB ein grobes Missverhältnis vorliegen. Ein solches ist gegeben, wenn der Leistungsaufwand des Schuldners unverhältnismäßig zu dem daraus entstehenden Nutzen für den Gläubiger ist.[91] Der Aufwand ist allein am Leistungsinteresse des Gläubigers zu messen und nicht am Verhältnis des Aufwands zu den eigenen Interessen des Schuldners.[92] Solange der Aufwand des Schuldners geringer ist als das Leistungsinteresse des Gläubigers, wirkt sich die Leistung volkswirtschaftlich positiv aus, da dann der Betrag, um den der Wohlstand des Gläubigers erhöht wird, größer ist als derjenige, um den sich der Wohlstand des Schuldners vermindert.[93] Für das Rückabwicklungsverhältnis bedeutet dies, dass nur dann, wenn der Gläubiger ein finanzielles oder immaterielles Interesse an der Rückerlangung des Rückgewährgegenstands hat, ein Aufwand des Schuldners gerechtfertigt ist. Solange der Gläubiger den Gegenstand nicht wieder in Empfang nehmen will, muss somit sein Leistungsinteresse auf „null" beziffert werden und schon ein geringer Aufwand des Schuldners würde ausnahmsweise zu einem groben Missverhältnis i.S.d. § 275 Abs. 2 BGB führen. Gegen eine solche Vorgehensweise spricht auch nicht der Grundsatz, dass sich das Gläubigerinteresse in der Höhe der Gegenleistung – beim Rücktritt in Höhe der zurückzuzahlenden Gegenleistung, bspw. des Kaufpreises – ausdrückt und gegebenenfalls durch die Kosten für eine Ersatzbeschaffung, also den Marktwert des Gegenstands, zuzüglich etwaiger entgangener Gewinne ersetzt wird. Dies gilt nämlich zum einen nur grundsätzlich und solange, bis sich der Gläubiger anderweitig geäußert hat. Zum anderen wird bei einem Wertersatz anstatt der Rückgewähr des Gegenstands gerade das Interesse des Gläubigers beachtet, weil er sich gem. § 346 Abs. 2 S. 2 BGB an der vertraglichen Gegenleistung orientiert. Da bei der Bestimmung des Gläubigerinteresses auch immaterielle Interessen berücksichtigt werden können[94], muss auch dann eine Reduktion möglich sein, wenn der Gläubiger ausdrücklich auf den Gegenstand verzichtet. Aber auch bei einem noch so geringen Interesse des Gläubigers, bleibt es in der Hand des Schuldners, sich auf die Einrede des § 275 Abs. 2 BGB zu berufen. Will

91 BGH NJW-RR 1995, 849, 850.

92 BT-Drs. 14/6040, S. 130.

93 *Faust*, in: Huber/Faust, S. 40.

94 So auch *Canaris*, in: Schulze/Schulte-Nölke, 43, 50. Die Einbeziehung der immateriellen Interessen erfolgt, da ansonsten bei Verträgen, die nur auf deren Befriedigung angelegt sind, bereits bei Vertragsschluss ein grobes Missverhältnis zwischen dem Schuldneraufwand und den materiellen Gläubigerinteressen bestünde, vgl. *Faust*, in: Huber/Faust, S. 32.

der Schuldner die Beeinträchtigung beseitigen, ist ihm dies möglich. In letzter Konsequenz entscheidet damit der Rückgewährschuldner über die Rückgewähr des Gegenstands. Ist das Leistungsinteresse des Rückgewährgläubigers hingegen sehr hoch, muss der Schuldner so lange leisten, bis ein grobes Missverhältnis i.S.d. § 275 Abs. 2 BGB erreicht wird. Dabei ist aber – der ersten Ansicht folgend – bei der Bestimmung des Leistungsinteresses stets zu berücksichtigen, dass der Rückgewährgläubiger den Gegenstand gegen eine Geldzahlung aus der Hand gegeben hat. Das Leistungsinteresse des Rückgewährgläubigers kann damit im Rückabwicklungsverhältnis niemals diejenige Höhe erreichen, in der das Leistungsinteresse eines Gläubiger in einer vergleichbaren Situation im primären Austauschverhältnis anzusetzen wäre.

(2) Aufwand des Schuldners

Bei der Bestimmung des Aufwands des Schuldners geht es zunächst um die tatsächlichen Aufwendungen, die getätigt werden müssen, um den Gegenstand zurückzuerlangen oder die Beeinträchtigung zu beseitigen. Ebenso wie eine Einbeziehung der immateriellen Interessen des Gläubigers möglich ist, sind auch diejenigen des Schuldners, wie insbesondere persönliche Anstrengungen und Tätigkeiten, relevant.[95] In der Regel wird der Schuldner das Leistungshindernis mit Einsatz von Geld überwinden können, so dass sein Aufwand typischerweise finanziell quantifizierbar ist, also als Kosten für die Zurückerlangung des Leistungsgegenstands bzw. als Beseitigungskosten der Beeinträchtigung. In Bezug auf den vom Schuldner zu leistenden Aufwand verweist das Gesetz in § 275 Abs. 2 S. 2 BGB auf drei Faktoren, namentlich auf Treu und Glauben, auf den Inhalt des Schuldverhältnisses und das Vertretenmüssen des Schuldners.

Beim Inhalt des Schuldverhältnisses findet zunächst Berücksichtigung, dass sich der Schuldner nicht freiwillig zur Rückgewähr des Leistungsgegenstands verpflichtet hat.[96] Dies gilt sowohl dann, wenn er den Rücktritt selbst ausgeübt hat, als auch dann, wenn ihm der Rücktritt vom Rückgewährgläubiger erklärt wurde. Zum einen wird die Frage, welche der Parteien den Rücktrittsgrund ge-

95 Dies ergibt sich daraus, dass der Gesetzgeber (BT-Drs. 14/6040, S. 130) in § 275 Abs. 2 BGB nicht den Begriff der Aufwendungen, sondern des Aufwands verwendet. Er umfasst nicht nur Aufwendungen in Geld, sondern auch sonstige persönliche Anstrengungen.

96 Gegen die Einbeziehung der Freiwilligkeit der übernommenen Leistungspflicht spricht – entgegen *Schwab*, in: Schwab/Witt, S. 350 f. – nicht, dass § 275 BGB auch für unfreiwillige Leistungspflichten konzipiert ist. Denn § 275 BGB ist ja anwendbar, nur mit der Modifikation, dass der Umstand der Freiwilligkeit bei der Bestimmung des Leistungsaufwands mildernd berücksichtigt wird.

setzt hat, im Rahmen von Treu und Glauben berücksichtigt. Zum anderen steht dem Rückgewährschuldner bei Mangelhaftigkeit des Leistungsgegenstands das *Recht* zu vom Vertrag zurückzutreten. Um sich von diesem für ihn ungünstigen Geschäft zu lösen, entsteht für ihn die *Pflicht* die Sache zurückzugewähren. Würde die Übernahme dieser Pflicht als freiwillig angesehen werden mit der Folge, dass er im Rahmen des § 275 Abs. 2 BGB erhöhte Anstrengungen erbringen müsste, wäre sein Recht zum Rücktritt beeinträchtigt. Gleiches muss gelten, wenn der Rückgewährschuldner die Ursache für den Rücktritt gesetzt hat. Soweit er nämlich unabhängig von einem Vertretenmüssen an der ordnungsgemäßen Erfüllung des Schuldverhältnisses gehindert war, kann daraus keine Freiwilligkeit der daraus resultierenden Pflicht zur Rückgewähr des Leistungsgegenstands gefolgert werden. Liegt hingegen ein Vertretenmüssen des Rückgewährschuldners vor, verbleibt dem Rücktrittsberechtigten die Möglichkeit, sich über einen Schadensersatzanspruch schadlos zu halten.

Darüber hinaus muss bei dem Merkmal des Inhalts des Schuldverhältnisses Berücksichtigung finden, dass das Gesetz in den §§ 346 ff. BGB bestimmte Regelungen bereit hält, die im Rückabwicklungsschuldverhältnis von Bedeutung sind. Daraus folgt, dass der gesetzlich zum Rücktritt Berechtigte dann nicht bis zur Grenze des § 275 BGB den Leistungsgegenstand zurückgewähren muss, wenn er wegen Erfüllens einer der in § 346 Abs. 3 BGB angeordneten Tatbestände von einer Wertersatzpflicht befreit wäre. Es ist nämlich nicht sachgerecht, bei der Bestimmung des groben Missverhältnisses auf ein Verhalten des Rücktrittsberechtigten abzustellen, das ihn wegen § 346 Abs. 3 S. 1 Nr. 1 oder 3 BGB nicht auf Wertersatz haften lässt. Damit wären die Privilegierungen umgangen, da der Bereicherungsschuldner mit den ihm auferlegten Aufwendungen wirtschaftlich so dasteht, wie wenn er zum Wertersatz verpflichtet wäre.

Daneben ist bei der Frage nach dem groben Missverhältnis von Relevanz, ob das Restitutionshindernis schuldhaft herbeigeführt wurde. Dieser Umstand wird vom Faktor des Vertretenmüssens erfasst. Hat also der Rückgewährschuldner den Umstand, der eine vollständige Rückgewähr des Gegenstands verhindert, schuldhaft i.S.d. §§ 276 ff. BGB verursacht, muss er einen höheren Aufwand erbringen, als wenn dies ohne sein Verschulden geschah. Dabei ist fraglich, ab welchem Zeitpunkt ein relevantes Verschulden des Rückgewährschuldners angenommen werden kann. Diese Frage korrespondiert mit dem Parallelproblem, wann ein Schadensersatzanspruch im Rückabwicklungsverhältnis über §§ 346 Abs. 4, 280 ff. BGB gegeben ist.[97] Grundsätzlich entsteht das zu verletzende Schuldverhältnis mit dem Austausch der gegenseitigen Leistungen. Um einen Verschuldensvorwurf zu rechtfertigen, muss der Schuldner daneben in Kenntnis

97 Vgl. dazu ausführlich unten, Teil 3, C. I.

des Rücktrittsgrunds gewesen sein. Erst ab diesem Zeitpunkt kann er also die (vollständige) Rückgewähr des Gegenstands beeinträchtigt haben.

Schließlich gilt es zu berücksichtigen, welche der Parteien, die Ursache für einen Rücktritt gesetzt hat. Das Missverhältnis muss nach der Gesetzesbegründung ein besonders krasses nach Treu und Glauben untragbares Ausmaß erreichen.[98] Danach kann eine Befreiung des Schuldners nur angenommen werden, wenn der Leistungsaufwand vollkommen außer Verhältnis zum Interesse des Gläubigers steht; der Rechtsmissbrauch des Gläubigers also evident ist.[99] Hat der Rückgewährgläubiger die Ursache für einen Rücktritt des Rückgewährschuldners gesetzt, würde er das Recht missbrauchen, wenn er trotz erheblichen Aufwands eine vollkommene Restitution verlangte.

(3) Vorliegen eines groben Missverhältnisses

Durch eine solche Bestimmung des Gläubigerinteresses und des Schuldneraufwands werden sowohl die Interessen der Parteien an einer Rückgewähr des Gegenstands als auch die Verursachungsbeiträge, die zum Rücktritt und zur Restitutionsstörung geführt haben, berücksichtigt. Entscheidend für ein grobes Missverhältnis i.S.d. § 275 Abs. 2 BGB ist, dass das Leistungsinteresse des Gläubigers hinter dem zu erbringenden Aufwand des Schuldners unverhältnismäßig zurückbleibt. Fraglich ist, wann die Grenze des vom Rückgewährschuldner zu erbringenden Aufwands erreicht ist. Eine Obergrenze des Aufwands im Rückabwicklungsverhältnis könnte aus derjenigen im vertraglichen Austauschverhältnis gefolgert werden. Nach der Gesetzesbegründung sollen beim zum Leistungshindernis führenden Verschulden erhöhte Anstrengungen vom Schuldner verlangt werden können.[100] Habe der Schuldner bspw. auf Grund eines schuldhaften Irrtums oder in Kenntnis der Rechtslage den Vertragsgegenstand an einen Dritten übereignet, müsse er für dessen Rückerwerb in aller Regel wesentlich mehr als den Marktpreis bieten, um in den Genuss der Befreiung von seiner primären Leistungspflicht zu gelangen. Hinsichtlich des offen gelassenen Begriffes „wesentlich mehr" verweist die Begründung auf die zum allgemeinen Rechtsgedanken aus §§ 251 Abs. 2, 633 As. 2 S. 2, 651 c Abs. 2 S. 2 BGB a.F. bestehende Rechtsprechung.[101] Als Einzelfälle sind die von der Rechtsprechung entwickelten

98 BT-Drs.14/6040, S. 130.
99 *Canaris*, JZ 2001, 499, 502.
100 BT-Drs.14/6040, S. 131.
101 Im alten Recht hat der BGH (NJW 1988, 699, 700) bei einem vom Schuldner vorsätzlich zu vertretenem Leistungshindernis einen Extremfall angenommen, als dieser das 33-fache des Marktwertes zur Wiederbeschaffung hätte aufwenden müssen. Bei Fahrlässigkeit lag ein grobes Missverhältnis noch nicht bei 180% des Gläubiger-

Obergrenzen zwar nicht unbedingt verallgemeinerungsfähig. Den Entscheidungen kann aber entnommen werden, dass sich die Anstrengungen des Schuldners je nach Grad des vorliegenden Verschuldens zu bemessen haben. Damit legt die Gesetzesbegründung Anhaltspunkte fest, nach denen Richtwerte unter Berücksichtigung des Ausmaßes des Verschuldens bestimmt werden können.

Im Rückabwicklungsverhältnis sind verschiedene Fallkonstellationen zu unterscheiden: (1) In der ersten Konstellation hat der Rückgewährschuldner als gesetzlich zum Rücktritt Berechtigter die unbeeinträchtigte Rückgewähr des Gegenstands unverschuldet herbeigeführt. Soweit es sich bei dem Restitutionshindernis um einen Fall der Verschlechterung, der Verarbeitung oder Umgestaltung handelt, müssen die Wertungen des § 346 Abs. 3 S. 1 Nr. 1 und 3 BGB beachtet werden. Wegen der Mangelhaftigkeit des Rückgewährgegenstands haftet der Rückgewährschuldner bei einer Verarbeitung bzw. Umgestaltung des Gegenstands erst ab Kenntnis vom Mangel. Bei einem bis zu diesem Zeitpunk herbeigeführten Restitutionshindernis hat der Rückgewährschuldner gar keine Anstrengungen zu unternehmen, um in den Genuss der Leistungsbefreiung gem. § 275 BGB zu gelangen. Ab der Kenntnis handelt der Rückgewährschuldner in der Regel vorsätzlich, mit der Folge, dass er bis zur Grenze eines groben Missverhältnisses Anstrengungen unternehmen muss (siehe sogleich, Fallgruppe (4)). In gleicher Weise ist die Privilegierung des § 346 Abs. 3 S. 1 Nr. 3 BGB bei einer Verschlechterung des Rückgewährgegenstands zu beachten, wonach zugunsten des Rückgewährschuldners der Haftungsmaßstab der *diligentia quam in suis* gilt. Erst dann, wenn Letzterem, gemessen an diesem Maßstab, ein Verschulden zur Last gelegt werden kann, muss er sich um eine Rückgängigmachung der Verschlechterung im Rahmen des § 275 Abs. 2 BGB bemühen (siehe sogleich, Fallgruppe (4)).

(2) Anders verhält es sich dann, wenn der Rückgewährschuldner den Rückgewährgegenstand unverschuldet weiterveräußert bzw. belastet hat oder vertraglich zum Rücktritt berechtigt war. Soweit der Rückgewährgläubiger kein Interesse an der (unbeeinträchtigten) Rücknahme des Gegenstands hat, ist sein Interesse mit „null" zu beziffern. Jegliche Anstrengungen, die der Schuldner unternehmen müsste, um die Beeinträchtigung zu beseitigen bzw. den Gegenstand zurück zu erwerben, übersteigen deswegen die zu leistende Obergrenze im Rahmen des groben Missverhältnisses nach § 275 Abs. 2 BGB. Der Schuldner hat die Wahl,

---

interesses vor (BGH NJW 1996, 3269, 3270). Hatte der Schuldner das Leistungshindernis nur leicht fahrlässig zu vertreten, wurde unter Abwägung der Einzelumstände eine Leistungsbefreiung bei 260% des Gläubigerinteresses bejaht (OLG Hamm NJW-RR 2001, 1390). Lag hingegen kein Vertretenmüssen des Schuldners vor, nahm der BGH (NJW-RR 1991, 204, 205) ein grobes Missverhältnis spätestens bei 140% des Gläubigerinteresses an.

ob er den Gegenstand gegen den Willen des Gläubigers zurück erwirbt bzw. die Belastung beseitigt und zurückgewährt oder ob er Wertersatz leistet. Bei einer Weiterveräußerung einer mangelhaften Sache wird der Rücktrittsberechtigte den Rücktritt in der Regel nur erklären, wenn er seinerseits vom Dritterwerber gewährleistungsrechtlich in Anspruch genommen wird und den Leistungsgegenstand von diesem infolge Rücktritts oder Schadensersatzes zurückerhalten hat. In diesen Fällen kann er den Gegenstand uneingeschränkt zurückgewähren.

(3) Fraglich ist, ob dem Schuldner in der unter (2) geschilderten Fallkonstellation auch dann ein Wahlrecht verbleibt, wenn der Rückgewährgläubiger auf einer (unbeeinträchtigten) Rückgewähr des Leistungsgegenstands besteht. Das Leistungsinteresse des Gläubigers ist zwar als Ansatzpunkt zugrunde zu legen, unterscheidet sich aber von einem vergleichbaren Gläubigerinteresse im primären Austauschverhältnis darin, dass der Gläubiger ehemals gegen eine Leistung in Geld auf den Gegenstand verzichtet hat. Der Aufwand des Schuldners ist im Verhältnis zum vertraglichen Austauschverhältnis wegen der Unfreiwilligkeit der übernommenen Leistungspflicht, dem unverschuldeten Restitutionshindernis und unter Berücksichtigung des Rücktrittsgrunds erheblich zu mindern. In der Summe der Faktoren, die den Rückgewährschuldner begünstigen, kann kein Aufwand verlangt werden, der 100% des Leistungsinteresses des Gläubigers übersteigt. Will der Gläubiger den Gegenstand zurückerhalten, ist sein Leistungsinteresse in der Regel in Höhe der Gegenleistung anzusetzen. Dabei muss dem Gläubiger die Geltendmachung etwaiger entgangener Gewinne oder sonstiger Folgeschäden wegen seiner mangelhaft erbrachten Leistung verwehrt werden.[102] Da sich nunmehr sowohl der zu erbringende Aufwand als auch eine eventuelle Wertersatzpflicht gem. § 346 Abs. 2 S. 2 BGB an der Gegenleistung orientiert, kann der Schuldner wählen, ob er dem Gläubiger den Betrag unmittelbar in Form eines Wertersatzes zuwendet oder mittelbar, indem er die Beeinträchtigung beseitigt bzw. den Gegenstand zurück erwirbt. Nur durch die Annahme eines groben Missverhältnisses bei einem Aufwand in Höhe der Gegenleistung wird für den Schuldner der *status quo ante* erreicht. Würde von ihm ein höherer Aufwand abverlangt, müsste er u.U. mehr aufwenden, als er in Form der Gegenleistung vom Gläubiger zurückbekommt. Dies kann im Hinblick auf die nicht ordnungsgemäße Leistung des Rückgewährgläubigers und das unverschuldet eingetretene Restitutionshindernis nicht überzeugen. Zwar soll die Wertersatzpflicht für Belastungen und Veräußerungen – anders als bei den übrigen in § 346 Abs. 2 BGB genannten Restitutionshindernissen – nicht entfallen, damit der Schuldner keinen Vorteil aus dem rückabzuwickelnden

102 Diesbezüglich steht ihm wegen des fehlenden Verschuldens des Schuldners auch kein Schadensersatzanspruch zu.

Vertrag ziehen kann. Er soll aber auch nicht gegenüber dem Gläubiger benachteiligt werden, da die Anstrebung des *status quo ante* wegen der Mangelhaftigkeit des Leistungsgegenstands für den Rückgewährschuldner vorrangig vor der des Rückgewährgläubigers zu behandeln ist. Der Schuldner hat also auch dann ein Wahlrecht zwischen der Beseitigung der Belastung bzw. der Rückgängigmachung der Weiterveräußerung, wenn der Gläubiger an der (unbelasteten) Rückgewähr interessiert ist.

(4) Etwas anderes muss dann gelten, wenn der Rückgewährschuldner als Rücktrittsberechtigter die unbeeinträchtigte Rückgewähr des Gegenstands verschuldet herbeigeführt hat. Vorausgesetzt wird auch hier, dass der Gläubiger ein Interesse an der (unbeeinträchtigen) Rücknahme des Gegenstands hat, da ansonsten dem Schuldner ohnehin ein Wahlrecht zwischen der Rückgewähr und dem Wertersatz zustünde. Beruht die Beeinträchtigung der Rückgewähr auf einem Umstand, den der Rücktrittsberechtigte zu vertreten hat, ohne dass er selbst schuldhaft gehandelt hat[103], ist es angemessen, wenn er mehr als 100% – gestaffelt nach dem jeweiligen Verschuldensgrad – aufwenden muss, ehe er sich auf eine Leistungsbefreiung gem. § 275 Abs. 2 BGB berufen kann. Da der Rücktrittsberechtigte wegen § 346 Abs. 3 S. 1 Nr. 3 BGB bei einer Verschlechterung des Rückgewährgegenstands nur für die *diligentia quam in suis* haftet, ist in diesem Fall die leicht fahrlässig verursachte Restitutionsstörung als „unverschuldet“ anzusehen. Im Hinblick auf § 346 Abs. 3 S. 1 Nr. 1 BGB hat der Rückgewährschuldner eine Verarbeitung bzw. Umgestaltung erst bei vorsätzlichem Handeln verschuldet.

(5) Ist der Rückgewährschuldner der Rücktrittsgegner, ist die Grenze, wann ein grobes Missverhältnis erreicht ist, einheitlich für alle Restitutionshindernisse festzulegen, da die Wertungen der Nr. 1 und 3 des § 346 Abs. 3 BGB in diesem Fall nicht gelten. Da der Rückgewährschuldner – zumindest beim gesetzlichen Rücktritt – vorwerfbar den Rücktrittsgrund gesetzt hat, ist sein zu erbringender Aufwand bei bestehendem Rückgewährinteresse des Rückgewährgläubigers höher anzusetzen, als wenn er Rücktrittsberechtigter wäre.

(6) Wurde in der Fallkonstellation unter (5) die unbeeinträchtigte Rückgewähr des Gegenstands durch den Rückgewährschuldner als Rücktrittsgegner verschuldet herbeigeführt, erhöht sich der Leistungsaufwand im Verhältnis zum jeweiligen Verschuldensgrad.

cc) Ergebnis

Unter Berücksichtigung der in § 275 Abs. 2 BGB genannten Faktoren – Inhalt des Schuldverhältnisses, Vertretenmüssen und Treu und Glauben – ergibt sich für das

---

103 Gemeint sind damit die Fälle der Zurechnung des Verschuldens Dritter nach § 278 BGB.

Rückabwicklungsverhältnis ein modifizierter Maßstab, der bei den dem Rückgewährschuldner zumutbaren Aufwendungen zugrunde zu legen ist.

III. Fristsetzung zur Rückgewähr in Natur

Fraglich ist, ob es zum Schutz des Rückgewährgläubigers – dem Ansatz von *Benicke* folgend – erforderlich ist, die Möglichkeit des Rückgewährschuldners, statt Wertersatz den Gegenstand in Natur zurückzugewähren, durch eine Frist zu begrenzen. In den Fallkonstellationen, in denen der Rückgewährschuldner den Gegenstand (unbeeinträchtigt) zurückgewähren muss, da die Grenze des § 275 Abs. 2 BGB nicht erreicht wird, kann ihm der Gläubiger eine Frist zu Leistung setzen und nach erfolglosem Ablauf Schadensersatz statt der Leistung gem. §§ 280 Abs. 1, 3, 281 BGB fordern, wobei das Verschulden des Rückgewährgläubigers nach § 280 Abs. 1 S. 2 BGB gesetzlich vermutet wird. Nach § 281 Abs. 4 BGB ist der Anspruch auf die Leistung ausgeschlossen, sobald der Gläubiger statt der Leistung Schadensersatz verlangt hat. Die später erbrachte Primärleistung stellt keine Erfüllung i.S.d. § 362 Abs. 1 BGB mehr dar. Dem Interesse des Rückgewährgläubigers ist damit ausreichend Rechnung getragen. Fraglich ist, wie es sich verhält, wenn dem Rückgewährschuldner ein Wahlrecht zwischen der Rückgewähr und dem Wertersatz zusteht. Ein solches Recht steht ihm nach der hier vertretenden Ansicht einerseits dann zu, wenn der Gläubiger auf den Gegenstand verzichtet und sich der Schuldner bei nur geringem Aufwand auf die Einrede des § 275 Abs. 2 BGB berufen kann. Andererseits kann ein solches Recht in dem Fall gegeben sein, in dem der tatsächliche den zu leistenden Aufwand übersteigt und sich der Schuldner auf § 275 Abs. 2 BGB beruft. Das Wahlrecht des Rückgewährschuldners könnte eine Wahlschuld i.S.d. §§ 262 ff. BGB, eine elektive Konkurrenz oder eine Ersetzungsbefugnis darstellen. Eine elektive Konkurrenz ist gegeben, wenn dem Gläubiger wahlweise mehrere, inhaltlich verschiedene Rechte zustehen.[104] Da es sich bei der vorliegenden Situation aber nicht um den Gläubiger handelt, der etwas fordern oder gestalten kann, sondern vielmehr um einen Schuldner, der etwas leisten muss, scheidet eine elektive Konkurrenz aus. Die Ersetzungsbefugnis unterscheidet sich von der Wahlschuld dadurch, dass die Schuld von vornherein einen bestimmten Inhalt hat. Dabei ist der Schuldner berechtigt, anstelle der an sich geschuldeten Leistung eine andere Leistung an Erfüllungs Statt zu erbringen. Bei dem Wahlrecht des Schuldners anstelle der unbeeinträchtigen Rückgewähr des Leistungsgegenstands einen Wertersatz zu erbringen, ist der Inhalt der Schuld von vornherein bestimmt. Der Schuldner muss

104 *Heinrichs*, in: Palandt, § 262 Rn 6; *Krüger*, in: MüKo, § 262 Rn 11.

grundsätzlich die unbeeinträchtigte Rückgewähr des Gegenstands leisten und hat bei berechtigter Erhebung der Einrede aus § 275 Abs. 2 BGB die Möglichkeit, seine Schuld durch die Leistung eines Wertersatzes zu erfüllen. Zwar ist die Ersetzungsbefugnis nicht wie im Regelfall vertraglich vereinbart, sondern ergibt sich aus der gesetzlichen Kombination der Rückgewähr- und Wertersatzpflicht. Dies kann aber auf die Wirkung einer Leistung an Erfüllungs Statt gem. § 364 BGB keinen Einfluss haben, da die Interessenlage vergleichbar ist. Bei einem erklärten Verzicht des Rückgewährgläubigers mit anschließender Berufung des Schuldners auf die Einrede des § 275 Abs. 2 BGB kann zudem konkludent eine Vereinbarung über die Ersetzungsbefugnis gesehen werden. Erhebt der Schuldner die Einrede wegen Erreichens eines groben Missverhältnisses, wird das Einverständnis des Gläubigers an einer Leistung an Erfüllungs Statt fingiert, da er ansonsten gar nichts erhalten würde. Fraglich ist, wie sich die Einordnung des Wahlrechts auf die Frage nach einer Fristsetzung des Gläubigers auswirkt. Bei der Ersetzungsbefugnis ist Rechtsgrund der Leistung das ursprüngliche Schuldverhältnis. Der Gläubiger kann also auch hier dem Schuldner eine Frist zur Herbeiführung des Leistungserfolgs setzen und nach deren erfolglosem Ablauf Schadensersatz statt der Leistung nach §§ 280 Abs. 1, 3, 281 BGB fordern. Dadurch wird die Möglichkeit des Schuldners, seine Leistungspflicht mit einer Rückgewähr des Gegenstands in Natur zu erfüllen, ausgeschlossen und so dem Interesse des Rückgewährgläubigers ausreichend Rechnung getragen.

IV. Ergebnis

Grundsätzlich hat der Rückgewährschuldner den empfangenen Gegenstand an den Rückgewährgläubiger zurückzugewähren. Ist eine (unbeeinträchtigte) Rückgewähr nicht möglich, hat sich der Rückgewährschuldner – außer in den Fällen des Untergangs und des Verbrauchs – bis zur modifizierten Grenze des § 275 Abs. 2 BGB um die Rückgängigmachung der Beeinträchtigung bzw. um einen Rückerwerb zu bemühen. Der Rückgewährgläubiger kann ihm dafür eine angemessene Frist setzen und nach deren erfolglosem Ablauf Schadensersatz statt der Leistung gem. §§ 280 Abs. 1, 3, 281 BGB verlangen.

C. Gegenleistungsgefahr

Fraglich ist, welche der Parteien im Rückabwicklungsverhältnis die Preis- bzw. Gegenleistungsgefahr trägt. Die Gegenleistungsgefahr entsteht, wenn durch die Ausübung des Rücktritts das Rückabwicklungsverhältnis mit neuen Leistungspflichten, die auf die Rückgewähr der einst empfangenen Leistungen gerichtet sind, begründet wird. Neben der Sachgefahr wird dann durch die Verteilung der Gegenleistungsgefahr entschieden, welche der Parteien die wirtschaftliche Einbuße für die Beeinträchtigung des Rückgewährgegenstands zu tragen hat.

I. Die Pflicht zum Wertersatz als Regelung der Gegenleistungsgefahr

Grundsätzlich trägt der Rückgewährschuldner die Gefahr dafür, seine ehemals hingegebene Leistung, die nunmehr als Gegenleistung zur Rückgewähr des Gegenstands anzusehen ist, nicht oder nur gekürzt zurück zu erhalten. Diese Gefahrtragung kommt dadurch zum Ausdruck, dass der Schuldner, soweit er von seiner Verpflichtung zur unversehrten Rückgewähr des Gegenstands befreit ist, grundsätzlich zum Wertersatz gem. § 346 Abs. 2 BGB verpflichtet ist. Mit dieser Forderung auf Wertersatz kann der Rückgewährgläubiger seine Pflicht zur Rückgewähr gem. § 346 Abs. 1 BGB der ehemals erbrachten, in der Regel in Geld bestehenden Gegenleistung durch Aufrechnung gem. § 387 BGB ganz oder zum Teil zum Erlöschen bringen.[105] Der Rückgewährschuldner trägt also die Gegenleistungsgefahr und erleidet dann eine finanzielle Einbuße für die Beeinträchtigung des Rückgewährgegenstands, wenn er seine ehemals erbrachte Leistung nicht oder nur gekürzt zurückerhält. Umgekehrt trägt der Rückgewährgläubiger den wirtschaftlichen Verlust, wenn er die erhaltene Gegenleistung gem. § 346 Abs. 1 BGB an den Schuldner zurückzahlen muss, für den untergegangenen oder verschlechterten Gegenstand jedoch keinen Wertersatz nach § 346 Abs. 2 BGB erhält. Sobald also die Pflicht zum Wertersatz wegen Vorliegen eines der in § 346 Abs. 3 BGB aufgeführten Tatbestände ausgeschlossen ist, wird die Gegenleistungsgefahr vom Rückgewährschuldner auf den -gläubiger verlagert. Entscheidend für die Verteilung der Gegenleistungsgefahr ist mithin, ob eine Pflicht des Rückgewährschuldners zum Wertersatz gem. § 346 Abs. 2 BGB besteht oder gem. § 346 Abs. 3 BGB ausgeschlossen ist. Damit übernehmen die Absätze 2 und 3 des § 346 BGB im Rückabwicklungsverhältnis korrespondierend die Funktion, die

105 Die Forderungen – einerseits auf Rückgewähr der Gegenleistung gem. § 346 Abs. 1 BGB und andererseits auf Wertersatz gem. § 346 Abs. 2 BGB – stehen sich im Rückabwicklungsverhältnis in der Regel aufrechenbar gegenüber, § 387 BGB. Der Rückgewährschuldner und -gläubiger stehen sich zunächst gegenseitig gegenüber. Die Forderungen sind auch gleichartig. Der Wertersatz gem. § 346 Abs. 2 BGB ist in Geld geschuldet. Ebenso wird in der Regel die Gegenleistung in Geld bestehen. Da beide Forderungen mit Ausübung des Rücktritts fällig werden, können sowohl der Rückgewährschuldner als auch der -gläubiger die Aufrechnung gem. § 388 BGB erklären.

§ 326 Abs. 1 und 2 BGB im vertraglichen Austauschverhältnis zukommt. Ebenso wie § 326 Abs. 1 S.1 Hs. 2 BGB für den Fall der Teilleistung die Minderung des Anspruchs auf die Gegenleistung im Verhältnis zum Wert der noch möglichen Teilleistung bestimmt, muss der Rückgewährschuldner nur für den Teil Wertersatz leisten, den er nicht zurückgewähren kann.[106]

II. Umfang des Wertersatzes, § 346 Abs. 2 S. 2 BGB

Da sich der Rückgewährgläubiger von der Pflicht zur Rückgewähr der Gegenleistung in der Höhe befreien kann, in der sich sein Anspruch auf Wertersatz gegen den Rückgewährschuldner beläuft, ist für die Frage nach der Gegenleistungsgefahr von Bedeutung, welchen Umfang die Wertersatzpflicht hat.

1. Entwicklung der Wertersatzpflicht und Gesetzesbegründung

Bei der Schaffung des BGB im Jahre 1900 ging der Gesetzgeber davon aus, dass die Ermittlung des zu vergütenden Werts zu „misslichen Schwierigkeiten" führen könne und entschied sich aus Gründen der Beweisökonomie gegen eine Wertersatzlösung.[107] Der Rücktritt war nach den §§ 351-353 BGB a.F. ausgeschlossen, wenn der Rückgewährschuldner wegen verschuldeten Untergangs (§ 351 BGB a.F.) oder aufgrund eines ähnlichen Tatbestands (§§ 352, 353 BGB a.F.) zu einer Rückgewähr der empfangenen Sache in Natur außerstande war. Lediglich bei zufälligem Untergang der empfangenen Sache blieb der Rücktritt gem. § 350 BGB a.F. möglich. Im Viehmängelrecht fanden hingegen gem. § 487 Abs. 2 BGB a.F. die den Ausschluss des Rücktritts regelnden §§ 351-353 BGB keine Anwendung und der Käufer hatte statt der Rückgewähr den Wert des Tieres zu vergüten. Ebenso wenig war die Widerrufsmöglichkeit des Verbrauchers bei einer Verschlechterung, einem Untergang oder einer anderweitigen Unmöglichkeit der Herausgabe des empfangenen Gegenstands eingeschränkt. Im Falle einer zu vertretenden Beeinträchtigung musste der Verbraucher bei Rückabwicklung des Vertrags die Wertminderung oder den Wert ersetzen, § 3 Abs. 1 S. 2 HausTWG a.F., § 7 Abs. 4 VerbrKrG a.F.

Durch die Schuldrechtsreform 2002 wurde die bis dahin geltende Ausschlusslösung beim Rücktritt durch ein Modell, das als „Rückabwicklung dem Werte nach" bezeichnet wird, ersetzt. Dadurch werden die Regelungen zum

106 § 326 Abs. 1 S. 2 BGB findet im Rücktrittsrecht hingegen keine Entsprechung, da der Rückgewährschuldner zur Rückgewähr der empfangenen Leistung und nicht zur Erbringung einer mangelfreien Leistung verpflichtet ist.

107 Mot. II, S. 231.

früheren Verbraucherrecht übernommen und im Ergebnis dem gemeinen Recht gefolgt.[108] Als Begründung für diese Änderung im Rücktrittsrecht wird angeführt, dass der Rücktrittsberechtigte auch dann zum Rücktritt berechtigt sein soll, wenn er zur Rückgewähr der empfangenen Leistung außerstande ist. Dabei war zur Bestimmung des Wertersatzes ursprünglich vorgesehen, dass „die Gegenleistung an die Stelle des Wertersatzes tritt, wenn eine solche im Vertrag bestimmt ist".[109] Auf einen Antrag des Bundesrats, dem sich die Bundesregierung anschloss, wurde die Vorschrift dahingehend abgeändert, dass wenn „im Vertrag eine Gegenleistung bestimmt (ist), sie bei der Berechnung des Wertersatzes zugrunde zu legen (ist)". Diese Änderung erfolgte als Reaktion auf die in der Literatur hervorgebrachte Kritik, dass bei mangelhafter Ware das Äquivalenzgefüge von Leistung und Gegenleistung gestört sei und der Käufer ansonsten bei einem Rücktritt schlechter stünde als bei einer Minderung.[110] Demzufolge stellte der Bundesrat klar, dass bei der Berechnung des Wertersatzes nach § 346 Abs. 2 S. 2 BGB eine „mangelhafte Leistung vorausgesetzt" werde.[111] Tritt der Rückgewährschuldner wegen eines Mangels zurück und kann er die empfangene Sache nicht mehr oder nur noch in verschlechtertem Zustand herausgeben, so ist seine Wertersatzpflicht herabzusetzen.[112] Bei einer mangelhaften Leistung ist das Äquivalenzverhältnis der ursprünglichen Leistung gestört, so dass eine entsprechend §§ 441 Abs. 3, 638 Abs. 3 BGB geminderte Gegenleistung an die Stelle des Wertersatzes tritt.[113] Als Ausgangspunkt soll die Gegenleistung als der Wert einer mangelfreien Leistung gelten und der Wertersatz unter Berücksichtigung des tatsächlich vorhandenen Mangels bestimmt werden.[114] Grundsätzlich wird damit an den vertraglichen Bewertungen festgehalten, da nach der Gesetzesbegründung die aufgetretene Störung allein die Rückabwicklung, nicht aber die von den Parteien privatautonom ausgehandelte Entgeltabrede betreffe. Die objektiven Wertverhältnisse i.S.d. § 818 Abs. 2 BGB sollen erst dann maßgeblich sein, wenn eine vertragliche Gegenleistung fehlt oder wenn wegen

108 BT-Drs. 14/6040, S. 194. Bereits in dem im 2. Jhd. v. Chr. geltenden Recht behielt der Käufer bei verschuldetem Untergang der empfangenen Sache die Möglichkeit der *actio redhibitoria* und musste für die untergegangene Sache einen Ersatz leisten, vgl. *Windscheid*, Pandektenrecht (1891), Bd. II, § 394, S. 441; *Dernburg*, Pandekten II (1903), § 101 Fn 10, S. 280; *Leser* (1975), S. 47.

109 Vgl. *Canaris*, Schuldrechtsreform 2002, S. XXXVIII.

110 *Hager*, in: Ernst/Zimmermann, S. 429, 450; bereits zuvor *Kohler*, WM 1993, 54, 54 f.

111 BR-Drs. 338/01, S. 41 zu Nr. 71.

112 *Canaris*, Schuldrechtsreform 2002, S. XXXIX.

113 *Gaier*, WM 2002, 1, 5 (Fn. 52).

114 So der Bundesrat zum Entwurf des SchuModG, BT-Drs. 14/6857, Anlage 2, Nr. 71 zu § 346 Abs. 2 S. 2, S. 22.

Vorliegens eines Anfechtungsgrundes nach §§ 119 Abs. 2, 123 BGB die Entgeltabrede beeinträchtigt ist.[115]

2. Kritik der Literatur

Die Regelung des § 346 Abs. 2 S. 2 BGB ist im Schrifttum auf Kritik gestoßen.[116] Gegen ein Zugrundelegen der vereinbarten Gegenleistung bei Berechnung des Wertersatzes wird hervorgebracht, dass dadurch das Äquivalenzverhältnis des Vertrags aufrechterhalten bleibe. So werde verhindert, dass sich der Zurücktretende von dem geschlossenen Vertrag und damit von der ausgehandelten Entgeltabrede lösen könne. Als Folge werde der Rückgewährschuldner am Vertrag festgehalten und ihm verblieben die Nachteile eines ungünstigen Geschäfts.[117] Umgekehrt werde es ihm ermöglicht, trotz Untergangs des Rückgewährgegenstands ein für ihn günstiges Äquivalenzverhältnis aufrecht zu erhalten. Einer solchen Vorgehensweise widerspreche insbesondere, dass bei einer Rückabwicklung der empfangenen Leistungen in Natur die ausgehandelte Entgeltabrede gerade nicht aufrechterhalten werde.[118] Werde nämlich die empfangene Leistung zurückgewährt, erhalte der Rückgewährgläubiger diese Leistung gem. § 346 Abs. 1 BGB zurück und müsse seinerseits die empfangene Gegenleistung zurückgeben. Sei die Sache bspw. mit Gewinn verkauft worden, erhalte der Käufer das über den Wert der Sache zuviel Gezahlte bei Rückgewähr des vereinbarten Kaufpreises zurück. Sei die Sache hingegen beim Käufer untergegangen und schulde er einen Wertersatz in Höhe der vereinbarten Gegenleistung, so verbliebe der Gewinn beim Verkäufer. Dies sei für den Verkäufer ein unverdientes Geschenk.[119] Die Wertersatzpflicht verfolge dasselbe Ziel wie eine Rückgewähr des Erlangten in Natur – nämlich die Wiederherstellung des *status quo ante contractum* – und es sei deshalb nicht sachgerecht, dass sie zu unterschiedlichen Ergebnissen gelangten. Auch gehe es beim Rückritt um die Herstellung des Zustands vor Vertragsschluss und damit gebe es keine Rechtfertigung, sich an den Äquivalenzvorstellungen der Parteien zu orientieren. Ein Aufrechterhalten der Vertragsäquivalenz – auch nur partiell bei Mangelhaftigkeit der Leistung – widerspreche daher dem essentiellen Ziel des Rücktritts.[120]

---

115 BT-Drs. 14/6040, S. 196.

116 *Gaier*, in: MüKo, § 346 Rn 44; *Kohler*, JZ 2002, 682, 685 ff.; *Kaiser*, JZ 2001, 1057, 1059; *Hager*, in: AnwKomm, § 346 Rn 42 f.; *Faust*, in: Huber/Faust, S. 251.

117 *Faust*, in: Huber/Faust, S. 251; *Kaiser*, JZ 2001, 1057, 1059; *dies.*, in: Westermann, S. 191 mit Verweis auf die Kritik zu § 346 S. 2 BGB a.F. (*Leser* (1975), S. 170).

118 *Faust*, in: Huber/Faust, S. 251.

119 *Kaiser*, in: Westermann, S. 193, ähnlich *Faust*, in: Huber/Faust, S. 251, 252.

120 *Gaier*, in: MüKo, § 346 Rn 44; *Kohler*, JZ 2002, 682, 689.

Darüber hinaus stehe einem Zugrundelegen der vertraglich vereinbarten Gegenleistung bei der Berechnung des Wertersatzes entgegen, dass damit der Rücktritt wegen eines Sachmangels in den Rechtsfolgen nicht über die einer Minderung hinausgehe.[121] Gehe ein mangelhafter Rückgewährgegenstand beim Käufer durch einen Umstand unter, den er nach Maßgabe des § 346 Abs. 3 S. 1 Nr. 3 BGB zu vertreten habe, müsse Letzterer den vollen Kaufpreis entrichten, um den bereits gezahlten Kaufpreis zurückzuerhalten.[122] In den Fällen des vollständigen Untergangs ginge der Käufer bei einem Rücktritt mithin vollkommen leer aus. Durch die Anordnung einer an der vertraglichen Gegenleistung orientierten Wertersatzpflicht werde so quasi ein Ausschluss des Rücktrittsrechts des Käufers herbeigeführt. Obgleich der Gesetzgeber dieses Ergebnis mit der Abschaffung des § 351 BGB a.F. beseitigen wollte, bliebe der Empfänger somit auf die Minderung beschränkt.[123] Ebenso stünde der Rückgewährschuldner wie nach einer erfolgten Minderung, wenn er wegen eines Sachmangels zurücktrete und sich die mangelhafte Sache verschlechtert habe, ohne dass dies eine Folge des Mangels war. Dann nämlich bezahle der Schuldner im Ergebnis den Preis der teilweisen mangelhaften Sache.[124] Auch in dem Fall, in dem der Käufer einen den Wert der intakten Sache übersteigenden Preis akzeptiere und sie anschließend veräußere, wäre ein mangelbedingter Rücktritt nur gegen Bezahlung des höheren Kaufpreises möglich. Damit würde das für den Käufer ungünstige Preis-Leistungs-Verhältnis fortgesetzt.[125] Im Ergebnis bestehe sogar die Gefahr, dass er wirtschaftlich schlechter stünde als nach erklärter Minderung. Zwar könne er sich der unliebsamen Sache entledigen, daneben könne ihn aber der Verkäufer zur Nutzungsherausgabe verpflichten. Nur wenn die Kosten, die der Käufer für die empfangene Sache aufgewandt habe, die zu erstattenden Gebrauchsvorteile übersteigen, sei es für ihn günstiger vom Vertrag zurückzutreten. Würde er in den sonstigen Fällen auf die Minderung verwiesen, bedeute dies, ihn bei zwei gesetzlich vorgesehenen Rechten auf nur eins zu beschränken.[126] Dies widerspreche dem Regelungsplan der Gewährleistungsrechte aus §§ 437, 634 BGB, der eine effektive Alternativität von Rücktritt und Minderung unabhängig davon gewähren soll, ob eine Restitution des mangelhaft Geleisteten ungestört möglich sei.[127]

Als Grundlage zur Bemessung des Wertersatzes könne vielmehr nur der objektive Wert der Sache gelten, wenn das vertragliche Äquivalenzgefüge durch

121 *Hager*, in: Ernst/Zimmermann, S. 429, 451; *Kaiser*, in: Westermann, S. 193.
122 *Hager*, in: Ernst/Zimmermann, S. 429, 450.
123 *Motsch*, JR 2002, 221, 224 mit Verweis auf *Kohler*, WM 1993, 45, 54.
124 *Hager*, in: AnwKomm, § 346 Rn 43.
125 *Hager*, in: Ernst/Zimmermann, S. 429, 451.
126 *Hager*, in: Ernst/Zimmermann, S. 429, 450.
127 *Kohler*, JZ 2002, 682, 688; a.A. wohl *Gaier*, WM 2002, 1, 9 .

eine mangelhafte Leistung verletzt sei. Da die Formulierung des § 346 Abs. 2 S. 2 BGB keine Anwendung der Minderungsgrundsätze der §§ 441 Abs. 3, 638 Abs. 3 BGB voraussehe, sei diese Norm nicht auf solch gestörte Äquivalenzverhältnisse zugeschnitten. Dies insbesondere vor dem Hintergrund, dass der Gesetzgeber ansonsten – wie bspw. bei § 326 Abs. 1 S. 1 Hs. 2 BGB – seinen ausdrücklichen Willen zur Anwendung dieser Normen geäußert habe. Ein solcher Hinweis befinde sich in § 346 Abs. 2 S. 2 BGB hingegen nicht, so dass die §§ 441 Abs. 3, 638 Abs. 3 BGB schon deswegen nicht bei der Berechnung des Wertersatzes Anwendung finden könnten.[128]

Schließlich spreche gegen die Regelung des § 346 Abs. 2 S. 2 BGB, dass bei einem solchen generellen Zugrundelegen der vertraglichen Gegenleistung zur Bestimmung des Wertersatzes nicht ausreichend zwischen den verschiedenen Gründen, auf denen ein Rücktritt basieren kann, differenziert werde. Soweit der Rücktritt darauf begründet sei, dass das subjektive Äquivalenzverhältnis gestört sei, dürfe dieses nicht zur Grundlage des Wertersatzanspruchs gemacht werden. Eine solche Störung ergebe sich nicht nur bei einer mangelhaften Leistung, sondern liege darüber hinaus auch bei anderen gesetzlichen Rücktrittsrechten wie bei einer Störung der Geschäftsgrundlage nach § 313 BGB vor. Auch der vom Gesetzgeber empfohlene Ausweg bei Verfehltheit des vertraglichen Wertmaßstabs auf das Bereicherungsrecht über eine Anfechtung nach §§ 119 Abs. 2, 123 BGB auszuweichen, sei untauglich. Denn in Gewährleistungsfällen sei § 119 Abs. 2 BGB nach Gefahrübergang nach ganz herrschender Ansicht nicht zu Gunsten des Gewährleistungsberechtigten anwendbar, wenn sich die verkehrswesentliche Eigenschaft auf ein Merkmal beziehe, das zugleich die Mangelhaftigkeit der Leistung begründe.[129] Eine auf § 123 BGB gestützte Anfechtung sei zwar grundsätzlich möglich, aber die Voraussetzungen für den Berechtigten in der Regel schwer zu beweisen. Darüber hinaus würde eine Anfechtung den Käufer zwingen, auf einen eventuellen Schadensersatz zu verzichten.[130]

128 *Kohler*, JZ 2002, 682, 687; *Schwab/Witt*, S. 358.
129 *Kohler*, JZ 2002, 682, 689; *Hager*, in: Ernst/Zimmermann, S. 429, 451.
130 *Hager*, in: Ernst/Zimmermann, S. 429, 451.

3. Lösungen in der Literatur

Diese Kritik wird in der Literatur fast einheitlich hervorgebracht.[131] Bei den vorgeschlagenen Lösungen zur Anwendbarkeit des § 346 Abs. 2 S. 2 BGB bestehen hingegen Divergenzen.[132]

Nach überwiegender Ansicht soll die sich nach der geminderten Gegenleistung zu bemessende Wertersatzpflicht nur bei gegenständlich nicht rückgabefähigen Leistungen i.S.d. § 346 Abs. 2 S. 1 Nr. 1 BGB anwendbar sein.[133] Die Regelung entspreche der h.M. zu § 346 S. 2 Hs. 2 BGB a.F. und sei auf dessen Anwendungsbereich zu beschränken. Nur soweit also die Rückgabe von Diensten oder sonstigen Leistungen ihrer Natur nach unmöglich sei, könne eine Bemessung der Wertersatzpflicht an der vertraglichen Gegenleistung erfolgen.[134] Bei anderen Restitutionsstörungen i.S.d. § 346 Abs. 2 S. 1 Nr. 2 und 3 BGB sei es hingegen angemessen, anstelle einer geminderten Gegenleistung den objektiven Wert der Sache i.S.d. § 818 Abs. 2 BGB zu ersetzen.

Zum Teil wird daneben erwogen, dass § 346 Abs. 2 S. 2 BGB lediglich eine Vermutung dafür aufstelle, dass der vereinbarte Preis deckungsgleich mit dem

---

131 Lediglich *Benicke* (ZGS 2002, 369, 375) befürwortet die Regelung des § 346 Abs. 2 S. 2 BGB, da hierdurch die mit der Feststellung des objektiven Werts verbundenen Schwierigkeiten umgangen würden. Zudem hätten handelbare Gegenstände keinen festen Marktwert und die Vereinbarung der Parteien über den Preis für einen Gegenstand stelle in der Regel die beste Annäherung an den Marktpreis dar.

132 Übereinstimmung besteht darüber, dass bei Rückabwicklung eines Verbrauchervertrags § 346 Abs. 2 S. 2 Hs. 1 BGB dahingehend teleologisch reduziert werden müsse, dass *stets* nur der objektive Wert zu ersetzen sei. Dies ergäbe sich daraus, dass der Verbraucher vor Vertragsschluss noch nicht die Möglichkeit hatte, Preiswürdigkeit, Qualität, persönlichen Bedarf und eventuelle Alternativen zu überprüfen. Damit beruht die Äquivalenzvereinbarung gerade nicht auf einer privatautonomen Richtigkeit, weswegen allein ein objektiver Maßstab bei der Bemessung der Wertersatzpflicht angemessen sei. Bei unkörperlichen Leistungen i.S.d. § 346 Abs. 2 S. 1 Nr. 1 BGB, die ihrer Natur nach nicht herausgegeben werden könnten, habe der Verbraucher den Wert nur insoweit zu ersetzen, wie er noch bereichert ist. Dies begründe sich daraus, dass es mit dem Schutzzweck der Verbrauchervorschriften nicht vereinbar sei, wenn der Unternehmer seinen Absatzerfolg trotz des Widerrufs realisiere, indem er von dem Verbraucher eine relativ hohe, aber marktübliche Vergütung verlange, vgl. *Schwab/Witt*, S. 360; *Benicke*, ZGS 2002, 369, 375; *Bezzenberger*, in: Erman (2004), § 346 Rn 11; *Arnold/Dötsch*, NJW 2003, 187, 188.

133 *Kaiser*, JZ 2001, 1057, 1059; *Hager*, in: Ernst/Zimmermann, S. 429, 451.

134 *Motsch*, JR 2002, 221, 223; sowie *Hager*, in: AnwKomm, § 346 Rn 42, der einschränkend hinzufügt, dass § 346 Abs. 2 S. 2 BGB nur dann Maßstab zur Berechnung des Wertersatz sein dürfe, wenn der Rücktritt nicht aufgrund einer Pflichtverletzung erfolge.

geschuldeten Wertersatz sei.[135] Grundlage des Wertersatzes dürfe deswegen nicht die vertragliche Gegenleistung sein, sondern vielmehr der gemeine Wert, nämlich der Marktpreis der Ware, der häufig, aber nicht notwendig mit dem vereinbarten Preis übereinstimme.

Der Meinung anderer Vertreter zufolge ist zwar die Kritik an der Regelung des § 346 Abs. 2 S. 2 BGB berechtigt, aber ein Wertersatz, dessen Höhe sich am objektiven Wert des Leistungsgegenstands orientiert, weder mit dem Wortlaut des Gesetzes noch mit der Entstehungsgeschichte und dem Zweck vereinbar.[136] Aufgrund der klaren gesetzlichen Formulierung sei es ausgeschlossen, § 346 Abs. 2 S. 2 BGB als bloße Vermutung zu interpretieren, nach der das vereinbarte Entgelt im Zweifel dem objektiven Wert der Leistung gleich stehe.[137] Die Norm sei vielmehr *de lege lata* hinzunehmen, obgleich sie im Hinblick auf die in § 346 Abs. 2 S. 1 Nr. 2 und 3 BGB geregelten Restitutionsstörungen als rechtspolitisch verfehlt anzusehen sei.[138]

Daneben werden von einzelnen Vertretern teleologische Reduktionen des § 346 Abs. 2 S. 2 BGB mit unterschiedlichen Ergebnissen vorgeschlagen. So erwägt *Grüneberg*[139], beim gesetzlichen Rücktritt das vertragliche Entgelt um den Gewinnanteil zu kürzen. Der Gewinn stehe dem Rücktrittsgegner unter Wertungsgesichtspunkten nur zu, wenn er ordnungsgemäß erfüllt habe. Einem mangelhaft erbringenden Rücktrittsgegner könne dieser hingegen nicht belassen werden und sei deswegen bei der Bemessung des Wertersatzes abzuziehen.

Von *Canaris*[140] wird eine andere teleologische Reduktion des § 346 Abs. 2 S. 2 BGB befürwortet. Grundsätzlich solle die Vorschrift gewährleisten, dass im Rahmen der Rückabwicklung das zwischen den Parteien vereinbarte Verhältnis von Leistung und Gegenleistung unverändert bleibe und sie diene damit der Wahrung des subjektiven Äquivalenzprinzips und der Privatautonomie. Werde aber eine Sache unter dem Verkehrswert verkauft, müsse sich die Wertersatzpflicht

135 *Motsch*, JR 2002, 221, 225 mit Verweis auf den von *Kohler* (WM 1993, 45, 54) gemachten Vorschlag zur Vermutung.

136 *Gaier*, in: MüKo, § 346 Rn 44; *Benicke*, ZGS 2002, 369, 374; *Faust*, in: Huber/Faust, S. 251.

137 Nach *Motsch* (JR 2002, 221, 225 mit Verweis auf *Kohler* (in: WM 1993, 45, 54)) stellt § 346 Abs. 2 S. 2 BGB lediglich die Vermutung auf, dass der vereinbarte Preisdeckungsgleich mit dem geschuldeten Wertersatz sei. Deswegen sei nicht die vertragliche Gegenleistung die Grundlage des Wertersatzes, sondern der gemeine Wert, nämlich der Marktpreis der Ware, der häufig – aber nicht notwendig – mit dem vereinbarten Preis übereinstimme.

138 *Gaier*, in: MüKo, § 346 Rn 44; *Grothe*, in: Bamberger/Roth, § 346 Rn 46.

139 *Grüneberg* im Anschluss an *Heinrichs*, in: Palandt, § 346 Rn 10; a.A. *Gaier*, in: MüKo, § 346 Rn 45; *Röthel*, in: Erman, § 346 Rn 16; *Benicke*, ZGS 2002, 374.

140 *Canaris*, Schuldrechtsreform, XXXIX.

des Rücktrittsgegners bei einem durch Zahlungsverzug veranlassten Rücktritt an dem objektiven Wert der Sache und nicht an dem zu niedrigen Kaufpreis bemessen. Trete also der Rückgewährgläubiger, der eine Sache im Wert von 10.000,– € für 8.000,– € verkauft habe, wegen Zahlungsverzugs zurück, sei § 346 Abs. 2 S. 2 BGB infolge einer teleologischen Reduktion nicht anwendbar und der Wertersatz auf 10.000,– € zu bemessen.[141]

Schließlich geht *Kohler*[142] so weit, eine äußere teleologische Reduktion dergestalt vorzunehmen, dass § 346 Abs. 2 BGB stets unanwendbar sei, es sei denn, der Rückgewährpflichtige kannte die Rücktrittsmöglichkeit schon bei Begründung des Rücktrittsrechts oder der Rücktrittsgrund sei nicht durch eine Äquivalenzstörung veranlasst. Der Anspruch auf Wertersatz solle vielmehr auf bereicherungsrechtliche Normen gestützt werden. Der Rückgewährgläubiger habe einen neben den durch die Rücktrittserklärung ausgelösten Rechtsfolgen der §§ 346 ff. BGB eigenständigen Anspruch auf Wertersatz aus der *conditio ob causam finitam* (§ 812 Abs. 2 S. 2 Alt. 1 BGB), dessen Höhe sich nach § 818 Abs. 2 BGB richte. Unabhängig von der Höhe der vertraglich vereinbarten Gegenleistung sei somit stets der objektive Wert zu ersetzen. Zudem stehe dem Bereicherungsschuldner der Einwand der Entreicherung gem. § 818 Abs. 3 BGB zu, der ihm jedoch dann verwehrt sein müsse, wenn § 346 Abs. 3 S. 1 BGB die Einschränkung der rücktrittsrechtlichen Wertersatzpflicht vorsehe. Eine bereicherungsrechtliche Wertersatzhaftung könne somit trotz Fortfalls der Bereicherung entstehen, obwohl der Rückgewährpflichtige nicht bereicherungsrechtlich gem. §§ 818 Abs. 4, 819 f. BGB hafte. Der § 346 Abs. 3 S. 1 BGB schränke damit § 818 Abs. 3 BGB ein.

4. Stellungnahme

Einer teleologischen Reduktion bedarf es dann, wenn eine gesetzliche Regel entgegen ihrem Wortsinn, aber gemäß der *ratio legis* einer Einschränkung bedarf, die im Gesetzestext nicht enthalten ist. Dabei ist die nach dem Wortsinn zu weit gefasste Regel auf den ihr nach dem Regelungszweck und Sinnzusammenhang des Gesetzes zukommenden Anwendungsbereich zurückzuführen.[143] Maßgebend von Bedeutung für eine teleologische Reduktion sind demnach die Regelungsabsicht und die Zwecke des Gesetzgebers sowie die objektiv-teleologischen Kriterien. Die Rechtfertigung liegt dabei in dem Gebot der Gerechtigkeit, die von der Wertung her gebotenen Differenzierungen vorzunehmen.[144] Fraglich ist, ob,

141 *Canaris*, Karlsruher Forum 2002 – Schuldrechtsmodernisierung, S. 5, 20.

142 *Kohler*, JZ 2002, 682, 689/690.

143 *Larenz*, Methodenlehre, S. 391 ff., spricht insoweit von der „gesetzesimmanenten Rechtsfortbildung".

144 *Larenz*, Methodenlehre, S. 392, der an anderer Stelle (S. 348) ausführt, „dass die gesamte Rechtsordnung unter der verpflichtenden Anordnung der Idee der Gerech-

bemessen an diesen Kriterien, vorliegend das Erfordernis gegeben ist, den Anwendungsbereich des § 346 Abs. 2 S. 2 BGB entgegen dem Wortlaut auf die von der Literatur genannten Fallkonstellationen zu beschränken und ansonsten einen objektiven Wert bei der Berechnung des Wertersatzes zugrunde zu legen.

a) Rechtsgrundlage für den Ersatz des objektiven Werts

Dabei stellt sich vorab die Frage, welche Rechtsgrundlage bei der von der Literatur befürworteten teleologischen Reduktion des § 346 Abs. 2 S. 2 BGB für die Bestimmung des Wertersatzes nach objektiven Kriterien gelten soll.[145] Die Differenzierung in der Berechnungsweise des Wertersatzes unter Zugrundelegen der vertraglichen Gegenleistung und des objektiven Werts kann durch den Sinn und Zweck der einzuschränkenden Norm selbst, durch einer dem Zweck entsprechenden vorrangigen Norm oder durch ein für eine bestimmte Fallgruppe vorrangiges, dem Gesetz immanentes Prinzip geboten sein.[146] Der Rücktritt gilt als *lex specialis* zur Leistungskondiktion.[147] Nach § 818 Abs. 2 BGB ist bei einer im Rahmen der Rückabwicklung fehlgeschlagener Verträge auf der Beschaffenheit des Erlangten oder auf einem anderen Grund begründeten Unmöglichkeit der Herausgabe der objektive Wert der Sache zu ersetzen.[148] Rechtsgrundlage für die Bestimmung der Wertersatzpflicht aus § 346 Abs. 2 BGB könnte mithin – bei teleologischer Reduktion des Anwendungsbereichs – § 818 Abs. 2 BGB sein. Für eine in bestimmten Fallkonstellationen vorrangige Geltung des *lex generalis* vor dem spezielleren Recht des Rücktritts ist jedoch erforderlich, dass nach den oben genannten Kriterien eine teleologische Reduktion unumgänglich ist.

b) Regelungsabsicht des Gesetzgebers

Dafür ist zunächst fraglich, welche Regelungsabsicht der Gesetzgeber mit dem Zugrundelegen der vertraglichen Gegenleistung zur Berechnung des Wertersat-

---

tigkeit steht, aus der allein sich ihr Geltungsanspruch (im normativen) Sinn rechtfertigt."

145 Nach *Larenz*, Methodenlehre, S. 395, geht die Einschränkung einer Norm im Wege der teleologischen Reduktion vielfach mit der Ausdehnung des Anwendungsbereichs einer anderen Norm einher.

146 Vgl. *Larenz*, Methodenlehre, S. 392.

147 *v.Caemmerer*, FS Rabel (1954), S. 333, 342; *Reuter/Martinek*, S. 660; a.A. *Kohler*, JZ 2002, 682, 690, der eine generell neben dem Rücktrittsrecht bestehende Bereicherungshaftung befürwortet.

148 Vgl. die herrschende Meinung: BGHZ 5, 197, 201; 10, 171, 180; 17, 236, 240; 55, 128, 135; *Larenz*, in: FS v.Caemmerer (1978), 209, 218 ff.; *Lorenz*, in: Staudinger, § 818 Rn 26 f.

zes in § 346 Abs. 2 S. 2 BGB verfolgt. Im Hinblick auf die bereicherungsrechtliche Rückabwicklung, in dessen Rahmen gem. § 818 Abs. 2 BGB bei Unmöglichkeit der Herausgabe des Erlangten in Natur der objektive Wert zu ersetzen ist, ist zu folgern, dass sich der Gesetzgeber nicht wegen etwaig auftretender Schwierigkeiten bei der Ermittlung des objektiven Werts einer Sache, sondern aus anderen Gründen für eine Wertersatzlösung, die sich an der vertraglichen Gegenleistung orientiert, entschieden hat. Dies umso mehr, da das erklärte Ziel der Schuldrechtskommission war, eine Annäherung der Rückabwicklungsvorschriften beim Rücktritt und denen beim Bereicherungsrecht anzustreben.

Nach der Gesetzesbegründung sollte die bisherige Ausschlusslösung im Rücktrittsrecht durch ein „Modell der Rückabwicklung dem Werte nach" ersetzt werden. Daraus könnte zwar geschlossen werden, dass sich der Wertersatz im Rahmen der Rückabwicklung an dem objektiven Wert des Rückgewährgegenstands zu bemessen hat, da ansonsten eine „Rückabwicklung dem Werte nach" inhaltlich nicht erreicht wird. Die Rückabwicklung vollzieht sich nämlich erst in zweiter Linie dem Werte nach. Primär ist die vertraglich vereinbarte Gegenleistung zugrunde zu legen. Demnach hätte es „die Rückabwicklung der vertraglich vereinbarten Gegenleistung nach" betitelt werden müssen. Hiergegen spricht jedoch, dass der Gesetzgeber eine Rückabwicklung nicht nach dem Wert der Leistung i.S.d. Marktwerts anstrebt, sondern vielmehr der von den Parteien bemessene Wert der Leistung maßgeblich sein soll. Zu berücksichtigen ist dabei auch, dass der von den Parteien ausgehandelte Preis in der Regel eine Annäherung an den jeweiligen Marktwert des Gegenstands darstellt. Allein aufgrund des gewählten Titels des „Modells der Rückabwicklung dem Werte nach" kann mithin nicht auf eine einschränkende, den Anwendungsbereich des § 346 Abs. 2 S. 2 BGB betreffende Regelungsabsicht des Gesetzgebers geschlossen werden. Dies umso weniger, als sich der Gesetzgeber bei der Kodifikation dieser Norm der hervorgebrachten Kritik in der Literatur bewusst war.[149] Der vom Gesetzgeber verfolgte Regelungszweck liegt vielmehr darin, dass durch die Pflicht zum Wertersatz die Gefahr des Untergangs und des sonstigen Unvermögens zur Rückgewähr dem Rückgewährschuldner zugewiesen wird.[150] Die Wertersatzpflicht orientiert sich dabei an der vertraglichen Gegenleistung, um die berechtigten Interessen des

149 Die Kritik gegen eine Regelung im Rücktrittsrecht, die sich bei der Berechnung des Wertersatzes an der vertraglichen Gegenleistung orientiert, wurde bereits gegenüber dem Abschlussbericht der Schuldrechtskommission geäußert (vgl. *Kohler*, WM 1993, 54 f.). Gleichwohl sah der DiskE vor, dass die im Vertrag bestimmte Gegenleistung an die Stelle des Wertersatzes trete. Trotz einer Wiederholung der Kritik (*Hager*, in: Ernst/Zimmermann, S. 450 f.) wurde diese Vorschrift nicht geändert, vgl. *Hager*, in: AnwKomm, § 346 Rn 40.

150 BT-Drs. 14/6040, S. 194.

Rücktrittsgegners zu bewahren. Nur dann nämlich, wenn die Höhe des Wertersatzes für die vom Rücktrittsberechtigten empfangene, durch sein Verschulden untergegangene Sache mit derjenigen der Gegenleistung, die der Rückgewährgläubiger gem. § 346 Abs. 1 BGB zurückzugewähren hat, übereinstimmt, kann der Rücktrittsberechtigte im Ergebnis vom Rücktrittsgegner nichts verlangen.[151] Der Gesetzgeber will damit eine dem alten Recht vergleichbare Regelung schaffen, die bei Verschulden des Rücktrittsberechtigten quasi zum Ausschluss des Rücktrittsrechts führt. Wäre hingegen bei der Bestimmung des Wertersatzes der objektive Wert der Leistung zugrunde zu legen, so könnte im Einzelfall bei einer vom späteren Rückgewährgläubiger an den Rückgewährschuldner mit Gewinn verkauften Sache eine Pflicht zur Herausgabe des Gewinns bestehen, obwohl der Untergang durch Letzteren verschuldet war. Die Regelungsabsicht des Gesetzgebers steht demnach einer teleologischen Reduktion des § 346 Abs. 2 S. 2 BGB entgegen. Fraglich bleibt, ob es trotz des vom Gesetzgeber verfolgten Zwecks nach objektiv-teleologischen Kriterien und dem Gebot der Gerechtigkeit geboten ist, eine teleologische Reduktion vorzunehmen.

c) Sinn und Zweck des Rücktritts

Dafür sind der Sinn und Zweck der Rückabwicklung infolge ausgeübten Rücktritts in Abgrenzung zur denjenigen der bereicherungsrechtlichen Rückabwicklung von Bedeutung. Nach der Vorstellung des historischen Gesetzgebers wurde das Bereicherungsrecht als eine Art Billigkeitshaftung, gerichtet auf die Abschöpfung einer ungerechtfertigt im Vermögen des anderen verbliebenen Bereicherung konzipiert. Dabei wurden die Rechtsfolgen für die Rückabwicklung infolge Leistungs- und Nichtleistungskondiktion einheitlich geregelt. Die §§ 812 ff. BGB müssen demnach Regelungen für jegliche ungerechtfertigte Vermögensverschiebungen bereithalten.[152] Hingegen sind die Regelungen des Rücktritts speziell auf die Wiederherstellung des *status quo ante contractum* zugeschnitten. Im Unterschied zu dem Rückgewährschuldverhältnis der §§ 346 ff. BGB setzen die §§ 812 ff. BGB das ursprüngliche Schuldverhältnis nicht unter umgekehrten Vorzeichen fort, sondern begründen ein neues gesetzliches Schuldverhältnis. Dabei dient die Leistungskondiktion dazu, einen aufgrund einer bei Vertragsschluss vorliegenden Störung unwirksamen Vertrag rückabzuwickeln. Im Unterschied zum Bereicherungsrecht führt der Rücktritt nicht zur Nichtigkeit des Vertrags

151 BT-Drs. 14/6040, S. 195.

152 Nur der Rückabwicklungsanspruch der Leistungskondiktion gilt als Korrektur zum Recht der Güterbewegung (*v. Caemmerer*, in: FS Rabel (1954), S. 333, 342). Die Eingriffskondiktion knüpft hingegen daran, dass jemand aus einem fremden Recht einen Vorteil zieht und gehört damit wie das Deliktsrecht zum Rechtsgüterschutz.

und lässt damit die vertragliche Äquivalenzvereinbarung unberührt. Die Parteien haben bei Abgabe der Willenserklärung, die zum Vertragsschluss führte, für die vereinbarte Leistung einen in der Gegenleistungsbestimmung zum Ausdruck kommenden, für sie geltenden Wert vereinbart. Diesen Wert sahen die Parteien aufgrund des auf dem Grundsatz der Privatautonomie beruhenden freiheitlichen Willensentschluss nach ihrem Empfinden als angemessen an. Das durch den Rücktritt nunmehr angestrebte Lösen vom Vertrag gründet sich dabei nicht auf einer Fehleinschätzung der Leistung bei der Wertbemessung im Rahmen des Vertragsschlusses, sondern auf einer Störung bei der Vertragsdurchführung. Damit bestehen verschiedene Schutzfunktionen des Lösens vom Vertrag durch den Rücktritt wegen nicht oder nicht ordnungsgemäß erbrachter Leistung einerseits und durch Umstände, die die freie Willensbildung betreffen, andererseits. Beim Rücktritt kann somit der *status quo ante contractum* nicht losgelöst von der noch Geltung beanspruchenden Äquivalenzvereinbarung wiederhergestellt werden. Um diesem Ziel gerecht zu werden, muss demnach bei der Bemessung des Wertersatzes wegen Unmöglichkeit der Rückgewähr die vertraglich vereinbarte Gegenleistung als Maßstab zugrunde gelegt werden.

d) Interessenlage beim Rücktritt

Trotz des Umstands, dass sowohl die Regelungsabsicht des Gesetzgebers als auch der Sinn und Zweck des Rücktritts gegen eine teleologische Reduktion sprechen, bleibt fraglich, ob das Zugrundelegen der vertraglichen Gegenleistung bei der Bestimmung des Wertersatzes auch sachgerecht ist. Um zu einem interessensgerechten Ergebnis zu gelangen, muss dabei zum einen berücksichtigt werden, welche der Parteien zum Rücktritt berechtigt ist und zum anderen, welche Umstände zur Restitutionsstörung geführt haben. Entsprechend dieser Differenzierungen enthält § 346 BGB verschiedene Regelungen. Mit Ausnahme einiger Fallkonstellationen ist die Interessenlage beim Rücktritt je nachdem, ob der Rückgewährschuldner der Rücktrittsberechtigte oder der -gegner ist, unterschiedlich ausgestaltet.

aa) Gleichstellung vom Rücktrittsberechtigten und -gegner

Für die Tatbestände des § 346 Abs. 2 S. 1 Nr. 1 BGB sowie diejenigen der Belastung und Veräußerung in § 346 Abs. 2 S. 1 Nr. 2 BGB wird eine Wertersatzpflicht des Rückgewährschuldners unabhängig davon angeordnet, ob er zum Rücktritt berechtigt war oder nicht. Bei diesen Fallgruppen stellt sich die Frage, ob ein generelles Anordnen der an der vertraglichen Gegenleistung orientierten Wertersatzpflicht sachgerecht ist.

§ 346 Abs. 2 S. 1 Nr. 1 BGB ordnet eine Wertersatzpflicht für solche Leistungen an, die nach der Natur des Erlangten nicht zurückgewährt werden können. In diesem Fall haben die Parteien der vertraglich geschuldeten Leistung einen bestimmten Wert zuerkannt, den sie durch Vereinbarung einer Gegenleistung zum Ausdruck gebracht haben. Bei unkörperlichen Leistungen – wie bspw. bei einem Konzert – ist es schwer, einen objektiven Marktwert zu bestimmen. Den Ausbildungsgrad und den Dirigenten, sowie das ausgewählte Musikstück könnten u.U. noch nach einem objektiven Wert bestimmt werden. Die einzelnen Leistungen der Musiker im Zeitpunkt des Konzertes und im Zusammenspiel können jedoch nicht objektiv beurteilt werden. Demnach ist es sinnvoll, sich an dem Wert bei der Bestimmung des Wertersatzes zu orientieren, den die Parteien als angemessen für die Leistung erachtet haben. Ist die erbrachte Leistung minderwertig, kann unter Zugrundelegung der vertraglichen Gegenleistung der Wertersatz entsprechend §§ 441 Abs. 3, 638 Abs. 3 BGB im Verhältnis zum tatsächlich erbrachten Vorteil gekürzt werden. Bei den unter den Anwendungsbereich des § 346 Abs. 2 S. 1 Nr. 1 BGB fallenden Leistungen ist es mithin interessensgerecht, die vertragliche Gegenleistung als Maßstab für die Wertersatzpflicht zugrunde zu legen.

Wurde der Rückgewährgegenstand vom Rückgewährschuldner veräußert, ordnet § 346 Abs. 2 S. 1 Nr. 2 BGB eine Wertersatzpflicht an, an die keiner der Ausschlusstatbestände des § 346 Abs. 3 BGB inhaltlich oder sprachlich anknüpft.[153] Unabhängig davon, ob der Rückgewährschuldner zum Rücktritt berechtigt war, ist er demnach zur Wertersatzpflicht, die sich gem. § 346 Abs. 2 S. 2 BGB an der vertraglichen Gegenleistung orientiert, verpflichtet. Wegen der daneben gegebenen Möglichkeiten über § 285 BGB die vom Dritten erlangte Kaufpreiszahlung oder – bei Vertretenmüssen des Rückgewährschuldners – über §§ 346 Abs. 4, 280 ff. BGB Schadensersatz zu verlangen, besteht keine Notwendigkeit, die Wertersatzpflicht am objektiven Wert des Rückgewährgegenstands zu bemessen.

Soweit der zurückzugewährende Gegenstand i.S.d. § 346 Abs. 2 S. 1 Nr. 2 BGB belastet wurde, passt die Bemessung des Wertersatzes nach der vertraglich vereinbarten Gegenleistung ebenso wenig wie diejenige nach dem objektiven Wert des Gegenstands. Wurde bspw. ein Grundstück verkauft, das der spätere Rückgewährschuldner mit einer Hypothek belastet hat, und stellt sich danach heraus, dass das Grundstück mangelhaft ist, muss er dieses zunächst gem. § 346 Abs. 1 BGB herausgeben. Der Wertersatz, den er zusätzlich leisten muss, bemisst sich jedoch in diesem Fall nicht an dem gezahlten Kaufpreis, sondern besteht vielmehr in Höhe der Belastung.[154] Es wäre widersinnig, dem Rückgewährschuldner

153 Vgl. zur analogen Anwendung der Fallgruppen des § 346 Abs. 3 BGB auf die Veräußerung, Teil 2, F. IV. 2. und Teil 2, F. IV. 5..

154 So auch LG Oldenburg, NJW-RR 2003, 447.

einen Wertersatz in Höhe einer geminderten Gegenleistung aufzuerlegen, wenn die durch die Hypothek gesicherte Forderung einen anderen Nennwert hat. Ebenso wenig wäre es sachgerecht, die Höhe des Wertersatzes an dem objektiven Wert des Gegenstands – in diesem Fall des Grundstücks – zu bestimmen. Bei einer Belastung des empfangenen Gegenstands richtet sich demnach die Höhe des Wertersatzes allein nach der Höhe der Belastung.

bb) Rückgewährschuldner als Rücktrittsberechtigter

Innerhalb der übrigen in § 346 Abs. 2 S. 1 Nr. 2 BGB geregelten Restitutionshindernisse wird im Hinblick auf die Ausschlusstatbestände danach differenziert, ob der Rückgewährschuldner zum Rücktritt berechtigt war oder nicht. Wurde der empfangene Gegenstand verbraucht, verarbeitet oder umgestaltet, besteht grundsätzlich eine Pflicht zum Wertersatz nach § 346 Abs. 2 S. 1 Nr. 2 BGB, die gem. § 346 Abs. 3 S. 1 Nr. 1 BGB entfällt, wenn sich der zum Rücktritt berechtigende Mangel erst während der Verarbeitung, Umgestaltung oder des Verbrauchs[155] des Gegenstands gezeigt hat. Über § 346 Abs. 3 S. 2 BGB haftet der Rückgewährschuldner dann lediglich nach bereicherungsrechtlichen Grundsätzen, wonach er gem. § 818 Abs. 2 BGB den objektiven Wert des Erlangten herausgeben muss, soweit er noch bereichert ist, § 818 Abs. 3 BGB. Kannte er den Mangel bereits vor der Verarbeitung, Umgestaltung oder dem Verbrauch, wird er vom Gesetz als nicht schutzwürdig angesehen, wenn er trotz dieser Kenntnis den Gegenstand beeinträchtigt und damit in die Situation gerät, ihn nach erklärtem Rücktritt nicht unbeschädigt zurückgeben zu können. Der Verpflichtung des Verkäufers gem. § 346 Abs. 1 BGB zur Rückzahlung des Kaufpreises in Höhe des vollen Kaufpreises steht dann die Verpflichtung des Käufers zum Ersatz des geminderten Kaufpreises gegenüber. Der Rückgewährschuldner erhält so nur den Mehrbetrag zurück, den er auch bei einer Minderung über § 441 Abs. 4 BGB erhalten hätte. Dieses Ergebnis ist nicht sachwidrig, sondern vielmehr Folge der vom Schuldner trotz seiner Kenntnis vom Rücktrittsgrund zu vertretenden Herausgabeunmöglichkeit.[156]

Ist der empfangene Gegenstand untergegangen oder hat er sich verschlechtert, hat der Rückgewährschuldner gem. § 346 Abs. 2 S. 1 Nr. 3 BGB Wertersatz zu leisten. Insbesondere bei dieser Fallkonstellation wird das Zugrundelegen der vertraglich vereinbarten Gegenleistung bei der Bestimmung der Wertersatzpflicht heftig kritisiert. Dagegen, dass der Rückgewährschuldner nach ausgeüb-

155 Zur analogen Anwendung des § 346 Abs. 3 S. 1 Nr. 1 BGB auf die Fälle des Verbrauchs, vgl. Teil 2, F. IV. 1.

156 So auch *Gaier*, WM 2002, 1, 9.

tem Rücktritt ebenso stehe, wie nach einer Minderung, sprechen jedoch die Ausschlusstatbestände des § 346 Abs. 3 BGB. Der Rückgewährschuldner hat nämlich gem. § 346 Abs. 3 S. 1 Nr. 2 und 3 BGB keinen Wertersatz zu leisten, wenn der empfangene Gegenstand aufgrund Zufalls oder aufgrund des Sachmangels untergegangen ist oder sich verschlechtert hat – unabhängig davon, ob den Rückgewährgläubiger hinsichtlich des Mangels ein Verschulden trifft.[157] Als Folge haftet der Rückgewährschuldner gem. § 346 Abs. 3 S. 2 BGB nur auf Abschöpfung des unrechtmäßig Erlangten. Das bedeutet, dass er bei einer aufgrund eines Mangels verschlechterten Sache diese gem. § 346 Abs. 1 BGB herausgeben, aber darüber hinaus keinen Wertersatz weder nach § 346 Abs. 2 BGB noch nach § 818 Abs. 2 BGB leisten muss. Ein Wertersatz gem. § 346 Abs. 2 BGB scheidet wegen § 346 Abs. 3 S. 1 Nr. 2, 3 BGB aus. Ein Wertersatz über §§ 346 Abs. 3 S. 2, 818 Abs. 2 BGB scheidet mangels Bereicherung des Rückgewährschuldners gem. § 818 Abs. 3 BGB aus. Soweit der Rückgewährschuldner also die Sache unter Wert erworben hat, verbleibt der von ihm erlangte Gewinn in seinem Vermögen, da er sich diesbezüglich auf den Einwand der Entreicherung berufen kann. Dies rechtfertigt sich daraus, dass der Rückgewährgläubiger mangelhaft geleistet hat und es deswegen unbillig wäre, ihm den Gewinn wieder auszukehren. Um zu diesem Ergebnis zu gelangen, ist es aber – entgegen der Stimmen in der Literatur – nicht erforderlich, die Wertersatzpflicht an der Höhe des objektiven Werts der Sache zu bemessen. Denn es ergibt sich bereits bei einer Anwendung der gesetzlich vorgesehenen Regelungen der §§ 346 Abs. 2 und 3 S. 1 und 2 BGB. Damit steht der Rückgewährschuldner im Ergebnis anders da, als er stehen würde, wenn er die Minderung erklärt hätte. Dann nämlich hätte er die Sache behalten und nur für die auf dem Sachmangel beruhende Verschlechterung einen Teil seiner erbrachten Gegenleistung zurückbekommen bzw. einbehalten können. Erst bei einer schuldhaft herbeigeführten Verschlechterung des Gegenstands und ab Kenntnis der Rückgewährmöglichkeit haftet der Rückgewährschuldner gem. §§ 346 Abs. 4, 280 ff. BGB auf Schadensersatz. Diese Rechtsfolgen unterscheiden sich erheblich von denen der Minderung, so dass die Literatur in diesem Punkt nicht überzeugen kann.

Ebenso geht das Argument der Literatur fehl, dass es bei einem Untergang einer über Wert verkauften Sache ein unverdientes Geschenk des Verkäufers darstelle, wenn der Käufer zu einem Wertersatz in Höhe der vertraglichen Gegenleistung verpflichtet sei. Zwar würde der Verkäufer seinen Gewinn einbüßen, wenn der Käufer in der Lage wäre, ihm die Sache unversehrt zurückzugewähren.

157 Der in § 346 Abs. 3 S. 1 Nr. 2 BGB verwandte Begriff des „Vertretenmüssens" wird in Anlehnung an § 462 BGB a.F. untechnisch verstanden und erfasst damit auch die Fälle, in denen der empfangene Gegenstand aufgrund des Mangels untergegangen ist oder sich verschlechtert hat. Siehe dazu unten, Teil 2, F. V. 1.

Gerade dazu ist der Käufer aber nicht in der Lage. Aus diesem Umstand rechtfertigt sich das Ergebnis. Soweit die Sache nämlich aufgrund eines Sachmangels oder aufgrund eines Umstands, den der Rückgewährgläubiger zu vertreten hat, untergegangen ist, entfällt die Wertersatzpflicht gem. § 346 Abs. 3 S. 1 Nr. 2 BGB. Ebenso haftet der Rückgewährschuldner über § 346 Abs. 3 S. 2 BGB wegen § 346 Abs. 3 S. 1 Nr. 2 BGB nur auf den objektiven Wert, wenn der Schaden gleichfalls beim Gläubiger eingetreten wäre. Geht die Sache hingegen unabhängig von einem Mangel durch ein Fehlverhalten des Rückgewährschuldners unter, so entlässt ihn das Gesetz sogar noch dann aus einer Wertersatzpflicht, wenn er diejenige Sorgfalt beobachtet hat, die er in eigenen Angelegenheiten anzuwenden pflegt, § 346 Abs. 3 S. 1 Nr. 3 BGB. Erst wenn er über diese Privilegierung hinaus den Untergang oder die Verschlechterung der Sache herbeigeführt hat, muss er einen an der vertraglichen Gegenleistung orientierten Wertersatz leisten.[158] Der Rückgewährschuldner hat also einen den Gewinn des Rückgewährgläubigers umfassenden Wertersatz erst dann zu leisten, wenn die Sache bei ihm aufgrund vorwerfbaren Fehlverhaltens untergegangen ist. Dies ist aber auch interessengerecht, da ansonsten der Rückgewährgläubiger über Gebühr benachteiligt wäre. Das Gesetz benachteiligt Letzteren nämlich bereits dann, wenn sich die von ihm mangelhaft geleistete Sache aufgrund eines sachmangelbedingten, eines zufälligen Umstands oder eines vom Rückgewährschuldner im Rahmen des § 277 BGB liegenden Verhaltens untergegangen ist oder sich verschlechtert hat. In diesen Fällen ist der Rückgewährgläubiger – wegen des Ausschlusses der Wertersatzpflicht nach § 346 Abs. 3 BGB – auf die Abschöpfung des unrechtmäßigen Habens im Vermögen des Rückgewährschuldners beschränkt. Hat aber ein über den Maßstab des § 277 BGB hinausgehendes Verhalten des Rückgewährschuldners die Beeinträchtigung des Rückgewährgegenstands herbeigeführt, kann es nicht mehr als unverdientes Geschenk des Rückgewährgläubigers angesehen werden, wenn der ihm zustehende Wertersatz den von ihm ausgehandelten Gewinn umfasst. Denn der Käufer (Rückgewährschuldner) hat sich mit dem vertraglich zugedachten Wert der Sache einverstanden erklärt und es wäre jetzt für ihn ein unverhofftes Geschenk, wenn er nur auf den objektiven Wert der Sache haften müsste, obwohl er das Restitutionshindernis schuldhaft herbeigeführt hat. Dieser Vorteil kann ihm nämlich billigerweise nur dann verbleiben, wenn er bei einem Rücktrittsrecht wegen Mangelhaftigkeit des Leistungsgegenstands die Unmöglichkeit der unversehrten Herausgabe nicht verschuldet hat. Die Bemessung des

158 Zum Meinungsstand über das Eingreifen des in § 346 Abs. 3 S. 1 Nr. 3 BGB angeordneten Privilegs auch bei Kenntnis des Rückgewährschuldners vom Rücktrittsgrund, vgl. Teil 2, F. VI. 1 a). Jedenfalls ist unstreitig, dass der Rückgewährschuldner privilegiert ist, wenn er den Rücktritt noch nicht ausgeübt und auch noch keine Kenntnis vom Rücktrittsgrund hat.

Wertersatzes an der vertraglichen Gegenleistung ermöglicht es mithin, nach den verschiedenen Verursachungsbeiträgen, die zur Rückabwicklung des Vertrags und zur Restitutionsstörung geführt haben, interessengerecht zu differenzieren. Hingegen würde die generelle Anordnung einer Wertersatzpflicht in Höhe des objektiven Werts den Regelungskomplex der aufeinander zugeschnittenen § 346 Abs. 2, 3 S. 2 und 3 BGB aushebeln. Dann nämlich steht der Rückgewährschuldner in der Regel bei einer auf Zufall beruhenden Restitutionsstörung genauso dar, wie er stünde, wenn er die Beeinträchtigung des Rückgewährgegenstands i.S.d. §§ 276 ff. BGB zu vertreten hat.[159] Zwar entlässt ihn § 346 Abs. 3 S. 1 Nr. 3 BGB im ersten Fall aus der Pflicht zum Wertersatz, ordnet aber über §§ 346 Abs. 3 S. 2, 818 ff. BGB im Grundsatz die Herausgabe des objektiven Werts an. Im zweiten Fäll müsste der Rückgewährschuldner in gleicher Weise den objektiven Wert der Sache ersetzen, obgleich er den Grund für das Entstehen der Wertersatzpflicht gesetzt hat. Um dieses Ergebnis zu vermeiden, darf der objektive Wert (über § 346 Abs. 3 S. 2 BGB) nur dann bei der Bestimmung des Wertersatzes maßgeblich sein, wenn kein vom Gesetz als maßgeblich anzusehendes Verhalten des Rückgewährschuldners (§ 346 Abs. 3 S. 1 Nr. 3 BGB) zum Untergang oder zur Verschlechterung des Rückgewährgegenstands geführt hat.

Für diese Überlegung spricht auch der Gedanke, dass dem Rückgewährgläubiger aufgrund eines vorwerfbaren Verhaltens des Rückgewährschuldners die Möglichkeit genommen wird, die Sache ein zweites Mal mit Gewinn verkaufen zu können. Bei einer ungestörten Rückabwicklung erhielte er nämlich im Gegenzug zu dem über dem Wert der Sache liegenden Kaufpreis den verkauften Gegenstand zurück, bei dem er selbst bzw. durch einen Dritten kostengünstig den Mangel beseitigen lassen und so seine Gewinnspanne erhalten könnte. Es ist deswegen nur gerecht, ihm sein in Höhe des Gewinns bestehendes Verhandlungsgeschick beim Kaufvertrag durch einen an der Gegenleistung orientierten Wertersatz zu erhalten. Dass dies im Ergebnis quasi einen Ausschluss des Rücktrittsrechts des Rückgewährschuldners bedeutet, entspricht der Regelungsabsicht des Gesetzgebers bei einem vom Rückgewährschuldner schuldhaft herbeigeführten Restitutionshindernis.

cc) Rückgewährschuldner als Rücktrittsgegner

Fraglich ist, ob die Bemessung des Wertersatzes an der vertraglichen Gegenleistung auch in den Fallkonstellationen sachgerecht ist, in denen dem Rückge-

159 Im Rahmen dieser Betrachtung bleibt eine nach Kenntnis des Rückgewährschuldners vom Rücktrittsgrund über §§ 346 Abs. 4, 280 ff. BGB mögliche Schadensersatzhaftung außer Betracht.

währschuldner nicht die Tatbestände des §346 Abs. 3 S. 1 Nr. 2 und 3 BGB zugute kommen, da der Rückgewährgläubiger zum Rücktritt berechtigt ist. Wurde der Rückgewährgegenstand beim Rückgewährschuldner i.S.d. §346 Abs. 2 S. 1 Nr. 2 BGB verbraucht, verarbeitet oder umgestaltet oder ist er i.S.d §346 Abs. 2 S. 1 Nr. 3 BGB untergegangen bzw. hat sich verschlechtert, entspricht es einer gerechten Interessenverteilung, bei der Bestimmung des Wertersatzes die vertragliche Gegenleistung zugrunde zu legen. Zu berücksichtigen ist dabei zum einen, dass der Rückgewährschuldner den Auslöser für den Rücktritt – bspw. durch die Nichterbringung der geschuldeten Gegenleistung, §323 BGB – gesetzt hat und zum anderen, dass das Äquivalenzverhältnis von Leistung und Gegenleistung nicht berührt wird. Hat der Rückgewährgläubiger als Rücktrittsberechtigter eine über dem Verkehrswert der Sache liegende Gegenleistung erzielt, ist es sachgerecht, dem säumigen Rückgewährschuldner eine Pflicht zum Wertersatz aufzuerlegen, die sich gem. §346 Abs. 2 S. 2 BGB an der vertraglichen Gegenleistung bemisst. Müsste hingegen der Rückgewährschuldner trotz Veranlassung des Rücktritts und bei einer Beeinträchtigung des Rückgewährgegenstands nur auf den objektiven Wert der Sache haften, würde dies der in §346 Abs. 2 BGB angeordneten Gefahrverteilung nicht gerecht. Der Verkäufer hat seine Sache verkauft und i.S.d. §446 S. 1 BGB übergeben, womit die *dominus*-Stellung auf den Käufer übergeht. Müsste der säumige Käufer nunmehr im Rahmen der Wertersatzpflicht gem. §346 Abs. 2 BGB nur den objektiven Wert der Sache ersetzen, so würde der Verkäufer die wirtschaftlichen Auswirkungen der Beeinträchtigung bzw. des Verlusts zu spüren bekommen. Letzterer müsste nämlich im Rahmen der Rückgewährpflicht nach §346 Abs. 1 BGB den vollen Kaufpreis – mit dem enthaltenen Gewinn – zurückgeben. Darüber hinaus würde der Verkäufer, dem in §323 Abs. 1 BGB bei Nichtbegleichung des Kaufpreises ein Rücktritts*recht* an die Hand gegeben wird, schlechter dastehen, als wenn er seine ursprüngliche Kaufpreisforderung eingefordert hätte. Um dieses Ergebnis zu umgehen, könnte erwogen werden, dem Verkäufer das Recht zu gewähren, den Rücktritt rückgängig zu machen.[160] Eine solche konstruierte Vorgehensweise kann jedoch unterbleiben, soweit sich die Wertersatzpflicht des Käufers an der vertraglichen Gegenleistung orientiert. Danach hat der Verkäufer nämlich der Höhe nach die gleiche Forderung wie vor der Rücktrittserklärung.

Soweit der Rückgewährgläubiger als gesetzlich zum Rücktritt Berechtigter ein für ihn ungünstiges Geschäft getätigt hat, indem er die Sache unter ihrem Verkehrswert verkauft hat, ist es hingegen – der Ansicht von *Canaris*[161] folgend

160 In Anlehnung an das alte Recht, vgl. *Grothe*, in: Bamberger/Roth, §349 Rn 3.

161 *Canaris*, Karlsruher Forum 2002 – Schuldrechtsmodernisierung, S. 5, 20; *ders.*, Schuldrechtsreform, XXXIX.

– nicht interessengerecht, bei der Bestimmung des Wertersatzes die Höhe der vertraglichen Gegenleistung zugrunde zu legen. Denn bei einem aufgrund eines Verhaltens des Rückgewährschuldners veranlassten Rücktritt steht der Gewinn dem Rückgewährgläubiger zu. Würde er in diesem Fall nur einen Wertersatz erhalten, der sich an dem unter dem Verkehrswert der Sache liegenden Kaufpreis orientiert, stünde er schlechter dar, als er stehen würde, wenn er den Gegenstand unversehrt zurück erhalten würde oder noch gar nicht geleistet hätte. Dies ist im Hinblick darauf, dass der Rückgewährschuldner durch die Nichterbringung der Gegenleistung den Grund für die Rückabwicklung des Vertrags gesetzt hat, nicht interessengerecht. Um dem Rückgewährgläubiger den von ihm ausgehandelten Gewinn zu erhalten, muss ist in diesem Fall § 346 Abs. 2 S. 2 BGB infolge einer teleologischen Reduktion ausnahmsweise nicht anwendbar sein. Die Höhe des Wertersatzes bestimmt sich dann über § 818 Abs. 2 BGB nach dem objektiven Wert der Sache.

dd) Besonderheiten bei einem gem. § 313 Abs. 3 BGB erfolgten Rücktritt?

Als *ultima ratio* ordnet § 313 Abs. 3 BGB bei einer Störung der Geschäftsgrundlage die Möglichkeit an, vom Vertrag zurückzutreten, wenn eine Anpassung des Vertrags nicht möglich oder einem Teil nicht zumutbar ist. Fraglich ist, ob es bei einem gem. § 313 Abs. 3 BGB erfolgten Rücktritt interessengerecht ist, bei der Bestimmung der Wertersatzpflicht die vertragliche Gegenleistung zugrunde zu legen. In der Regel erfolgt ein Rücktritt infolge einer Störung der Geschäftsgrundlage zu einem Zeitpunkt, in dem die Leistung noch nicht erbracht wurde und die Erbringung unüberwindlichen Schwierigkeiten gegenübersteht.[162] In diesem Fall wird durch den Rücktritt lediglich eine Befreiung von den im Äquivalenzverhältnis gestörten Leistungen gem. § 346 Abs. 1 BGB herbeigeführt, ohne dass die Frage nach der Höhe des Wertersatzes Relevanz erhält. Waren die Leistungen hingegen im Zeitpunkt des Störungseintritts schon erbracht, so muss danach differenziert werden, ob die Störung das Äquivalenzgefüge von Leistung und Gegenleistung betrifft. Soweit im Falle einer Zweckstörung der Gläubiger den mit der Leistung des Schuldners verfolgten Zweck nicht mehr erreichen kann, da bspw. der Weiterverkauf einer Ware, für die nur ein bestimmter Abnehmer in

162 Dabei kann eine Störung der Geschäftsgrundlage sowohl auf dem Fehlen oder Wegfallen äußerer Umstände – wie politische oder wirtschaftliche Verhältnisse – (objektive Geschäftsgrundlage, § 313 Abs. 1 BGB) als auch darauf beruhen, dass bestimmte, bei Vertragsschluss zutage getretene Vorstellungen einer Partei oder gemeinsame Vorstellungen beider Parteien nicht vorhanden sind oder anders als erwartet eintreten (subjektive Geschäftsgrundlage, § 313 Abs. 2 BGB).

Betracht kommt, ohne Verschulden des Käufers unmöglich wird[163], ist das Äquivalenzgefüge nicht gestört. Wird die Ware beim Gläubiger beeinträchtigt, muss er demzufolge Wertersatz leisten, der sich an der vertraglichen Gegenleistung bemisst. Ein anderes Ergebnis wäre unbillig, da die Sache aufgrund des einzigen Abkäufers, der nunmehr den Abkauf verweigert, an Wert verloren hat und damit der Zulieferer bei Bestimmung des Wertersatzes nach dem objektiven Wert benachteiligt wäre. Liegt hingegen eine Störung vor, die das Äquivalenzverhältnis von Leistung zur Gegenleistung in Frage stellt – wie beim beidseitigen Eigenschaftsirrtum oder beim offenen Kalkulationsirrtum – ist fraglich, ob die Bemessung an der vertraglichen Gegenleistung interessengerecht ist. Wurde bspw. ein altes Gemälde – in der Fehlvorstellung beider Parteien, das Bild stamme von einem unbekannten Künstler – zu einem Preis von 50,– € verkauft, obwohl es in Wirklichkeit von einem berühmten Künstler gemalt wurde und mindestens 1.000,– € wert ist, liegt ein beidseitiger Eigenschaftsirrtum vor. Nach der h.M. werden solche Fälle über die Grundsätze zur Störung der Geschäftsgrundlage gelöst.[164] Geht in diesem Fall das Gemälde nach Übergabe an den Käufer und vor dem Rücktritt des Verkäufers gem. § 313 Abs. 3 BGB unter, muss der Käufer Zug-um-Zug gegen Rückgewähr der Kaufpreiszahlung in Höhe von 50,– € entweder einen Wertersatz in Höhe der vertraglichen Gegenleistung von 50,– € oder in Höhe des objektiven Werts von 1.000,– € leisten.[165] Für ein Bemessen des Wertersatzes am objektiven Wert spricht, dass der Verkäufer die Sache nicht aus seinem Vermögen entlassen hätte, wenn er keinem Irrtum unterlegen hätte. Da sich aber auch der Käufer irrte, wäre es nunmehr unbillig, ihn mit einer weit über der Gegenleistung liegenden Wertersatzpflicht zu belasten. Zwar ist mit der Übergabe der Kaufsache gem. § 446 S. 1 BGB die Gefahr des zufälligen Untergangs bzw. der zufälligen Verschlechterung auf ihn übergegangen. In diese Gefahrtragung hat er aber nur in Höhe des von den Parteien angenommenen Werts der Sache eingewilligt. Deswegen bekommt in dieser Konstellation ausnahmsweise der Verkäufer die auf dem Verlust des Gegenstands wirtschaftliche Einbuße zu spüren. Dem Gläubiger steht aber bei einer durch ein Verhalten des Rückgewährschuldners schuldhaft herbeigeführten Beeinträchtigung die Möglichkeit

163 BGH LM § 242 (Bb) Nr. 12.

164 BGHZ 25, 390, 392 ff.; *Larenz*, SchuldR AT, § 21 II, S. 320 ff.; *Hefermehl*, in: Soergel, § 119 Rn 85; *Unberath*, in: Bamberger/Roth, § 313 Rn 68 f.; a.A.: *Medicus*, Bürgerliches Recht, Rn 162.

165 Vor dem Hintergrund dieser Frage gewinnt der Streit, ob bei einem beidseitigen Eigenschaftsirrtum die Regelungen zur Störung der Geschäftsgrundlage oder diejenigen zum Anfechtungsrecht anwendbar sind, eine neue Relevanz. Bei Anwendung der Anfechtungsregeln gem. §§ 119 ff. BGB wird nämlich bei einer Unmöglichkeit der Rückgewähr des Leistungsgegenstands ein objektiver Maßstab gem. § 818 Abs. 2 BGB zugrunde gelegt.

zu, Schadensersatz zu verlangen. Auch bei einem gestörten Äquivalenzverhältnis infolge einer Störung der Geschäftsgrundlage muss im Rückabwicklungsverhältnis nach einem gem. § 313 Abs. 3 BGB erklärten Rücktritt die Wertersatzpflicht also an der vertraglichen Gegenleistung bemessen werden.

e) Regelungszusammenhang

Diese Betrachtungsweise wird durch den Regelungszusammenhang des § 346 Abs. 2 S. 2 BGB in Bezug auf § 346 Abs. 2 S. 1 und Abs. 3 BGB bestätigt. Würde nämlich der objektive Wert bei der Bemessung der Wertersatzpflicht zugrunde gelegt, so wären die in § 346 Abs. 3 BGB enthaltenen Wertungen umgangen. Erst dann, wenn die Wertersatzpflicht gem. § 346 Abs. 3 S. 1 BGB ausgeschlossen ist, ist beim Rückgewährschuldner über § 346 Abs. 3 S. 2 BGB der unrechtmäßige Vermögensvorteil abzuschöpfen. Durch dieses Zusammenspiel der Anordnung bzw. des Ausschlusses der Wertersatzpflicht nach § 346 Abs. 3 S. 1 BGB mit der Folge einer bereicherungsrechtlichen Abschöpfungshaftung über § 346 Abs. 3 S. 2 BGB wird erreicht, dass die jeweiligen Verursachungsbeiträge, die zum Rücktritt geführt haben, sowie insbesondere die zu der Restitutionsstörung führende Verantwortlichkeit Berücksichtigung finden. Soweit nämlich generell der objektive Wert der Leistung der Bestimmung des Wertersatzes zugrunde zu lägen wäre, würde die Privilegierung desjenigen, dessen Wertersatzpflicht nach § 346 Abs. 3 BGB ausgeschlossen ist, weitgehend leer laufen.[166] Denn seine Haftung im Rahmen der §§ 346 Abs. 3 S. 2, 818 ff. BGB auf Herausgabe des unrechtmäßig bei ihm verbliebenen, objektiven Werts würde größtenteils derjenigen Haftung des Rückgewährschuldners, der zum Wertersatz gem. § 346 Abs. 2 BGB verpflichtet ist, entsprechen, wenn bei der Bestimmung des nach § 346 Abs. 2 BGB zu leistenden Wertersatzes der objektive Wert maßgeblich wäre. Um den Besonderheiten, die zur Rückabwicklung des Vertrags und zur Störung der Rückabwicklung geführt haben, (im Rahmen des § 346 Abs. 3 S. 1 BGB) Rechnung zu tragen, muss demnach die Bestimmung der Wertersatzpflicht an der vertraglichen Gegenleistung erfolgen.

Diese Einschätzung geht auch damit konform, dass sich bei der Rückabwicklung nach Leistungskondiktion – entsprechend der herrschenden Meinung in Rechtsprechung[167] und Literatur[168] – der Wertersatz an dem objektiven Wert des Erlangten orientiert. Denn im Unterschied zum Rücktrittsrecht ist bei der Rückabwicklung nach Leistungskondiktion das Äquivalenzverhältnis durch die Vernichtung des zu-

166 Siehe dazu bereits Teil 2, C. II. 4. d) bb).
167 RGZ 147, 396, 398; BGHZ 5, 197, 201; 10, 171, 180; 17, 236, 240; 55, 128, 135.
168 *Larenz*, in FS v.Caemmerer (1978), 209, 218 ff.; *Lorenz*, in: Staudinger, § 818 Rn 26 f.; *Goetzke*, AcP 173 (1973), 289, 308 ff.

grunde liegenden Vertrags gestört. Die Maßgeblichkeit des objektiven Werts ergibt sich bei der Rückabwicklung nach Leistungskondiktion bereits zwingend daraus, dass auf die vertraglich ausgehandelte Entgeltabrede nicht mehr abgestellt werden kann. Diese unterschiedliche Schutzrichtung der Leistungskondiktion im Gegensatz zum Rücktrittsrecht, das auf eine Störung bei der Erfüllung des Vertrags reagiert, rechtfertigt grundsätzlich die differenzierte Bemessung des Wertersatzes.[169] Zudem kann sich auch der Bereicherungsschuldner nach Leistungskondiktion, der den empfangenen Gegenstand trotz Kenntnis von der Unwirksamkeit des zugrunde liegenden Rechtsgeschäfts hinsichtlich eines etwaig vom Bereicherungsgläubiger erzielten Gewinns nicht auf die Einrede der Entreicherung gem. § 818 Abs. 3 BGB berufen. Durch die Möglichkeit eines Berufens auf den Wegfall der Bereicherung soll nämlich nur der Schuldner in seinem guten Glauben an die Rechtsbeständigkeit des Erwerbs geschützt werden. Damit werden der bösgläubige Bereicherungsschuldner, der die Sache verbraucht, verarbeitet oder umgestaltet und der Rückgewährschuldner im Rücktrittsrecht, der auf die Sache trotz Kenntnis einwirkt, gleich behandelt. In ähnlicher Weise besteht Übereinstimmung bei einem Untergang oder einer Verschlechterung einer mangelhaft erbrachten Sache. Der Bereicherungsschuldner nach Leistungskondiktion kann sich nämlich auf den Einwand der Entreicherung berufen, wenn die Sache bei ihm aufgrund Zufalls oder aufgrund des Sachmangels verschlechtert hat oder untergegangen ist. Genauso haftet der Rückgewährschuldner wegen § 346 Abs. 3 S. 1 Nr. 3 BGB nicht auf Wertersatz und kann sich bei der verbleibenden Abschöpfungshaftung nach §§ 346 Abs. 3 S. 2, 818 ff. BGB auf den Wegfall der Bereicherung hinsichtlich eines etwaig vom Rückgewährgläubiger erzielten Gewinns berufen. Hat hingegen der Schuldner nach Leistungskondiktion den erhaltenen Gegenstand grob fahrlässig oder vorsätzlich zerstört, ist es ihm verwehrt, sich auf § 818 Abs. 3 BGB zu berufen[170], so dass ein eventueller Gewinn an den Bereicherungsgläubiger auszukehren ist. Dieses Ergebnis wird im Rücktrittsrecht dadurch erreicht, dass sich die Höhe des Wertersatzes bereits an der vertraglich ausgehandelten Entgeltabrede – die den vom Rückgewährgläubiger erzielten Gewinn umfasst – bemisst. Eine Bestimmung der Höhe des Wertersatzes an der vertraglichen Gegenleistung im Rücktrittsrecht widerspricht mithin nicht den Wertungen bei der Rückabwicklung nach Leistungskondiktion. Dies folgt daraus, dass die Regelungen der §§ 346 ff. BGB auf der ersten Stufe – namentlich bei der Frage, ob eine Wertersatzpflicht gem. § 346 Abs. 2 BGB besteht oder lediglich eine bereicherungsrechtliche Abschöpfungshaftung über §§ 346 Abs. 3 S. 2, 818 ff. BGB in Betracht kommt – bereits danach differenzieren, welche Verursachungsbeiträge der Parteien zu der Rückabwicklung und zum Restitutionshindernis geführt haben.

169 So bereits oben, Teil 2, C. II. 4. c).
170 Vgl. dazu unten, Teil 4, III. 1. a) aa) und bb).

Damit bedarf es keiner zweiten Stufe zur Korrektur dieses Ergebnisses. Im Unterschied dazu bestimmt § 818 Abs. 2 BGB bei der Leistungskondiktion auf der ersten Stufe die generelle Anordnung einer Wertersatzpflicht in Höhe des objektiven Werts und es erfolgt erst auf der zweiten Stufe – bei der Frage der Entreicherung – die Diskussion darüber, wie eine eventueller Schuldüberhang bei einer über oder unter Wert veräußerten Sache zu verteilen ist. Die Diskussion über die Möglichkeit des Entreicherungseinwands eines in einer vergleichbaren Situation befindlichen Rücktrittsschuldners hat an dieser Stelle sinngemäß bereits stattgefunden. Im Ergebnis wird so ein Gleichlauf mit der Rückabwicklung nach Leistungskondiktion erreicht, ohne dass entgegen dem klaren Wortlaut des § 346 Abs. 2 S. 2 BGB statt der vertraglichen Gegenleistung der objektive Wert der Leistung für die Bemessung der Wertersatzpflicht maßgeblich sein muss. Aus dem Sinn und Zweck sowie dem Regelungszusammenhang im Rücktrittsrecht ergibt sich mithin, dass bei der Bemessung des Wertersatzes die vertragliche Gegenleistung zugrunde zu legen ist, um eine unbillige Benachteiligung einer der am Vertrag beteiligten Personen zu vermeiden.

5. Ergebnis

Im Einklang mit dem Gesetzeswortlaut des § 346 Abs. 2 S. 2 BGB ist grundsätzlich bei der Bestimmung des Wertersatzes die vertraglich vereinbarte Gegenleistung zugrunde zu legen. Eine teleologische Reduktion auf den objektiven Wert des erlangten Gegenstands ist nur dann interessengerecht, wenn der Rückgewährgläubiger gem. § 323 BGB wegen Nichterbringung der Gegenleistung durch den Rückgewährschuldner vom Vertrag zurücktritt und die Sache unter dem Verkehrswert verkauft wurde.

III. Maßgeblicher Zeitpunkt der Bemessung des Wertersatzes

Fraglich ist, welcher Zeitpunkt der Bemessung des Wertersatzes zugrunde zu legen ist. Dabei kommen für die Ermittlung des nach § 346 Abs. 2 BGB zu ersetzenden Werts unterschiedliche Zeitpunkte in Betracht. So kann auf den Zeitpunkt des Leistungsaustauschs[171], auf die Entstehung des Rückgewähranspruchs mit Erklärung des Rücktritts[172], auf die Entstehung des Wertersatzanspruchs mit

171 *Hager*, in: AnwKomm, § 346 Rn 45; *Grüneberg*, in: Palandt, § 346 Rn 10; *Grothe*, in: Bamberger/Roth, § 346 Rn 46.

172 *Faust*, in: jurisPK, § 346 Rn 72 mit Verweis auf die h.M. zu § 487 Abs. 2 BGB a.F., die bei der Wandelung eines Viehkaufs auf den Zeitpunkt des Vollzugs der Wandelung abstellte.

Eintritt der Rückgewährunmöglichkeit[173] sowie auf den Zeitpunkt der letzten mündlichen Verhandlung abgestellt werden.[174]

Zur Beantwortung dieser Frage muss zunächst zwischen der Wertersatzpflicht nach § 346 Abs. 2 S. 1 Nr. 1 BGB und derjenigen nach § 346 Abs. 2 S. 1 Nr. 2 und 3 BGB differenziert werden. § 346 Abs. 2 S. 1 Nr. 1 BGB ordnet eine Wertersatzpflicht bei solchen Leistungen an, die von vornherein nach der Natur des Erlangten nicht zurückgewährt werden können.[175] Damit sind unkörperliche Leistungen erfasst, bei denen zur Bestimmung des Wertersatzes auf den Zeitpunkt der Erlangung der Leistung abgestellt werden muss, da nachträgliche Wertveränderungen keinen Einfluss auf den Vermögensbestand der Parteien haben können.[176]

Fraglich bleibt, welcher Zeitpunkt der maßgebliche zur Bestimmung des Wertersatzes bei unter § 346 Abs. 2 S. 1 Nr. 2 und 3 BGB zu subsumierenden Leistungen ist. Bei diesen Leistungen können Wertveränderungen im Zeitraum zwischen dem Erwerb durch den späteren Rückgewährschuldner und dem Restitutionshindernis – bspw. aufgrund von Kursschwankungen oder der Nachfrage auf dem Markt – auftreten. Da der Rückgewährgläubiger bei einer Rückgewähr in Natur den Leistungsgegenstand einschließlich der Wertschwankungen zurückerhielte, kann es nicht überzeugen, zur Bestimmung des Wertersatzes auf den Zeitpunkt des ursprünglichen Leistungsaustauschs abzustellen. Der Wertersatzanspruch tritt bei Unmöglichwerden der Rückgewähr an die Stelle der Herausgabepflicht, so dass dieser Moment als der maßgebliche anzusehen ist. Ein späterer Zeitpunkt scheidet aus, da sich die Stellung des Rückgewährgläubigers aufgrund der Unmöglichkeit weder verschlechtern darf, indem ihm die Wertsteigerungen genommen werden, noch durch Außerachtlassen der eingetretenen Wertminderungen am Rückgewährgegenstand verbessert werden sollte. Auf der anderen Seite dürfen zum Schutz des Rückgewährschuldners nur solche Umstände beachtet werden, die auch dessen Vermögen zugute kommen. Ab der Umwandlung in einen Geldanspruch können sich jedoch keine Wertveränderungen des ursprünglichen Leistungsgegenstands mehr im Vermögen des Rückgewährschuldners auswir-

---

173 *Kaiser*, in: Staudinger, § 346 Rn 161 mit Verweis auf die entsprechende Ansicht im Bereicherungsrecht: *Lieb*, in: MüKo, § 818 Rn 58; *Reuter/Martinek*, S. 570 f.; *Lorenz*, in: Staudinger, § 818 Rn 31; *Larenz/Canaris*, SchuldR II 2, § 72 III 5, S. 282 ff.

174 *Gaier*, in: MüKo (2003), § 346 Rn 46 mit Verweis auf die Rechtsprechung zur Geldentschädigung nach § 251 BGB: BGHZ 5, 138, 142; 27, 181, 187; 66, 239, 242 (a.A. in MüKo (2007), § 346 Rn 44).

175 Vgl. zur Frage, auf welche Leistungen sich der Anwendungsbereich des § 346 Abs. 2 S. 1 Nr. 1 BGB bezieht, ausführlich unten, Teil 2, F. I.

176 *Faust*, in: jurisPK, § 346 Rn 71; *Gaier*, MüKo, § 346 Rn 21; *Leser* (1975), S. 169. Ebenso für das Bereicherungsrecht: *Lieb*, in: MüKo, § 818 Rn 57; *Reuter/Martinek*, S. 570 f.

ken.[177] Aus diesen Gründen müssen zur Bestimmung des Wertersatzes die Zeitpunkte der letzten mündlichen Tatsacheninstanz und der Erklärung des Rücktritts ausscheiden. Letzteres Moment kann zum einen zu früh – namentlich, wenn das Restitutionshindernis noch aussteht und nachträglich Wertveränderungen eintreten – und zum anderen zu spät sein, wenn der Rücktritt erst erklärt wird, wenn die Rückgewähr in Natur bereits unmöglich ist. Im Ergebnis hat der Rückgewährschuldner damit Wertersatz in Höhe des Werts zu leisten, den der Gegenstand im Zeitpunkt der Unmöglichkeit der Herausgabe hatte, wobei die vereinbarte Gegenleistung entsprechend zugrunde zu legen ist. Beruht die Wertsteigerung des Leistungsgegenstands auf Aufwendungen des Rückgewährschuldners, die keine notwendigen Verwendungen i.S.d. § 347 Abs. 2 S. 1 BGB darstellen, ist der Rückgewährgläubiger stets i.S.d. § 347 Abs. 2 S. 2 BGB bereichert, wenn er einen höheren Wertersatz erhält. Als Rechtsfolge muss er dem Rückgewährschuldner die getätigten Aufwendungen ersetzen.

IV. Ergebnis

Bei der Bemessung des Umfangs der Wertersatzpflicht ist gem. § 346 Abs. 2 S. 2 BGB grundsätzlich die vertraglich vereinbarte Gegenleistung zugrunde zu legen. Soweit die Leistung mangelhaft ist, ist der Wertersatz entsprechend der Regelung bei der Minderung gem. §§ 441 Abs. 3, 638 Abs. 3 BGB herabzusetzen. Letztere Rechtsfolge sollte, um der Klarheit und Bestimmtheit des Gesetzes gerecht zu werden und um auch einen rechtswissenschaftlichen Laien darauf hinzuweisen, in einem § 346 Abs. 2 S. 3 BGB klar zum Ausdruck kommen. In dem Fall, in dem der Rückgewährgläubiger eine Sache unter dem Verkehrswert veräußert hat und gem. § 323 BGB als gesetzlich zum Rücktritt Berechtigter zurücktritt, bemisst sich die Höhe des Wertersatzes infolge einer teleologischen Reduktion des § 346 Abs. 2 S. 2 BGB an dem objektiven Wert der Sache. Die Wertersatzpflicht bestimmt sich bei den Tatbeständen des § 346 Abs. 2 S. 1 Nr. 1 BGB nach dem Wert im Zeitpunkt der Erlangung der Leistung, der zugleich der Zeitpunkt der Entstehung des Wertersatzanspruchs ist, wohingegen für § 346 Abs. 2 S. 1 Nr. 2 und 3 BGB auf den Zeitpunkt der Entstehung des Wertersatzanspruchs abzustellen ist.

---

177 Wertsteigerungen nach Eintritt des Restitutionshindernisses sind bspw. möglich, wenn der Rückgewährschuldner den Gegenstand veräußert hat, vgl. zum Bereicherungsrecht: *Larenz/Canaris*, SchuldR II 2, § 72 III, S. 282 f.; *Lieb*, in: MüKo, § 818 Rn 58.

D. Entreicherungsgefahr

Wie bereits oben[178] angedeutet, hat die Entreicherungsgefahr auch im rücktrittsrechtlichen Rückabwicklungsverhältnis Relevanz. So trägt der Rückgewährschuldner neben der Sach- und Gegenleistungsgefahr zugleich die Entreicherungsgefahr, wenn er zum Wertersatz gem. § 346 Abs. 2 BGB verpflichtet ist und wegen der Aufrechnungsmöglichkeit des Rückgewährgläubigers auf die Rückgewähr seiner einst hingegeben Gegenleistung verzichten muss. Von Bedeutung ist die Entreicherungsgefahr dabei insbesondere bei solchen Leistungen, die nicht körperlich sind und damit nicht Gegenstand einer Regelung der Sach- oder Gegenleistungsgefahr sein können. Durch die generelle Anordnung einer Wertersatzpflicht in § 346 Abs. 2 S. 1 Nr. 1 BGB bei unkörperlichen Leistungen, weist das Gesetz dem Rückgewährschuldner die Entreicherungsgefahr zu. Er hat nämlich dann die erhaltene unkörperliche Leistung zu finanzieren, selbst wenn sich diese – wie bspw. durch Benutzung einer zum Gebrauch überlassenen Sache – verflüchtigt hat. Damit steht der Rückgewährschuldner vermögensmäßig genauso dar, wie wenn der Vertrag aufrecht erhalten bliebe.[179]

Zudem hat die Entreicherungsgefahr dann Bedeutung, wenn der Anspruch auf Wertersatz gem. § 346 Abs. 3 S. 1 BGB entfällt und der Rückgewährschuldner – als Rücktrittsberechtigter und -gegner – zur Herausgabe der verbleibenden Bereicherung gem. § 346 Abs. 3 S. 2 BGB verpflichtet ist. Ausweislich der Gesetzesbegründung handelt es sich hierbei um eine Rechtsfolgenverweisung auf das Bereicherungsrecht[180], so dass das Eingreifen eines die Wertersatzpflicht ausschließenden Tatbestands die subsidiäre Haftung auslöst.[181] Dabei nimmt § 346 Abs. 3 S. 2 BGB nur auf solche nach der Rückabwicklung des Schuldverhältnisses ungerechtfertigt im Vermögen des Rückgewährschuldners verbleibende Vorteile Bezug, die nicht schon von den §§ 346 ff. BGB erfasst werden. Die subsidiäre Haftung bezieht sich damit zunächst nicht auf dasjenige, was der Empfänger erlangt hat, da sich die Pflicht zur Herausgabe des Rückgewährgegenstands bereits aus § 346 Abs. 1 BGB ergibt und trotz der irreführenden sprachlichen Anknüpfung in § 346 Abs. 2 BGB nicht durch den Wertersatzanspruch ersetzt wird.[182] In glei-

178 Vgl. Teil 1, D.

179 Vgl. dazu sogleich, Teil 2, F. I. 1.

180 BT-Drs. 14/6040, S. 195.

181 Eine ähnliche Regelung ist in § 326 Abs. 2 S. 2 BGB zu finden, wobei diese Norm wiederum eine vergleichbare Regelung zu §§ 537 Abs. 1 S. 2, 615 S. 2, 649 S. 2 BGB darstellt. Zwar ist § 346 Abs. 3 S. 2 BGB weiter gefasst als § 326 Abs. 2 S. 2 BGB. Beide Regelungen verfolgen aber den gleichen Zweck. Der Schuldner muss sich bei bestehendem Anspruch des Gläubigers auf die Gegenleistung die durch den Wegfall der Leistungspflicht entstandenen Vorteile anrechnen lassen bzw. herausgeben.

182 Vgl. Teil 2, B. I.

cher Weise werden über §§ 346 Abs. 1, 346 Abs. 2 S. 1 Nr. 1 BGB die gezogenen Nutzungen – insbesondere die Gebrauchsvorteile – abschließend geregelt. Auch findet die Verweisung auf das Bereicherungsrecht keine Anwendung, wenn die Wertersatzpflicht nicht besteht, weil die Verschlechterung auf die bestimmungsgemäße Ingebrauchnahme oder den bestimmungsgemäßen Gebrauch (§ 346 Abs. 2 S. 1 Nr. 3 Hs. 2 BGB) zurückzuführen ist. Aufgrund des systematischen Bezugs der Norm ist eine rücktrittsrechtliche Bereicherungshaftung nach § 346 Abs. 3 S. 2 BGB zunächst dann gegeben, wenn die Wertersatzpflicht wegen Vorliegens einer der in § 346 Abs. 3 S. 1 BGB genannten Tatbestände ausgeschlossen ist. So kann insbesondere in den Fällen der Verarbeitung, Umgestaltung und des Verbrauchs eine Bereicherung bestehen bleiben, wenn der Leistungsgegenstand dem Rückgewährschuldner trotz der Mangelhaftigkeit einen messbaren Vermögensvorteil bringt. Diesbezüglich kann auf das vielerorts genannte Beispiel von der Schnecke im Salat hingewiesen werden.[183] Dem Rückgewährschuldner verbleibt eine Bereicherung, wenn er sich wegen der zu sich genommenen Nahrung bis zum Entdecken der Schnecke anderweitige Aufwendungen erspart hat.[184] Diese hat er grundsätzlich nach §§ 346 Abs. 3 S. 2, 818 ff. BGB herauszugeben. Der Rückgewährgläubiger trägt aber insofern die Entreicherungsgefahr, da sich der Anspruch auf Herausgabe der verbleibenden Bereicherung nur auf solche Vermögensvorteile bezieht, um die der Rückgewährschuldner tatsächlich noch bereichert ist. Dies ist insbesondere für solche Aufwendungen, die in ursächlichem Zusammenhang mit der einst empfangenen Leistung stehen, von Bedeutung.[185] Solche Aufwendungen mindern die verbleibende Bereicherung und der Rückgewährschuldner kann sich diesbezüglich auf den Einwand der Entreicherung gem. § 818 Abs. 3 BGB berufen. Dabei ist – anders als bei der Rückabwicklung nach Leistungskondiktion[186] – die Abschöpfungskondiktion an dem tatsächlichen Vermögensplus orientiert. Das bedeutet, dass der Rückgewährschuldner sämtliche adäquaten Vermögensminderungen in Abzug bringen kann, die sich als Folge seiner Vermögensdispositionen – unabhängig davon, ob er Kenntnis vom Rücktrittsgrund hatte oder nicht – ergeben.[187] Nur für den Fall, dass sich die Pflicht zur

183 Vgl. *Kaiser*, in: Staudinger, § 346 Rn 192.

184 Hingegen hat der Rückgewährschuldner Wertersatz nach § 346 Abs. 2 S. 1 Nr. 1 BGB zu leisten und es besteht keine verbleibende Bereicherung i.S.d. § 346 Abs. 3 S. 2 BGB, wenn ein gekauftes mangelhaftes Ferienhaus zwei Wochen lang bewohnt wurde und sich der Schuldner in der gleichen Zeit ansonsten eine Wohnung gemietet hätte. Das Beispiel von *Schwab* (in: Schwab/Witt, S. 370) trifft insofern nicht zu.

185 *Gaier*, WM 2002, 1, 10 mit Verweis auf BGH WM 1970, 1421, 1422.

186 Vgl. dazu unten, Teil 4, B.

187 Vgl. zur Abschöpfungskondiktion: *Reuter/Martinek*, S. 627.

Herausgabe der verbleibenden Bereicherung auf einen bestimmten Gegenstand bezieht, haftet er ab dem Zeitpunkt, in dem er Kenntnis vom Rücktrittsgrund erlangt, über §§ 346 Abs. 3 S. 2, 818 Abs. 4, 819, 292, 987 ff. BGB nach den allgemeinen Vorschriften. Dabei ist – wie im Rahmen des § 819 Abs. 1 BGB – die Kenntnis vom Rücktrittsgrund – hilfsweise über eine Analogie zu § 142 Abs. 2 BGB – der Kenntnis über die Rückgewährpflicht gleichzusetzen.[188]

Problematisch ist das Verhältnis des Anspruchs aus §§ 346 Abs. 3 S. 2, 818 ff. BGB zum Verwendungsersatzanspruch aus § 347 Abs. 2 BGB. Notwendige Verwendungen sind dem Rückgewährschuldner gem. § 347 Abs. 2 S. 1 BGB zu ersetzen, wenn er den Gegenstand zurückgibt, Wertersatz leistet oder seine Wertersatzpflicht gem. § 346 Abs. 3 S. 1 Nr. 1 und 2 BGB entfällt. Andere Aufwendungen sind gem. § 347 Abs. 2 S. 2 BGB nur zu ersetzen, wenn der Gläubiger durch diese bereichert wird. Bei einer Übertragung dieser Wertung auf den Entreicherungseinwand könnten Probleme entstehen, wenn der Rückgewährschuldner notwendige Verwendungen getätigt hat, die zu einem erhöhten Ersatzanspruch gegen Dritte geführt haben und die Wertersatzpflicht gem. § 346 Abs. 3 S. 1 Nr. 3 BGB ausgeschlossen ist. Ein Ersatzanspruch nach § 347 Abs. 2 S. 1 BGB steht ihm dann nicht zu. Sinn und Zweck des § 347 Abs. 2 BGB ist es, den Rückgewährgläubiger im Falle des § 346 Abs. 3 S. 1 Nr. 3 BGB nicht unbillig mit einem Verwendungsersatz zu belasten, wenn er aufgrund der Risikoverteilung weder den Gegenstand zurück noch einen Wertersatz erhält. Ist der Leistungsgegenstand aufgrund eines deliktischen Drittverhaltens untergegangen bzw. verschlechtert worden, hat der Rückgewährschuldner den Ersatzanspruch gem. §§ 346 Abs. 3 S. 2, 818 ff. BGB und § 285 BGB an den Gläubiger abzutreten. Wurden vorher größere *notwendige* Verwendungen auf den Rückgewährgegenstand getätigt, kann es vorkommen, dass sich der Anspruch des Gläubigers auf mehr als derjenige des Rückgewährschuldners auf Rückzahlung des Kaufpreises beläuft. Fraglich ist dann, ob die aufgewandten Kosten als Minderungsposten gegenüber dem Bereicherungsanspruch nach § 346 Abs. 3 S. 2 BGB Berücksichtigung finden können. Handelt es sich um *nützliche* Verwendungen, ergibt sich diese Problematik nicht, da der Rückgewährschuldner Ersatz dieser Verwendungen verlangen kann, wenn der Gläubiger i.S.d. § 347 Abs. 2 S. 2 BGB bereichert ist. Um dem Rückgewährschuldner ein Berufen auf den Wegfall der Bereicherung bei getätigten notwendigen Verwendungen zu ermöglichen, müsste – bei einer Anwendung

188 Nach *Faust* (in: jurisPK, § 346 Rn 85) muss sich die Kenntnis auf die Ausübung des Rücktrittsrechts beziehen, wohingegen *Gaier* (in: MüKo (2003), § 346 Rn 60) die Kenntnis vom Rücktrittsgrund genügen lässt. Wegen der auf das Rücktrittsrecht übertragbaren Wertung des § 142 Abs. 2 BGB genügt bereits die Kenntnis vom Rücktrittsgrund.

des § 347 Abs. 2 BGB im Rahmen der bereicherungsrechtlichen Haftung – der Begriff „andere Aufwendungen" nicht in Abgrenzung zu den „notwendigen Verwendungen" des § 347 Abs. 2 S. 1 BGB, sondern als Auffangtatbestand für alle sonstigen Aufwendungen, die nicht unter § 347 Abs. 2 S. 1 BGB fallen, verstanden werden. Richtigerweise ist es jedoch gar nicht angezeigt, § 347 Abs. 2 BGB im Rahmen der Bereicherungshaftung zu berücksichtigen. Nach der Gesetzesbegründung ist § 347 Abs. 2 BGB als abschließende Regelung zu verstehen und der Rückgewährschuldner kann solche Verwendungen, die er nicht gem. § 347 Abs. 2 BGB ersetzt verlangen könne, auch nicht gegenüber einem Wertersatzanspruch aus § 346 Abs. 2 BGB in Abzug bringen.[189] Zwar bleibt das Verhältnis des § 347 Abs. 2 BGB zum Entreicherungseinwand nach § 818 Abs. 3 BGB ungeklärt. Da aber nach § 346 Abs. 3 S. 2 BGB nur herauszugeben ist, was als verbleibende Bereicherung ungerechtfertigt im Vermögen des Rückgewährschuldners vorhanden ist, scheidet eine Anwendung des § 347 Abs. 2 BGB auf § 818 Abs. 3 BGB aus.[190]

E. Die Vorschriften des § 346 Abs. 2, 3 BGB als Gefahrtragungsregelungen

Bei der Frage, ob die Vorschriften des § 346 Abs. 2 und 3 BGB Gefahrtragungsregelungen darstellen, ist zwischen § 346 Abs. 2 S. 1 Nr. 2, 3 und Abs. 3 BGB und § 346 Abs. 2 S. 1 Nr. 1 BGB zu differenzieren. Denn die Tatbestände des § 346 Abs. 2 S. 1 Nr. 2, 3 und Abs. 3 BGB betreffen solche Sachverhalte, in denen eine uneingeschränkte Rückgewähr des Gegenstands zunächst möglich war und durch eine erst später auftretende Leistungsstörung behindert wurde, wohingegen sich § 346 Abs. 2 S. 1 Nr. 1 BGB nur auf unkörperliche Leistungen bezieht.

I. § 346 Abs. 2 S. 1 Nr. 2, 3 und Abs. 3 BGB

Soweit die primären Leistungsversprechen noch nicht erfüllt wurden, erlöschen diese durch den Rücktritt und eine Gefahrverteilung findet nicht statt. Mit der Übergabe der Sache i.S.d. § 446 S. 1 BGB bzw. nach der Abnahme i.S.d. § 644 BGB geht die *dominus*-Stellung im Regelfall auf den Empfänger der Leistung über. Ab diesem Zeitpunkt trägt er die Sachgefahr und hat grundsätzlich den wirtschaftlichen Verlust des Gegenstands zu tragen. Diese Gefahrtragung kommt im Rückabwicklungsverhältnis durch die Anordnung einer Wertersatzpflicht gem. § 346 Abs. 2 BGB für den Rückgewährschuldner bei Beeinträchtigung

189 BT-Drs. 14/6040, S. 197.
190 *Schwab*, in: Schwab/Witt, S. 371, a.A.: *Kohler*, JZ 2002, 682, 686 (Fn 32).

des Gegenstands zum Ausdruck. Der Schuldner hat zwar einen Anspruch auf Rückzahlung seiner erbrachten Gegenleistung nach § 346 Abs. 1 BGB; dieser kann aber vom Gläubiger mit dem Wertersatzanspruch durch Aufrechnung nach § 387 BGB zum Erlöschen gebracht werden. Neben der Sachgefahr wird durch die Anordnung bzw. den Ausschluss der Wertersatzpflicht zugleich die Gegenleistungsgefahr geregelt. Der Rückgewährschuldner muss nämlich – aufgrund der Aufrechnungsmöglichkeit des Gläubigers – auf die Gegenleistung, die in der ehemals erbrachten Gegenleistung für den erhaltenen Gegenstand besteht, verzichten, wenn er zur unversehrten Rückgewähr nicht imstande ist.[191] Hat der Rückgewährschuldner die Gegenleistung im primären Austauschverhältnis noch nicht erbracht, obgleich er den Gegenstand schon erhalten hat – bspw. beim Rücktritt des Rückgewährgläubiges wegen Zahlungsverzugs nach §§ 323 ff. BGB –, muss er das Empfangene zurückgewähren und seine Primärpflicht erlischt. In diesem Fall besteht wegen der Befreiung von der Primärpflicht keine Gegenleistungsgefahr. Eine etwaige finanzielle Einbuße aufgrund eines Restitutionshindernisses am Gegenstand wird dementsprechend allein durch die Sachgefahr geregelt. Den wirtschaftlichen Verlust für den Untergang oder die Beeinträchtigung des Rückgewährgegenstands trägt der Rückgewährschuldner als *dominus* nicht, wenn keine Wertersatzpflicht besteht. Sobald nämlich die Pflicht zum Wertersatz wegen Vorliegens einer der in § 346 Abs. 3 BGB aufgeführten Tatbestände ausgeschlossen ist, trägt der Rückgewährgläubiger die Gegenleistungsgefahr. In diesem Fall liegt auch kein *casus* vor, den der *dominus* zu spüren bekommt, da er durch den – mangels einer bestehenden Wertersatzpflicht nicht durch Aufrechnung zum Erlöschen zu bringenden – Anspruch auf Rückgewähr der ehemals hingegebenen Gegenleistung einen wirtschaftlichen Ersatz für die Beeinträchtigung des Gegenstands erhält. Auf die in § 346 Abs. 2 S. 1 Nr. 2 und 3 BGB enthaltenen Gefahrtragungsgrundsätze wird also durch die Ausnahmetatbestände des § 346 Abs. 3 BGB eingewirkt. Dabei ist hinsichtlich der zu regelnden Gefahr zu unterscheiden. In § 346 Abs. 3 S. 1 Nr. 2 BGB wird die grundsätzlich vom Rückgewährschuldner zu tragende Gegenleistungsgefahr auf den Rückgewährgläubiger verlagert. Hingegen kommt in § 346 Abs. 3 S. 1 Nr. 1 und 3 BGB das Verbleiben der Sachgefahr beim Rückgewährgläubiger wegen Mangelhaftigkeit des Leistungsgegenstands zum Ausdruck. Verblieb nämlich die Sachgefahr beim Rückgewährgläubiger, entscheidet die Frage, ob der Rückgewährschuldner zum

191 Dabei ist es unerheblich, ob der Rückgewährschuldner auch das Eigentum an dem Gegenstand erhalten hat. Ausreichend ist, wenn ihm i.S.d. § 854 BGB der unmittelbare oder der mittelbare Besitz i.S.d. § 868 BGB übertragen wurde, da er dann die zum Verhindern von Einwirkungen auf die Sache erforderliche Herrschaft innehat. Vgl. zu den Anforderungen an die *dominus*-Stellung Teil 1, C. II. 1 sowie Teil 2, A. I., II.

Wertersatz verpflichtet ist, darüber, ob er die Gegenleistungsgefahr trägt und damit das Ergebnis der Sachgefahr beeinflusst wird. Dabei geht die Gegenleistungsgefahr erst unter bestimmten Voraussetzungen auf den Rückgewährschuldner über. So legt § 346 Abs. 3 S. 1 Nr. 1 BGB den Zeitpunkt des Übergangs der Gegenleistungsgefahr vom Rückgewährgläubiger auf den Rückgewährschuldner fest. Die Gegenleistungsgefahr geht danach mit der Folge einer Wertersatzpflicht auf den Rückgewährschuldner über, wenn sich der Mangel bereits vor der Verarbeitung bzw. Umgestaltung gezeigt hat und Letzterer den Gegenstand gleichwohl bearbeitet. In dieser Konstellation gilt demnach nicht das Regel-Ausnahme-Prinzip, nach dem der Rückgewährschuldner grundsätzlich die Gegenleistungsgefahr zu tragen hat und nur im Ausnahmefall davon befreit ist. Dies beruht auf der Mangelhaftigkeit des Rückgewährgegenstands. In gleicher Weise kommt in § 346 Abs. 3 S. 1 Nr. 3 BGB das Verbleiben der Sachgefahr beim Rückgewährgläubiger wegen Mangelhaftigkeit des Leistungsgegenstands zum Ausdruck. Erst wenn der Rückgewährschuldner gegen den Maßstab der eigenüblichen Sorgfalt gem. § 277 BGB verstoßen hat, geht die Gegenleistungsgefahr mit der Folge einer Wertersatzpflicht auf ihn über. Ebenso wie die Regelungen des § 346 Abs. 2 S. 1 Nr. 2 und 3 BGB stellen demzufolge die Tatbestände des § 346 Abs. 3 BGB Gefahrtragungsregelungen da, indem sie unter bestimmten Voraussetzungen den wirtschaftlichen Verlust für Beeinträchtigungen am Leistungsgegenstand dem Rückgewährgläubiger bzw. -schuldner auferlegen.

II. § 346 Abs. 2 S. 1 Nr. 1 BGB

Als Regelungen der Sach- und Gegenleistungsgefahr gelten mithin die Abs. 2 und 3 des § 346 BGB. Auffallend ist dabei, dass die Tatbestände des Abs. 3 inhaltlich und sprachlich nur an § 346 Abs. 2 S. 1 Nr. 2 und 3 BGB anknüpfen. Dies könnte vermuten lassen, dass entweder die Gefahrverteilung bei Nr. 1 endgültig ist oder dass die Nr. 1 keine Gefahrverteilung regelt und die Gegenleistungsgefahr nicht auf den Gläubiger übergehen kann. Im Unterschied zu den Tatbeständen der Nr. 2 und Nr. 3 des § 346 Abs. 2 BGB, bei denen eine uneingeschränkte Rückgewähr des empfangenen Gegenstands zunächst möglich war, aber durch eine später auftretende Leistungsstörung behindert wurde, ist nach § 346 Abs. 2 S. 1 Nr. 1 BGB Wertersatz zu leisten, soweit „die Rückgewähr oder die Herausgabe nach der Natur des Erlangten ausgeschlossen ist“. Hierunter fallen keine Leistungen, die zunächst zurückgewährt werden konnten. Vielmehr sind in § 346 Abs. 1 S. 1 Nr. 1 BGB nur solche Leistungen gemeint, bei denen die Rückgewähr bzw. die Herausgabe *von vornherein* ausgeschlossen waren.[192] Soweit die Leistung nicht in der Überlassung oder der Hingabe eines körperlichen Gegenstands besteht, kann sie nicht tatsächlich zurückgewährt werden und es können bei der Rückabwicklung keine Leistungsstörungen auftreten. Demzufolge ist keine Sach- oder Gegenleistungsgefahr weder vom Empfänger noch vom Leistenden zu tragen. Diese Gefahrtragungsregelungen haben nämlich nur Relevanz, wenn wegen einer Restitutionsstörung der empfangene Gegenstand nicht zurückgewährt werden kann und der Verlust einer der Parteien auferlegt werden muss. Dabei setzt eine Regelung der Sachgefahr voraus, dass es sich bei dem empfangenen Gegenstand um eine Sache i.S.d. § 90 BGB handelt. Für die Regelung der Gegenleistungsgefahr ist überdies erforderlich, dass eine Verpflichtung besteht, den Besitz der empfangenen Sache auf die andere Partei zu übertragen.[193] Da dies auf unkörperliche Leistungen nicht zutrifft, kann die – nicht durch § 346 Abs. 3 BGB zu beeinflussende – Anordnung einer Wertersatzpflicht in § 346 Abs. 2 S. 1 Nr. 1 BGB nicht bedeuten, dass der Rückgewährschuldner bei nicht in Natur rückgabefähigen Leistungen immer die Sach- und Gegenleistungsgefahr trägt. Vielmehr stellt die Anordnung einer Wertersatzpflicht für nicht gegenständlich erlangte Leistungen eine Regelung der Entreicherungsgefahr dar. Der Rückgewährschuldner ist nämlich auch bei nicht mehr bestehender Bereicherung durch die einst erhaltene Leistung – bspw. weil sich diese durch Gebrauch des allein zur Benutzung überlassenen Gegenstands verflüchtigt hat oder weil die erhaltene Leistung für ihn keinen oder nur einen geringeren Wert hat – zum Wertersatz gem. § 346 Abs. 2 S. 1 Nr. 1 BGB verpflichtet. Dies gilt unabhängig davon, ob er den Rücktrittsgrund und die Entreicherung zu vertreten hat oder nicht. Da nämlich das Gesetz keinen Ausschlussgrund in § 346 Abs. 3 BGB vorsieht, findet keine Berücksichtigung, welche der Parteien die Ursache für den Rücktritt gesetzt hat. Damit wird der Rückgewährschuldner vermögensmäßig so gestellt, wie er stehen würde, wenn das Schuldverhältnis aufrecht erhalten bliebe. Dies erklärt sich daraus, dass es keinen Anlass gibt, ihn mit Rücksicht auf seinen guten Glauben an der Aufrechterhaltung des Schuldverhältnisses zu schützen. Denn der Schutz des guten Glaubens kann ihn nicht besser stellen, als wenn das, worauf er sich bezieht, Rechtswirklichkeit wäre. Der Wegfall des Erlangten befreit den gutgläubigen Empfänger nur dann, wenn er bei Beständigkeit des der Leistung zugrunde liegenden Schuldverhältnisses nicht mit einer Entgeltpflicht hätte rechnen müssen.[194] Der gute Glaube an die Aufrechterhaltung des Primärverhältnisses deckt aber nicht das Vertrauen, die Leistung unentgeltlich zu erhalten. Deswegen kann sich der Rückgewährschuld-

192 Vgl. zum Anwendungsbereich des § 346 Abs. 2 S. 1 Nr. 1 BGB unten, Teil 2, F. I.
193 Vgl. dazu oben, Teil 1, C. III.
194 *Reuter/Martinek*, S. 591.

ner selbst dann nicht gegen die Entgeltverpflichtung in Höhe des Werts des erhaltenen Gebrauchs oder der Dienstleistung wehren, wenn die dadurch erlangte „Bereicherung" diesen Wert nicht erreicht. Vielmehr ist er ebenso wie bei einer Beständigkeit des Primärverhältnisses zur „Vergütung" der erhaltenen Leistung verpflichtet. Die Höhe des Wertersatzes richtet sich dabei gem. § 346 Abs. 2 S. 2 BGB an der vertraglich ausgehandelten Entgeltabrede, ist aber in bestimmten Fällen den Besonderheiten des rückabzuwickelnden Vertrags bzw. einer in der erhaltenen Leistung angelegten Minderwertigkeit anzupassen. Dies folgt bei einer Wertersatzpflicht für die Gebrauchsvorteile eines Darlehens aus § 346 Abs. 2 S. 2 Hs. 2 BGB. Danach hat der Rückgewährschuldner nämlich die Möglichkeit des Nachweises, dass der Wert des Gebrauchsvorteils geringer war. Ist der vereinbarte Darlehenszins also höher als der marktübliche, ist der nach § 346 Abs. 2 S. 1 Nr. 1 BGB zu leistende Wertersatz bei einem entsprechenden Nachweis auf den marktüblichen Zins beschränkt. Dadurch hat der Rückgewährschuldner nur den Wert zu „vergüten", durch den er eine objektiv marktübliche Bereicherung erfahren hat. Ist die empfangene, unkörperliche Leistung mangelhaft gewesen, wird dies bei der Höhe des zu leistenden Wertersatzes berücksichtigt. Bei einer mangelhaften Leistung ist nämlich das Äquivalenzverhältnis der ursprünglichen Leistung gestört, so dass eine entsprechend §§ 441 Abs. 3, 638 Abs. 3 BGB geminderte Gegenleistung an die Stelle des Wertersatzes tritt.

F. Zu den einzelnen Vorschriften des § 346 Abs. 2, 3 BGB

Sobald der Rückgewährschuldner die erhaltene Leistung nicht oder nicht mehr in dem Zustand, in dem er sie empfangen hat, zurückgewähren kann, entsteht gem. § 346 Abs. 2 BGB eine Pflicht zum Wertersatz, die unter bestimmten Voraussetzungen gem. § 346 Abs. 3 BGB entfallen kann. Im Folgenden werden diese Vorschriften im Einzelnen untersucht.

I. Zur Wertersatzpflicht gem. § 346 Abs. 2 S. 1 Nr. 1 BGB

Gem. § 346 Abs. 2 S. 1 Nr. 1 BGB hat der Schuldner Wertersatz zu leisten, wenn die Rückgewähr oder die Herausgabe nach der Natur des Erlangten ausgeschlossen ist. Die Vorschrift entspricht dem zu § 346 S. 2 BGB a.F. entwickelten allgemeinen Rechtsgedanken, der eine Wertersatzpflicht über den Wortlaut der Norm hinaus bei allen Leistungen vorsah, die ihrer Natur nach nicht zurückgewährt werden konnten.[195]

195 BT-Drs. 14/6040, S. 196; *Kaiser*, in: Staudinger (1995), § 346 Rn 51.

1. Wertersatzpflicht für unkörperliche Leistungen

Dies trifft insbesondere zu auf Dienstleistungen oder Leistungen an unkörperlichen Werken. So scheidet bspw. die Rückgewähr von vornherein aus bei Konzertaufführungen, Beförderungen, Reisen oder beim Erstellen von geistigen Werken.[196] Auch ist eine Rückgewähr nach der Natur des Erlangten ausgeschlossen, wenn die ursprüngliche Leistung ein Unterlassen oder eine bloße Reparatur darstellt. Bei diesen Leistungen handelt es sich um solche, die nicht körperlich und damit von vornherein nicht rückgabefähig sind.

2. Wertersatzpflicht für Nutzungen

Da der Rücktritt das Ziel hat, den *status quo ante* wiederherzustellen, müssen neben der Rückgewähr des empfangenen Gegenstands die gezogenen Nutzungen herausgegeben bzw. Nutzungsersatz geleistet werden. Nutzungen sind nach § 100 BGB die Früchte einer Sache oder eines Rechts und die Gebrauchsvorteile. Es besteht primär eine Herausgabepflicht gem. § 346 Abs. 1 BGB für tatsächlich gezogene Nutzungen. Diese Herausgabepflicht bezieht sich unmittelbar auf die Erzeugnisse der Sache i.S.d. § 99 BGB, die im Zeitpunkt des Rücktritts gegenständlich beim Rückgewährschuldner vorhanden sind. Haben sich die gewonnenen Früchte verschlechtert, sind untergegangen, verbraucht oder veräußert worden, muss er neben der Pflicht, den empfangenen Gegenstand herauszugeben, Wertersatz gem. § 346 Abs. 2 S. 1 Nr. 2, 3 BGB leisten.[197] Für gegenständlich beim Rückgewährschuldner vorhandene Nutzungen greift § 346 Abs. 2 S. 1 Nr. 1 BGB also nicht ein. Von den Früchten einer Sache oder eines Rechts i.S.d. § 99 BGB sind die bloßen Gebrauchsvorteile gem. § 100 BGB zu unterscheiden. Gebrauchsvorteile werden durch die Benutzung einer Sache mit sich gebracht und verflüchtigen sich mit ihrem Genuss, weswegen sie nicht mehr herausgegeben werden können.[198] Für diese Nutzungen hat der Rückgewährschuldner Wertersatz zu leisten. Diese Pflicht könnte sich aus § 346 Abs. 2 S. 1 Nr. 1 BGB ergeben, da die Nutzungen *ihrer Natur nach* nicht herausgegeben werden kön-

---

196 Dies gilt jedoch nur, soweit die Verträge keine Dauerschuldverhältnisse sind und durch eine Kündigung beendet werden. Die Kündigung tritt an die Stelle des Rücktritts und beendet das Schuldverhältnis für die Zukunft, so dass kein Rückgewährschuldverhältnis entsteht.

197 Durch die Formulierung in § 346 Abs. 2 BGB „statt der Rückgewähr oder Herausgabe“ wird deutlich, dass die Vorschriften über die Wertersatzpflicht nicht nur hinsichtlich des empfangenen Gegenstands, sondern auch bezüglich der gezogenen Früchte gelten.

198 *Röthel*, in: Erman, § 346 Rn 32; *Grothe*, in: Bamberger/Roth, § 346 Rn 39.

nen.[199] Sobald die Nutzung nur eine Nebenfolge der Gebrauchsüberlassung des Gegenstands war, galt im alten Recht jedoch nicht § 346 S. 2 BGB a.F., sondern § 347 S. 2 BGB a.F., wonach sich ein Anspruch auf Ersatz von Nutzungen nach den Vorschriften über das Eigentümer-Besitzer-Verhältnis bestimmte.[200] Diese Abgrenzung zwischen § 346 S. 2 BGB a.F. und § 347 S. 2 BGB i.V.m. § 987 BGB findet im neuen Recht ihre Entsprechung.[201] Damit umfasst § 346 Abs. 1 Hs. 2 BGB mit der Anordnung der Herausgabe gezogener Nutzungen in gleicher Weise die Pflicht zum Wertersatz bei von vornherein nicht gegenständlichen und damit nicht zur Herausgabe geeigneten Nutzungen wie dies in § 987 Abs. 1 BGB der Fall ist.[202] Soweit die Nutzung der vertraglich geleisteten Sache also nur eine Nebenfolge ist – wie etwa der Gebrauch einer gekauften Sache –, bestimmt sich die Nutzungsvergütung nicht nach § 346 Abs. 2 S. 1 Nr. 1 BGB, sondern nach § 346 Abs. 1 Hs. 2 BGB.[203] Die Wertersatzpflicht des § 346 Abs. 2 S. 1 Nr. 1 BGB gilt nur, sofern die Nutzziehung Hauptleistung des Vertrags gewesen ist und diese Leistung nicht in Natur zurückgegeben werden kann. Diese Unterscheidung ergibt sich daraus, dass nur soweit die Nutzung als Vertragsgegenstand die „empfangene Leistung" ist, der Wertersatz nach der Gegenleistung gem. § 346 Abs. 2 S. 2 BGB bestimmt wird. Der Inhalt des Ersatzanspruchs für Gebrauchvorteile, die nur „gezogene Nutzungen" des vertraglichen Leistungsgegenstands sind, sollte hingegen durch die Schuldrechtsreform nicht verändert werden[204] und bestimmt sich nach der zeitanteiligen linearen Wertminderung im Verhältnis zur voraussichtlichen Gebrauchsdauer.[205] Für diese Einschätzung spricht überdies, dass bei einer Subsumtion solcher Nutzungen unter § 346 Abs. 2 S. 1 Nr. 1 BGB, die bloß als Nebenfolge aus dem als Hauptleistung erlangten Gegenstand resultieren, die Voraussetzungen des § 347 Abs. 1 BGB umgangen

---

199 Dabei besteht die Wertersatzpflicht unabhängig davon, ob der Rückgewährschuldner noch bereichert ist, vgl. BT-Drs. 14/6040, S. 190 mit Verweis auf die frühere Rechtsprechung zu § 346 S. 2 BGB a.F.: BGHZ 77, 310, 320; BGHZ 85, 50, 59.

200 BGH NJW 1998, 3355, 3357; OLG Köln, OLGZ 1980, 210, 211; *Janßen*, in: MüKo (2001), § 346 Rn 21; *Hadding*, in: Soergel, § 346 Rn 7; *Kaiser*, in: Staudinger, § 346 Rn 53.

201 *Gaier*, in: MüKo, § 346 Rn 21; *Grothe*, in: Bamberger/Roth, § 346 Rn 33; *Ehmann/Sutschet*, § 5, S. 138; *Hager*, in: Dauner-Lieb/Heidel/Lepa/Ring, § 5 Rn 18; *Lorenz/Riehm*, Rn 422 Fn. 14.

202 *Gaier*, WM 2002, S. 1, 5; *Grothe*, in: Bamberger/Roth, § 346 Rn 33.

203 *Gaier*, in: Müko, § 346 Rn 21; z. alten Recht: *Kaiser*, in: Staudinger (1995), § 346 Rn 53.

204 BT-Drs.14/6040, S. 193.

205 *Gaier*, WM 2002, 1, 6 mit Verweis auf BGH NJW 1996, 250, 252. Der objektive Mietwert soll hingegen maßgeblich sein, wenn es um die Rückgewähr von Gegenständen geht, deren Wert durch Zeitablauf keinen messbaren Verlust erfährt, insbesondere bei Grundstücken.

wären.[206] Der Rückgewährschuldner ist nämlich gem. § 347 Abs. 1 S. 1 BGB nur dann zum Wertersatz verpflichtet, wenn er trotz Möglichkeit entgegen den Regeln einer ordnungsgemäßen Wirtschaft keine Nutzungen gezogen hat. Diese Wertersatzpflicht wird durch § 347 Abs. 1 S. 2 BGB dahingehend eingeschränkt, dass der Rücktrittsberechtigte im Falle eines gesetzlichen Rücktrittsrechts hinsichtlich der Nutzungen nur für diejenige Sorgfalt einzustehen hat, die er in eigenen Angelegenheiten anzuwenden pflegt (§ 277 BGB). Würde er hingegen wegen § 346 Abs. 2 S. 1 Nr. 1 BGB hinsichtlich sämtlicher Nutzungen stets Wertersatz leisten müssen, fände die Möglichkeit zur ordnungsgemäßen Bewirtschaftung keine Berücksichtigung. § 346 Abs. 2 S. 1 Nr. 1 BGB unterscheidet nämlich nicht, ob der Rückgewährschuldner tatsächlich Nutzungen gezogen hat oder nicht. Vielmehr stellt die Norm allein darauf ab, ob die Leistung nach der Natur des Erlangten nicht herausgegeben werden kann. Durch das Abstellen auf die *Natur* des Erlangten ist auch die bloße Möglichkeit zur Nutzziehung, selbst wenn diese unterblieben ist, erfasst. Demzufolge hat der Rückgewährschuldner bei einem Rücktritt vom entgeltlichen Darlehensvertrag nach Darlehensauszahlung auch dann einen Wertersatz gem. § 346 Abs. 2 S. 1 Nr. 1 BGB zu leisten, wenn es zur Nutzung des Darlehens noch gar nicht gekommen ist. Im Ergebnis ist also über § 346 Abs. 2 S. 1 Nr. 1 BGB nur für solche Nutzungen bzw. Nutzungsmöglichkeiten Wertersatz zu leisten, die als Hauptleistung des rückabzuwickelnden Vertrags empfangen wurden.

3. Gesetzlicher Eigentumserwerb im Rahmen eines Werkvertrags

Im alten Recht war darüber hinaus anerkannt, dass beim Rücktritt vom Werkvertrag der Besteller, wenn die Werkleistung des Unternehmers aufgrund eines gesetzlichen Eigentumserwerbs i.S.d. §§ 946 ff. BGB nicht rückgabefähig ist, nach § 346 S. 2 BGB a.F. Wertersatz schuldete.[207] Da § 346 Abs. 2 S. 1 Nr. 1 BGB nach der Gesetzesbegründung den bisherigen § 346 S. 2 BGB a.F. zu einem allgemeinen Prinzip erweitert[208], wird auch im neuen Recht vertreten, dass sich der Anwendungsbereich des § 346 Abs. 2 S. 1 Nr. 1 BGB auf Werkleistungen bezieht, die der Unternehmer untrennbar mit Sachen des Bestellers verbunden hat, § 93 BGB, oder die durch einen Einbau wesentlicher Bestandteil dessen Grundstücks geworden sind, § 94 BGB.[209] Fraglich ist, ob bei einer im Rahmen eines gesetzlichen Eigentumserwerbs untrennbar verbundenen Werkleistung stets eine Wertersatzpflicht des Rückgewährschuldners angenommen werden kann oder ob nicht

206 *Hager*, in: AnwKom, § 346 Rn 33.
207 *Huber*, JZ 1987, 649, 651.
208 BT-Drs. 14/6040, S. 195, 196.
209 *Gaier*, in: MüKo, § 346 Rn 20; *Grothe*, in: Bamberger/Roth, § 346 Rn 39.

vielmehr zunächst die Möglichkeit einer Abtrennung des Werks in Betracht zu ziehen ist. Soweit eine Wertersatzpflicht angenommen wird, stellt sich zudem sie Frage, ob sich diese Pflicht aus § 346 Abs. 2 S. 1 Nr. 1 BGB ergibt.

a) Wertersatzpflicht für untrennbar verbundene Werkleistungen

Damit der vorliegende Tatbestand unter § 346 Abs. 2 BGB subsumiert werden kann, muss eine Wertersatzpflicht für die vom Unternehmer mit Sachen oder Stoffen des Bestellers untrennbar verbundene Werkleistung bestehen. Der Rücktritt verfolgt das Ziel, die Parteien so zu stellen, wie sie tatsächlich oder zumindest wirtschaftlich stünden, wenn der Vertrag nicht geschlossen wäre. Soweit die empfangene Leistung noch in Natur vorhanden oder ohne Wertverlust individualisierbar ist, muss sie gem. § 346 Abs. 1 BGB zurückgewährt werden. Dies betrifft bspw. angeliefertes Material, das noch nicht eingebaut oder als nicht wesentlicher Bestandteil mit Sachen des Bestellers verbunden wurde.[210] Besteht hingegen eine untrennbare Verbindung i.S.d. §§ 93, 94 BGB, ist eine Rückgewähr der erlangten Leistung nicht unproblematisch möglich bzw. teilweise unmöglich. Zwar könnte eine Rückgabe des gesamten Werks an den Unternehmer erfolgen; dies kann dem Besteller aber nicht ohne weiteres zugemutet werden, da er dann nicht nur auf das Werk, sondern auch auf die ihm gehörende Sache verzichten müsste.[211] Damit würde für ihn der *status quo ante* nicht erreicht werden. In Einzelfällen kann es möglich sein, dass der Besteller den vom Unternehmer zur Ausführung der Werkherstellung hinzugefügten Stoff herausgibt. Hat sich bspw. der Werkunternehmer dazu verpflichtet, das Fahrrad des Bestellers zu reparieren und im Rahmen der Reparatur den Reifenmantel ausgetauscht, kann der Besteller diesen herausgeben. Ebenso kann das vom Juwelier zur Anfertigung eines mit Edelsteinen des Bestellers besetzten Halskolliers verwendete Silbermaterial nach Heraustrennen der Steine herausgegeben werden.[212] Die Werkleistung des Unternehmers bestand jedoch vorwiegend in der erbrachten Arbeitsleistung und er erhält diese durch bloße Rückgabe des verwendeten Stoffes nicht wieder zurück.[213] Aus der Sicht des Unternehmers wird also die Wiederherstellung des *status quo ante* nicht erreicht. Damit ist fraglich, ob ihn die Pflicht trifft, das den Interessen des Bestellers angepasste Werk wieder an sich zu nehmen oder ob er nicht vielmehr das Recht hat, dafür Wertersatz zu verlangen. Soweit das geleistete Werk zurückgenommen wird, stellt sich die Frage, ob der Besteller dem Unternehmer Wertersatz für die darin steckende Arbeitsleistung schuldet. Daneben

210 *Seiler*, in: Erman, § 634 Rn 17 (1989); a.A.: *Voit*, in: Bamberger/Roth, § 636 Rn 33.
211 *Oertmann*, Das Recht 1920, Sp. 155.
212 Bsp. von *Kaiser*, Rückabwicklung (2001), S. 125.
213 *Oertmann*, Das Recht 1920, Sp. 155.

ist problematisch, wer die Kosten für den Ausbau und die Wiederherstellung des früheren Zustands trägt. Dieses Problem gewinnt insbesondere an Bedeutung, wenn der Unternehmer die Werkleistung von den Sachen des Bestellers nur unter großem Kostenaufwand trennen kann und für das ausgebaute Werk selbst keine Verwendung hat.

aa) Abtrennung und Rücknahme des Werks durch den Unternehmer?

Zunächst stellt sich die Frage, ob eine Abtrennung des Werks von den Sachen oder dem Grundstück des Bestellers und eine Rücknahme durch den Unternehmer zu erfolgen hat. Dazu werden unterschiedliche Ansichten vertreten.

(1) Meinungsstand

Nach der Ansicht von *Kaiser*[214] besteht eine generelle Pflicht des Unternehmers zur Abtrennung und zur Rücknahme des Werks. Denn auch bei einer Neuherstellung im Rahmen des Nacherfüllungsanspruchs sei eine Beseitigung der bisherigen Werkleistung möglich, und es werde nicht darüber nachgedacht, die (mangelhafte) Leistung beim Besteller zu belassen und ihm dafür eine (wenn auch geminderte) Pflicht zum Wertersatz aufzuerlegen. Darüber hinaus werde durch die Pflicht zum Wertersatz beim gesetzlichen Eigentumserwerb das Rücktrittsrecht des Bestellers entwertet. Letzterem werde nämlich anstelle der in § 346 Abs. 1 BGB angeordneten gegenständlichen Rückgewähr die Möglichkeit genommen, die ihm erbrachten Leistungen zurückzugewähren. Damit stehe er nach ausgeübtem Rücktritt ebenso dar, wie er stünde, wenn er die Minderung erklärt hätte. Ein Belassen des Werks beim Besteller sei deswegen ausgeschlossen. Vielmehr müsse der Unternehmer stets verpflichtet sein, die Werkleistung zurückzunehmen. Darüber hinaus sei es nicht sachgerecht, zwischen einem Käufer, der die gekaufte Sache selbst einbaue und einem Besteller, der die Sache durch den Unternehmer einbauen lässt, zu differenzieren. So sprach die Rechtsprechung einem Gläubiger, der Ziegel für sein Hausdach kaufte und diese selbst oder durch einen Dritten einbauen ließ, nach erklärter Wandelung einen Anspruch auf Rückzahlung des Kaufpreises Zug-um-Zug gegen Rückgabe der Ziegel zu. Der Käufer erhielt somit als Rückgewährschuldner das Recht und die Pflicht, die empfangene Kaufsache gem. § 346 S. 1 BGB a.F. (jetzt: § 346 Abs. 1 BGB) zurückzugewähren, obwohl diese bereits eingebaut worden war.[215] Ebenso müsse dem Rückgewähr-

214 *Kaiser*, Rückabwicklung (2001), S. 123 ff.

215 Bei der vorliegenden Argumentation nach einer Ausbau- und Herausgabepflicht nach § 346 S. 1 BGB a.F. (jetzt: § 346 Abs. 1 BGB) stützt sich *Kaiser* auf die *Dachziegel*-Entscheidung des BGH v. 9.3. 1983 – VIII ZR 11/82 (BGHZ 87, 104, 109 ff.).

schuldner eine Rückgewähr möglich sein, wenn ein Unternehmer aufgrund eines Werkvertrags Ziegel in das Haus des späteren Rückgewährschuldners einbaue.[216] Es sei nur sachgerecht, diese beiden Fälle gleich zu behandeln und deswegen den Unternehmer stets zur Abtrennung und Rücknahme der erbrachten Werkleistung zu verpflichten.

Nach anderer Ansicht[217] scheidet eine Rücknahmeverpflichtung des Unternehmers aus dem verschuldensunabhängigen Institut des Rücktritts aus. Im Unterschied zum Kaufrecht sei das Werk auf die individuellen Bedürfnisse des Bestellers zugeschnitten und könne vom Unternehmer nicht anderweitig verwendet werden. Damit unterscheide er sich vom Verkäufer, den eine Rücknahmeverpflichtung treffen könne, da er die Sache bereits vor dem Kaufvertrag besaß und es ihm oblag, eine Verwendung für die Sache zu finden.[218] Darüber hinaus widerspreche eine Rücknahmeverpflichtung des Unternehmers der in § 644 Abs. 1 S. 3 BGB enthaltenen Gefahrtragungsregel. Danach trage der Besteller die Gefahr der Verschlechterung des von ihm gelieferten Stoffes durch einen von keiner der Parteien zu vertretenen Umstand. Habe der Unternehmer den Mangel der Werkleistung nicht zu vertreten, dürfe er auch nicht zur Beseitigung seiner (mangelhaften) Leistung und damit zur Beseitigung der Verschlechterung des Stoffes des Bestellers verpflichtet sein. Ein Anspruch auf Beseitigung der mangelhaften Werkleistung könnte sich nur als Anspruch auf Beseitigung einer Besitzstörung ergeben. § 1004 BGB müsse jedoch ausscheiden, da der Unternehmer die sich jetzt als Störung erweisende Maßnahme in Erfüllung des Werkvertrags vorgenommen habe und damit nicht als Störer angesehen werden könne. Eine Abtrennung könne vielmehr nur im Rahmen eines verschuldensabhängigen Schadensersatzanspruchs verlangt werden. Denn nur dann sei der Besteller so zu stellen, als hätte der Vertrag überhaupt nicht bestanden, [219] also als wäre das mangelhafte Werk nicht in den Besitz des Bestellers gelangt und auch nicht mit seinem Eigentum verbunden worden. Ein Abtrennungsverlangen auch im Rahmen des verschuldensunabhängigen Instituts des Rücktritts zu fordern, sei hingegen nicht sachgerecht. Auch lasse sich aus den §§ 346 ff. BGB kein Anspruch auf Befreiung von einer mangelhaften Leistung herleiten. Denn in § 346 Abs. 1 BGB sei nur von einer Verpflichtung zur Rückgewähr der empfangenen Leistungen, nicht aber von einer Verpflichtung zur Rücknahme der erbrachten Leistungen die Rede. Im Ergebnis müsse demnach der Besteller die erbrachte Leistung des Unternehmers behalten und diesem dafür einen (wenn auch geminderten) Wertersatz leisten.

216 *Kaiser*, Rückabwicklung (2001), S. 124.
217 *Soergel*, in: MüKo, § 634 a.F. Rn 21, 22; *Voit*, in: Bamberger/Roth, § 636 Rn 33 f.
218 *Voit*, in: Bamberger/Roth, § 636 Rn 33.
219 OLG Hamm, NJW 1978, 1060, 1060.

Eine dritte Ansicht[220] folgert aus der Funktion des Rücktritts, die darauf gerichtet ist, eine *restitutio in integrum* wiederherzustellen, dass eine Abtrennung des Werks zu erfolgen hat, wenn der Besteller dies zulässigerweise verlangt. Könne eine Abtrennung vom Besteller nicht gefordert werden, so wäre der Unternehmer unsachgerecht im Vorteil. Der Besteller habe einen Anspruch auf Herstellung des Zustands, der vor der Erbringung der Leistungen bestand. Durch den Rücktritt soll gerade eine Umkehrung des Vertrags mit der Folge stattfinden, dass der Zurücktretende die Möglichkeit gewinnt, seinen Bedarf anderweitig zu decken und über das freigewordene Geld zu verfügen. Dass eine Abtrennung nur im Rahmen eines Schadensersatzanspruchs sachgerecht sei, könne deswegen nicht überzeugen, da über § 249 BGB der Besteller so zu stellen wäre, als wenn der Unternehmer mangelfrei erfüllt hätte.[221] Daraus lasse sich nicht der Schluss folgern, dass der Besteller so zu stellen sei, als wenn der Vertrag nicht geschlossen wäre. Darüber hinaus versage eine solche Lösung, wenn ein Verschulden des Unternehmers nicht vorliege, aber gleichwohl ein berechtigtes Interesse des Bestellers daran bestünde, sich von der mangelhaften Leistung zu befreien. Die Rücknahmeverpflichtung ergebe sich deswegen vielmehr bereits aus § 346 Abs. 1 BGB[222] bzw. § 1004 BGB[223]. Durch den Rücktritt gebe der Besteller zum Ausdruck, dass er das Werk gerade nicht behalten wolle. Es wäre nicht sachgerecht, ihn zu dessen Behalten und zu einem Wertersatz zu zwingen.

(2) Stellungnahme

Der Annahme einer generellen Anordnung einer Rücknahmeverpflichtung für den Unternehmer steht entgegen, dass sie der im Gesetz enthaltenen Wertung widerspricht. Sobald eine Sache wesentlicher Bestandteil einer anderen Sache oder eines Grundstücks geworden ist, bewirkt eine Trennung, dass der eine oder der andere Bestandteil der Sache zerstört oder in seinem Wesen verändert wird, § 93 BGB. Aus der Wertung der §§ 946 ff. BGB und dem Anspruch auf Entschädigung für den Rechtsverlust nach § 951 Abs. 1 BGB i.V.m. § 812 Abs. 1 S. 1 Alt. 2 BGB wird deutlich, dass das BGB eine Zerschlagung von Werten verhindern will. Darüber hinaus geht der Vergleich zwischen der Abtrennung des Werks nach ausgeübtem Rücktritt und der Neuherstellung im Rahmen des Nacherfüllungsanspruchs fehl. Es wird verkannt, dass dem Unternehmer wegen § 635 Abs. 1 BGB das Wahlrecht zusteht, ob er den Mangel beseitigen oder ein neues Werk herstellen will. Dieses Wahlrecht begründet sich daraus, dass der Un-

220 *Peters*, JR 1979, 265 ff.; *Kornmeier*, NJW 1978, 2035 f.
221 *Kornmeier*, NJW 1978, 2035, 2035.
222 *Kornmeier*, NJW 1978, 2035, 2035.
223 *Peters*, JR 1979, 265, 269.

ternehmer besser einschätzen kann, welche Art der Nacherfüllung im Hinblick auf den zu erwartenden Aufwand angemessener erscheint. Ist die Nacherfüllung gem. § 275 BGB unmöglich bzw. unzumutbar oder gem. § 635 Abs. 3 BGB nur mit unverhältnismäßigen Kosten möglich, kann er die Nacherfüllung auch verweigern. Macht er von diesem Recht Gebrauch, behält er zunächst wegen § 326 Abs. 1 S. 2 BGB seinen Anspruch auf die Gegenleistung. Dem Besteller steht dann das Recht zu vom Vertrag zurückzutreten. Würde der Argumentation von *Kaiser* gefolgt und der Unternehmer infolge eines ausgeübten Rücktritts dazu gezwungen, die bereits erbrachte Leistung abzutrennen, ohne eine wenigstens geminderte Gegenleistung zu erhalten[224], würde dies bedeuten, dass sein Verweigerungsrecht aus §§ 635 Abs. 3, 275 BGB leer liefe. Eine generelle Abtrennungsverpflichtung des Unternehmers kann mithin nicht überzeugen. Auf der anderen Seite wird auch die Ansicht, die eine Rücknahmeverpflichtung stets verneint, den Interessen der Parteien nicht gerecht. Die unterschiedliche Behandlung von Kauf- und Werkverträgen kann nicht damit begründet werden, dass es nur dem Verkäufer einer Sache zuzumuten ist, die Sache zurückzunehmen. Auch bei Kaufverträgen – bspw. bei Beschaffenheitsvereinbarungen – hat der Verkäufer die Sache nicht vorher besessen und kann sie somit auch nicht besser verwenden als ein Werkunternehmer, der die Sache erst zum Einbau in die Gegenstände des Bestellers hergestellt hat. Auch ein Werklieferungsvertrag, auf den gem. § 651 BGB das Kaufrecht Anwendung findet, hat die Lieferung herzustellender oder zu erzeugender Sachen zum Gegenstand. Werden bspw. für ein bestimmtes Reiseunternehmen angefertigte Reiseprospekte[225] zurückgegeben, hat der Hersteller für diese in der Regel keine weitere Verwendung. Gleiches gilt, wenn der Unternehmer bspw. die Arbeitsplatte einer Küche um ein weiteres Stück ergänzen muss, damit diese mit der Küchenwand des Bestellers abschließt. Den Rest der Küche kann er dann – trotz Vorliegens eines Werkvertrags – wieder verwenden. Eine Differenzierung danach, ob mit der zurückgegebenen Sache eine weitere Verwendung erfolgen kann, ist mithin nicht ausschlaggebend. Überzeugend erscheint vielmehr die dritte Ansicht, die eine Verpflichtung des Unternehmers zur Abtrennung annimmt, wenn ein diesbezügliches Verlangen des Bestellers vorliegt. Doch auch bei dieser Ansicht stellt sich die Frage, ob stets eine Rücknahmeverpflichtung des Unternehmers anzunehmen oder ob nicht vielmehr zwischen den verschiedenen Gründen, auf denen ein Rücktritt basieren kann, differenziert werden muss. Die an der bestehenden Wertersatzpflicht des Rückgewährschuldners vorgebrachte Kritik wird insbesondere daran festgemacht, dass die Stellung

224 Nach der Ansicht von *Kaiser* erhält der Werkunternehmer keine Vergütung für seine bereits erbrachte Arbeitsleistung, vgl. dazu Teil 2, F. I. 3. a) bb) (1).

225 BGH NJW 1966, 2307; *Sprau*, in: Palandt, § 651 Rn 8.

des gesetzlich zum Rücktritt Berechtigten verschlechtert wird. Dabei wird jedoch nicht beachtet, dass der gesetzlich zum Rücktritt Berechtigte nicht zwangsläufig der Rückgewährschuldner sein muss. Es ist mithin angezeigt, zwischen dem Rückgewährgläubiger als Rücktrittsberechtigten und dem Rückgewährschuldner als Rücktrittsberechtigten zu unterscheiden.

(a) Rückgewährschuldner als Rücktrittsberechtigter

Tritt der Rückgewährschuldner als Rücktrittsberechtigter wegen einer mangelhaft erbrachten Leistung gem. § 634 Nr. 3 BGB vom Vertrag zurück, muss die Frage, ob bei einer untrennbar i.S.d. §§ 93, 94 BGB mit seinen Sachen verbundenen Werkleistung eine Abtrennung des Werks zu erfolgen hat oder ob eine Pflicht zum Wertersatz angemessen ist, unter Beachtung des Grundsatzes von Treu und Glauben (§ 242 BGB), zur Disposition der Parteien gestellt werden.[226] Über einer weitere Verwendung der geschaffenen Werte können die Parteien am ehesten entscheiden. Hat der Besteller für die bisherige Werkleistung keinerlei Verwendung, muss er demnach die Rücknahme bzw. Beseitigung des Werks durch den Unternehmer verlangen können. Zum Erhalt einer eigenständigen Bedeutung des Rücktrittrechts ist es hingegen nicht erforderlich, eine generelle Rücknahmeverpflichtung anzuordnen. Auch dem Schutz des Unternehmers ist mit einem Wahlrecht des Bestellers genüge getan. Dieser hat nicht mangelfrei geleistet und auch die Möglichkeit nicht genutzt, im Rahmen des Nacherfüllungsanspruchs, seine Leistung mangelfrei zu erbringen bzw. zu vervollständigen. Er hatte somit die Wahl sich durch weitere Anstrengungen eine Rücknahme des Werks zu ersparen und den Anspruch auf die Gegenleistung zu erhalten. Dabei ist er ausreichend dadurch geschützt, dass die Rücknahmeverpflichtung nur in den Grenzen des § 251 BGB und § 635 BGB erfolgen muss. Darüber hinaus ist es ihm bei Bauleistungen – die den Hauptanwendungsbereich dieser Problematik ausmachen – möglich, den Rücktritt durch Allgemeine Geschäftsbedingungen (AGB) auszuschließen, vgl. § 309 Nr. 8 b) bb) BGB. So sieht auch der Teil B der Verdingungsordnung für Bauleistungen (VOB), der wie AGB über § 305 Abs. 2 BGB als ein den Interessen der Beteiligten ausgleichendes Klauselwerk in den Vertrag miteinbezogen werden kann, einen solchen Ausschluss des Rücktrittsrechts des Bestellers vor. Bietet der Besteller dem Unternehmer hingegen keinen Wertersatz an, muss Letzterem die Möglichkeit zustehen, die Sachen, die er mit der von dem Besteller gestellten Hauptsache verbunden hat, wegzunehmen. Dies muss auch gelten, wenn die Werkleistung des Unternehmers wesentlicher Bestandteil geworden ist.[227]

226 *Peters*, in: Staudinger (2000), § 634 Rn 14 f.
227 *Peters*, in: Staudinger (2000), § 634 Rn 47; *Glanzmann*, in: BGB-RGRK, § 634 Rn 16.

Durch diese Lösung wird erreicht, dass der Besteller einer mangelhaft erbrachten untrennbaren Werkleistung gleich behandelt wird, wie ein Käufer, der die mangelhafte Kaufsache bereits in eigene Sachen eingebaut hat. Ebenso wie dem Käufer als Rückgewährschuldner eine Rückgewähr der mangelhaften Kaufsache Zug-um-Zug gegen Rückzahlung des Kaufpreises möglich ist, wird auch dem Besteller das Recht an die Hand gegeben, die Rücknahme des mangelhaften Werks zu verlangen.[228] Dies ist nur dann nicht sachgerecht, wenn die Mangelhaftigkeit auf einer fehlerhaften Anweisung des Bestellers oder auf einem mangelhaften Stoff i.S.d. § 644 Abs. 1 S. 3 BGB beruht. In diesem Fall trägt nämlich der Besteller das Risiko weiterer Verschlechterungen.

(b) Rückgewährgläubiger als Rücktrittsberechtigter

Fraglich ist, ob diese Grundsätze auch gelten, wenn der Rückgewährgläubiger vom Vertrag zurücktritt. Dem Unternehmer steht ein Rücktrittsrecht gem. § 323 BGB zu, wenn der Besteller die Zahlung der Vergütung nicht oder nicht vertragsgemäß erbracht hat. Wird dieses Recht ausgeübt, kann der Besteller keine Wegnahme des Werks verlangen und ist grundsätzlich zu einer Wertersatzpflicht gem. § 346 Abs. 2 BGB verpflichtet. Die praktische Relevanz dieser Wertersatzpflicht ist aber eher gering. Soweit der Unternehmer seine Pflicht mangelfrei erfüllt hat, wird er – ehe er den Rücktritt gem. § 323 BGB erklären wird – seine ihm zustehenden prozessualen Möglichkeiten ausschöpfen, um eine Zahlung vom Besteller zu erreichen. Diese haben nur dann keine oder nur eine geringe Aussicht auf Erfolg, wenn Letzterer insolvent geworden ist. Da dem Unternehmer in diesem Fall weder ein Wertersatzanspruch infolge ausgeübten Rücktritts noch ein Anspruch auf Schadensersatz statt der Leistung hilft, stellt sich dann die Frage, ob er das erbrachte Werk abtrennen und an sich nehmen darf. Dem Unternehmer steht – bei fehlendem Wertersatzangebot des Bestellers – ein Wegnahmerecht zu, wenn er mangelhaft geleistet hat, so dass er dieses Recht grundsätzlich auch dann haben muss, wenn er seine Leistung mangelfrei erbracht hat. Dies gilt jedoch nicht, soweit bereits über das Vermögen des Bestellers ein Insolvenzverfahren eröffnet ist. Nach der Eröffnung des Insolvenzverfahrens fallen alle Gegenstände, die im Eigentum des Schuldners stehen zur Befriedigung der Gläubiger in die Insolvenzmasse. Die Werkleistung, die der Unternehmer erbracht hat, ist über die §§ 946 ff. BGB in das Eigentum des Bestellers gelangt. Das dem Rechtsverlierenden über

---

228 Die bereits oben – bei der Argumentation von *Kaiser* – angesprochene *Dachziegel*-Entscheidung des BGH (BGHZ 87, 104 ff.) behandelte hauptsächlich die Frage, ob der Verkäufer für die Kosten des Einbaus und des Ausbaus der mangelhaften Kaufsache verpflichtet ist. Wie diese Frage in den vorliegenden Fallkonstellationen zu entscheiden ist, wird bei den Rechtsfolgen bei der Rücknahme des Werks erörtert.

§ 951 Abs. 2 BGB zustehende Wegnahmerecht begründet einen schuldrechtlichen Anspruch gegenüber dem Eigentümer auf Duldung der Wegnahme, aber kein Aussonderungsrecht in der Insolvenz.[229] Bei einer Insolvenz des Bestellers kann dem Unternehmer mithin nicht das Recht gewährt werden, die Sache abzutrennen und an sich zu nehmen.[230] Durch einen Rücktritt kann er aber erreichen, dass seine Leistungsverpflichtung erlischt. Dies ist für ihn dann von Bedeutung, wenn er erst einen Teil der Werkleistung erbracht hat und der Besteller zahlungsunwillig oder -unfähig wird. In diesem Fall hilft dem Unternehmer § 323 Abs. 4 BGB, der ihm bereits vor Eintritt der Fälligkeit ein Rücktrittsrecht gewährt, wenn offensichtlich ist, dass die Voraussetzungen des Rücktritts eintreten werden. Nach dem erklärten Rücktritt ist er berechtigt, seine Leistung zu verweigern und so dem Risiko zu entgehen, für noch zu erbringende Arbeiten keinen finanziellen Ausgleich zu erhalten. Das aus § 323 BGB resultierende Rücktrittsrecht erhält so eine eigenständige Bedeutung neben der Möglichkeit, den Besteller auf Zahlung der Vergütung oder auf Schadensersatz zu verklagen.

(3) Zwischenergebnis

Für die Frage nach einer Wertersatzpflicht des Bestellers müssen im Folgenden die Fallkonstellationen, in denen eine Abtrennung des Werks zulässigerweise verlangt und auch durchgeführt wurde und in denen das Werk beim Besteller verbleibt, unterschieden werden.

bb) Rechtsfolgen bei einer Rücknahme des Werks durch den Unternehmer

Eine Rücknahme des Werks erfolgt, wenn es der Besteller zulässigerweise vom Unternehmer verlangt oder wenn er gegenüber dem Abtrennungsverlangen des Unternehmers keinen Wertersatz angeboten hat. Ein Abtrennungsverlangen des Bestellers ist zulässig, wenn die Abtrennung im Rahmen des Zumutbaren liegt und der Besteller aufgrund einer mangelhaft erbrachten Werkleistung zum Rücktritt berechtigt ist. Soweit eine Abtrennung erfolgt, ist fraglich, ob der Besteller dem Unternehmer einen Wertersatz für die in der (mangelhaften) Werkleistung enthaltene Arbeitsleistung schuldet und welche der Parteien die Kosten für den Ausbau und die Wiederherstellung in den früheren Zustand trägt.

229 *Bassenge*, in: Palandt, § 951 Rn 24.

230 In der Praxis wird ihm jedoch regelmäßig an beweglichen Sachen des Bestellers ein Werkunternehmerpfandrecht (§ 647 BGB) oder an dem Grundstück eine Sicherungshypothek (§ 1113 BGB) zustehen. Dies begünstigt ihn im Insolvenzverfahren gegenüber den anderen Gläubigern (§§ 50, 170 InsO).

(1) Wertersatz für die im Werk enthaltene Arbeitsleistung

Fraglich ist zunächst, ob der Unternehmer bei Abtrennung des Werks einen Wertersatz für die im Werk enthaltene Arbeitsleistung verlangen kann. Durch die Rückgewähr der eingebauten Materialien gegen Rückzahlung des Werklohns erhält der Unternehmer seine – in erster Linie in der Arbeitstätigkeit bestehende – Leistung nicht zurück. Darüber hinaus sind die verwendeten Materialien für ihn in den meisten Fällen wertlos. Bei einer Abtrennung und Rücknahme des Werks wird somit der *status quo ante* für den Unternehmer nicht erreicht. Deswegen stellt sich die Frage, ob ihm der Besteller für die in dem erbrachten Werk enthaltene Arbeitsleistung einen Wertersatz schuldet. Gegen eine solche Wertersatzpflicht spricht der auf den Erfolg der Tätigkeit bezogene Charakter des Werkvertrags.[231] Bis zur Abnahme trägt der Unternehmer die Gefahr, für seine bisher geleistete Arbeit keinen Ersatz zu erhalten. Der Besteller vergütet somit das Werk als Endergebnis und nicht die einzelnen Arbeitsleistungen. Dementsprechend wird beim Rücktritt das Werk als empfangene Leistung zurückgewährt und nicht die Arbeitsleistung ersetzt. Müsste der Rückgewährschuldner sowohl das erhaltene Werk zurückgeben als auch die darin enthaltene Arbeitsleistung vergüten, wäre der Unternehmer sachwidrig begünstigt.[232] Dies widerspräche der Risikoverteilung im Werkvertrag. Bei einer mangelhaft erbrachten Werkleistung kann er zudem den Rücktritt zumeist dadurch abwenden, dass er im Rahmen der Nacherfüllung mangelfrei leistet. Würde einem Unternehmer seine im mangelhaften Werk steckende Arbeitsleistung vergütet werden, so stünde er u.U. besser, als wenn er weitere Aufwendungen vorgenommen hätte, um eine mangelfreie Leistung zu erbringen.[233] Die zur Nacherfüllung aufgewendeten Kosten sind nämlich vom Unternehmer gem. § 635 Abs. 2 BGB zu tragen. Der wesentliche Anreiz, der im Erhalten des Vergütungsanspruchs besteht und den Unternehmer motiviert, dem Nacherfüllungsbegehren des Bestellers nachzukommen, würde verloren gehen.

(2) Kostentragung hinsichtlich des Ausbaus und der Wiederherstellung

Fraglich ist, wie die Kosten, die beim Ausbau des Werks und bei der Wiederherstellung des dem Besteller gehörenden Gegenstands anfallen, auf die Parteien zu verteilen sind. Gem. § 258 BGB hat derjenige, der berechtigt ist, von einer Sache eine Einrichtung wegzunehmen, im Falle der Wegnahme die Sache auf seine Kosten in den vorherigen Stand zu setzten. Damit trägt der Unternehmer die Kos-

231 *Kaiser*, Rückabwicklung (2001), S. 126.
232 *Kaiser*, Rückabwicklung (2001), S. 127; *Werneburg*, JR 1930, 210, 212.
233 *Oertmann*, Das Recht 1920, Sp. 153, 159 f.; *Werneburg* JR 1930, 210, 212.

ten für die Wiederherstellung in den früheren Stand, soweit er das Werk auf sein Verlangen hin abtrennt. Diese Rechtsfolge muss darüber hinaus auch dann gelten, wenn der Unternehmer nicht nur zur Abtrennung *berechtigt*, sondern infolge eines Rücknahmeverlangens des Bestellers auch *verpflichtet* ist. Fraglich ist, ob dem Unternehmer daneben die Kosten für den Ausbau des Werks aufzuerlegen sind. Gem. § 635 Abs. 2 BGB hat der Unternehmer die zum Zwecke der Nacherfüllung erforderlichen Aufwendungen zu tragen. Aus dieser Wertung könnte sich eine Kostentragungspflicht des Unternehmers für den Ausbau des Werks ergeben. Bei einer Nacherfüllung behält er hingegen seinen Vergütungsanspruch und damit eine gewisse Deckung für die von ihm zu tragenden Aufwendungen. Aus diesem Grund wird von *Otte* vertreten, dass die Rechtsfolge im Rahmen eines Kaufvertrags nicht auf den Rücktritt übertragen werden dürfe.[234] Bei einem Kaufvertrag ist der Verkäufer jedoch in den meisten Fällen auch nicht zum Einbau des Kaufgegenstands verpflichtet und ihn kann demzufolge keine Ausbaupflicht nach erklärtem Rücktritt treffen. Hat hingegen ein Unternehmer im Rahmen einer werkrechtlichen Einbaupflicht mangelhaft geleistet, wäre er bei einer Neuherstellung im Rahmen des Nacherfüllungsanspruchs zu einem Ausbau der bisherigen Leistung auf seine Kosten verpflichtet. Dass sein Vergütungsanspruch im Zuge des Rücktritts entfällt, ist Folge der von ihm nicht mangelfrei erbrachten Leistung. Wären dem Besteller die Kosten für den Ausbau des mangelhaften Werks auferlegt, könnte er den Rücktritt nicht ungehindert erklären, da er nicht absehen könnte, welche Rechtsfolgen ihn träfen. Die Kosten für den Ausbau eines mangelhaften Werks hat mithin der Unternehmer zu tragen. Gleiches gilt, wenn eine Abtrennung auf das Verlangen des Unternehmers erfolgt, da er in der Regel vorher abwägen konnte, ob die Kosten des Ausbaus höher wären als ein eventueller Wertersatz, den er beim Verbleib des Werks beim Besteller fordern könnte.

(3) Wertersatz bei Untergang oder Verschlechterung des Werks

Fraglich ist, ob eine Wertersatzpflicht gem. § 346 Abs. 2 BGB besteht, wenn die eingebaute Sache vor Abtrennung des Werks untergegangen ist oder sich verschlechtert hat. Hat der Unternehmer mangelhaft geleistet, ist die Sachgefahr mit Abnahme des Werks nicht auf den Besteller übergegangen. Das bedeutet, er hat gem. § 346 Abs. 3 S. 1 Nr. 3 BGB nur für die eigenübliche Sorgfalt einzustehen. Daneben kann die Haftungserleichterung aus § 300 Abs. 1 BGB treten, wenn der Besteller sein Abtrennungsverlangen bereits geltend gemacht hat und der Unternehmer diesem zulässigen Verlangen nicht nachgekommen ist. Da es

234 *Otte*, in: FS Schwerdtner, S. 599, 608, der sich mit der *Dachziegel*-Entscheidung des BGH (BGHZ 87, 104 ff.) in Hinblick auf das neue Schuldrecht auseinandersetzt.

sich bei der Rücknahme der Leistung im Rückabwicklungsverhältnis um eine Holschuld handelt, genügt eine Aufforderung des Bestellers zur Abtrennung und Rücknahme des Werks im Sinne eines wörtlichen Angebots gem. § 295 BGB, um die Rechtsfolgen des Gläubigerverzugs auszulösen.[235] Damit hat der Besteller nur dann Wertersatz zu leisten, wenn die Sache aufgrund eines vorsätzlichen oder grob fahrlässigen Verhaltens untergegangen ist oder sich verschlechtert hat. Der Ausschluss der Wertersatzpflicht bei einem mangelbedingten oder zufälligen Untergang einer mangelhaften Sache ist in § 346 Abs. 3 S. 1 Nr. 3 BGB umschrieben.[236] Nach § 346 Abs. 3 S. 1 Nr. 2 Alt. 1 BGB ist die Wertersatzpflicht bei unverschuldeter Verschlechterung bzw. Untergang während eines Annahmeverzugs ausgeschlossen. [237] Diese Tatbestände nehmen jedoch lediglich auf § 346 Abs. 2 S. 1 Nr. 3 und nicht auf Nr. 1 BGB Bezug. Daraus und zugleich aus der Erwägung, dass nach Abtrennen des Werks die Leistung ihrer Natur nach herausgegeben werden kann, ergibt sich, dass bei solchen Werkleistungen, die abgetrennt und zurückgenommen werden sollen, eine Wertersatzpflicht wegen Verschlechterung oder Untergangs nicht aus § 346 Abs. 2 S. 1 Nr. 1 BGB gefolgert werden kann. Nach ausgeübtem Abtrennungsverlangen besteht die Wertersatzpflicht vielmehr gem. § 346 Abs. 2 S. 1 Nr. 3 BGB.

Verlangt der Unternehmer die Abtrennung des mangelfreien Werks, befindet er sich im Gläubigerverzug, sobald er dieser Obliegenheit nicht nachkommt und ihm der Besteller seine Duldung angezeigt hat. Damit scheidet eine Wertersatzpflicht des Bestellers bei einem auf leichter Fahrlässigkeit oder Zufall beruhenden Untergang gem. § 346 Abs. 3 S. 1 Nr. 2 BGB aus, bleibt jedoch wegen § 300 Abs. 2 BGB bei Vorsatz und grober Fahrlässigkeit bestehen. Diese Wertersatzpflicht ergibt sich wiederum aus Nr. 3 und nicht aus Nr. 1 des § 346 Abs. 2 BGB.

(4) Zwischenergebnis

Bei einer Rücknahme des Werks kann der Unternehmer keine Vergütung für die in dem Werk enthaltene Arbeitsleistung verlangen. Darüber hinaus ist er zur Kostentragung für den Ausbau des Werks und für die Wiederherstellung in

---

235 Dies ergibt sich daraus, dass bei einem gesetzlichen Rücktrittsrecht, der Rücktrittsberechtigte nach h.M. den Leistungsgegenstand an dem Ort zurückgeben muss, an dem sich dieser zur Zeit des Rücktritts vertragsgemäß befindet (*Kaiser*, in: Staudinger, § 346 Rn 81).

236 Der Unternehmer trägt zudem die Zufallsgefahr, wenn er sich mit seiner Abholpflicht nicht nur im Gläubiger-, sondern auch im Schuldnerverzug befindet, § 287 S. 2 BGB.

237 Vgl. zum Begriff des „Vertretenmüssens“ in § 346 Abs. 3 S. 1 Nr. 2 BGB: Teil 2, F. V. 1.

den früheren Stand verpflichtet. Eine Wertersatzpflicht des Bestellers besteht jedoch dann, wenn das Werk vor der Abtrennung untergegangen ist bzw. sich verschlechtert hat. Diese Wertersatzpflicht folgt jedoch nicht aus § 346 Abs. 2 S. 1 Nr. 1 BGB, sondern vielmehr aus § 346 Abs. 2 S. 1 Nr. 3 BGB.

cc) Rechtsfolgen bei dem Verbleib des Werks beim Besteller

Die Werkleistung verbleibt beim Besteller, wenn er eine Abtrennung und Rücknahme nicht verlangt hat oder wenn diese wegen mangelfreier Leistung, wegen Unverhältnismäßigkeit oder unzulässiger Rechtsausübung ausscheidet. Um dem Ziel des Rücktritts, den *status quo ante* wiederherzustellen, gerecht zu werden, ist der Besteller – soweit das Werk bei ihm verbleibt – dem Unternehmer dafür zum Ausgleich verpflichtet. Dabei muss den unterschiedlichen Umständen, die zu einem Verbleib des Werks beim Besteller führen, bei der Bemessung der Wertersatzpflicht Rechnung getragen werden.

(1) Wertersatzpflicht bei einem Rücktrittsrecht des Bestellers

Kann der Besteller bei einer mangelhaft erbrachten Leistung wegen Unmöglichkeit oder Unzumutbarkeit keine Werkabtrennung verlangen, stellt sich die Frage, wie der Wertersatz zu bemessen ist. Soweit sich eine Wertersatzpflicht aus § 346 Abs. 2 BGB ergäbe, wäre gem. § 346 Abs. 2 S. 2 BGB die vertraglich vereinbarte – entsprechend §§ 441 Abs. 3, 638 BGB zu mindernde – Gegenleistung zugrunde zu legen. Der Besteller stünde dann genauso dar, wie wenn er die Minderung erklärt hätte. Deswegen ist fraglich, ob eine sachgerechtere Lösung nicht vielmehr in einem Entfallen einer Wertersatzpflicht gem. § 346 Abs. 3 BGB und einer sich daran anschließenden Bereicherungshaftung über § 346 Abs. 3 S. 2 BGB nach § 818 BGB besteht. In § 346 Abs. 3 BGB sind bestimmte Privilegien für den gesetzlich zum Rücktritt Berechtigten enthalten. Allein aufgrund der Tatsache, dass die von seinem Vertragspartner erbrachte Leistung zum wesentlichen Bestandteil einer seiner Gegenstände geworden ist, lässt sich eine strengere Behandlung gegenüber anderen Rücktrittsberechtigten nicht rechtfertigen. Um den Interessen des Bestellers gerecht zu werden, der wegen der Unzumutbarkeit für den Unternehmer zu einem Behalten des Werks gezwungen wird, ist es sachgerecht, dass § 346 Abs. 3 BGB auch für ihn gilt. Gem. § 346 Abs. 3 S. 1 Nr. 1 BGB ist eine Wertersatzpflicht ausgeschlossen, wenn sich der zum Rücktritt berechtigende Mangel erst während der Verarbeitung oder Umgestaltung des Gegenstands gezeigt hat. Der Rücktrittsberechtigte hat dann über § 346 Abs. 3 S. 2 BGB eine verbleibende Bereicherung herauszugeben. Dabei bemisst sich der über die Bereicherungshaftung zu erstattende Ersatz nach dem objektiven und nicht nach dem subjektiven

Wert. Denn ansonsten besteht die Gefahr, dass der subjektive Wert der an den Wünschen und Bedürfnissen des Bestellers orientierten Werkleistung den am allgemeinen Markt zu bemessenden objektiven Wert trotz der Mangelhaftigkeit übersteigt.[238]

(2) Wertersatzpflicht bei einem Rücktrittsrecht des Unternehmers

Ist der Unternehmer gem. § 323 BGB zurückgetreten, kann er gem. § 346 Abs. 2 BGB einen an der vertraglich vereinbarten Gegenleistung orientierten Wertersatz verlangen. Diese Pflicht ist gem. § 346 Abs. 3 S. 1 Nr. 2 BGB ausgeschlossen, wenn der Unternehmer eine Verschlechterung oder den Untergang des Leistungsgegenstands „zu vertreten hat" oder der Schaden auch bei ihm eingetreten wäre.

(3) Zwischenergebnis

Verbleibt das Werk beim Besteller, ist dieser grundsätzlich zu einem Wertersatz gegenüber dem Unternehmer verpflichtet. Tritt der Besteller aufgrund einer mangelhaften Leistung vom Vertrag zurück, hat er dem Unternehmer über § 346 Abs. 3 S. 2 BGB gem. § 818 Abs. 2 BGB den objektiven Wert im Rahmen seiner Bereicherung zu ersetzen. Bei mangelfreier Leistung des Unternehmers ergibt sich der Wertersatzanspruch aus § 346 Abs. 2 BGB und bemisst sich an der vertraglichen Gegenleistung.

b) Fallgruppe des § 346 Abs. 2 S. 1 Nr. 1 BGB?

Ausgehend von diesen Ergebnissen stellt sich die Frage, ob als Anspruchsgrundlage für den Wertersatz § 346 Abs. 2 S. 1 Nr. 1 BGB dienen kann. Problematisch ist insbesondere bei einem Rücktrittsrecht des Bestellers wegen Mangelhaftigkeit des Werks, dass die bereicherungsrechtlichen Grundsätze gem. § 818 BGB über § 346 Abs. 3 S. 2 BGB erst dann zur Anwendung gelangen, wenn die Wertersatzpflicht gem. § 346 Abs. 3 S. 1 BGB ausgeschlossen ist. Die den Ausschluss des Wertersatzes regelnden Tatbestände des § 346 Abs. 3 Nr. 1 bis 3 BGB beziehen sich jedoch nicht auf § 346 Abs. 2 S. 1 Nr. 1 BGB. Zu einem gerechten Ergebnis könnte man gelangen, indem man sich über die sprachliche Anknüpfung des § 346 Abs. 3 BGB hinwegsetzt und dessen Ausschlusstatbestände auch auf § 346 Abs. 2 S. 1 Nr. 1 BGB bezieht.[239] Eine solche Vorgehensweise wäre jedoch nur im Wege einer

---

238 *Peters*, JR 1979, 265, 266.

239 Ohne weitere Begründung wird dies vertreten von *Voit*, in: Bamberger/Roth, § 636 Rn 36.

Analogiebildung möglich, da in § 346 Abs. 3 BGB auf den empfangenen Gegenstand abgestellt wird und vom Wortlaut des § 346 Abs. 2 S. 1 Nr. 1 BGB gerade nur solche Leistungen erfasst sind, deren Rückgewähr nach der Natur des Erlangten und damit gegenständlich nicht möglich ist. Darüber hinaus würde sich mit einer solchen Ausdehnung der Ausschlusstatbestände in § 346 Abs. 3 BGB über die gesetzlich verankerte Systematik in § 346 BGB hinweggesetzt. Dies kann nur dann überzeugen, wenn ein sachgerechtes Ergebnis im Einklang mit dem Gesetz nicht zu erreichen. Der Gesetzgeber hat in § 346 Abs. 2 BGB bestimmte Tatbestände für das Bestehen einer Wertersatzpflicht geregelt, auf die sowohl sprachlich als auch inhaltlich abgestimmte Ausschlusstatbestände Bezug nehmen. Hätten alle Ausschlusstatbestände des § 346 Abs. 3 BGB für die in § 346 Abs. 2 BGB angeordneten Tatbestände zur Begründung einer Wertersatzpflicht gelten sollen, hätte es einer solchen differenzierten Ausgestaltung nicht bedurft. Fraglich ist demnach, ob der Gesetzgeber den vorliegenden Fall – wenn auch unbewusst – mitgeregelt hat. Dafür ist der Frage nach den Anwendungsbereichen der Tatbestände des § 346 Abs. 2 BGB nachzugehen. Vom Wortlaut her passt die vorliegende Fallkonstellation nicht unter § 346 Abs. 2 S. 1 Nr. 1 BGB. Die untrennbar verbundenen Sachen des Unternehmers sind nämlich nicht *nach der Natur des Erlangten* und damit von vornherein nicht rückgewährfähig, wenn sich dies erst nach einer Feststellung über die Unmöglichkeit oder Unzumutbarkeit einer Abtrennung beurteilt. Vorzugswürdig erscheint es demnach, diese Leistungen unter § 346 Abs. 2 S. 1 Nr. 2 BGB zu subsumieren. Nach dem Wortlaut dieser Norm werden diejenigen Fälle erfasst, in denen der erlangte Gegenstand verbraucht, veräußert, belastet, verarbeitet oder umgestaltet wurde. Der Einbau einer Sache zum wesentlichen Bestandteil wird zwar nicht genannt. Nach richtiger Ansicht müssen aber unter § 346 Abs. 2 S. 1 Nr. 2 BGB alle Tatbestände, in denen nach §§ 946 ff. BGB ein gesetzlicher Eigentumserwerb stattfindet, subsumiert werden.[240] Dies ergibt sich daraus, dass im alten Recht das Tatbestandsmerkmal „umgestalten" des § 467 S. 1 BGB a.F. nicht auf die Fälle des § 950 BGB beschränkt war und in § 346 Abs. 2 S. 1 Nr. 2 BGB aufgegangen ist.[241] Ein Wertersatz ist also auch zu leisten, wenn eine Vermischung gem. § 948 BGB oder eine in §§ 946, 947 BGB geregelte Verbindung des empfangenen Gegenstands gegeben ist. Weiterhin problematisch ist allerdings, dass der Rückgewährschuldner nach § 346 Abs. 2 S. 1 Nr. 2 BGB einen Wertersatz zu leisten hat, wenn „*er* den empfangenen Gegenstand verbraucht, (....) verarbeitet oder umgestaltet hat". In der vorliegenden Fallkonstellation ist es jedoch der Werkunternehmer, der die Sachen i.S.d. §§ 946, 947 BGB miteinander

240 *Gaier*, in: MüKo, § 346 Rn 43; *Grüneberg*, in: Palandt, § 346 Rn 9; a.A. *Motsch*, JR 2002, 221, 224, der die Aufzählung in § 346 Abs. 2 BGB als abschließend ansieht.

241 Über § 634 Abs. 4 BGB a.F. fand § 467 S. 1 BGB a.F. auf die Wandlung vom Werkvertrag entsprechende Anwendung.

verbunden hat. Bei § 346 Abs. 2 S. 1 Nr. 2 BGB geht es ausweislich des Wortlauts um Handlungen, die der Rückgewährschuldner vorgenommen hat und nicht der spätere Rückgewährgläubiger. Die Formulierung des § 346 Abs. 2 S. 1 Nr. 2 BGB wurde vom § 352 BGB a.F. übernommen. Nach dieser Vorschrift war der Rücktritt unter Zugrundelegen des Gedankens des *venire contra factum proprium*[242] ausgeschlossen, wenn der Rückgewährschuldner sie verarbeitet oder umgebildet hatte. Eine Handlung des Rückgewährgläubigers konnte demnach nicht unter diese Norm gefasst werden. Bei der Kodifizierung der Rücktrittsvorschriften wurde § 352 BGB a.F. ins neue Recht übernommen, ohne zu reflektieren, dass das Abstellen auf den Rückgewährschuldner bei der veränderten Rechtsfolge nicht mehr passt. Dadurch, dass durch § 346 Abs. 2 BGB das Recht zurückzutreten nicht ausgeschlossen, sondern eine Wertersatzpflicht angeordnet wird, muss sich die Norm nicht mehr nur auf den Rückgewährschuldner beziehen und kann auch Handlungen des Rückgewährgläubigers erfassen. Auf den ersten Blick könnte man annehmen, dass dadurch der Rückgewährschuldner benachteiligt wäre, da er nun auch für solche Leistungen Wertersatz schuldet, die er nicht selbst eingebaut oder verarbeitet hat. Im Gegenteil stünde er jedoch bei einer Subsumtion von Tathandlungen des Rückgewährgläubigers unter § 346 Abs. 2 S. 1 Nr. 1 oder Nr. 3 BGB schlechter dar, weil sich der Ausschlusstatbestand des § 346 Abs. 3 S. 1 Nr. 1 BGB nur auf § 346 Abs. 2 S. 1 Nr. 2 BGB bezieht.

Eine Subsumtion der vorliegenden Fallkonstellation unter § 346 Abs. 2 S. 1 Nr. 2 BGB ist möglich, indem das Wort „er" im Sinne eines Herstellers bzw. Verbinders begriffen wird.[243] Unter Berücksichtigung der Verkehrsauffassung ist letztendlich der geschuldete Erfolg beim Werkvertrag dem Besteller zuzusprechen. Die Herstellung des Werks erfolgt aufgrund des versprochenen Erfolgs im Namen und im wirtschaftlichen Interesse des Bestellers. Der Unternehmer führt nur diejenigen Weisungen aus, die er vom Besteller erlangt hat, so dass er lediglich wie dessen erweitertes Werkzeug mit Fachwissen erscheint. Letzterer ist mithin als Hersteller bzw. als Verbinder aufzufassen, in dem er den Arbeitsvorgang beherrscht und dieser nach seinen Vorstellungen und Maßgaben stattfindet. Gegen diese Vorgehensweise spricht auch nicht, dass der Unternehmer den Verarbeitungsvorgang leitet und das Absatzrisiko trägt.[244] Der Unternehmer nimmt

242 *Wolf*, AcP 153 (1953/54), S. 137.

243 Eine solche Lösung wird von der Rechtsprechung im Rahmen eines verlängerten Eigentumsvorbehalts mit Verarbeitungsklausel bei der Verarbeitung des gelieferten Stoffes zu einer neuen Sache i.S.d. § 950 BGB vertreten (vgl. BGHZ 20, 159; 46, 117).

244 Kritik der h.L. gegen den Herstellerbegriff: *Wieling*, Sachenrecht, S. 427 f.; *Wiegand*, in: Staudinger, § 950 Rn 34, 40; *Säcker*, JR 1966, 51; *Bassenge*, in: Palandt, § 950, Rn 11.

die Verbindung nach §§ 946, 947 BGB ja gerade vor, um seine vertragliche Verpflichtung gegenüber dem Besteller zu erfüllen, so dass der Absatz gesichert ist. Der Besteller ist mithin „er“ i.S.d. § 346 Abs. 2 S. 1 Nr. 2 BGB und hat grundsätzlich bei nicht abtrennbaren Werkleistungen einen Wertersatz zu leisten. Soweit sich beim Vollzug der Werkleistung die Mangelhaftigkeit herausstellt, greift der Ausschlusstatbestand des § 346 Abs. 3 S. 1 Nr. 1 BGB ein, und der Besteller haftet lediglich nach bereicherungsrechtlichen Maßstäben. Dies gilt dann nicht, wenn die Mangelhaftigkeit der Sache auf einer fehlerhaften Anweisung oder einem mangelhaften Stoff des Bestellers i.S.d. § 644 Abs. 1 S. 3 BGB beruht, da dann der Tatbestand des § 346 Abs. 3 S. 1 Nr. 1 BGB nicht erfüllt ist.

c) Ergebnis

Wird die Werkleistung abgetrennt, ist nur bei einer vor Rücknahme eingetretenen Verschlechterung bzw. beim Untergang Wertersatz gem. § 346 Abs. 2 S. 1 Nr. 3 BGB zu leisten. Verweigert der Unternehmer die Abtrennung des Werks oder ist diese unmöglich, ist bei der Frage nach einer Wertersatzpflicht danach zu unterscheiden, ob der Rücktritt infolge eines Rücktrittsrechts des Bestellers oder des Unternehmers erfolgte. Tritt der Unternehmer zurück, besteht eine Wertersatzpflicht gem. § 346 Abs. 2 S. 1 Nr. 2 BGB. Tritt hingegen der Besteller wegen eines mangelhaften Werks zurück, entfällt die Wertersatzpflicht nach § 346 Abs. 3 S. 1 Nr. 1 BGB und er haftet nach bereicherungsrechtlichen Grundsätzen. Damit fällt die vorliegende Fallkonstellation, in denen der Unternehmer eine Sache untrennbar mit Sachen oder dem Grundstück des Bestellers i.S.d. §§ 946, 947 BGB verbindet, nicht unter den Anwendungsbereich des § 346 Abs. 2 S. 1 Nr. 1 BGB.

II. Zur Wertersatzpflicht gem. § 346 Abs. 2 S. 1 Nr. 2 BGB

Nach § 346 Abs. 2 S. 1 Nr. 2 BGB hat der Rückgewährschuldner Wertersatz zu leisten, wenn er den empfangenen Gegenstand verbraucht, veräußert, belastet, verarbeitet oder umgestaltet hat.

1. Wertersatz bei Veräußerung und Belastung

Im alten Recht war bei verschuldeter Veräußerung oder Belastung durch den Rücktrittsberechtigten der Rücktritt gem. § 351 BGB a.F. ausgeschlossen, wobei durch § 353 BGB a.F. der Kreis der Personen, deren Verhalten sich der Rücktrittsberechtigte zurechnen lassen musste, erweitert wurde. Hatte der Rücktrittsgegner den empfangenen Gegenstand veräußert oder belastet, bestand gem.

§§ 347, 989, 990 BGB eine Verpflichtung zum Schadensersatz, im Rahmen dessen sich der Schuldner wegen § 249 Abs. 1 BGB zunächst um einen Rückerwerb bzw. eine Rückgängigmachung der Belastung bemühen musste. Diese Bestimmungen sind durch das im Rahmen der Schuldrechtsreform eingeführte „Modell der Rückabwicklung dem Werte nach“ ersetzt worden. Gem. § 346 Abs. 2 S. 1 Nr. 2 BGB hat der Rückgewährschuldner – unabhängig von einem etwaigen Verschulden[245] – Wertersatz zu leisten, wenn er den empfangenen Gegenstand veräußert oder belastet hat. Diese Regelung gilt einheitlich sowohl für den Rücktrittsberechtigten als auch für den -gegner. Dabei besteht die Wertersatzpflicht ausweislich des Wortlauts in § 346 Abs. 2 BGB nur in dem Umfang, *soweit* der Leistungsgegenstand veräußert oder belastet wurde. Dies bedeutet zum einen, dass neben der Pflicht zur Rückgewähr des unbelasteten bzw. nicht veräußerten Teils eine Wertersatzpflicht für den belasteten bzw. veräußerten Teil des empfangenen Gegenstands treten kann und zum anderen, dass die Wertersatzpflicht erst besteht, wenn der Schuldner unvermögend ist, die Belastung oder die Veräußerung rückgängig zu machen. Als Maßstab gilt dafür § 275 BGB, wobei im Rahmen des groben Missverhältnisses i.S.d. § 275 Abs. 2 BGB die besondere Interessenlage im Rückabwicklungsverhältnis berücksichtigt werden muss. Entgegen der h.M. trifft den Rückgewährschuldner also nicht generell die Pflicht, den Rückgewährgegenstand vom Dritterwerber zurückzuerwerben oder die Belastung zu beseitigen.[246]

a) Veräußerung des empfangenen Gegenstands

Gem. § 346 Abs. 2 S. 1 Nr. 2 BGB besteht zunächst eine Wertersatzpflicht, wenn der Rückgewährgegenstand veräußert wurde. Eine Veräußerung ist gegeben, wenn der Schuldner den empfangenen Gegenstand an einen Dritten durch einen dinglichen Übertragungsakt, der aufgrund eines schuldrechtlichen Rechtsgeschäfts erfolgt, übereignet hat.[247] Im Umkehrschluss genügt ein schuldrechtliches Verpflichtungsgeschäft, das auf die Übertragung des Gegenstands gerichtet ist, allein nicht aus, um die Wertersatzpflicht nach § 346 Abs. 2 S. 1 Nr. 2 BGB auszulösen.[248] Solange nämlich der Schuldner noch die Eigentümerstellung über den

---

245 Das Verschulden wird im Rahmen des § 275 BGB bei der Frage nach dem Unvermögen des Schuldners zur Rückgewähr berücksichtigt, vgl. Teil 2, B. II 2 b) bb).

246 Siehe dazu ausführlich oben in Teil 2, B. II 2.

247 Vgl. *Gaier*, in : MüKo, § 346 Rn 42.

248 Anders *Grüneberg*, in: Palandt, § 346 Rn 8 und *Bezzenberger*, in: Erman (2004), § 346 Rn 6, die die Rechtsübertragung als Veräußerung im technischen Sinn ansehen und deswegen bereits einen auf Übereignung gerichteten Vertrag mit einem Dritten genügen lassen.

Leistungsgegenstand innehat, kann nicht von einer „Veräußerung" gesprochen werden. Zum einen ist die Rückübertragung des Eigentums an den Rückgewährgläubiger – unter Vertragsbruch mit dem Dritten – möglich, weswegen eine Wertersatzpflicht verfehlt wäre. Zum anderen setzt eine Veräußerung im BGB stets das dingliche Vollzugsgeschäft – bei beweglichen Sache nach §§ 929 ff. BGB und bei Grundstücken nach § 873 BGB – voraus.

Eine Veräußerung liegt überdies nicht vor, wenn der Rückgewährschuldner den Gegenstand – beim Kauf einer abhanden gekommenen Sache – an den Eigentümer herausgibt.[249] Dies ergibt sich zum einen daraus, dass weder der Rückgewährschuldner noch der Rückgewährgläubiger wegen § 935 Abs. 1 BGB Eigentum erwerben konnten, das im Wege einer „Veräußerung" verloren geht. Zum anderen scheidet eine Wertersatzpflicht aus, weil auch den Rückgewährgläubiger eine Pflicht zur Herausgabe des Gegenstands getroffen hätte. Aus der Wertung des § 346 Abs. 3 S. 1 Nr. 2 BGB folgt, dass eine Wertersatzpflicht dann nicht bestehen kann, wenn das Restitutionshindernis auch beim Gläubiger eingetreten wäre. Letzterer muss sich – außer er hat die Sache selbst gestohlen – an seinen eigenen Vertragspartner – den Dieb – halten, wenn er Ersatz bekommen will.

aa) Verlust der Eigentümerstellung?

Fraglich ist, ob der Verlust der Eigentümerstellung ein zwingendes Merkmal des Tatbestandsmerkmals der Veräußerung darstellt. Diese Frage ist zunächst für diejenigen Fallkonstellationen relevant, in denen der Rückgewährschuldner im Rahmen eines Eigentumsvorbehalts i.S.d. § 449 Abs. 1 BGB dem Dritterwerber den Rückgewährgegenstand übergibt und die dingliche Einigung gem. §§ 929 S. 1, 158 Abs. 1 BGB aufschiebend bedingt ist. Der Rückgewährschuldner behält dann bis zum Bedingungseintritt durch vollständige Kaufpreiszahlung des Dritterwerbers das Eigentum an dem Gegenstand. Es hängt aber nicht mehr von ihm ab, ob das Eigentum auf Letzteren übergeht, welchem gegenüber dem Vindikationsanspruch des Rückgewährschuldners bereits ein Recht zum Besitz gem. § 986 Abs. 1 S. 1 BGB zusteht. Nur wenn der Dritterwerber nicht zahlt, besteht die Möglichkeit für den Rückgewährschuldner gem. § 449 Abs. 2 BGB zurückzu-

249 Dabei ist nach richtiger Ansicht (*Schwab*, in: Schwab/Witt, S. 351) bereits kein Tatbestandsmerkmal des § 346 Abs. 2 BGB erfüllt. Nach anderer Ansicht (*Hager*, in: AnwKomm, § 346 Rn 61) entfällt in dieser Konstellation eine Wertersatzpflicht gem. § 346 Abs. 3 S. 1 Nr. 3 BGB, da den Rückgewährschuldner kein Verschuldensvorwurf treffe. Das Bemühen des Ausschlusstatbestands des § 346 Abs. 3 S. 1 Nr. 3 BGB verwundert im Hinblick darauf, dass *Hager* in Rn 37 (AnwKomm, § 346) eine Veräußerung bei der Herausgabe einer gestohlenen Sache an den Eigentümer ablehnt.

treten und so die uneingeschränkte Rechtsposition zurückzuerlangen. Zahlt der Dritterwerber, geht mit Bedingungseintritt das Eigentum auf ihn über. Da es keinen Unterschied machen kann, ob der Rückgewährschuldner das Eigentum – wie bei einer unbedingten Übereignung – sofort oder zunächst sein uneingeschränktes und anschließend sein vollständiges Eigentum verliert, ist eine Veräußerung i.S.d. § 346 Abs. 2 S. 1 Nr. 2 BGB auch bei bedingter Übereignung im Rahmen eines Eigentumsvorbehaltskaufs anzunehmen. Der Rückgewährschuldner ist somit dem -gläubiger auch bei bedingter Übereignung gem. §§ 929 S. 1, 158 Abs. 1 BGB an den Dritten zum Wertersatz verpflichtet, soweit Letzterer die Raten auf die Kaufpreiszahlung leistet.

Hingegen ist keine Veräußerung gegeben, wenn der Rückgewährschuldner – beim Kauf unter Eigentumsvorbehalt nach § 449 Abs. 1 BGB – selbst noch kein Eigentum am Rückgewährgegenstand erworben hatte und lediglich sein Anwartschaftsrecht auf einen Dritten überträgt. Diese Frage wird sich jedoch im Regelfall nicht stellen, da eine Pflicht zum Wertersatz zumeist bereits aus anderen Gründen nicht besteht. Zwar hat es der Dritterwerber in der Hand, ob das Anwartschaftsrecht zum Vollrecht Eigentum erstarkt. Einen Rücktritt des Rückgewährgläubigers wegen Zahlungsverzugs gem. § 323 BGB kann er demnach abwenden.[250] Für einen Rücktritt des Rückgewährschuldners wegen Mangelhaftigkeit der Sache ist aufgrund der Abtretung des Anspruchs aus dem Eigentumsvorbehaltskaufs das Einverständnis des Dritterwerbers erforderlich.[251] Ein Rücktritt erfolgt demnach nur, wenn der Dritte entweder keine Raten auf die Kaufpreisforderung zur Erfüllung der Bedingung leistet oder wenn er sein Einverständnis gegenüber dem Rückgewährschuldner zum Rücktritt gegeben hat. Somit wird lediglich in diesen Fällen die Frage nach einer Wertersatzpflicht wegen Veräußerung relevant. Erfolgt ein Rücktritt im Verhältnis zwischen dem Rückgewährschuldner bzw. dem Zedenten und dem Rückgewährgläubiger, erlischt die Kaufpreisforderung aus dem Eigentumsvorbehaltskauf und dadurch wird ein Bedingungseintritt durch

250 Dabei kann die Bezahlung durch den Dritten gem. § 267 BGB erfolgen. Möglich ist auch, dass der Dritte mit Einverständnis des Rückgewährgläubigers gem. §§ 414, 415 BGB die Kaufpreisschuld übernommen hat und diese als Schuldner bezahlt.

251 Die Gestaltungsrechte verbleiben in der Regel beim Zedenten, sofern sie nicht ausdrücklich mit abgetreten wurden (BGHZ 55, 354, 356; *Schwenzer*, AcP 182 (1982), 214, 225 f.; a.A. *Wolf*, SachenR, Rn 694). Da die Abtretung nur die Übertragung einer Forderung zum Inhalt hat und das Schuldverhältnis als solches zwischen dem Zedenten und dem Schuldner bestehen bleibt, können solche Rechte nicht auf den Zessionar übergehen, die eine Umgestaltung des Rechtsverhältnisses zur Folge haben. Der Zedent ist jedoch gegenüber dem Zessionar aus dem Abtretungsvertrag verpflichtet, die ihm zustehenden Gestaltungsrechte nicht ohne das Einverständnis des Zessionars geltend zu machen (BGH NJW 1985, 2640, 2641; *Rohe*, in: Bamberger/Roth, § 398 Rn 66).

Erfüllung der Kaufpreisforderung unmöglich. Das Anwartschaftsrecht kann mithin wegen Vernichtung der Kaufpreisforderung durch den Rücktritt nicht mehr zum Eigentum erstarken. Damit kann der Rückgewährgläubiger sein Eigentum gem. § 985 BGB vom Dritten herausverlangen, da dessen Recht zum Besitz aus § 986 Abs. 1 S. 1 BGB mit dem Rücktritt erloschen ist. Wäre der Rückgewährschuldner zum Wertersatz mit der Folge verpflichtet, dass der Rückgewährgläubiger die ehemals hingegebene Gegenleistung – bei Mangelhaftigkeit des Rückgewährgegenstands gegebenenfalls gekürzt – nach erfolgter Aufrechnung behalten dürfte, so wäre Letzterer unsachgerecht im Vorteil. Eine Wertersatzpflicht wegen Veräußerung gegen den Rückgewährschuldner aus § 346 Abs. 2 S. 1 Nr. 2 BGB scheidet damit bei Übertragung eines bestehenden Anwartschaftsrechts vom Rückgewährschuldner auf einen Dritten aus.

Anders ist der Fall, wenn dem Rückgewährschuldner aufgrund eines Kaufs unter Eigentumsvorbehalts nach § 449 BGB ein Anwartschaftsrecht an dem Rückgewährgegenstand zustand; er sich aber als Eigentümer ausgibt und der Dritte das Eigentum gutgläubig nach §§ 929 S. 1, 932 BGB erwirbt. Wegen des Gutglaubenserwerbs des Dritten besteht für den Rückgewährgläubiger keine Möglichkeit, sein Eigentum nach einem erfolgten Rücktritt zurückzuerlangen. Damit ist der Rückgewährschuldner zum Wertersatz wegen Veräußerung gem. § 346 Abs. 2 S. 1 Nr. 2 BGB verpflichtet. Daneben hat der Rückgewährgläubiger die Möglichkeit über § 285 BGB das erlangte Surrogat herauszuverlangen. Diese Konstellation zeigt, dass zur Erfüllung des Tatbestands der Veräußerung nicht zwingend erforderlich ist, dass der Rückgewährschuldner seine Eigentümerstellung verliert. Die Veräußerung wird aber regelmäßig mit dem Verlust einer Rechtsstellung – hier derjenigen des Anwartschaftsberechtigten – einhergehen. Entscheidend ist, dass die Rückgewähr des (zunächst uneingeschränkten) Eigentums an den Rückgewährgläubiger durch die Einräumung einer Rechtsposition an einen Dritten nicht mehr möglich ist.

Dieses Ergebnis wird durch folgende Fallkonstellation bestätigt. Hat bspw. der Rückgewährgläubiger an den -schuldner eine Sache verkauft und übereignet und litt die dingliche Einigung an einem Mangel, so muss der Rückgewährschuldner bei einer Rückabwicklung nach Rücktrittsrecht keinen Wertersatz gem. § 346 Abs. 2 S. 1 Nr. 2 BGB leisten, wenn er die Sache zwar an einen Dritten verkauft hat, dieser aber mangels Gutgläubigkeit kein Eigentum erwerben konnte. Da der Rückgewährschuldner als Nichtberechtigter verfügte und kein Gutglaubenserwerb des Dritten gegeben ist, kann der Rückgewährgläubiger sein Eigentum von Letzterem gem. § 985 BGB herausverlangen. Eine Wertersatzpflicht des Rückgewährschuldners gem. § 346 Abs. 2 S. 1 Nr. 2 BGB ist wegen der Wertung des § 816 Abs. 1 S. 1 BGB nur gerechtfertigt, wenn der Rückgewährgläubiger die Verfügung gem. §§ 184, 185 Abs. 2 S. 1 Alt. 1 BGB genehmigt. Gleiches gilt, wenn der

Dritte die Sache gutgläubig erworben hat, da die Verfügung dann dem Rückgewährgläubiger gegenüber wirksam ist. Dabei hat der Rückgewährschuldner gem. § 346 Abs. 2 S. 2 BGB einen an der vertraglichen Gegenleistung orientierten Wertersatz zu leisten. Daneben besteht für den Rückgewährgläubiger die Möglichkeit gem. § 285 BGB das erlangte Surrogat herauszuverlangen.[252] Eine Veräußerung i.S.d. § 346 Abs. 2 S. 1 Nr. 2 BGB ist demnach gegeben, wenn entweder der Rückgewährgläubiger bei einer unbedingten Übereignung an den Dritterwerber sein Eigentum infolge einer Rückübereignung nicht zurückerhält oder wenn bei einer bedingten Übereignung die Begründung eines Anwartschaftsrechts einen vom Rückgewährgläubiger unbeeinflussbaren Eigentumserwerb eines Dritten ermöglicht.

bb) Entgeltliche Verfügung?

Vom Begriff der Veräußerung ist grundsätzlich nur die dingliche Übertragung des Eigentums auf einen Dritten im Rahmen eines entgeltlichen Vertrags – wie einem Kaufvertrag, § 433 BGB – umfasst. Fraglich ist, ob im Wege einer Analogie auch unentgeltliche Verfügungen unter das Tatbestandsmerkmal der Veräußerung fallen. Eine analoge Anwendung des § 346 Abs. 2 S. 1 Nr. 2 BGB auf Fälle der unentgeltlichen Verfügungen wäre dann begründet, wenn zwar vom Begriff der Veräußerung solche Verfügungen grundsätzlich nicht umfasst sind, aber wegen der Ähnlichkeit der Tatbestände eine rechtlich gleiche Bewertung zu fordern ist. Für den Rückgewährgläubiger macht es keinen Unterschied, ob das Eigentum am Rückgewährgegenstand durch eine aufgrund eines entgeltlichen oder unentgeltlichen Vertrags beruhende Übereignung auf den Dritten übergegangen ist. Demzufolge ist auch bei einer dinglichen Übereignung im Rahmen einer Schenkung nach § 516 Abs. 1 BGB von einer Veräußerung i.S.d. § 346 Abs. 2

252 Auch kann der Rückgewährgläubiger den Anspruch aus § 816 Abs. 1 S. 1 BGB geltend machen, da dieser nicht durch das Rückabwicklungsverhältnis verdrängt wird (*Sprau*, in: Palandt, § 816 Rn 5). Die im Rahmen des § 816 BGB bestehende Streitfrage, ob der rechtsgeschäftlich erlangte Gegenwert oder der objektive Wert der veräußerten Sache Anspruchsinhalt ist (vgl. dazu *Lieb*, in: MüKo, § 818 Rn 31), hat hierbei keine große Relevanz. Der Rückgewährgläubiger kann nämlich daneben wählen, ob er einen Wertersatz in Höhe der vereinbarten Gegenleistung nach § 346 Abs. 2 S. 1 Nr. 2 BGB oder eine Surrogatherausgabe nach § 285 BGB verlangt. Daneben besteht für den Gläubiger die Möglichkeit, ab Kenntnis des Rückgewährschuldners vom Rücktrittsgrund (unabhängig von der Kenntnis vom Mangel der dinglichen Einigung) gem. §§ 346 Abs. 4, 280 ff. BGB Schadensersatz zu verlangen. Hat der Rückgewährschuldner nur Kenntnis vom rechtlichen Mangel der Einigung, nicht hingegen vom Rücktrittsgrund, kommt neben der Wertersatzpflicht aus § 346 Abs. 2 S. 1 Nr. 2 BGB und des Anspruchs aus § 285 BGB eine Haftung über die angemaßte Eigengeschäftsführung gem. § 687 Abs. 2 BGB in Betracht.

S. 1 Nr. 2 BGB auszugehen. Eine (analoge) Anwendung des § 346 Abs. 2 S. 1 Nr. 2 BGB müsste jedoch ausscheiden, wenn sich aus Wertungsgründen eine Wertersatzpflicht des Rückgewährschuldners verbietet. Fraglich ist, ob die Wertung des § 816 Abs. 1 S. 2 BGB auf diese Fallkonstellation mit der Folge übertragen werden kann, dass keine Wertersatzpflicht besteht, da der Rückgewährgläubiger den Rückgewährgegenstand vom Dritterwerber herausverlangen kann. Problematisch bei der Übertragung des Rechtsgedankens des § 816 Abs. 1 S. 2 BGB ist, dass bei einer unentgeltlichen Verfügung des Rückgewährschuldners dieser in der Regel als Berechtigter verfügt. Damit fehlt es bereits an einer Rechtsgrundlage für einen Herausgabeanspruch des Rückgewährgläubigers gegen den Dritterwerber. Eine analoge Anwendung des § 816 Abs. 1 S. 2 BGB auf diese Fallkonstellation wäre gerechtfertigt, wenn infolge ihrer Ähnlichkeit in den für die gesetzliche Bewertung maßgebenden Hinsichten beide Tatbestände nach den Grundsätzen der Gerechtigkeit gleich zu behandeln sind.[253] Hinter der Regelung des § 816 Abs. 1 S. 2 BGB steht der Gedanke, dass ein unentgeltlicher Erwerb eines Dritten nicht auf Kosten des Geschädigten aufrecht erhalten bleiben soll. Im Unterschied zum Bereicherungsrecht wird im Rücktrittsrecht bei der Bestimmung der Wertersatzpflicht des Rückgewährschuldners nach § 346 Abs. 2 BGB nicht auf eine vorhandene Bereicherung abgestellt. Der Rückgewährschuldner ist damit auch dann zum Wertersatz verpflichtet, wenn er selbst nichts durch die Verfügung erlangt hat. Damit geht eine unentgeltliche Verfügung nicht zulasten des Rückgewährgläubigers, so dass eine Übertragung der Ausnahmevorschrift des § 816 Abs. 1 S. 2 BGB auf die Konstellation im Rücktrittsrecht ausscheiden muss. Eine Veräußerung ist demnach in analoger Anwendung des § 346 Abs. 2 S. 1 Nr. 2 BGB auch bei einer unentgeltlichen Verfügung des Rückgewährschuldners anzunehmen.

cc) Verlust des Gegenstands durch eine willensgesteuerte Handlung?

Fraglich ist weiterhin, ob zur Erfüllung des Tatbestandsmerkmals der Veräußerung eine willensgesteuerte Handlung des Rückgewährschuldners erforderlich ist. Diese Frage hat Relevanz dafür, ob der Verlust der Sache durch Zwangsvollstreckung (§§ 803 ff. ZPO), durch Arrestvollziehung (§§ 928 ff. ZPO) oder durch eine Verfügung durch den Insolvenzverwalter (§ 80 Abs. 1 InsO) einer Veräußerung i.S.d. § 346 Abs. 2 S. 1 Nr. 2 BGB gleichzustellen ist. Im alten Recht ordnete § 353 Abs. 2 BGB a.F. an, dass einer Verfügung des Rückgewährschuldners solche Verfügungen gleichstünden, die im Wege der Zwangsvollstreckung, der Arrestvollziehung oder durch den Insolvenzverwalter erfolgten. Problematisch im Rahmen des § 346 Abs. 2 S. 1 Nr. 2 BGB ist, dass der Tatbestand der Veräuße-

253 *Larenz*, Methodenlehre, S. 381.

rung verlangt, dass der Rückgewährschuldner („er“) den Rückgewährgegenstand veräußert hat. Deswegen wird im neuen Recht – insbesondere von *Kaiser*[254] – vertreten, dass die Fälle der Zwangsvollstreckung nicht unter diesen Tatbestand subsumiert werden können. Abgestellt wird dabei darauf, dass es im Unterschied zu einer Veräußerung bei einer Zwangsvollstreckung an einem willentlichen Tun des Rückgewährschuldners fehle, dem allenfalls vorgeworfen werden könne, dass er die Zwangsvollstreckung in den zurückzugebenden Leistungsgegenstand nicht verhindert habe. Eine Wertersatzpflicht ergebe sich demzufolge nicht aus § 346 Abs. 2 S. 1 Nr. 2 BGB, sondern aus einer Gesamtanalogie zu § 346 Abs. 2 S. 1 Nr. 2 und 3 BGB, da Nr. 3 auch äußere Umstände umfasse, die nicht auf einer willensgesteuerten Handlung des Rückgewährschuldners beruhten. Diese Analogie stütze sich zudem darauf, dass in bestimmten Fällen § 346 Abs. 3 S. 1 Nr. 2 BGB entsprechend angewandt werden müsste.[255] Könne der Rückgewährschuldner bspw. den für den Kauf des Rückgewährgegenstands aufgenommenen Kredit wegen einer mangelbedingt vereitelten gewinnbringenden Verwendung bzw. Weiterveräußerung nicht abbezahlen, beruhe die Zwangsvollstreckung auf dem Sachmangel, so dass entsprechend § 346 Abs. 3 S. 1 Nr. 2 BGB eine Wertersatzpflicht entfallen müsse.

Gleiches gilt nach dieser Ansicht, wenn der Rückgewährgläubiger selbst in die Sache vollstrecke, weil der Käufer nach berechtigtem Nacherfüllungsverlangen den Kaufpreis nicht bezahle.[256]

Eine solche Gesamtanalogie zu § 346 Abs. 2 S. 1 Nr. 2 und 3 BGB in den Fällen der Zwangsvollstreckung und eine analoge Anwendung des § 346 Abs. 3 S. 1 Nr. 2 BGB ist abzulehnen. Vielmehr ist auch der Fall der Zwangsvollstreckung vom Tatbestand der Veräußerung in § 346 Abs. 2 S. 1 Nr. 2 BGB erfasst. Dagegen spricht auch nicht, dass der Wortlaut dieser Norm nur auf Handlungen des Rückgewährschuldners („er“) abstellt. Insoweit ist die Gesetzesfassung zu eng gefasst, da es wegen der Begründung einer Wertersatzpflicht – und dem damit einhergehenden Abstandnehmen vom im alten Recht noch ausschlaggebenden Gebot des *venire contra factum proprium*[257] – keinen Unterschied machen kann,

---

254 *Kaiser*, in: Staudinger, § 346 Rn 149; a.A.: *Gaier*, in: MüKo, § 346 Rn 39; *Hager*, in: AnwKomm., § 346 Rn 34.

255 *Kaiser*, in: Staudinger, § 346 Rn 172.

256 Für diese Fallkonstellation führt *Kaiser* (in: Staudinger, § 346 Rn 172) weiter aus, dass der Verkäufer die Herausgabeunmöglichkeit des Rückgewährgegenstands zu vertreten habe, da er den Anspruch auf den Kaufpreis wegen § 320 BGB nicht durchsetzen dürfe. Es wird somit vorausgesetzt, dass bei Erteilung des Titels durch das Gericht verkannt wurde, dass dem Käufer wegen der Mangelhaftigkeit der Kaufsache ein Zurückbehaltungsrecht nach § 320 BGB zusteht.

257 Nach § 351 BGB a.F. war im alten Recht das Rücktrittsrecht ausgeschlossen, wenn der Berechtigte zur unbeeinträchtigten Rückgewähr des Leistungsgegenstands

ob der Rückgewährschuldner selbst oder eine andere Person die Unmöglichkeit der Herausgabe des Rückgewährgegenstands verursacht.[258] In § 346 Abs. 2 S. 1 Nr. 2 BGB wird nämlich nicht über den Ausschluss des Rücktrittsrechts entschieden, sondern es wird eine Wertersatzpflicht des Rückgewährschuldners – unabhängig davon, ob er Rücktrittsberechtigter oder -gegner ist – angeordnet. Diese Wertersatzpflicht ist Ausdruck der im Rückabwicklungsverhältnis geltenden Gefahrverteilung und es verbietet sich, lediglich auf solche Handlungen abzustellen, die vom Rückgewährschuldner vorgenommen wurden. Damit fehlt es bereits an einer planwidrigen Gesetzeslücke, die eine Analogie rechtfertigen würde. Darüber hinaus ist ein Entfallen der Wertersatzpflicht analog § 346 Abs. 3 S. 1 Nr. 2 BGB in den von *Kaiser* gebildeten Fallkonstellationen nicht sachgerecht. Konnte der Rückgewährschuldner den Rückgewährgegenstand wegen eines Mangels nicht mit Gewinn verwenden bzw. weiterveräußern, so widerspricht es grundsätzlich dem dem Käufer obliegenden Verwendungsrisiko, die Wertersatzpflicht wegen einer deswegen erfolgten Zwangsvollstreckung entfallen zu lassen. Soweit nämlich der Mangel bereits offen zutage getreten ist – sonst wäre eine gewinnbringende Verwendung bzw. Weiterveräußerung nicht erschwert – hat der Rückgewährschuldner die Möglichkeit, seine Gewährleistungsrechte gegenüber dem Verkäufer geltend zu machen. Bei Anwendung der vorgeschlagenen Analogie müsste Letzterer dem Rückgewährschuldner die ungekürzte Gegenleistung gem. § 346 Abs. 1 BGB zurückgewähren, ohne im Gegenzug etwas zu erhalten. Damit wäre er deutlich schlechter gestellt, als wenn der Rückgewährschuldner den Leistungsgegenstand mit eigens aufgewandten Mitteln bezahlt hätte. Zwar hat der Rückgewährgläubiger mangelhaft geleistet; dies rechtfertigt aber keine solche Schlechterstellung gegenüber anderen mangelhaft leistenden Verkäufern. Dies umso weniger, da der Umstand, dass der Käufer den Gegenstand mit Hilfe eines Kredits erwirbt, in der Sphäre des Käufers begründet ist und der Verkäufer davon gar keine Kenntnis haben muss. Daneben wäre der Rückgewährschuldner gegenüber einem Käufer, der den Gegenstand mit eigens aufgewandten Mitteln erworben hätte, im Vorteil. Er bekäme seine Gegenleistung ungekürzt vom Rückgewährgläubiger zurück und zugleich wäre das Kreditunternehmen durch die Vollstreckung – zumindest zum Teil – befriedigt. Im Ergebnis muss demnach

nicht in der Lage war und die Beeinträchtigung zu vertreten hatte. Gleiches galt gem. §§ 352, 353 BGB a.F., wenn der Berechtigte den Rückgewährgegenstand verarbeitet bzw. umgestaltet oder veräußert bzw. belastet hatte. Dieser Ausschluss beruhte auf dem Gebot des *venire contra factum proprium*. Deswegen war es im alten Recht im Unterschied zum neuen Recht – in dem eine verschuldensunabhängige Wertersatzpflicht des Rückgewähr*schuldners* angeordnet wird – erforderlich, auf den Rücktrittsberechtigten abzustellen.

258 Vgl. dazu ausführlich auch Teil 2, F. I. 3. b).

der Rückgewährschuldner bei Vollstreckung in den Rückgewährgegenstand zum Wertersatz verpflichtet sein. Der Rückgewährschuldner muss dafür im Gegenzug Wertersatz an den Rückgewährgläubiger leisten – der entsprechend der Mangelbedingtheit gem. § 441 Abs. 1 BGB gemindert wäre –, mit dem der Rückgewährgläubiger die im Gegenzug bestehende Pflicht zur Rückgewähr der ehemalig ausgetauschten Gegenleistung durch Aufrechnung schmälern kann. Auch im Falle einer Zwangsvollstreckung durch Dritte ist mithin von einer Veräußerung i.S.d. § 346 Abs. 2 S. 1 Nr. 2 BGB auszugehen.

Gleiches gilt, wenn der Verkäufer selbst in die Sache vollstreckt, um seinen Kaufpreisanspruch durchzusetzen. Durch die Vollstreckung ist dem Rückgewährgläubiger der Versteigerungserlös zugeflossen. Diesen müsste er infolge eines ausgeübten Rücktritts gem. § 346 Abs. 1 BGB an den Rückgewährschuldner herausgeben, da er als Surrogat an die Stelle der Kaufpreiszahlung tritt. Dies würde den Rückgewährschuldner aber über Gebühr begünstigen. Damit dem Rückgewährgläubiger zumindest ein Teil des durch die Zwangsvollstreckung erlangten Vermögenszuwachses verbleibt, muss auch der Rückgewährschuldner zum Wertersatz verpflichtet sein. Unbilligkeiten könnten sich ergeben, wenn der Wertersatz höher zu bemessen ist als der in der Zwangsvollstreckung erlangte Betrag. Dies ist bspw. der Fall, wenn der Kaufpreis und der Wert der Sache in mangelfreiem Zustand 1.000,– € betragen, wegen der Mangelhaftigkeit sich aber nur auf 800,– € belaufen und der Verkäufer in der Zwangsvollstreckung einen Versteigerungserlös von 600,– € erlangt. Als Wertersatz müsste der Rückgewährschuldner 800,– € bezahlen, um im Gegenzug 600,– € zurückzuerhalten. Damit müsste er den Nachteil daraus tragen, dass er wegen der vom Rückgewährgläubiger betriebenen Zwangsvollstreckung nicht mehr den Gegenstand herausgeben kann, sondern Wertersatz leisten muss. Diese Unbilligkeit wird aber dadurch ausgeglichen, dass der Rückgewährschuldner den Rücktritt ohnehin nur erklären wird, wenn der vom Verkäufer erzielte Erlös über der vom Rückgewährschuldner zu erbringenden Wertersatzpflicht liegt. Ein Ausschluss analog § 346 Abs. 3 S. 1 Nr. 2 BGB ist demnach auch in dieser Fallkonstellation nicht gerechtfertigt. Im Ergebnis sind damit auch die Fälle der Zwangsvollstreckung durch den Verkäufer unter § 346 Abs. 2 S.1 Nr. 2 BGB zu subsumieren.

b) Belastung des empfangenen Gegenstands

Der Rückgewährschuldner hat ferner gem. § 346 Abs. 2 S. 1 Nr. 2 BGB Wertersatz zu leisten, *soweit* der empfangene Gegenstand belastet wurde. Eine Belastung ist gegeben, wenn einem Dritten ein Recht an dem Gegenstand zusteht, das bei der Rückübertragung bestehen bleibt. Dabei kann das belastende Recht sowohl auf einem dinglichen als auch auf einem schuldrechtlichen Rechtsgeschäft beruhen.

Damit stellt auch ein gegenüber dem Rückgewährgläubiger wirksam bestehender Miet- oder Pachtvertrag eine Belastung dar.[259] Über den Wortlaut des § 346 Abs. 2 S. 1 Nr. 2 BGB („er") hinaus sind auch Belastungen durch Dritte, wie die Beschlagnahme der Sache im Wege der Zwangsvollstreckung durch Geldgläubiger, die Belastung des gekauften Grundstücks durch eine Zwangsicherungshypothek nach § 867 ZPO oder die Belastung des Rückgewährgegenstands, weil das Insolvenzverfahren über das Vermögen des Rückgewährschuldners eröffnet wurde, erfasst.[260]

2. Wertersatz bei Verarbeitung und Umgestaltung

Des Weiteren besteht gem. § 346 Abs. 2 S. 1 Nr. 2 BGB eine Wertersatzpflicht, wenn der empfangene Gegenstand verarbeitet oder umgestaltet wurde. Eine Verarbeitung bzw. Umgestaltung ist gegeben, wenn durch eine bewusste, menschlich gesteuerte Arbeitsleistung nach der Verkehrsauffassung eine „Sache anderer Art" i.S.d. § 950 BGB entstanden ist.[261] Zwar wird in § 346 Abs. 2 S. 1 Nr. 2 BGB anders als in § 352 BGB a.F. nicht die Entstehung einer Sache anderer Art vorausgesetzt. Gleichwohl ist auch im neuen Recht daran festzuhalten, dass nicht durch unbedeutende Veränderungen oder Reparaturen an dem Leistungsgegenstand die Rückgewährpflicht durch eine Wertersatzpflicht ersetzt werden soll. Dies wird durch den in § 950 BGB zugrunde gelegten Gedanken deutlich, nach dem das Eigentum an einer Sache nicht durch eine bloße Reparatur übergehen soll. Es besteht somit keine Rechtfertigung dafür, eine Reparatur, durch die keine neue Sache entsteht, einer Verarbeitung oder Umgestaltung gleichzusetzen und den Gegenstand beim Rückgewährschuldner zu belassen.[262] Hingegen sind von diesem Tatbestand auch diejenigen Fallkonstellationen erfasst, in denen der Rückgewährgegenstand gem. §§ 946 ff. BGB als wesentlicher Bestandteil i.S.d. §§ 93, 94 BGB mit den Sachen des Rück-

259 *Grüneberg*, in: Palandt, § 346 Rn 8a, wobei die Rückübertragung des Eigentums an dem Gegenstand infolge der Rückabwicklung als Veräußerung i.S.d. § 566 BGB gilt (so schon *Ribka/Baier*, NJW 1997, 1221, 1222 für die Wandelung); a.A. *Kaiser*, in: Staudinger, § 346 Rn 135, die für die Fälle der Vermietung oder Verpachtung eine Wertersatzpflicht wegen Verschlechterung i.S.d. § 346 Abs. 2 S. 1 Nr. 3 BGB befürwortet.

260 *Gaier*, in: MüKo, § 346 Rn 39; *Hager*, in: Anwkomm., § 346 Rn 37; *Grothe*, in: Bamberger/Roth, § 346 Rn 42; a.A. *Kaiser*, in: Staudinger, § 346 Rn 149, *Arnold*, Jura 2002, 154, 157 (Gesamtanalogie zu § 346 Abs. 2 S. 1 Nr. 2 und 3 BGB).

261 *Gaier*, in: MüKo, § 346 Rn 40; *Kaiser*, in: Staudinger, § 346 Rn 137; *Hager*, in: AnwKomm, § 346 Rn 38; *Röthel*, in: Erman, § 346 Rn 9; *Grothe*, in: Bamberger/Roth, § 346 Rn 42; *Schwab*, in: Schwab/Witt, S. 348 f.

262 Für die Reparatur kann der Rückgewährschuldner gem. § 347 Abs. 2 BGB Verwendungsersatz fordern, *Gaier*, in: MüKo, § 346 Rn 40; *Schwab*, in: Schwab/Witt, S. 349.

gewährschuldners verbunden oder vermischt wurde.[263] Für eine Verarbeitung bzw. Umgestaltung ist es unerheblich, ob diese durch den Rückgewährschuldner selbst oder durch einen Dritten erfolgt sind.[264] Da die neue Sache nach der Verarbeitung bzw. Umgestaltung nicht mehr der ursprünglich erhaltenen Leistung entspricht, tritt der Wertersatz vollständig an die Stelle der Rückgewährpflicht aus § 346 Abs. 1 BGB. Der Rückgewährschuldner ist demnach nicht verpflichtet, die verarbeitete oder umgestaltete Sache an den Rückgewährgläubiger herauszugeben.[265] Umgekehrt ist er auch nicht berechtigt, die veränderte Sache an den Rückgewährgläubiger herauszugeben, um sich der Pflicht zum Wertersatz zu entziehen. Unter modifizierter Anwendung des § 275 BGB und zusätzlicher Berücksichtigung der gesetzlichen Wertung in §§ 946 ff. BGB besteht für den Rückgewährschuldner aber die Möglichkeit, den Wertersatzanspruch durch Rückgängigmachung der Veränderung an der Sache abzuwehren, wenn er selbst kein Interesse an der neuen Sache hat.[266] Dadurch werden zugleich die Interessen des Rückgewährgläubigers geschützt, der keine veränderte Sache, sondern entweder – nach Rückgängigmachung der Umgestaltung – den einst hingegebenen Gegenstand oder Wertersatz in Geld erhält. Gleichzeitig bleibt dem Rückgewährschuldner der Erfolg der Veränderung erhalten, für den er ansonsten lediglich über § 347 Abs. 2 S. 2 BGB Ersatz verlangen könnte.[267] Hat der Rückgewährschuldner nur einen Teil des Rückgewährgegenstands verarbeitet bzw. umgestaltet, besteht eine Wertersatzpflicht, *soweit* die Veränderung reicht nur bei Teilbarkeit der Leistung. Um dem Interesse des Rückgewährgläubigers gerecht zu werden, schuldet der Rückgewährschuldner also auch dann Wertersatz für die Gesamtsache und nicht Rückgewähr einzelner Teile und Wertersatz für den Rest, wenn die Gesamtsache nicht teilbar ist. Teilbar ist eine Leistung, wenn sie ohne Wertminderung und ohne Beeinträchtigung des Leistungszwecks in Teilleistungen zerlegt werden kann. Haben die einzelnen Teile der Leistung

---

263 Zum Teil wird hier eine analoge Anwendung des § 346 Abs. 2 S. 1 Nr. 2 BGB befürwortet (*Schwab*, in: Schwab/Witt, S. 349; *Kaiser*, in: Staudinger, § 346 Rn 138). Da eine Verarbeitung aber nur voraussetzt, dass der Leistungsgegenstand in einer anderen oder einer neuen Sache aufgeht, können diese Fälle direkt unter § 346 Abs. 2 S. 1 Nr. 2 BGB subsumiert werden (*Röthel*, in: Erman, § 346 Rn 9; *Faust*, in: jurisPK, § 346 Rn 33).

264 Da § 346 Abs. 2 S. 1 Nr. 2 BGB eine Gefahrtragungsregelung ist, ist es bei Tathandlungen durch einen Dritten unerheblich, ob er der Erfüllungsgehilfe des Rückgewährschuldners ist oder dieser die Umbildung angeordnet hat, *Hager*, in: AnwKomm, § 346 Rn 38; *Grothe*, in: Bamberger/Roth, § 346 Rn 42.

265 *Kaiser*, in: Staudinger, § 346 Rn 133; *Röthel*, in: Erman, § 346 Rn 9; *Faust*, in: jurisPK, § 346 Rn 36; *Gaier*, WM 2002, 1, 9; *Schwab*, JuS 2002, 630, 631.

266 Vgl. dazu ausführlich Teil 2, F. I. 3.

267 *Faust*, in: jurisPK, § 346 Rn 36.

nach Verarbeitung bzw. Umgestaltung eines Einzelteils einen eigenständigen Wert und widerspricht die Teilbarkeit der Leistung nicht dem Parteiwillen, hat der Rückgewährschuldner also die intakten Einzelteile gem. § 346 Abs. 1 BGB zurückzugewähren und im Übrigen Wertersatz zu leisten.[268]

3. Wertersatz bei Verbrauch

Gem. § 346 Abs. 2 S. 1 Nr. 2 BGB hat der Rückgewährschuldner ferner Wertersatz zu leisten, soweit der Rückgewährgegenstand verbraucht wurde. Verbrauch ist die Vernichtung der Sache durch ihre bestimmungsgemäße Verwendung, § 92 BGB. Vom Gebrauch einer Sache unterscheidet sich der Verbrauch dadurch, dass er nicht lediglich zu einer Abnutzung der Sachsubstanz in Form fortschreitenden Verschleißes, sondern zu einer Vernichtung der Substanz der Sache – wie bspw. beim Brennmaterial – führt.[269]

III. Zur Wertersatzpflicht gem. § 346 Abs. 2 S. 1 Nr. 3 BGB

Ist die Rückgewähr des empfangenen Gegenstands verschlechtert oder wegen Untergangs vollständig unmöglich, trifft den Rückgewährschuldner gem. § 346 Abs. 2 S. 1 Nr. 3 BGB – unabhängig davon, ob das Restitutionshindernis vor oder nach der Rücktrittserklärung eingetreten ist – eine Pflicht zum Wertersatz. Da der Rückgewährschuldner grundsätzlich ab Übergabe i.S.d. § 446 S. 1 BGB bzw. ab Abnahme i.S.d. § 640 BGB die Gefahr für eine zufällige Verschlechterung oder einen zufälligen Untergang der Sache zu tragen hat, ist es für die Wertersatzpflicht – ebenso wie bei den anderen Tatbeständen des § 346 Abs. 2 BGB[270] – nicht von Relevanz, ob der Untergang bzw. die Verschlechterung durch höhere Gewalt, durch Dritte oder ein schuldhaftes Verhalten des Rückgewährschuldners herbeigeführt wurde. Darüber hinaus ist nicht erforderlich, dass die Beschädigung bzw. der Verlust nicht wieder behoben werden können. Im Rahmen einer modifizierten Anwendung des § 275 BGB

---

268 *Faust*, in: jurisPK, § 346 Rn 36; *Kaiser*, in: Staudinger, § 346 Rn 137; a.A. *Gaier*, WM 2002, 1, 9, nach dem bei einer Verarbeitung bzw. Umgestaltung der Sache eine dem Untergang vergleichbare Situation vorliege, weswegen stets Wertersatz für die ganze Sache zu leisten sei.

269 Die unterschiedliche Verortung für den Sachverbrauch in § 346 Abs. 2 S. 1 Nr. 2 BGB (Wertersatzpflicht) und für den Sachgebrauch in § 346 Abs. 1 BGB bzw. § 346 Abs. 2 S. 1 Nr. 1 BGB (Nutzungsvergütung) wird zwar kritisiert (*Kaiser*, JZ 2001, 1057, 1066 f.), aber als Entscheidung des Gesetzgebers hingenommen (*Kaiser*, in: Staudinger, § 346 Rn 134).

270 A.A. in Bezug auf § 346 Abs. 2 S. 1 Nr. 2 BGB: *Kaiser*, in: Staudinger, § 346 Rn 139.

ist der Rückgewährschuldner verpflichtet, den verschlechterten Gegenstand zu reparieren, soweit dies dem Willen und Interesse des Rückgewährgläubigers entspricht. Hingegen ist er nicht berechtigt, den Wertersatzanspruch bei einer vollständigen Zerstörung der Sachsubstanz durch Leistung einer Ersatzsache abzuwenden. Dies folgt nicht allein daraus, dass es sich bei der Rückgabepflicht um eine Stückschuld handelt.[271] Denn auch bei einer Stückschuld einer vertretbaren Sache i.S.d. § 91 BGB wird vertreten, dass im Rahmen der Nacherfüllung eine Ersatzlieferung möglich ist.[272] Eine Übertragung dieser Pflicht verbietet sich vielmehr sowohl aufgrund des Wortlauts des § 346 Abs. 1 BGB als auch aufgrund der Interessenlage.[273]

1. Untergang des empfangenen Gegenstands

Untergang ist – in Abgrenzung zum Verbrauch nur die nicht bestimmungsgemäße – vollständige Vernichtung der Sachsubstanz.[274] Unter diesen Tatbestand sind nicht nur solche Fälle zu fassen, in denen die Sache physisch zerstört ist. Vielmehr besteht eine Wertersatzpflicht auch dann, wenn der Rückgewährgegenstand nicht herausgegeben werden kann, weil er gestohlen wurde oder verloren ging.[275] Dies resultiert daraus, dass in § 346 Abs. 2 S. 1 Nr. 2 und 3 BGB die Gefahr eines Verlusts des Rückgewährgegenstands und damit das Risiko einer finanziellen Einbuße grundsätzlich dem Rückgewährschuldner zugewiesen wird (*casum sentit dominus*). § 346 Abs. 2 S. 1 Nr. 3 BGB gilt insoweit als Auffangtatbestand – in Ersetzung der bisherigen §§ 347, 350, 351 BGB a.F. – für alle Fälle der anderweitigen Rückgewährunmöglichkeit.[276]

---

271 So *Faust*, in: jurisPK, § 346 Rn 47.

272 BGH, NJW 2006, 2839; OLG Schleswig, NJW-RR 2005, 1579; OLG Braunschweig, JZ 2003, 863; LG Ellwangen, NJW 2003, 517, 517; *Canaris*, JZ 2003, 831 f.; *Bitter/Meidt*, ZIP 2001, 2114, 2119; a.A.: *Huber*, NJW 2002, 1004, 1006.

273 Vgl. dazu bereits oben, Teil 2, B. II. 2.

274 *Gaier*, in: MüKo, § 346 Rn 41; *Grothe*, in: Bamberger/Roth, § 364 Rn 43; *Hager*, in: AnwKomm, § 346 Rn 40; *Kaiser*, in: Staudinger, § 346 Rn 139.

275 Überwiegend werden die Fälle anderweitiger Unmöglichkeit analog unter § 346 Abs. 2 S. 1 Nr. 3 BGB gefasst, vgl. *Hager*, in: AnwKomm, § 346 Rn 40; *Grothe*, in: Bamberger/Roth, § 346 Rn 43; *Röthel*, in: Erman, § 346 Rn 11; *Arnold*, Jura 2002, 154, 157; *Herold* (2001), S. 115 ff.; a.A. (direkte Anwendung): *Grüneberg*, in: Palandt, § 346 Rn 9.

276 Gegen eine Ausweitung des § 346 Abs. 2 S. 1 Nr. 3 BGB als Auffangtatbestand für die Fälle anderweitiger Unmöglichkeit: *Motsch*, JR 2002, 221, 224.

2. *Verschlechterung des empfangenen Gegenstands*

Eine Verschlechterung ist gegeben, wenn der Rückgewährgegenstand nachteilig in der Substanz oder Funktionstüchtigkeit beeinträchtigt ist.[277] Dabei muss hinsichtlich der Funktionstüchtigkeit der Sache auf die Sicht des Rückgewährgläubigers abgestellt werden. Kann dieser nach erklärtem Rücktritt den Leistungsgegenstand wegen Einwirkungen des Rückgewährschuldners, die die Funktionstüchtigkeit veränderten, nicht mehr so nutzen wie vor dem Austausch, ist von einer Verschlechterung auszugehen.[278] Hingegen stellt die zur Wiederherstellung der Sache vorgenommene Reparatur keine Verschlechterung i.S.d. § 346 Abs. 2 S. 1 Nr. 3 BGB dar. Ebenso wenig liegt beim Wertverlust des Leistungsgegenstands durch einen Preisverfall auf dem Markt eine Verschlechterung vor.[279] Weiterhin besteht nach § 346 Abs. 2 S. 1 Nr. 3 Hs. 2 BGB für außerordentliche Werteinbußen, die auf einer bestimmungsgemäßen Ingebrauchnahme des Gegenstands beruhen, keine Wertersatzpflicht. Diese Vorschrift knüpft vom Wortlaut her nur an die durch die Ingebrauchnahme des Leistungsgegenstands einmalig eintretenden Einbußen an.[280] Fraglich ist, ob das Privileg des § 346 Abs. 2 S. 1 Nr. 3 Hs. 2 BGB auch auf solche Einbußen anwendbar ist, die durch den bestimmungsgemäßen *Gebrauch* des Rückgewährgegenstands entstanden sind oder ob solche Abnutzungen bereits nicht vom Tatbestand der Verschlechterung erfasst sind. Zu dieser Frage werden verschiedene Ansichten vertreten, wobei Einigkeit darüber besteht, dass für eine im Rahmen eines bestimmungsgemäßen Gebrauchs eingetretene Werteinbuße kein Wertersatz zu leisten ist, da der Rückgewährschuldner wegen der Pflicht zur Nutzungsvergütung gem. § 346 Abs. 2 S. 1 Nr. 1 BGB ansonsten doppelt leisten müsste.[281]

Nach einer Ansicht[282] sind bereits vom Tatbestand der Verschlechterung solche Abnutzungen nicht erfasst, die infolge bestimmungsgemäßen Gebrauchs ein-

277 *Gaier*, in: MüKo, § 346 Rn 41; *Grüneberg*, in: Palandt, § 346 Rn 9.

278 *Kaiser*, in: Staudinger, § 346 Rn 140, nach der eine Verschlechterung bspw. anzunehmen sei, wenn der Rückgewährschuldner landwirtschaftliche Nutzflächen renaturiert habe oder umgekehrt, wenn ein Brachland in eine landwirtschaftliche Nutzfläche umgewandelt wurde.

279 BT-Drs. 14/6040, S. 193; RGZ 108, 279, 281; OLG München, NJW-RR 1992, 1148; *Leser* (1975), S. 169 f.; *Faust*, in: jurisPK, § 346 Rn 46; a.A.: *Hager*, in: AnwKomm, § 346 Rn 18.

280 So verliert ein gekauftes Kraftfahrzeug nur durch die Zulassung etwa 20% seines Werts.

281 Abweichend insoweit lediglich *Grüneberg* (in: Palandt, § 346 Rn 9), der einen Ersatzanspruch für Wertminderungen, die nach Ingebrauchnahme durch die weitere Benutzung der Sache entstehen, für begründet hält.

282 BT-Drs. 14/6040, S. 193; *Gaier*, in: MüKo, § 346 Rn 41; *Grothe*, in: Bamberger/Roth, § 346 Rn 44; *Faust*, in: jurisPK, § 346 Rn 46, 48 f.; *Looschelders*, SchuldR AT, Rn 841; *Stadler*, in: Jauernig, § 346 Rn 5; *Canaris*, Schuldrechtsreform, S. XXXVIII.

getreten sind. Gegen eine Erweiterung des in § 346 Abs. 2 S. 1 Nr. 3 Hs. 2 BGB enthaltenen Privilegs auf den bestimmungsgemäßen Gebrauch spreche, dass die Gründe dafür, keine Wertersatzpflicht anzuordnen, unterschiedlicher Natur seien. Die Wertersatzpflicht für Einbußen durch die bestimmungsgemäße Ingebrauchnahme beruhe nicht auf dem Gedanken der Vermeidung einer Doppelkompensation, sondern vielmehr darauf, dass dem Rückgewährschuldner nicht einerseits wegen § 347 Abs. 1 BGB die Obliegenheit des Sachgebrauchs und andererseits zugleich die Pflicht, den durch diese Ingebrauchnahme entstandenen Wertverlust auszugleichen, auferlegt werden könnten. Vielmehr sei bei durch bestimmungsgemäßen Gebrauch eintretenden Wertminderungen eine Wertersatzpflicht deswegen ausgeschlossen, da schon keine Verschlechterung i.S.d. § 346 Abs. 2 S. 1 Nr. 3 Hs. 1 BGB vorliege. Hierfür spreche auch, dass im Gesetzesentwurf vorgesehen war, dass der Rückgewährschuldner gem. § 346 Abs. 1 BGB „die gezogenen Nutzungen unter Einschluss der durch den bestimmungsgemäßen Gebrauch entstandenen Abnutzungen herauszugeben habe“.[283]

Nach der Gegenansicht[284] stellen auch die durch Abnutzung entstandenen Werteinbußen eine Verschlechterung dar, sind aber in analoger Anwendung vom Privileg des § 346 Abs. 2 S. 1 Nr. 3 Hs. 2 BGB erfasst. Im Privileg sei neben dem echten Haftungsprivileg für außerordentliche Werteinbußen in Bezug auf die reguläre Abnutzung das Verbot der Bereicherung durch doppelte Kompensation enthalten. Für eine solche Analogie spreche, dass eine Abgrenzung zwischen der Ingebrauchnahme und dem Gebrauch kaum zu treffen sei.[285] Darüber hinaus könne ein Ausschluss der Wertersatzpflicht nicht mit einem Vorrang der Nutzungsvergütung nach § 346 Abs. 2 S. 1 Nr. 1 BGB erklärt werden. Ohne eine ausdrückliche Regelung könne nicht angenommen werden, dass der Rückgewährschuldner den Gebrauch der Sache linear zu vergüten habe und für Verschleißschäden, die über die Nutzung der Sache hinausgehen, keinen Wertersatz leisten müsse. Im Übrigen sei schon wegen des engen Wortsinns bei Verschleißschäden von einer Verschlechterung auszugehen und die in § 346 Abs. 2 S. 1 Nr. 3 Hs. 2 BGB enthaltene – interpretationsoffene – Ingebrauchnahme über die Aufnahme des Gebrauchs auch auf den Gebrauch zu erweitern.

---

283 *Canaris*, Schuldrechtsreform, S. XXXVIII mit Verweis darauf, dass diese Ergänzung nicht im Bestreben einer inhaltlichen Änderung, sondern nur zur Vermeidung von Zweifeln über die Methode der Wertberechnung gestrichen wurde; vgl. auch BT-Drs. 14/6040, S. 193.

284 *Kaiser*, in: Staudinger, § 346 Rn 141 f.; *dies.*, JZ 2001, 1057, 1061; *Schwab*, JuS 2002, 630, 633; *ders.*, in: Schwab/Witt, S. 353 f.

285 Auch wenn bei Kraftfahrzeugen die Zulassung ein Unterscheidungsmerkmal darstelle, bestehe diese Möglichkeit bei anderen Gebrauchsgegenständen nicht, so *Kaiser* (in: Staudinger, § 346 Rn 142) mit überzeugenden Beispielsfällen.

Eine Entscheidung dieses Streits ist für das Ergebnis, dass der Rückgewährschuldner keinen Wertersatz leisten muss, ohne Bedeutung. Für die erste Ansicht spricht jedoch, dass vom Wortlaut des § 346 Abs. 2 S. 1 Nr. 3 Hs. 2 BGB der bestimmungsgemäße Gebrauch nicht erfasst ist. In umgekehrter Weise ist aber der zweiten Ansicht darin zu folgen, dass vom Wortlaut der Verschlechterung die Verschleißschäden umfasst sind. Für die zweite Ansicht spricht überdies, dass im Einzelfall die Abgrenzung, wann die Wertersatzpflicht wegen nicht Erfüllens des Tatbestands der Verschlechterung und wann wegen Eingreifens des Privilegs entfällt, schwierig ist. Der Tatbestand der Verschlechterung wird vielmehr durch § 346 Abs. 2 S. 1 Nr. 3 Hs. 2 BGB begrenzt. Das bedeutet zum einen, dass i.S.d. zweiten Ansicht das Privileg über die bestimmungsgemäße Ingebrauchnahme auf den bestimmungsgemäßen Gebrauch ausgedehnt wird und zum anderen, dass wegen der daraus folgenden Begrenzung des Begriffs der Verschlechterung auf Fallkonstellationen, die nicht vom Privileg erfasst sind, i.S.d. ersten Ansicht keine Verschlechterung vorliegt. Soweit die Werteinbuße nicht mehr auf einer bestimmungsgemäßen Abnutzung des Gegenstands beruht, ist sie vom Rückgewährschuldner über die nach § 346 Abs. 2 S. 1 Nr. 1 BGB zu leistende Nutzungsvergütung hinaus, zu ersetzen.[286] Dabei richtet sich die Beurteilung der Frage, welche Benutzung dem bestimmungsgemäßen Gebrauch entspricht, in erster Linie nach dem Vertragsinhalt und bei Ermangelung einer besonderen Vereinbarung nach der Verkehrsauffassung. Diesbezüglich sind – unter Heranziehung des Rechtsgedankens aus § 434 Abs. 1 BGB[287] – die gewöhnliche und auch die aufgrund öffentlicher Äußerung des Verkäufers dem Gegenstand zugesprochene Verwendbarkeit maßgeblich. Nicht vom Privileg des § 346 Abs. 2 S. 1 Nr. 3 Hs. 2 BGB umfasst sind durch den bestimmungsgemäßen Gebrauch unverschuldet herbeigeführte Schäden am Rückgewährgegenstand.[288] Eine solche Ausdehnung würde der Systematik und insbesondere der Gefahrverteilung widersprechen, nach denen grundsätzlich – und nicht nur im Falle nicht bestimmungsgemäßen Gebrauchs – der Rückgewährschuldner das Risiko zufallsbedingter Einbußen am Rückgewährgegenstand zu tragen hat.

---

286 Um eine Doppelkompensation zu vermeiden, kann der Schuldner nur zu einem nicht bereits durch die Nutzungsvergütung abgegoltenen Wertausgleich verpflichtet werden.

287 *Faust*, in: jurisPK, § 346 Rn 52.

288 *Arnold*, Jura 2002, 154, 157; *Gaier*, in: MüKo, § 346 Rn 42; *Grothe*, in: Bamberger/Roth, § 346 Rn 44. Ebenso *Kaiser*, in: Staudinger, § 346 Rn 145 und *Faust*, in: jurisPK, § 346 Rn 50 unter Aufgabe der bisherigen Ansicht (*Kaiser*, JZ 2001, 1057, 1061; *Faust*, in: Huber/Faust, S. 245).

IV. Entfallen der Wertersatzpflicht gem. § 346 Abs. 3 S. 1 Nr. 1 BGB

Eine Wertersatzpflicht ist gem. § 346 Abs. 3 S. 1 Nr. 1 BGB ausgeschlossen, wenn sich der zum Rücktritt berechtigende Mangel erst während der Verarbeitung oder Umgestaltung des Gegenstands gezeigt hat.[289] Damit wird die bereits im alten Recht in § 467 S. 1 Hs. 2 BGB a.F. und § 634 Abs. 4 BGB a.F. enthaltene Regelung in das neue Rücktrittsrecht übernommen. Hinter dieser Norm steht der Gedanke, dass derjenige privilegiert werden soll, der die Verarbeitung bzw. Umgestaltung in Unkenntnis eines Mangels vornimmt. Fraglich ist, wann sich der Mangel mit der Folge „zeigt", dass nach diesem Zeitpunkt eine Wertersatzpflicht besteht. Zum Teil wird vertreten, dass für die Frage, ob sich ein Mangel „zeigt" nicht auf die subjektive Kenntnis des Empfängers, sondern auf einen objektiven Maßstab abzustellen sei.[290] Der Ausschlusstatbestand des § 346 Abs. 3 S. 1 Nr. 1 BGB sei also nicht erfüllt, wenn der Schuldner bei Anwendung der verkehrserforderlichen Sorgfalt den Mangel hätte erkennen können. Gegen eine solche Beurteilung nach dem Kennenmüssen des Rückgewährschuldners spricht jedoch, dass der Gesetzgeber in § 346 Abs. 3 S. 1 Nr. 1 BGB lediglich die in § 467 S. 1 Hs. 2 BGB bestehende Regelung übernehmen wollte. Bereits im alten Recht war anerkannt, dass ein „Zeigen" des Mangels erst bei positiver Kenntnis anzunehmen war.[291] Diese Wertung ist auch im neuen Recht zugrunde zu legen.[292] Dabei umschreibt § 346 Abs. 3 S. 1 Nr. 1 BGB den frühestmöglichen Zeitpunkt, in dem trotz Kenntnis die Wertersatzpflicht entfällt. Zeigt sich der Mangel erst nach der Verarbeitung bzw. Umgestaltung oder im Rahmen einer nach § 377 HGB notwendigen Untersuchung, greift der Ausschlusstatbestand demzufolge auch ein.[293]

---

289 Grundsätzlich wirkt § 346 Abs. 3 S. 1 Nr. 1 BGB zugunsten des Rücktrittsberechtigten, der aufgrund eines Sachmangels zurücktritt. Wegen der angestrebten Angleichung der Rechtspositionen von Rücktrittsberechtigten und -gegner ist diese Vorschrift jedoch nicht auf diesen beschränkt. Bei einem vertraglichen Rücktrittsrecht kann auch der Rücktrittsgegner von dieser Vorschrift profitieren, *Gaier*, WM 2002, S. 1, 10; *Faust*, in: jurisPK, § 346 Rn 38.

290 *Schwab*, in: Schwab/Witt, S. 361 sowie *Gaier*, in: MüKo, § 346 Rn 50, nach dem bei einer Verarbeitung bzw. Umgestaltung einer erkennbar mangelhaften Sache eine vom Rückgewährschuldner zu vertretende Unmöglichkeit mit der Folge vorliege, dass die Abs. 2 und 3 des § 346 BGB, die nur die Risikoverteilung bei Zufall beträfen, nicht anwendbar seien.

291 *Honsell*, in: Staudinger (1995), § 467 Rn 11; *Huber*, in: Soergel, § 467 a.F. Rn 65.

292 *Grothe*, in: Bamberger/Roth, § 346 Rn 49; *Hager*, in: AnwKomm, § 346 Rn 50; *Kaiser*, in: Staudinger, § 346 Rn 168; *Faust*, in: jurisPK, § 346 Rn 38.

293 *Hager*, in: AnwKomm, § 346 Rn 50; *Faust*, in: jurisPK, § 346 Rn 38; *Grothe*, in: Bamberger/Roth, § 346 Rn 49.

1. Analoge Anwendung auf die Fälle des Verbrauchs?

Auf die Wertersatzpflicht wegen Verbrauchs des Rückgewährgegenstands findet nach einhelliger Meinung der Ausschlusstatbestand des § 346 Abs. 3 S. 1 Nr. 1 BGB entsprechende Anwendung. Zwar könnte gegen eine analoge Anwendung sprechen, dass der Gesetzgeber den Verbrauch in § 346 Abs. 3 S. 1 Nr. 1 BGB im Gegensatz zu § 346 Abs. 2 S. 1 Nr. 2 BGB nicht erwähnt. Da aber im alten Recht galt, dass § 467 S. 1 Hs. 2 BGB a.F. auch beim Verbrauch der Sache eingriff und nach der Gesetzesbegründung[294] diese Vorschrift übernommen werden sollte, hätte sich der Gesetzgeber ausdrücklich distanzieren müssen, wenn der Verbrauch nicht hätte erfasst sein sollen.[295] Eine analoge Anwendung ist auch sachgerecht. Der Ausschluss der Wertersatzpflicht bei Verarbeitung und Umgestaltung vor Kenntnis des Rückgewährschuldners vom Mangel beruht darauf, dass wegen des Mangels nicht der angestrebte Mehrwert erreicht werden kann. In gleicher Weise bleibt beim Verbrauch einer mangelhaften Sache der für den Rückgewährschuldner entstehende hinter dem angestrebten Vorteil zurück.[296] Soweit demnach der Rückgewährschuldner eine mangelhafte Sache verbraucht, ohne den Mangel zu kennen, hat er keinen Wertersatz zu leisten, sondern lediglich die ihm trotz des Mangels erzielten Vorteile des Verbrauchs über die Rechtsfolgenverweisung des § 346 Abs. 3 S. 2 BGB nach den §§ 818 ff. BGB zu ersetzen.

2. Analoge Anwendung auf die Fälle der Veräußerung bzw. Belastung?

In § 346 Abs. 3 BGB ist kein Tatbestand enthalten, der das Entfallen einer wegen Belastung oder Veräußerung des Rückgewährgegenstands bestehenden Wertersatzpflicht aus § 346 Abs. 2 S. 1 Nr. 2 BGB regelt. Fraglich ist, ob einer der auf die anderen Restitutionsstörungen bezugnehmenden Ausschlusstatbestände auf die Fälle der Veräußerung bzw. der Belastung analog anzuwenden ist. So könnte erwogen werden, die Wertersatzpflicht entsprechend § 346 Abs. 3 S. 1 Nr. 1 BGB auszuschließen, wenn der Rückgewährschuldner bei der Veräußerung keine Kenntnis vom Rücktrittsrecht hatte.[297] Gegen eine solche analoge Anwendung

294 BT-Drs. 14/6040, S. 196.

295 *Benicke*, ZGS 2002, 369, 370.

296 *Schulze/Ebers*, JuS 2004, 366, 370; *Benicke*, ZGS 2002, 369, 370; *Hager*, in: AnwKomm, § 346 Rn 33, 43; a.A.: *Kaiser*, JZ 2001, 1057, 1062.

297 *Benicke*, ZGS 2002, 369, 372, der aber i.E. ein solche analoge Anwendung ablehnt. Diese Vorgehensweise entspricht einer zum alten Recht bestehenden Mindermeinung (*Hadding*, in: Soergel, § 351 Rn 6; *Kaiser*, in: Staudinger (2001), § 351 Rn 54 f.), die einen Rücktrittsausschluss gem. § 353 BGB a.F. nur bei einer Veräußerung nach Kenntnis vom Rücktrittsrecht annahm.

spricht jedoch, dass dadurch der Rückgewährgläubiger mit dem Risiko eines ungünstigen Weiterverkaufs belastet wäre.[298] Der Rückgewährschuldner müsste nämlich bei einer analogen Anwendung des § 346 Abs. 3 S. 1 Nr. 1 BGB über § 346 Abs. 3 S. 2 BGB lediglich eine verbleibende Bereicherung und über § 285 BGB das durch die Weiterveräußerung Erlangten herausgeben. Ist nun der Rückgewährgegenstand zu einem niedrigeren Preis als im Verhältnis vom Rückgewährschuldner zum -gläubiger weiterveräußert worden, wäre Letzterer mit den aus der Weiterveräußerung resultierenden Nachteilen belastet. Da der ungünstige Weiterverkauf aber nicht auf der Mangelhaftigkeit des Leistungsgegenstands, sondern auf dem fehlenden Verkaufsgeschick des Rückgewährschuldners beruht, ist ein solches Ergebnis unbillig. Gem. § 346 Abs. 2 S. 1 Nr. 2 BGB muss der Rückgewährschuldner vielmehr – unabhängig von seiner Kenntnis vom Mangel des Rückgewährgegenstands – zum Wertersatz verpflichtet sein.

V. Entfallen der Wertersatzpflicht gem. § 346 Abs. 3 S. 1 Nr. 2 BGB

In § 346 Abs. 3 S. 1 Nr. 2 BGB sind – unter Anknüpfung an die Fälle, in denen im Rahmen des § 350 BGB a.F. ein Rücktritt nicht ausgeschlossen war – verschiedene Ausschlusstatbestände zu der aus § 346 Abs. 2 S. 1 Nr. 3 BGB resultierenden Wertersatzpflicht geregelt.[299] Im Unterschied zu den Ausschlusstatbeständen des § 346 Abs. 3 S. 1 Nr. 1 und 3 BGB gilt § 346 Abs. 3 S. 1 Nr. 2 BGB für den Rücktrittsberechtigten und -gegner gleichermaßen.

1. Vertretenmüssen des Rückgewährgläubigers

In der ersten Variante entfällt die Pflicht zum Wertersatz, wenn der Rückgewährgläubiger den Untergang oder die Verschlechterung des Leistungsgegenstands zu vertreten hat. Fraglich ist, wie das Vertretenmüssen des Rückgewährgläubigers in § 346 Abs. 3 S. 1 Nr. 2 Alt. 1 BGB zu verstehen ist. Nach der Gesetzesbegründung soll eine Wertersatzpflicht neben der Konstellation, in der ein echtes Vertretenmüssen des Rückgewährgläubigers i.S.d. §§ 276 ff. BGB zum Untergang bzw. zur Verschlechterung geführt hat, auch entfallen, wenn die Rückgewährunmöglichkeit auf einem – in der Regel dem zum Rücktritt berechtigenden – Sachmangel beruht.[300] Aufgrund des Umstands, dass in §§ 434 f. BGB im Gegensatz zu § 462 BGB a.F. der

298 *Benicke*, ZGS 2002, 369, 372 ff.

299 Dabei gilt der Ausschlusstatbestand auch auf die Fälle anderweitiger Unmöglichkeit, für die § 346 Abs. 2 S. 1 Nr. 3 BGB als Auffangtatbestand fungiert, vgl. Teil 2, F. III. 1. So auch: *Grothe*, in: Bamberger/Roth, § 346 Rn 50; *Herold* (2001), S. 118.

300 BT-Drs.14/6040, S. 196 mit Verweis auf BGHZ 78, 216 f.

Begriff des Vertretenmüssens nicht mehr verwandt wird, muss das „Vertretenmüssen" in § 346 Abs. 3 S. 1 Nr. 2 Alt. 1 BGB – den Begrifflichkeiten des einschlägigen Leistungsstörungsrechts entsprechend[301] – als alleinige oder weit überwiegende Verantwortlichkeit i.S.d. § 326 Abs. 2 S. 1 Alt. 1 BGB verstanden werden. Denn § 346 Abs. 3 S. 1 Nr. 2 Alt. 1 BGB begründet keine Schadensersatzhaftung, die ein Vertretenmüssen am Sorgfaltsmaßstab des § 276 BGB erfordert, sondern regelt vielmehr die Gegenleistungsgefahr zwischen den Parteien im Rückabwicklungsverhältnis. Im primären Austauschverhältnis hat die Gegenleistungsgefahr auf die vom Schuldner bis zur Übergabe i.S.d. § 446 S. 1 BGB bzw. Abnahme i.S.d. § 640 BGB zu tragenden Sachgefahr Einfluss, wenn der Gläubiger für den Umstand, der zur Leistungsbefreiung des Schuldners führt i.S.d. § 326 Abs. 2 S. 1 Alt. 1 BGB allein oder weit überwiegend verantwortlich ist. Im Rückabwicklungsverhältnis infolge ausgeübten Rücktritts kann keine andere Wertung angesetzt werden. Der Gesetzgeber hat es vielmehr versäumt, die Formulierung in § 346 Abs. 3 S. 1 Nr. 2 Alt. 1 BGB derjenigen des § 326 Abs. 2 S. 1 Alt. 1 BGB anzupassen und damit eine einheitliche Regelung für die Gegenleistungsgefahr zu schaffen. In der Formulierung des § 326 Abs. 2 S. 1 Alt. 1 BGB bringt er gegenüber der Vorgängernorm des § 324 BGB a.F. zum Ausdruck, dass eine strenge Anwendung der §§ 276 ff. BGB zur Bestimmung des Vertretenmüssens nicht gewollt ist. Der Rückgewährgläubiger hat die Gegenleistungsgefahr demnach bereits dann zu tragen, wenn er die Verschlechterung oder den Untergang allein oder weit überwiegend zu verantworten hat. Damit sind neben der Haftung bei einem mangelbedingten Untergang bzw. einer solchen Verschlechterung weitergehende Konstellationen erfasst. Dafür spricht, dass bei einer mangelhaften Leistung die Sachgefahr ohnehin beim Rückgewährgläubiger verbleibt[302] und deswegen § 346 Abs. 3 S. 1 Nr. 2 Alt. 1 BGB neben den Fällen eines echten Vertretenmüssens des Gläubigers so einen eigenen Anwendungsbereich erhält. Für die Frage, wie die Verantwortung des Gläubigers zu bemessen ist, bestehen verschiedene – im Rahmen des § 324 BGB a.F. entwickelte und in § 326 Abs. 2 S. 1 Alt. 1 BGB fortgeführte – Ansichten, die nunmehr auch bei § 346 Abs. 2 S. 1 Nr. 2 Alt. 1 BGB relevant werden.

Nach überwiegender Ansicht[303] waren zur Bestimmung des Vertretenmüssens in § 324 BGB a.F. die §§ 276 bis 278 BGB entsprechend anzuwenden. Einer

301 *Gaier*, in: MüKo, § 346 Rn 51.

302 Deswegen wird der Rückgewährschuldner auch dann von der Wertersatzpflicht nach § 346 Abs. 3 S. 1 Nr. 3 BGB befreit, wenn er selbst nicht den Rücktritt ausgeübt hat. Die Fälle mangelbedingten Untergangs sind also vollständig von § 346 Abs. 3 S. 1 Nr. 3 BGB erfasst.

303 *Fikentscher*, Schuldrecht (1992), § 44 III 2 c, Rn 344; *Heinrichs*, in: Palandt (2002), § 324 Rn 3; *Huber*, JuS 1972, 57, 61; *Müller*, NJW 1993, 1678, 1679; *Nassauer* (1978), S. 192 f.

anderen Ansicht[304] zufolge ging bzw. geht das gesetzliche System der Leistungsstörungen von der Zuweisung bestimmter Risikosphären – orientiert am Maßstab der abstrakten Beherrschbarkeit des Risikos, der Absorption von Risikofolgen sowie der arbeitsteiligen Veranlassung von Risiken – an die Beteiligten aus.[305] Demzufolge sei eine Verantwortung i.S.d. § 346 Abs. 3 S. 1 Nr. 2 Alt. 1 BGB gegeben, wenn die Ursache für die Verschlechterung bzw. den Untergang aus der Sphäre des Rückgewährgläubigers stammt. Nach einer dritten Ansicht[306] ist die „Verantwortung" nicht durch eine objektive Sphärenzuweisung zu bestimmen, sondern danach, ob der Gläubiger im Rahmen der Privatautonomie durch eine vertragliche Vereinbarung das Risiko des betreffenden Leistungshindernisses übernommen hat.

Die dritte Ansicht ist vorzugswürdig. Gegen die Sphärenhaftung spricht zunächst, dass das BGB eine solche Haftung nur in Ausnahmefällen kennt und als Regelfall das Verschuldensprinzip zugrunde legt.[307] Das Verschuldensprinzip ist in § 276 Abs. 1 S. 1 BGB ausgedrückt.[308] Danach hat der Schuldner Vorsatz und Fahrlässigkeit zu vertreten, wenn eine strengere oder mildere Haftung weder bestimmt noch aus dem sonstigen Inhalt des Schuldverhältnisses zu entnehmen ist.[309] Da es hier aber nicht darum geht, als Folge eines Vertretenmüssens eine Schadensersatzpflicht des Gläubigers zu begründen, sondern lediglich die Frage zu klären ist, wann er die Gegenleistungsgefahr zu tragen hat, muss – im Einklang mit dem Verschuldensprinzip – darauf abgestellt werden, welche Risiken er vertraglich übernommen hat. Da die Zuweisung bestimmter Risikosphären nach objektiven Kriterien im Einzelfall zur schwierigen Abgrenzungsfragen führen könnte, muss eine auf einer ausdrücklichen oder konkludenten Vereinbarung

---

304 Zum neuen Recht: *Kaiser*, in: Staudinger, § 346 Rn 170; *Faust*, in: jurisPK, § 346 Rn 56; zum alten Recht: *Beuthien*, JZ 1972, 247, 248; *Koller* (1979), S. 287 ff.; *Kronke*, JuS 1984, 758, 760 ff.; *v. Schenk* (1977), S. 197 ff.; *Erman*, JZ 1965, 657 ff.; i.E. auch OLG Ffm, JZ 1972, 245.

305 Als Sphärentheorie wurde die im Arbeitsrecht zur Konkretisierung des § 615 BGB entwickelte Betriebsrisikolehre in das allgemeine Recht übertragen, *Ernst*, in. MüKo, § 326 Rn 50.

306 Zum alten Recht: BGH, NJW 1998, 2282, 2284; BGHZ 77, 320, 324 ff.; *Emmerich*, § 13 II, S. 149 ff.; *Henssler*, S. 43, 227 ff.; *Wiedemann*, in: Soergel, § 324 Rn 10; zum neuen Recht: *Ernst*, in: MüKo, § 326 Rn 55; *Gaier*, in: MüKo, § 346 Rn 51; *ders.*, WM 2002, 1, 10; *Röthel*, in: Erman, § 346 Rn 22.

307 Mit dieser Begründung hat sich der BGH (NJW 1997, 1700) gegen eine Übernahme der verschuldensunabhängigen Sphärenhaftung in das bürgerliche Recht ausgesprochen.

308 BT-Drs. 14/6040, S. 131.

309 Eine direkte Anwendung des § 276 BGB scheidet bereits deswegen aus, da es nicht um eine Berteilung von Verhaltensweisen des Schuldners, sondern des Gläubigers geht.

basierende oder aus einer ergänzenden Vertragsauslegung resultierende Risikoübernahme einer Partei gegeben sein, um bei Verwirklichung dieses Risikos ihr die Gegenleistungsgefahr zuzuweisen. Neben der schuldhaften Verletzung von Haupt- und Nebenpflichten ist also die vertragliche Risikoverteilung für die Frage, ob eine Wertersatzpflicht gem. § 346 Abs. 3 S. 1 Nr. 2 Alt. 1 BGB entfällt, maßgeblich. Dabei ist das vertraglich übernommene Risiko zum Teil durch die im primären Austauschverhältnis zu erfüllenden Pflichten festgelegt. Grundsätzlich sind damit zunächst diejenigen Fälle erfasst, in denen der Rückgewährgegenstand aufgrund eines Sachmangels untergegangen ist oder sich verschlechtert hat.[310] Unerheblich ist dabei, ob der Rückgewährgläubiger den Sachmangel verschuldet hat bzw. ob er davon Kenntnis hatte. Der Rückgewährgläubiger war – als ehemaliger Schuldner – zur sachmangelfreien Leistung verpflichtet und hat mithin das Risiko übernommen, bei mangelhafter Leistung auf die Gegenleistung zu verzichten. Im Rückabwicklungsverhältnis muss er demnach die bereits erlangte Gegenleistung an den Rückgewährschuldner nach § 346 Abs. 1 BGB herausgeben, ohne im Gegenzug einen Wertersatz zu erhalten. Gleiches gilt, wenn die Verschlechterung bzw. der Untergang der Sache auf – unverschuldet abgegebenen – falschen Instruktionen des Rückgewährgläubigers hinsichtlich der Bedienung, Pflege oder Wartung beruht.[311]

Daneben können dem Rückgewährgläubiger auch solche Risiken aufgrund der vertraglichen Vereinbarung zugewiesen werden, die sich daraus ergeben, dass er für die Rückabwicklung des Schuldverhältnisses Verantwortung trägt. Zwar ist er in Bezug auf den Rückgewährgegenstand nicht zur Erbringung der Rückgewähr verpflichtet; ihn trifft aber wegen des vertraglich geschuldeten Verhaltensprogramms eine Mitwirkungsobliegenheit, die dem Schuldner das Bewirken der Leistung ermöglicht. Da eine Rückgewähr des Leistungsgegenstands im Rahmen des § 346 Abs. 1 BGB nicht ohne die Mitwirkung des Rückgewährgläubigers erfolgen kann, trifft den Gläubiger insoweit eine „Verantwortung". Diese wird vom Gläubiger missachtet, wenn er den Rückgewährgegenstand nicht annimmt. Geht dieser während des dadurch herbeigeführten Annahmeverzugs des Rückgewähr-

310 Für eine analoge Anwendung des § 346 Abs. 3 S. 1 Nr. 2 Alt. 1 BGB im Falle eines sachmangelbedingten Untergangs oder einer solchen Verschlechterung: *Canaris*, Schuldrechtsreform, S. XL, der darauf abstellt, dass ein Sachmangel im neuen Recht – abweichend von § 462 BGB a.F. – nicht per se zu vertreten sei. Gegen eine solche Analogiebildung spricht jedoch, dass die Fälle des mangelbedingten Untergangs von § 346 Abs. 3 S. 1 Nr. 3 BGB erfasst sind und deswegen keine planwidrige Gesetzeslücke besteht.

311 Im Unterschied dazu genügt nach der Gesetzesbegründung ein Verstoß gegen Aufklärungspflichten nicht, um die Wertersatzpflicht nach § 346 Abs. 3 S. 1 Nr. 3 BGB, also unabhängig von der verletzten Pflicht, entfallen zu lassen, BT-Drs. 14/6040, S. 196.

gläubigers i.S.d. §§ 293 ff. BGB unter oder verschlechtert sich, hat Letzterer die Beeinträchtigungen i.S.d. § 346 Abs. 3 S. 1 Nr. 2 Alt. 1 BGB zu verantworten. Neben der beim Annahmeverzug des Rückgewährgläubigers analog § 446 S. 3 BGB übergehenden Sachgefahr, geht demnach die Gegenleistungsgefahr gem. § 346 Abs. 3 S. 1 Nr. 2 Alt. 1 BGB – vergleichbar mit § 326 Abs. 2 S. 1 Alt. 2 BGB – auf den Rückgewährgläubiger über.[312] Eine alleinige oder weit überwiegende Verantwortlichkeit an der Rückgewährunmöglichkeit trifft den Gläubiger überdies, wenn er eine andere – abweichend von der Annahme – zur Rückgewähr erforderliche Mitwirkung unterlässt oder nicht vertragsgemäß vornimmt und infolgedessen der Gegenstand untergeht oder verschlechtert wird.[313] Dabei entfällt die Pflicht zum Wertersatz gem. § 346 Abs. 3 S. 1 Nr. 2 BGB, *soweit* der Gläubiger die Verschlechterung oder den Untergang zu vertreten hat. Ist der Rückgewährschuldner für die Beeinträchtigung mitverantwortlich, entfällt die Wertersatzpflicht nur insoweit, wie der Verursachungsbeitrag des Gläubigers reicht.[314] Dabei ist hinsichtlich des Verschuldensmaßstabs des Rückgewährschuldners § 346 Abs. 3 S. 1 Nr. 3 BGB zu beachten, wenn er zum Rücktritt berechtigt ist.

2. Eintritt des Schadens auch beim Rückgewährgläubiger

Nach § 346 Abs. 3 S. 1 Nr. 1 Alt. 2 BGB ist die Wertersatzpflicht wegen Verschlechterung bzw. Untergangs des Rückgewährgegenstands ausgeschlossen, wenn der Schaden auch beim Rückgewährgläubiger eingetreten wäre. Eine ähnliche Regelung wurde bereits innerhalb der zweiten Kommission zum Entwurf des BGB im Rahmen des § 350 BGB a.F. diskutiert.[315] Das Rücktrittsrecht des

---

312 Die Befürworter der Sphärenhaftung müssen für den Fall des Annahmeverzugs § 346 Abs. 3 S. 1 Nr. 2 Alt. 1 BGB analog anwenden, vgl. *Faust*, in: jurisPK, § 346 Rn 57.

313 Vgl. BGH NJW 1998, 2282, 2284; NJW 1980, 700.

314 Nach *Kaiser* (in: Staudinger, § 346 Rn 170) entfällt die Wertersatzpflicht, soweit die Mitverantwortung des Rückgewährschuldners reicht. Diese Formulierung ist etwas verwirrend, da die Wertersatzpflicht doch gerade in diesem Umfang bestehen bleibt und auch § 346 Abs. 3 S. 1 Nr. 2 Alt. 1 BGB die Wertersatzpflicht nur insoweit entfallen lässt, wie der Rückgewährgläubiger den Untergang bzw. die Verschlechterung zu vertreten hat. Nach a.A. (*Gaier*, in: MüKo, § 346 Rn 51; *Faust*, in: jurisPK, § 346 Rn 58) wird die Wertersatzpflicht entsprechend § 254 BGB gemindert.

315 *Mugdan* II, S. 728. Insgesamt wurden drei Anträge gestellt, um den Ausschluss des Rücktritts nach § 350 BGB a.F. im Falle eines zufälligen Untergangs sinnvoll zu begrenzen. Nach dem ersten Antrag sollte der zufällige Untergang des Gegenstands die Ausübung des Rücktritts nicht verhindern. Der zweite Antrag sah den Ausschluss des Rücktritts vor. Dem dritten Antrag zufolge sollte der Rücktritt nur ausgeschlossen sein, wenn der Gegner nachweisen konnte, dass der Gegenstand bei ihm nicht untergegangen wäre bzw. verschlechtert worden sei. In ähnlicher Weise

Käufers sollte bestehen bleiben, wenn sich eine Gefahr verwirklicht hat, die in der Beschaffenheit der Sache begründet war. Hingegen sollte es ausgeschlossen werden, wenn die Sache durch ein zufälliges Ereignis untergegangen war, das die Sache beim Verkäufer nicht betroffen hätte. Es wurde also zwischen Zufällen, die die Sache beim Verkäufer betroffen hätten und Zufällen, die ihren Grund in den besonderen Verhältnissen des Käufers hatten, unterschieden.[316] Die Kommission entschied sich jedoch gegen diese Deutung, da sie es als entscheidendes Merkmal des in § 350 BGB a.F. verwandten Begriffs des Zufalls nicht ansah, ob die Sache auch beim Gläubiger untergegangen wäre, sondern ob ein schuldloses Verhalten des Schuldners zum Untergang bzw. zur Verschlechterung geführt hat. Dieses Verständnis ist beibehalten worden, indem in § 346 Abs. 3 S. 1 Nr. 3 BGB zur Befreiung des Rückgewährschuldners von der Wertersatzpflicht darauf abgestellt wird, ob er die eigenübliche Sorgfalt beachtet hat. Zusätzlich zu diesem Ausschlusstatbestand tritt nunmehr die Regelung des § 346 Abs. 3 S. 1 Nr. 2 Alt. 2 BGB. Dabei entfällt zunächst die Wertersatzpflicht bei solchen zum Untergang bzw. Verschlechterung des Leistungsgegenstands führenden zufälligen Umständen, die sowohl beim Schuldner als auch beim Gläubiger eintraten.[317] Darüber hinaus sind diejenigen Fallkonstellationen erfasst, in denen der Leistungsaustausch nicht zur Verschlechterung der Position des Rückgewährgläubigers geführt hat, sondern er vielmehr genauso da stünde, wenn der Leistungsaustausch unterblieben wäre. Nicht von Bedeutung ist dabei, ob die Sache auch beim Gläubiger untergegangen oder verschlechtert worden wäre.[318] Entscheidend ist vielmehr, dass der *Schaden* nicht auch beim Gläubiger eingetreten wäre, wobei es unerheblich ist, ob die Beeinträchtigung auf demselben Ereignis beruht.[319] An einem Schaden

wird § 350 BGB a.F. von *Schwenn* (AcP 152 (1952–53), 138, 150 ff.) und *Honsell* (MDR 1970, 717, 718 f.) ausgelegt.

316 *Mugdan* II, S. 728 f.

317 Dies ist bspw. der Fall, wenn das an den Nachbarn verkaufte Auto in der nächsten Nacht durch Hagelstürme beschädigt oder die verkaufte Garage mit Graffiti besprüht wird.

318 So aber *Kaiser*, in: Staudinger, § 346 Rn 175, nach der eine Wertersatzpflicht auch dann bestehen bleiben soll, wenn das zum Untergang der Sache führende Unwetter nur über den Wohnsitz des Käufers, nicht hingegen über denjenigen des Verkäufers hinwegbraust.

319 Zu weit geht insoweit *Hager* (in: AnwKomm, § 346 Rn 54), der unter § 346 Abs. 3 S. 1 Nr. 2 Alt. 2 BGB alle Fälle echten Zufalls – in Ahnlehnung an das Verständnis zu § 350 BGB a.F. – begreifen will. Diese Ansicht kann wegen der Existenz des § 346 Abs. 3 S. 1 Nr. 3 BGB, wonach nur der gesetzlich zum Rücktritt Berechtigte von der Zufallsgefahr befreit ist, nicht überzeugen. § 346 Abs. 2 S. 1 Nr. 2 Alt. 2 BGB ist somit enger zu fassen als § 350 BGB a.F., so auch *Grothe*, in: Bamberger/Roth, § 346 Rn 51.

fehlt es, wenn der Rückgewährgläubiger das Risiko – bspw. wegen Übergangs der Preisgefahr auf einen Dritten – nicht mehr getragen oder die Beeinträchtigung bzw. der Untergang des Leistungsgegenstands zu einem Ersatzanspruch gegen einen Dritten geführt hätte.[320] Dann ist der Rückgewährschuldner zum Wertersatz verpflichtet, da der Gläubiger ansonsten schlechter stünde als ohne den Leistungsaustausch.

Ebenso soll die Wertersatzpflicht nicht gem. § 346 Abs. 3 S. 1 Nr. 2 Alt. 2 BGB entfallen, wenn die Verschlechterung oder Zerstörung beim Gläubiger durch ein anderes Ereignis eingetreten wären, nachdem sie beim Schuldner tatsächlich eingetreten sind.[321] Diese Ansicht entspricht der h.M. zu § 287 S. 2 BGB, nach der eine nachträglich eintretende hypothetische Schadensursache den bereits entstandenen Schadensersatzanspruch nicht beseitigen kann.[322]

Gegen eine solche Sichtweise sprechen jedoch die unterschiedlichen Regelungsinhalte der Normen. § 346 Abs. 3 S. 1 Nr. 2 Alt. 2 BGB ist am Ziel des Rücktritts orientiert, den *status quo ante contractum* – also den fiktiven Zustand, der ohne den Leistungsaustausch bestehen würde – unter Berücksichtigung hypothetischer kausaler Umstände wiederherzustellen. Die Parallelvorschriften in §§ 287 S. 2, 848 BGB sind schadensersatzrechtlicher Natur und damit darauf ausgerichtet, den Zustand, der ohne die Pflichtverletzung bestehen würde, wiederherzustellen. Dabei erweitern die §§ 287 S. 2, 848 BGB zunächst die Haftung des Schuldners auf eine Haftung für Zufälle, um im Rahmen dieser Erweiterung eine Einschränkung für diejenigen Schäden vorzunehmen, die auch bei rechtzeitiger Leistung bzw. ohne die Entziehung eingetreten wären. Im Gegensatz dazu beruht die Zufallshaftung des Rückgewährschuldners nicht auf einer Pflichtverletzung bzw. auf einer unerlaubten Handlung, sondern darauf, dass mit Übergabe des Gegenstands die Sachgefahr auf ihn übergegangen ist. Der Rückgewährschuldner muss demnach auch dann von einer Wertersatzpflicht befreit sein, wenn der zum Schaden führende Umstand beim Rückgewährgläubiger später als die Verschlechterung oder der Untergang eingetreten ist. Dafür spricht auch, dass die im Rahmen des § 287 S. 2 BGB bestehende Erwägung, ein einmal bestehender Schadensersatzanspruch könne nicht durch eine nachträgliche Reserveursache beseitigt werden, im Rückabwicklungsverhältnis nicht zutrifft. Die Wertersatzpflicht entsteht nämlich erst bei Ausübung des Rücktritts. Deswegen können alle hypothetischen Schadensursachen im Zeitraum vom Leistungsaustausch bis zur Rücktrittserklärung bei § 346 Abs. 3 S. 1 Nr. 2 Alt. 2 BGB berücksichtigt wer-

320 Der Schaden stellt demnach – ebenso wie in § 287 S. 2 BGB – nicht die Verschlechterung oder den Untergang, sondern deren Folgen dar, vgl. *Faust*, in: jurisPK, § 346 Rn 61.

321 *Faust*, in: jurisPK, § 346 Rn 59; *Grothe*, in: Bamberger/Roth, § 346 Rn 51.

322 Vgl. *Heinrichs*, in: Palandt, § 287 Rn 4; *Huber*, Leistungsstörungen, § 34 III 3.

den. Für die Erreichung des *status quo ante* macht es keinen Unterschied, ob die Sache beim Gläubiger kurz vor der Verschlechterung bzw. dem Untergang beim Schuldner oder zufällig kurz danach eingetreten ist. Der den Schaden fiktiv herbeiführende Umstand bleibt nur deswegen folgenlos, weil sich der Gegenstand beim Schuldner befindet.

Einschränkend wird weiterhin vertreten, dass sich der Ausschlusstatbestand des § 346 Abs. 3 S. 1 Nr. 2 Alt. 2 BGB nur auf solche Umstände beziehen dürfe, die zu einem zufälligen Untergang bzw. einer zufälligen Verschlechterung des Rückgewährgegenstands beim Schuldner geführt haben.[323] Begründet wird dies damit, dass die Schadensverlagerung nur im Rahmen der Zufallshaftung sachgerecht sei, da es hierbei darum gehe, von zwei schuldlos Beteiligten einem den Schaden aufzubürden. Deswegen ließe sich nur in diesem Fall vertreten, dass der Gläubiger durch die Haftung für den Zufall nicht benachteiligt sei, da er ansonsten ebenfalls den Schaden tragen müsse.

Diese Differenzierung ist jedoch in sich widersprüchlich und kann deswegen nicht überzeugen. Der Umstand, der auf der Seite des Gläubigers zum Schaden geführt hätte, muss nicht derselbe sein, der zur Verschlechterung bzw. zum Untergang beim Schuldner geführt hat. Der Gläubiger hätte demnach, egal auf welcher Ursache die Beeinträchtigung des Leistungsgegenstands beruht, auch dann den Verlust getragen, wenn der Vertrag nicht geschlossen worden wäre. Auch geht es hierbei nicht um die – bei der Gefahrverteilung relevante – Frage, welchem von zwei schuldlos Beteiligten der Verlust aufzuerlegen ist. Es kommt vielmehr der Gedanke des *status quo ante* zum tragen, nach dem der Rückgewährgläubiger nicht dadurch einen Vorteil haben soll, dass sich die Sache im Zeitpunkt des hypothetischen Schadenseintritts beim Schuldner befindet. Der Ausschlusstatbestand des § 346 Abs. 3 S. 1 Nr. 2 Alt. 2 BGB ist damit unabhängig davon, ob der Untergang bzw. die Verschlechterung beim Schuldner auf einem zufälligen Ereignis beruht, erfüllt. Es kommt allein darauf an, ob der Schaden auch beim Gläubiger eingetreten wäre.

VI. Entfallen der Wertersatzpflicht gem. § 346 Abs. 3 S. 1 Nr. 3 BGB

Die Wertersatzpflicht entfällt gem. § 346 Abs. 3 S. 1 Nr. 3 BGB, wenn die Verschlechterung oder der Untergang im Falle eines gesetzlichen Rücktrittsrechts beim Berechtigten eingetreten ist, obwohl dieser diejenige Sorgfalt beobachtet

323 *Herold* (2001), S. 120 f., 150, wonach der den Rückgewährgegenstand vorsätzlich zerstörende Schuldner nicht von der Wertersatzpflicht befreit sein soll, wenn beim Gläubiger ein zufälliges Ereignis zum Untergang geführt hätte.

hat, die er in eigenen Angelegenheiten anzuwenden pflegt. Diese Vorschrift ist zum einen gestützt auf die früheren Regelungen der §§ 7 Abs. 4 VerbrKrG, 3 HausTWG, 13 a UWG und § 5 TzWRG, die – neben dem gemeinen Recht – Vorbild für die im Rahmen der Schuldrechtsreform eingeführte „Rückabwicklung dem Werte nach" war.[324] Soweit der Kunde keine Kenntnis von seinem Widerrufsrecht hatte, hatte er eine Verschlechterung, einen Untergang oder eine anderweitige Unmöglichkeit nur dann zu vertreten, wenn er diejenige Sorgfalt nicht beachtet hat, die er in eigenen Angelegenheiten anzuwenden pflegt.[325] Zum anderen ist die Norm angelehnt an die h.M. zum alten Recht, die einen Rücktrittsausschluss im Rahmen des § 351 BGB a.F. vor Kenntnis bzw. Kennenmüssen des Rücktrittsberechtigten erst bei Missachtung der Sorgfalt in eigenen Angelegenheiten annahm und eine Schadensersatzhaftung nach §§ 347 S. 1, 989 BGB a.F. durch eine entsprechende Anwendung des § 327 S. 2 BGB umging. Aus dieser h.M. wurde der in § 346 Abs. 3 S. 1 Nr. 3 BGB zum Ausdruck kommende Grundsatz gebildet, dass der gesetzlich zum Rücktritt Berechtigte nur für die Einhaltung der eigenüblichen Sorgfalt haftet.[326] Nach der Gesetzesbegründung wird das „Zurückspringen" der Gefahr zum Verkäufer/Werkunternehmer bei einem gesetzlichen Rücktrittsrecht des Käufers/Bestellers deswegen als sachgerecht empfunden, da derjenige, der „nicht ordnungsgemäß leistet, nicht darauf vertrauen darf, dass der Gefahrübergang auf den anderen Teil endgültig ist". Entsprechend der h.M. zum alten Recht, müsse „das Dilemma, von zwei schuldlosen Beteiligten einem den Verlust auferlegen zu müssen (...) zugunsten des Rücktrittsberechtigten gelöst werden".[327]

---

324 BT-Drs.14/6040, S. 194.

325 Die Überlegungen, die seinerseits zur Einführung der *diligentia quam in suis* in der Ursprungsvorschrift des § 1 d Abs. 2 AbzG geführt haben, sind zu finden bei *Canaris* (Schuldrechtsreform, S. XLII mit Verweis auf BT-Drs. 7/1398, S. 5): „Die Regelung beruht auf dem Grundsatz, dass der Käufer in der Entscheidung darüber, ob er widerrufen will, völlig frei und nicht etwa durch daraus folgende finanzielle Nachteile beeinträchtigt sein soll. Solche Nachteile kommen nur in Betracht, sofern dem Käufer ein Verschulden hinsichtlich der Behandlung der Sache zur Last fällt. Folgerichtig wird dabei von ihm, wenn er keine Kenntnis von seinem Recht zum Widerruf hat, nur diejenige Sorgfalt verlangt, die er in eigenen Angelegenheiten anzuwenden pflegt."

326 Abschlussbericht, S. 187; BT-Drs. 14/6040, S. 195; *Kaiser*, in: Staudinger, § 346 Rn 180.

327 Dabei liegt eine nicht ordnungsgemäße Leistung nicht schon dann vor, wenn lediglich ein Verstoß gegen Schutzpflichten (z.B. gegen Aufklärungspflichten) gegeben ist, BT-Drs. 14/6040, S. 196; a.A. *Kaiser*, JZ 2001, 1057, 1064 ff.

1. Keine Privilegierung bei Kenntnis vom Rücktrittsgrund?

Im Unterschied zu der h.M. im alten Recht und den früheren Regelungen im Verbraucherrecht wird hinsichtlich des Privilegs in § 346 Abs. 3 S. 1 Nr. 3 BGB nicht danach differenziert, ob der Berechtigte von seinem Rücktrittsrecht Kenntnis bzw. fahrlässige Unkenntnis hat oder nicht. Ob dieser Umstand auf das Entfallen der Wertersatzpflicht Einfluss hat oder ob ein gerechter Ausgleich durch die – nach richtiger Ansicht bei Verletzung der Rückgewährpflicht aus § 346 Abs. 1 BGB auch vor Ausübung des Rücktritts[328] – ab Kenntnis mögliche Schadensersatzhaftung nach §§ 346 Abs. 4, 280 ff. BGB erreicht wird, wird unterschiedlich beurteilt. Es haben sich verschiedene Lösungen herausgebildet, die in vier Meinungen eingeteilt werden können.

a) Meinungsstand

Die einzelnen Meinungen unterscheiden sich im Ergebnis darin, wie die Haftung des Rückgewährschuldners für Zufall und leichte Fahrlässigkeit ausgestaltet ist.[329] Wurde der Rückgewährgegenstand grob fahrlässig oder vorsätzlich beeinträchtigt, greift bereits die Haftungserleichterung des § 277 BGB nicht mehr ein, so dass in diesen Fällen – neben der ab Kenntnis möglichen Schadensersatzhaftung – eine Wertersatzpflicht besteht. Das Spektrum einer Haftung des Rückgewährschuldners reicht von einer solchen weder für Zufall noch für leichte Fahrlässigkeit über diejenige nur für leichte Fahrlässigkeit, aber nicht für Zufall bis hin zur Zufallshaftung durch Entfallen des Privilegs bei Kenntnis vom Rücktrittsgrund.

Nach der ersten Ansicht[330] bleibt das Privileg des § 346 Abs. 3 S. 1 Nr. 3 BGB auch bei Kenntnis des Rückgewährschuldners von seinem Rücktrittsrecht bestehen und ist überdies auf den mit der Wertersatzpflicht konkurrierenden Schadensersatzanspruch zu übertragen. Die Privilegierung habe ihren Geltungsgrund nicht in der Unkenntnis des Rücktrittsberechtigten vom Rücktrittsgrund, sondern allein darin, dass der Rücktrittsgegner sich mit der mangelhaften Leistung nicht vertragsgemäß verhalten habe. Dieser Umstand werde nicht durch die Kenntnis oder die Rücktrittserklärung ausgeräumt, sondern erst durch die Rückgewähr. Deswegen müsse der Haftungsmaßstab des § 277 BGB auch auf den Schadenser-

328 Vgl. ausführlich Teil 3, C. I. 2 a) bb).

329 Abweichend von den dargestellten Meinungen lehnt *Honsell*, in: FS Schwerdtner (2003), S. 575, 581 die Privilegierung in § 346 Abs. 3 S. 1 Nr. 3 BGB auf Haftung nach der *diligentia quam in suis* als alten romanistischen Zopf ab.

330 *Grüneberg*, in: Palandt, § 346 Rn 18; *ders.*, in: FS Schmidt (2005), S. 159 ff.; *Bezzenberger*, in: Erman (2004), § 346 Rn 37 (anders: *Röthel*, in: Erman (2008), § 346 Rn 44).

satzanspruch übertragen werden.[331] Nur bei einer solchen Vorgehensweise werde gewährleistet, dass der Berechtigte während der Abwägung, welchen der ihm zustehenden Rechtsbehelfe er geltend machen will, durch die privilegierte Haftung geschützt werde und so seine Entscheidung vollkommen frei treffen könne.[332] In dieser Phase könne der Berechtigte typischerweise nicht auf den Gebrauch der Sache verzichten. Dem anderen Teil stehe zudem die Möglichkeit zu, eine strengere Haftung dadurch zu erreichen, dass er den Schuldner in Verzug setze, § 287 S. 2 BGB.

Der Gegenansicht[333] zufolge entfällt das Haftungsprivileg des § 346 Abs. 3 S. 1 Nr. 3 BGB im Wege einer teleologischen Reduktion, wenn der Rücktrittsberechtigte im Zeitpunkt des Untergangs oder der Verschlechterung des Leistungsgegenstands Kenntnis von seinem Rücktrittsrecht hat. Gegenüber dem Schuldner beim vertraglichen Rücktrittsrecht bestehe kein Anlass, den gesetzlich zum Rücktritt Berechtigten zu privilegieren, der von seinem Rücktrittsrecht weiß. Diese Wertung ergebe sich insbesondere aus dem alten Recht, in dem sich der gesetzlich Rücktrittsberechtigte bis zur Kenntniserlangung unter entsprechender Anwendung der § 327 S. 2 BGB a.F. i.V.m. §§ 818 ff. BGB wie ein gutgläubiger Bereicherungsschuldner auf den Entreicherungseinwand nach § 818 Abs. 3 BGB berufen konnte. Daran anknüpfend sei die in § 346 Abs. 3 S. 1 Nr. 3 BGB enthaltene Privilegierung auf den gutgläubigen, gesetzlich zum Rücktritt Berechtigten beschränkt, der darauf vertraut, dass der Vertrag planmäßig durchgeführt werde und er die empfangene Leistung endgültig behalten dürfe. Hingegen könne im

331 Dabei setzt nach *Bezzenberger* (in: Erman (2004), § 346 Rn 37) ein Schadensersatzanspruch die Rücktrittserklärung voraus und das Privileg des § 346 Abs. 3 S. 1 Nr. 3 BGB soll auf die ab Erklärung des Rücktritts mögliche Schadensersatzhaftung analog angewendet werden. Hingegen befürwortet *Grüneberg* (in: Palandt, § 346 Rn 18) eine Haftungsmilderung nach dem Maßstab des § 277 BGB nur für vor der Erklärung des Rücktritts entstehende Schadensersatzansprüche. Seiner Ansicht nach soll der Rücktrittsberechtigte nur in der Phase der Abwägung, welchen Rechtsbehelf er ausüben will, geschützt werden. Nach der Rücktrittserklärung sei der Schutz nicht mehr erforderlich, so dass das Verhalten des Berechtigten nach den §§ 276 ff. BGB beurteilt werden müsse.

332 Der Unterschied zum vertraglichen Rücktrittsrecht bestehe darin, dass der Berechtigte freiwillig die Verpflichtung zur Rückgewähr der Sache übernommen habe. Dagegen gelange der gesetzlich Rücktrittsberechtigte nach Kenntnis vom Rücktrittsgrund gegen seinen Willen – nur wegen der Pflichtverletzung des anderen – in die schwierige Situation, den richtigen Rechtsbehelf zu wählen, vgl. *Heinrichs*, in: FS Schmidt (2005), S. 159, 180.

333 *Hager*, in: AnwKomm, § 346 Rn 59; *ders.*, in: Dauner-Lieb/Heidel/Lepa/Ring, § 5 Rn 34; *ders.*, in: FS Musielak (2004), S. 195, 202 f.; *Krebs*, DB 2000 (Beilage 14), 1, 13; *Kohler*, JZ 2001, 325, 326 f. (mittlerweile für eine Herabsetzung des Haftungsmaßstabs ab Kenntnis vom Rücktrittsrecht: *Kohler*, JZ 2002, 1127, 1134 f.); *Schwab*, JuS 2002, 630, 632; *ders.*, in: Schwab/Witt, S. 364 f.

Hinblick auf § 357 Abs. 3 S. 3 BGB, der die Haftung für eigenübliche Sorgfalt von einer ordnungsgemäßen Belehrung des Verbrauchers über sein Widerrufsrecht abhängig mache, das Privileg nicht auf die Begründung gestützt werden, der Rücktrittsgegner habe nicht mangelfrei geliefert und so die Ursache für den Rücktritt gesetzt. Eine solche Sichtweise gerate in Kollision mit § 346 Abs. 3 S. 1 Nr. 2 BGB, der den Rückgewährschuldner vom Wertersatz frei stelle, wenn die Sache mangelbedingt untergegangen sei. Diese Regelung wäre überflüssig, wenn sich der Ausschluss der Wertersatzpflicht in allen Fällen des zufälligen Untergangs schon aus § 346 Abs. 3 S. 1 Nr. 3 BGB ergäbe. Ausschlaggebend sei demnach allein, ob der Schuldner darauf vertraue, die Sache behalten und sie deswegen wie seine eigenen behandeln zu dürfen.

Nach einer vermittelnden Ansicht soll der Rückgewährschuldner ab Kenntnis vom Rücktrittsrecht zwar von der Zufallshaftung befreit sein, aber für leichte Fahrlässigkeit haften. Dieses Ergebnis wird auf unterschiedlichen Vorgehensweisen erreicht. Nach der ersten Teilansicht[334] muss das in § 346 Abs. 3 S. 1 Nr. 3 BGB enthaltene Privileg ab Kenntnis des Schuldners vom Rücktrittsgrund auf den Maßstab der §§ 276 ff. BGB teleologisch reduziert werden. Wegen § 357 Abs. 3 S. 3 BGB sei zwar eine Reduktion des § 346 Abs. 3 S. 1 Nr. 3 BGB bei Kenntnis vom Rücktrittsgrund geboten; diese Reduktion könne indes nicht so weit gehen, dass als Folge der Berechtigte die Zufallsgefahr zu tragen habe. Damit sei zum einen erreicht, dass die schadensersatzrechtliche Privilegierung nicht für Zufallsschäden – mit der Ausnahme einer Zufallshaftung im Verzug, § 287 S. 2 BGB – zu haften, nicht durch eine konkurrierende Wertersatzpflicht unterlaufen wäre. Zum anderen sei somit der Formulierung in § 346 Abs. 3 S. 1 Nr. 3 BGB Rechnung getragen, die nicht nach dem Kenntnisstand differenziere und so parallel zur Schadensersatzhaftung fort gelte. Hingegen bedeute es einen Regelungswiderspruch, wenn für die Frage nach einer Wertersatzpflicht auf den Maßstab des § 277 BGB abgestellt werde, wohingegen für eine Schadensersatzhaftung die §§ 276 ff. BGB galten.

Die zweite Teilansicht[335] erreicht dasselbe Ergebnis ohne Gesetzeskorrekturen, indem sie die Wertersatzpflicht unabhängig von der Kenntnis des Rückgewährschuldners vom Rücktrittsgrund bei Einhaltung der eigenüblichen Sorgfalt

334 *Arnold*, ZGS 2003, 427, 434; *Kaiser*, JZ 2001, 1057, 1065 (mittlerweile für die zweite Teilansicht: *Kaiser*, in: Staudinger, § 346 Rn 179 ff.); *Kohler*, JZ 2002, 1127, 1134 f.; *Looschelders*, SchuldR AT, Rn 850; *Perkams*, Jura 2003, 150, 151; *Rheinländer*, ZGS 2004, 178, 180; *Teichmann*, in: Jauernig, § 346 Rn 8.

335 *Gaier*, WM 2002, 1, 11; *ders.*, in: MüKo, § 346 Rn 59 f.; *Grothe*, in: Bamberger/Roth, § 346 Rn 59; *Faust*, in: jurisPK, § 346 Rn 65; *Canaris*, Schuldrechtsreform, S. XLVII f.; *Kaiser*, in: Staudinger, § 346 Rn 179 ff.; *Kamanabrou*, NJW 2003, 30 f.; *Brox/Walker*, SchuldR AT, § 18 Rn 27.

nach § 346 Abs. 3 S. 1 Nr. 3 BGB entfallen lässt, zugleich aber eine Haftung des Schuldners für leichte Fahrlässigkeit nach dem Maßstab der §§ 276 ff. BGB im Rahmen des Schadensersatzes nach §§ 346 Abs. 4, 280 ff. BGB zulässt.[336] Wegen der Haftung des Rückgewährschuldners nach dem Maßstab der §§ 276 ff. BGB im Rahmen des Schadensersatzanspruchs bestehe für eine teleologische Reduktion des § 346 Abs. 3 S. 1 Nr. 3 BGB auf Schäden vor Kenntnis kein Bedürfnis. Darüber hinaus sei eine Differenzierung danach, ob der Berechtigte von seinem Rücktrittsrecht Kenntnis habe, weder in § 346 Abs. 3 S. 1 Nr. 3 BGB angelegt[337], noch durch § 357 Abs. 3 S. 3 BGB zu erklären. Letztere Vorschrift wäre vielmehr überflüssig, würde einer der vorstehenden Ansichten gefolgt werden. Insbesondere der Übergang der Zufallsgefahr mit Kenntnis vom Rücktrittsgrund könne nicht überzeugen, da der Grund für das Auferlegen dieser Gefahr darin liege, dass der Rücktrittsgegner nicht ordnungsgemäß geleistet habe. Die Schadensersatzhaftung nach §§ 346 Abs. 4, 280 ff. BGB schränke das Privileg ab Kenntnis von den Rücktrittsvoraussetzungen im Einklang mit der Historie, der Teleologie und der Systematik im Hinblick auf § 357 Abs. 3 S. 3 BGB sachgerecht ein. Zu einer Verlagerung der Zufallsgefahr auf den Rücktrittsberechtigten komme es hingegen nur durch die Anwendung des § 287 S. 2 BGB.

b) Stellungnahme

Im Sinne der zweiten Teilansicht der dritten Meinung ist zunächst den vorangehenden Ansichten entgegenzuhalten, dass eine teleologische Reduktion nicht gerechtfertigt ist, wenn die gesetzliche Regelung das Gebot der Gerechtigkeit, Ungleiches ungleich zu behandeln – das heißt, die von der Wertung erforderlichen Differenzierungen vorzunehmen[338] – befolgt. Die Konzeption des Gesetzgebers besteht darin, dass die Privilegierung in § 346 Abs. 3 S. 1 Nr. 3 BGB unabhängig vom Kenntnisstand des Berechtigten über sein Rücktrittsrecht besteht. Diese Privilegierung besteht laut Gesetzesbegründung[339] allein aufgrund der Tatsache, dass die Gegenpartei mit der mangelhaften Leistung die Ursache für den Rücktritt gesetzt hat und deswegen nicht darauf vertrauen darf, dass der Gefahrüber-

336 Umstritten ist, ob ein Schadensersatz vor Ausübung des Rücktritts ab Kenntnis oder auch bei fahrlässiger Unkenntnis vom Rücktrittsgrund möglich ist, vgl. Teil 3, C. I 2.

337 Auch der gesetzgeberischen Intention sind keine Anhaltspunkte für eine teleologische Reduktion zu entnehmen. Der Gesetzgeber stützt im Gegenteil das Haftungsprivileg gerade nicht auf die fehlende Kenntnis vom Rücktrittsgrund, sondern auf die mangelhafte Leistung der Gegenpartei (vgl. BT-Drs. 14/6040, S. 196), vgl. auch *Kamanabrou*, NJW 2003, 30 f.

338 *Larenz*, Methodenlehre, S. 392.

339 BT-Drs. 14/6040, S. 196.

gang endgültig ist. Unter Berücksichtigung der h.M. zum alten Recht zur Haftung des gesetzlich zum Rücktritt Berechtigten und im Hinblick auf eine sinnvolle Regelung, greift – unabhängig von der daneben bestehenden bzw. entfallenden Wertersatzpflicht – die Schadensersatzhaftung mit dem Verschuldensmaßstab der §§276ff. BGB ab Kenntnis des Rücktrittsberechtigten ein.[340] Durch dieses Zusammenspiel der verschiedenen voneinander unbeeinflussten Ausgleichsmechanismen wird ein gerechter Ausgleich zwischen den Parteien erzielt. Allein aufgrund dieses Umstands können die vorgeschlagenen teleologischen Reduktionen bereits nicht überzeugen. Auch im Hinblick auf § 357 Abs. 3 S. 3 BGB, der auf den ersten Blick für eine Berücksichtigung der Kenntnis des Rücktrittsberechtigten im Rahmen des §346 Abs. 3 S. 1 Nr. 3 BGB sprechen könnte, ergibt sich kein anderes Ergebnis. Denn zum einen wäre die Notwendigkeit der Regelung in §357 Abs. 3 S. 3 BGB in Frage gestellt, wenn §346 Abs. 3 S. 1 Nr. 3 BGB stets bei der Kenntnis des Rückgewährschuldners vom Rücktrittsgrund die Privilegierung entfallen ließe. Zum anderen unterscheidet sich die Situation des Verbrauchers von derjenigen des Rücktrittsberechtigten dadurch, dass der Unternehmer nicht mangelhaft geleistet hat. Damit bestehen keine Gewährleistungsrechte und demzufolge auch nicht das Bedürfnis, die Zufallsgefahr beim Unternehmer trotz Kenntnis des Verbrauchers zu belassen. Dies ergibt sich auch daraus, dass wegen der mangelfreien Lieferung des Unternehmers die Sachgefahr auf den Verbraucher mit Übergabe bzw. Abnahme nach §446 S. 1 BGB bzw. §640 Abs. 1 BGB übergegangen ist. Die Schutzrichtung des §357 Abs. 3 S. 3 BGB ist demnach eine ganz andere als die des §346 Abs. 3 S. 1 Nr. 3 BGB. Darüber hinaus ist in §357 Abs. 4 BGB eine Schadensersatzhaftung gerade ausgeschlossen, so dass eine Korrektur des Privilegs über die konkurrierende Schadensersatzhaftung im Verbraucherrecht – anders als im Rücktrittsrecht – nicht möglich ist. Damit spricht die Regelung des §357 Abs. 3 S. 3 BGB sogar eher für die Unabhängigkeit der in §346 Abs. 3 S. 1 Nr. 3 BGB enthaltenen Privilegierung von der Kenntnis des Rücktrittsberechtigten.

Auch im Hinblick auf die Verteilung der Zufallsgefahr ist es sachgerecht, die gesetzlichen Regelungen ohne Restriktionen bzw. Korrekturen anzuwenden. Der ersten Ansicht ist darin zuzustimmen, dass der Leistungsempfänger in der Phase der Abwägung, welcher der ihm zustehenden Rechtsbehelfe der richtige ist, nicht für den zufälligen Verlust des Leistungsgegenstands einzustehen hat. Nicht be-

340 Dabei wird in der Gesetzesbegründung (BT-Drs. 14/6040, S. 195) darauf abgestellt, dass eine „Rechtspflicht zum sorgsamen Umgang mit dem Rückgewährgegenstand entstehe, wenn die Partei weiß oder wissen müsse, dass die Rücktrittsvoraussetzungen vorliegen. Sie setzt spätestens ein, wenn der Rücktritt erklärt wird." Zur Auseinandersetzung mit dieser nicht eindeutig auszulegenden Formulierung, vgl. Teil 3, C. I. 2.

rücksichtigt wird jedoch bei einer Ausdehnung des Haftungsprivilegs aus §346 Abs. 3 S. 1 Nr. 3 BGB auf den konkurrierenden Schadensersatzanspruch aus §§346 Abs. 4, 280 ff. BGB, dass der Schuldner ab dem Zeitpunkt der Kenntnis weiß, dass er im Falle des von ihm gewählten Rücktritts die Sache zurückgewähren muss. Deswegen trifft ihn bereits ab diesem Moment die Rechtspflicht, den Gegenstand sorgfältiger zu behandeln, als seine eigenen Sachen, so dass im Rahmen des Schadensersatzanspruch der Maßstab der §§276ff. BGB gelten muss. Gegen eine Übertragung des Privilegs auf den Schadensersatzanspruch spricht zudem, dass der Rückgewährschuldner den ihm dadurch zugesprochenen Schutz derart missbrauchen kann, dass er bis zum Ablauf der Verjährungsfrist, in der er nur für die eigenübliche Sorgfalt einzustehen hat, wartet, ehe er einen Rechtsbehelf wählt. Gegen die zweite Ansicht spricht, dass der Rückgewährschuldner für den zufälligen Untergang des Leistungsgegenstands haften müsste, wenn er während der für den Rücktritt erforderlichen Fristsetzung auf die Nacherfüllung des Verkäufers/Unternehmers wartet. Das Ziel des Rücktritts, den Käufer/Besteller in seinem Vertrauen auf die Fehlerfreiheit der Ware zu schützen und ihn so zu stellen, als hätte er sich nicht auf den Vertrag eingelassen, kann nur erreicht werden, wenn ihm nicht die Zufallsgefahr übertragen wird. Die Privilegierung des gesetzlich zum Rücktritt Berechtigten ist also Ausdruck der auf ihn wegen der Mangelhaftigkeit der Leistung nicht übergegangenen Sachgefahr. Damit kommt es – entgegen der Gesetzesbegründung – nicht zu einem „Zurückspringen“ der Gefahr, da die Gefahr des zufälligen Verlusts bzw. der zufälligen Beeinträchtigung gar nicht erst auf den Käufer/Besteller übergegangen ist. Mit Verletzung der eigenüblichen Sorgfalt geht die Gegenleistungsgefahr auf den Rückgewährschuldner über und nimmt damit auf das Ergebnis hinsichtlich der Zuweisung der finanziellen Einbuße an den Rückgewährgläubiger zulasten des Rückgewährschuldners Einfluss.[341] Vorzugswürdig erscheint demnach die zweite Teilansicht der dritten Meinung, die durch eine genaue Gesetzesanwendung die von der ersten Teilansicht vorgeschlagene Restriktion überflüssig macht.

Probleme könnten sich jedoch ergeben, wenn der Schuldner trotz Kenntnis des Mangels die Sache während der vollen Zeit bis zum Ablauf der Verjährungsfrist auf Gefahr des Gläubigers weiterbenutzt. Der Rückgewährgläubiger trägt

341 Diese Lösung wird auch im Hinblick auf eine Harmonisierung mit der Rückabwicklung nach Bereicherungsrecht und dem Eigentümer-Besitzer-Verhältnis gerecht. Die Kenntnis vom Mangel des Rechtsgrunds führt über §§819, 818 Abs. 4, 292, 989 BGB zu einer Haftung bei Verschulden. Trotz der verschärften Haftung „nach den allgemeinen Vorschriften“ kann der Leistungsempfänger wegen zufälligen Wegfalls der Bereicherung befreit werden, vgl. *Thier*, in: FS Heldrich (2005), S. 439, 450 mit Verweis auf *Medicus*, SchuldR BT, Rn 688 und *Kohler*, JZ 2002, 1127, 1135, der sogar §357 Abs. 3 S. 3 BGB durch eine Verschuldenshaftung begrenzen will.

dann die Zufallsgefahr, ohne wissen zu müssen, dass der Gefahrübergang auf die andere Partei nicht endgültig ist. Um dieser Missbrauchsgefahr zu entgegen, ist unter Zugrundelegung der in § 640 Abs. 2 BGB enthaltenen Wertung erforderlich, dass der Käufer/Besteller bei Kenntnis vom Mangel dem Verkäufer/Unternehmer eine Anzeige machen muss. Der Verkäufer/Unternehmer (späterer Rückgewährgläubiger) kann dann – muss es aber nicht – dem Käufer/Besteller (späterer Rückgewährschuldner) eine Frist setzen, bis zu deren Ablauf Letzterer den Rücktritt erklärt haben muss. Nach dem Ablauf dieser Frist behält zwar der Schuldner seine Mängelgewährleistungsrechte. Der Gläubiger haftet aber nicht mehr für zufällige Einbußen am Rückgewährgegenstand. Durch die Pflicht zur Anzeige wird erreicht, dass der Rückgewährgläubiger darüber in Kenntnis gesetzt wird, dass der Gefahrübergang nicht endgültig ist bzw. nicht stattgefunden hat und so Gewissheit erlangt, für welchen Zeitraum ihn aus zufälligen Beeinträchtigungen am Leistungsgegenstand finanzielle Einbußen treffen können. Diese Lösung ist vergleichbar mit der Lage beim vertraglichen Rücktritt. Die nur für den vertraglichen Rücktritt gem. § 350 BGB bestehende Möglichkeit für den Rücktrittsgegner, die Ungewissheit über die Ausübung des Rücktrittsrechts zu beenden, besteht dadurch auch beim gesetzlichen Rücktritt.[342] Als Rechtsfolge erlischt jedoch beim gesetzlichen Rücktrittsrecht entgegen § 350 S. 2 BGB das Rücktrittsrecht nicht, um die gewährleistungsrechtliche Frist nicht zu unterlaufen.

c) Ergebnis

Das in § 346 Abs. 3 S. 1 Nr. 3 BGB enthaltene Haftungsprivileg bleibt trotz Kenntnis des Rückgewährschuldners vom Rücktrittsrecht bestehen. Eine interessensgerechte Einschränkung findet durch die ab Kenntnis mögliche und vom Wertersatzanspruch unbeeinflusste Schadensersatzhaftung bei Verschulden i.S.d. §§ 276 ff. BGB gem. §§ 346 Abs. 4, 280 ff. BGB statt.

342 Dem Schuldner auch im Falle des gesetzlichen Rücktritts das Recht zu geben, dem Gläubiger für die Ausübung des Rücktrittsrechts eine Frist zu setzen, wurde bereits von der Schuldrechtskommission (Abschlussbericht, S. 163) vorgeschlagen. Der Gesetzgeber hat dies jedoch ohne weitere Begründung nicht übernommen. Dies wird damit kritisiert, dass dadurch für den Schuldner monatelange Ungewissheiten über die zu erwartende Abwicklung des Vertrags entstehen können. *Heinrichs*, in: FS Schmidt (2005), S. 159, 161, schlägt deswegen vor, dem Schuldner analog § 264 Abs. 2 BGB ein Fristsetzungsrecht einzuräumen.

2. Inhalt des Haftungsprivilegs

Fraglich ist, unter welchen inhaltlichen Voraussetzungen ein Verschulden des Berechtigten im Rahmen des § 346 Abs. 3 S. 1 Nr. 3 BGB anzunehmen ist. Im Hinblick auf die übernommene Wertung der §§ 350 ff. BGB a.F. können hierbei die bereits im alten Recht bestehende Grundsätze herangezogen werden. Nach der überwiegenden Literatur wurde ein für den Ausschluss des Rücktrittsrechts gem. § 351 BGB a.F. erforderliches Verschulden angenommen, wenn der gesetzlich zum Rücktritt Berechtigte gegen die Sorgfalt in eigenen Angelegenheiten verstieß. Zur Bestimmung der eigenüblichen Sorgfalt wurde dabei zumeist ein objektiver Maßstab angesetzt, wonach eine Verletzung gegeben war, wenn der Berechtigte den Gegenstand in zurechenbarer Weise einer Gefahr ausgesetzt hat, die über das normale Maß hinausging.[343] Zum Teil wurde das Verschulden auch als jedes risikoerhöhende Verhalten mit Ausnahme des vertragsmäßigen oder üblichen Gebrauchs definiert.[344] Gegen die letzte Lösung wendet sich der Gesetzgeber in der Begründung[345] ausdrücklich, so dass diese nicht geeignet ist, die hier gestellte Frage zu lösen.[346] Im Unterschied zum alten Recht wird in § 346 Abs. 3 S. 1 Nr. 3 BGB auf die *eigen*übliche Sorgfalt abgestellt, was den Schluss nahe legt, einen subjektiven – den Gepflogenheiten des Schuldners entsprechenden – Verschuldensmaßstab anzunehmen.[347] Maßgeblich ist demnach, ob der Schuldner mit dem Rückgewährgegenstand genauso umgeht, wie mit seinen vergleichbaren anderen Sachen.[348] Die Grenze der groben Fahrlässigkeit ist erreicht, wenn der Rücktrittsberechtigte mit seinem nachlässigen Verhalten gegen das – jedem Drit-

---

343 *Boehmer*, JZ 1952, 521, 522; *Nierwetberg*, JuS 1984, 33, 35 f.; *Weitnauer*, in: Erman (1989), § 440 Rn 19; *Hadding*, in: Soergel, § 351 Rn 6; *Janßen*, in: MüKo (2001), § 351 Rn 5, 9; *Otto*, in: Staudinger (2001), § 327 Rn 19.

344 *Larenz*, SchuldR AT, § 26, S. 409 f.; *Glaß* (1954), S. 54 f.; *Ballhaus*, in: BGB-RGRK, § 351 Rn 12; *Vollkommer*, in: Jauernig (1999), § 351 Rn 6. Diese Ansicht wurde für die analoge Anwendung der §§ 350, 351 BGB a.F. im Bereicherungsrecht zur h.M. Danach soll der Verkäufer entweder die Herausgabe des Kaufpreises verweigern können oder der Käufer trotz Wegfalls der Bereicherung Wertersatz schulden, wenn er den Untergang des Gegenstands verschuldet hatte. Nach der Lehre vom risikoerhöhenden Verhalten lag ein Verschulden bereits bei Gebrauch des Gegenstands vor, vgl. *Kaiser*, in: Staudinger (2001), § 351 Rn 78.

345 BT-Drs. 14/6040, S. 196.

346 So auch *Canaris*, Schuldrechtsreform, S. XLIV, nach dem die Lehre vom risikoerhöhenden Verhalten nicht mehr diskussionsfähig sei.

347 Hingegen sieht *Canaris*, Schuldrechtsreform, S. XLIV, diesen Umstand lediglich als eine geringfügige Randkorrektur an, da die eigenübliche Sorgfalt von der normalerweise üblichen Sorgfalt nur in seltenen Ausnahmefällen abweiche.

348 *Gaier*, WM 2002, 1, 11; *ders.*, in: MüKo, § 346 Rn 56; *Faust*, in: jurisPK, § 346 Rn 66; *Kaiser*, in: Staudinger, § 346 Rn 183.

ten einleuchtende – Minimum an Sorgfalt verstößt.[349] In Abgrenzung zur Schadensersatzhaftung knüpft die Haftungsprivilegierung nicht an die Verletzung der anderen Partei gegenüber bestehenden Pflichten an, sondern ist vielmehr als ein untechnisches Verschulden gegen sich selbst zu begreifen.[350] In ähnlicher Weise, wie die Haftung des unentgeltlichen Verwahrers über § 690 BGB gemildert wird, haftet der gutgläubige Rückgewährschuldner in Bezug auf die – wegen des Verbleibens der Sachgefahr beim Rückgewährgläubiger – „fremde" Sache nur für die *diligentia quam in suis*.[351] Dies beruht neben der Gefahrverteilung darauf, dass der Rückgewährschuldner bis zur Kenntnis vom Rücktrittsgrund die Sache als zu seinem Vermögen gehörend ansieht. Ab der Kenntnis vom Sachmangel ähnelt seine Stellung wegen des Wissens um die Rückgewährpflicht nicht mehr der eines unentgeltlichen Verwahrers. Anders nämlich als für den *unentgeltlichen* Verwahrer besteht für den Rückgewährschuldner nun ein Interesse, sich seinen Anspruch auf Rückgewähr der bereits erbrachten Gegenleistung zu erhalten, indem er die Sache dem Rückgewährschuldner unversehrt zurückgewährt. Dies hat zur Folge, dass er zwar nicht für zufällige Beeinträchtigungen des Leistungsgegenstands Wertersatz leisten muss (weswegen die Privilegierung in § 346 Abs. 3 S. 1 Nr. 3 BGB auch ab Kenntnis bestehen bleiben muss); aber er haftet, soweit er den Untergang oder die Verschlechterung nach dem ungemilderten Maßstab der §§ 276 ff. BGB zu vertreten hat, gem. § 346 Abs. 4 BGB auf Schadensersatz.

3. Keine Anwendung bei gem. § 313 Abs. 3 BGB erfolgtem Rücktritt?

Zum Teil wird erwogen, § 346 Abs. 3 S. 1 Nr. 3 BGB nur dann anzuwenden, wenn der Rücktrittsgegner den Rücktrittsgrund zu vertreten hat.[352] Die Zufallsgefahr verbleibt jedoch bereits dann beim Rückgewährgläubiger, wenn er nicht ordnungsgemäß geleistet hat – also eine Pflicht verletzt hat. Ob diese Pflichtverletzung schuldhaft erfolgte, muss für die Anwendung des Haftungsprivilegs in § 346 Abs. 3 S. 1 Nr. 3 BGB außer Betracht bleiben. Eine solche teleologische Reduktion auf diese Fälle ist weder mit der Regelungsabsicht des Gesetzgebers

349 *Gaier*, in: MüKo, § 346 Rn 58 mit Verweis auf BGHZ 10, 14, 16; *Kaiser*, in: Staudinger, § 346 Rn 183; anders *Faust* (in: jurisPK, § 346 Rn 67), der auf die Sorgfaltsstandards abstellt, die jemand beachten muss, der vom Bestehen des Rücktrittsrechts weiß.

350 *Canaris*, Schuldrechtsreform, S. XLIV; *Gaier*, in: MüKo, § 346 Rn 56.

351 Vgl. dazu oben Teil 2, A. II.

352 *Gaier*, in: MüKo, § 346 Rn 54; *Kaiser*, JZ 2001, 1057, 1064; *Hager*, in: Dauner-Lieb/Heidel/Lepa/Ring, § 5 Rn 33.

noch mit der Gesetzessystematik im Hinblick auf die Gefahrverteilung zu vereinen und deswegen abzulehnen.[353]

Allgemein befürwortet wird eine teleologische Reduktion in den Fällen, in denen das Rücktrittsrecht nicht auf einer Pflichtverletzung des Rücktrittsgegners beruht.[354] Dies ist vor allem bei einem Rücktritt wegen Störung der Geschäftsgrundlage gem. § 313 Abs. 3 BGB der Fall. Für diese Restriktion spricht, dass das in § 346 Abs. 3 S. 1 Nr. 3 BGB enthaltene Privileg auf der Pflichtverletzung des Rücktrittsgegners beruht. Als Folge der Mangelhaftigkeit der Leistung ging die Sachgefahr nicht auf den Rückgewährschuldner über. Hingegen erfolgt ein Rücktritt gem. § 313 Abs. 3 BGB als *ultima ratio* bei einer Störung der Geschäftsgrundlage, wenn eine Anpassung einer Partei nicht mehr zumutbar ist. Die *ratio legis* des § 346 Abs. 3 S. 1 Nr. 3 BGB ist mithin bei einem gem. § 313 Abs. 3 BGB erfolgten Rücktritt nicht einschlägig. Demzufolge ist die Privilegierung des Rücktrittsberechtigten in diesem Fall nicht gegeben.

4. Anwendung des Privilegs auch auf den Rücktrittsgegner?

Fraglich ist, ob das Haftungsprivileg des § 346 Abs. 3 S. 1 Nr. 3 BGB auch auf den Rücktrittsgegner Anwendung finden kann. Nach dem Wortlaut der Norm entfällt die Wertersatzpflicht wenn *im Falle eines gesetzlichen Rücktrittsrechts* der Untergang oder die Verschlechterung beim *Berechtigten* eingetreten ist, obwohl dieser die Sorgfalt in eigenen Angelegenheiten beobachtet hat. Damit stellt das Gesetz zunächst nur auf die Berechtigung zum gesetzlichen Rücktritt ab, die auch dann gegeben sein kann, wenn die andere Partei – bspw. wegen Zahlungsverzugs gem. § 323 BGB – zurücktritt. Fraglich ist, ob durch die Formulierung *im Falle eines gesetzlichen Rücktrittsrechts* nur diejenigen Konstellationen erfasst sein sollen, in dem der gesetzliche Rücktritt zur Rückabwicklung geführt hat. Gegen eine solche Sichtweise spricht, dass der Rücktrittsberechtigte bei Kenntnis

353 Der Gegenmeinung (*Gaier*, WM 2002, 1, 11; *Kohler*, JZ 2001, 332; *Kaiser*, JZ 2001, 1057, 1064) ist entgegen zuhalten, dass nicht ausreichend zwischen der Pflichtverletzung und dem Vertretenmüssen des Rücktrittsgegners differenziert wird (so auch *Faust*, in: jurisPK, § 346 Rn 63). Nicht überzeugen kann das Argument, dass durch die einseitige Privilegierung des gesetzlich zum Rücktritt Berechtigten systemwidrig die Verantwortlichkeit für die Leistungsstörung in das Rückabwicklungsverhältnis übertragen wird (*Kohler*, JZ 2001, 325, 332; *Kaiser*, JZ 2001, 1057, 1064). Denn zum einen wird nicht auf die Verantwortlichkeit, sondern auf die Pflichtverletzung abgestellt, und zum anderen geht gerade aufgrund der mangelhaften Leistung die Sachgefahr nicht vom Verkäufer/Werkunternehmer auf den Käufer/Besteller über, vgl. Teil 2, A. II.

354 *Canaris*, Schuldrechtsreform, S. XLV; *Heinrichs*, in: FS Schmidt (2005), S. 159, 179; *Grothe*, in: Bamberger/Roth, § 346 Rn 54; *Röthel*, in: Erman, § 346 Rn 27; *Gaier*, in: MüKo, § 346 Rn 54; *Faust*, in: jurisPK, § 346 Rn 63; *Kamanabrou*, NJW 2003, 30.

vom Mangel die gegenüber dem Zahlungsverlangen der Gegenpartei bestehende Mängeleinrede hätte entgegenhalten können. Der Umstand, dass die andere Partei als erste den Rücktritt erklärt hat, ändert nichts daran, dass wegen der Mangelhaftigkeit des Gegenstands die Sachgefahr beim Rückgewährgläubiger verblieben ist. Deswegen gehen zufällige Einbußen am Rückgewährgegenstand auch dann zulasten des Rückgewährgläubigers, wenn Letzterer den Rücktritt erklärt hat. Als *Berechtigter* i.S.d. § 346 Abs. 3 S. 1 Nr. 3 BGB ist mithin auch derjenige Rückgewährschuldner anzusehen, der zum Rücktritt berechtigt ist, ohne dass er bereits den Rücktritt erklärt hat. Damit ist das in § 346 Abs. 3 S.1 Nr. 3 BGB enthaltene Privileg auch auf den Rücktrittsgegner anzuwenden, wenn der Grund für ein gesetzliches Rücktrittsrecht bereits angelegt war und nur noch nicht entdeckt wurde.

5. Analoge Anwendung auf andere Rückgewährunmöglichkeiten?

Mit der Begründung, dass der Gesetzgeber den gesetzlich zum Rücktritt Berechtigten privilegieren wollte, wird weiterhin vertreten, dass sich der Ausschlusstatbestand des § 346 Abs. 3 S. 1 Nr. 3 BGB im Wege einer analogen Auslegung auch auf die übrigen Tatbestandsmerkmale des § 346 Abs. 2 BGB erstreckt.[355] Ebenso wie die Wertersatzpflicht aus § 346 Abs. 2 BGB nicht abschließend zu verstehen und über die aufgezählten Tatbestände hinaus für alle Fälle der Unmöglichkeit entsprechend anwendbar sei, müsse die Privilegierung des gesetzlich zum Rücktritt Berechtigten einheitlich auf diese Tatbestände angewandt werden.

Gegen ein solches Erstrecken der Privilegierung in § 346 Abs. 3 S. 1 Nr. 3 BGB spricht jedoch zunächst der Wortlaut der Norm. Der Gesetzgeber nennt nämlich ausdrücklich lediglich den Untergang und die Verschlechterung. Hätte er eine Privilegierung für alle in § 346 Abs. 2 BGB genannten Tatbestände gewollt, hätte er dies durch einen entsprechenden Normtext zum Ausdruck gebracht. Nach der gesetzgeberischen Begründung ist die Privilegierung in § 346 Abs. 3 S. 1 Nr. 3 BGB zur Regelung der Gefahrverteilung zwischen den Parteien kodifiziert worden. Dabei ist von Bedeutung, dass der in § 346 Abs. 3 S. 1 Nr. 3 BGB gewählte Maßstab des § 277 BGB auf die anderen in § 346 Abs. 2 BGB enthaltenen Tatbestände nicht passt. Die eigenübliche Sorgfalt kann nur dann als Maßstab zur Beurteilung eines Verhaltens des Rückgewährschuldners dienen, wenn es darum geht, wie ein Gegenstand verwahrt oder benutzt wird.

---

355 *Gaier*, in: MüKo, § 346 Rn 55; *Hager*, in: AnwKom., § 346 Rn 60; *Schulze/Ebers*, JuS 2004, 366, 370; *Kaiser*, JZ 2001, 1057, 1062; *Grothe*, in: Bamberger/Roth, § 346 Rn 55; a.A.: *Grüneberg*, in: Palandt, § 346 Rn 13; *Schwab*, in: Schwab/Witt, S. 368 f.; *Faust*, in: jurisPK, § 346 Rn 42.

Sobald der Rückgewährschuldner Kenntnis vom Rücktrittsgrund hat, wäre die Privilegierung in § 346 Abs. 3 S. 1 Nr. 3 BGB bei einer Veräußerung oder Belastung ohnehin nicht gegeben. Zwar greift dieser Ausschlusstatbestand auch bei bestehender Kenntnis vom Rücktrittsgrund[356] ein, der Rückgewährschuldner würde dann aber stets vorsätzlich handeln und damit die Voraussetzungen des Haftungsprivilegs nicht erfüllen.[357] Erfolgt die Veräußerung bzw. Belastung hingegen vor Kenntnis des Rückgewährschuldners vom Rücktrittsgrund, müsste er im Grundsatz wegen § 346 Abs. 3 S. 1 Nr. 3 BGB keinen Wertersatz leisten, da er regelmäßig wie mit seinen eigenen Sachen verfährt, wenn er sie weiterveräußert oder belastet. Damit würde die ausnahmsweise Privilegierung des Rücktrittsberechtigten bei diesen Tatbeständen zum Regelfall und der Rückgewährgläubiger trüge das Risiko eines – nicht auf dem Mangel des Leistungsgegenstands, sondern auf dem fehlenden Verkaufsgeschick des Rückgewährschuldners beruhenden – ungünstigen Weiterverkaufs. Letzterer könnte nämlich über § 346 Abs. 3 S. 2 BGB lediglich die verbleibende Bereicherung und über § 285 BGB das durch die Weiterveräußerung Erlangte herausverlangen. Eine solche Besserstellung des gesetzlich zum Rücktritt Berechtigten auf Kosten des Rückgewährgläubigers ist mit dem Sinn und Zweck des § 346 Abs. 3 S. 1 Nr. 3 BGB nicht zu vereinen. Ferner spricht gegen eine analoge Anwendung der Privilegierung auf die anderen Fälle neben dem Ausnahmecharakter dieser Norm, dass § 346 Abs. 2 S. 1 Nr. 2 BGB im Unterschied zu § 346 Abs. 2 S. 1 Nr. 3 BGB willentliche Dispositionen über den erhaltenen Gegenstand betrifft.[358] Der Ausschlusstatbestand bezieht sich hingegen nur auf solche Tatbestände, die Folge einer ungewollten Einwirkung sind, demzufolge kein Gegenwert in das Vermögen des Rückgewährschuldners geflossen ist. Da bei einer Veräußerung bzw. Belastung der Rückgewährschuldner einen Gegenwert erlangt hat, trifft ihn die Wertersatzpflicht nicht unbillig.[359] Soweit er – wie bei einer Schenkung – keinen Gegenwert erhalten hat, hat er mit dieser Einbuße gerechnet, so dass es keiner Privilegierung in Form eines Entfallens der Wertersatzpflicht bedarf.[360] Eine

356 Nach richtiger Ansicht bleibt das Privileg auch bei Kenntnis vom Rücktrittsgrund bestehen, vgl. Teil 2, F. VI 1. b).

357 So auch *Kaiser*, in: Staudinger, § 346 Rn 179.

358 *Faust*, in: jurisPK, § 346 Rn 42; *Schwab*, in: Schwab/Witt, S. 368 f.

359 Wegen des von ihm zu tragenden Risikos eines schlechten Verhandlungsgeschicks gilt dies auch, wenn er die Sache unter Wert weiterveräußert hat, vgl. *Schwab*, in: Schwab/Witt, S. 369.

360 Im Fall einer Zwangsvollstreckung, Arrestvollziehung bzw. Verfügung durch einen Insolvenzverwalter oder Zwangssicherungshypothek hat der Rückgewährschuldner nicht immer einen Gegenwert erhalten. In diesen Fällen würde das Privileg des § 346 Abs. 3 S. 1 Nr. 3 BGB aber ohnehin nicht greifen, da der Rückgewährschuldner seine finanzielle Leistungsunfähigkeit stets unabhängig von einem Verschulden zu

analoge Anwendung des § 346 Abs. 3 S. 1 Nr. 3 BGB auf die Fälle der Veräußerung und Belastung scheidet mithin aus.

Auch bei der Verarbeitung bzw. Umgestaltung wird mit der Begründung, dass der Gesetzgeber den gesetzlich zum Rücktritt Berechtig ten privilegieren wollte, eine analoge Anwendung des § 346 Abs. 3 S. 1 Nr. 3 BGB vertreten.[361] Dagegen spricht jedoch, dass der Rückgewährschuldner für die wegen des Mangels des Leistungsgegenstands nicht erreichten Mehrwerte durch § 346 Abs. 3 S. 1 Nr. 1 BGB ausreichend geschützt ist. Durch eine Haftung nur auf die eigenübliche Sorgfalt auch nach Kenntnis des Mangels wäre dieser Ausschlusstatbestand unterlaufen. Soweit der Rückgewährschuldner die Sache verarbeitet bzw. umgestaltet, verfährt er in der Regel wie mit seinen eigenen Sachen, so dass er grundsätzlich nicht zum Wertersatz verpflichtet wäre. Da dies nicht überzeugen kann, scheidet eine analoge Anwendung des § 346 Abs. 3 S. 1 Nr. 3 BGB auf die Fälle der Verarbeitung und Umgestaltung aus. In gleicher Weise ist § 346 Abs. 3 S. 1 Nr. 3 BGB auch nicht analog auf die Fälle des Verbrauchs anwendbar.[362] Denn auch hier ist der Rückgewährschuldner ausreichend durch § 346 Abs. 3 S. 1 Nr. 1 BGB geschützt und eine analoge Anwendung des § 346 Abs. 3 S. 1 Nr. 3 BGB würde einen sachwidrigen Vorteil bedeuten.

---

vertreten hat (BGHZ 107, 92, 102; *Medicus*, AcP 188, 168 ff.; *Heinrichs*, in: Palandt, § 276 Rn 28).

361 *Kaiser*, JZ 2001, 1057, 1062; *Hager*, in: AnwKomm, § 346 Rn 60; *Looschelders*, SchuldR AT, Rn 851.

362 A.A.: *Schwab*, in: Schwab/Witt, S. 368; *Kaiser*, JZ 2001, 1057, 1062; *Hager*, in: AnwKomm, § 346 Rn 60; *Looschelders*, SchuldR AT, Rn 851.

Teil 3: Schadensersatz im Rücktrittsrecht

Die rücktrittsrechtliche Schadensersatzpflicht wird in §§ 346 Abs. 4, 280 ff. BGB umschrieben. Danach hat der Rückgewährschuldner wegen schuldhafter Verletzung der Rückgewährpflicht aus § 346 Abs. 1 BGB Schadensersatz zu leisten. Von dieser Pflicht abzugrenzen sind die möglichen Schadensersatzansprüche wegen Verletzung einer primären Leistungspflicht bzw. wegen Schutzpflichtverletzung bei der Rückabwicklung.

A. Schadensersatz wegen Verletzung der Primärpflicht

Abweichend vom alten Recht, in dem der Grundsatz bestand, dass mit dem Erlöschen des Erfüllungsanspruchs durch ausgeübten Rücktritt die auf das Erfüllungsinteresse gerichteten Schadensersatzansprüche entfallen, ist im neuen Recht gem. § 325 BGB ein Nebeneinander von Rücktritt und Schadensersatz möglich. Nunmehr bleiben nicht nur Schadensersatzansprüche wegen Nebenpflichtverletzung, sondern auch solche wegen Leistungspflichtverletzung trotz Rücktritts bestehen.[363] Bei Vorliegen der entsprechenden Voraussetzungen kann also auch ein Rückgewährschuldner Schadensersatz statt der Leistung gem. §§ 280 Abs. 1, 2, 281 BGB bzw. Schadensersatz wegen Verzögerung der Leistung gem. §§ 280 Abs. 1, 2, 286 BGB verlangen. Die Regelungen zum Anspruch auf Schadensersatz statt der ganzen Leistung treten dann an die Stelle des Rücktritts und seiner Rechtsfolgen. So ist der Gläubiger einer mangelhaften Leistung zu dessen Rückgewähr gem. § 281 Abs. 5 BGB, der auf die §§ 346 ff. BGB verweist, verpflichtet. Bei einem Anspruch auf Ersatz des Verzögerungsschadens gem. §§ 280 Abs. 1, 2, 286 BGB müssen die in den §§ 346, 347 BGB enthaltenen Wertungen beachtet werden.[364] Es wäre unbillig, dem Rückgewährschuldner für einen Verzögerungsschaden, der darauf beruht, dass er die Sache nicht nutzen konnte, Ersatz zu gewähren, wenn er – bei Rechtzeitigkeit der Leistung – diesen Vermögensvorteil

363 Für Schadensersatzansprüche wegen einer Nebenpflichtverletzung galt bereits im alten Recht, dass diese neben dem Rücktritt möglich blieben, vgl. BGH NJW 1985, 2697, 2698; *Stoll*, AcP 131 (1929), 141 ff.; *Weitnauer*, in FS Heidelberg (1967), S. 71, 83 ff.

364 *Faust*, in: Huber/Faust, S. 102 f.; *Gaier*, in: MüKo, Vor § 346 Rn 39 mit Verweis auf BGH NJW 1998, 3268, 3269; *Huber*, JZ 1984, 409, 411; *Wunner*, NJW 1985, 825, 828.

in Form von Nutzungsersatz hätte herausgeben müssen.[365] Umgekehrt kann auch der mangelhaft leistende Rückgewährgläubiger beim Zahlungsverzug des Rückgewährschuldners keinen Anspruch auf die Verzugszinsen geltend machen, da er bei rechtzeitiger Zahlung die Zinsen als Nutzungen hätte herausgeben müssen.

Etwas anderes muss gelten, wenn der Rücktritt gem. § 323 BGB aufgrund des Zahlungsverzugs des Käufers und nicht aufgrund einer mangelbedingten Leistung erfolgte. In diesem Fall steht dem Verkäufer ein Anspruch auf den Verzögerungsschaden und damit auf die Verzugszinsen gem. § 288 BGB zu.[366] Dies ergibt sich daraus, dass ihm dieses Recht durch die zusätzliche Möglichkeit, über den Rücktritt seine bereits geleistete Sache zurückzuverlangen, nicht genommen werden kann. Diese unterschiedliche Behandlung beruht auf dem Ziel des Schadensersatzes, den Gläubiger so zu stellen, wie er stünde, wenn die Pflichtverletzung unterblieben wäre, d.h. wenn der Schuldner rechtzeitig geleistet hätte. Bei einer mangelhaften Leistung hätte wegen der Rücktrittsmöglichkeit des Schuldners der Geldbetrag auch ohne die Pflichtverletzung des Schuldners nicht zum Vermögen des Gläubigers gehört. Deswegen kann er keinen Anspruch auf Zinsersatz geltend machen. Hat der Gläubiger hingegen mangelfrei geleistet, beruht die Nichtzugehörigkeit des Geldbetrags allein auf einer Pflichtverletzung des Schuldners. Wäre diese Pflichtverletzung unterblieben, hätte der Gläubiger Zinsen aus dem Geldbetrag ziehen können. Deswegen sind ihm im Falle der einseitigen Pflichtverletzung der anderen Partei, wie bei einem Zahlungsverzug des Käufers, die Verzugszinsen gem. § 288 BGB zu ersetzen.

Ein Wertungstransfer der §§ 346, 347 BGB hat bei solchen Verzögerungsschäden – wie bspw. Rechtsverfolgungskosten – zu unterbleiben, die nicht in den Regelungsbereich der Rückabwicklungsvorschriften fallen. Für diese kann der Rückgewährgläubiger auch bei einem später erfolgten Rücktritt Ersatz fordern, da sie ihm bei rechtzeitiger Leistung nicht entstanden wären.[367]

---

365 So auch *Faust*, in: Huber/Faust, S. 102 f., der überzeugend weiter ausführt, dass es umgekehrt aber auch unbillig wäre, dem Käufer im Falle des Rücktritts solche Schäden nicht zu ersetzen, die auch unter Berücksichtigung der hypothetischen Lage nach erfolgter Rückabwicklung zu einer Vermögensminderung führen. Deswegen muss der Differenzbetrag zwischen den tatsächlich angefallenen Kosten wegen Verzögerung der Leistung – bspw. Mietwagenkosten – und den Nutzungen, die der Käufer bei rechtzeitigem Erhalt gezogen hätte, ersetzt werden.

366 *Gaier*, WM 2002, 1, 4; *Muscheler*, JR 1999, 283, 284; *v. Drenkmann*, JZ 1999, 952, 953.

367 *Faust*, in: Huber/Faust, S. 102; *Huber*, JZ 1984, 409, 410 f.

B. Schadensersatz wegen Nebenpflichtverletzung

Weiterhin abzugrenzen ist der Schadensersatzanspruch wegen Verletzung der Rückgewährpflicht von demjenigen wegen Verletzung einer bei Rückabwicklung bestehenden Schutzpflicht i.S.d. § 241 Abs. 2 BGB. Entgegen der früher bestehenden Ansicht, dass der Rücktritt den Vertrag ex tunc vernichte[368], geht die nunmehr h.M. im Anschluss an *Stoll*[369] und *Wolf*[370] davon aus, dass durch den Rücktritt nicht der Vertrag als Ganzes aufgehoben wird, sondern sich in ein Rückabwicklungsschuldverhältnis umwandelt. Daraus folgt, dass die Parteien auch während der Rückabwicklung in einer Sonderrechtsbeziehung zueinander stehen und deswegen auch nach Erklärung des Rücktritts Schutzpflichten bestehen bleiben.[371] Wird eine Nebenpflicht bei der Durchführung der Rückabwicklung des Vertrags schuldhaft verletzt, entsteht eine Schadensersatzpflicht gem. §§ 346 Abs. 1, 280 Abs. 1, 241 Abs. 2 BGB.

C. Schadensersatz wegen Verletzung der Rückgewährpflicht

Liegen Restitutionsstörungen vor, die eine unbeeinträchtigte Rückgewähr des Gegenstands verhindern und auf einem i.S.d. §§ 276 ff. BGB schuldhaften Verhalten des Rückgewährschuldners beruhen, kann neben der Pflicht zum Wertersatz nach § 346 Abs. 2 BGB eine Schadensersatzpflicht gem. § 346 Abs. 4 BGB nach Maßgabe der §§ 280 ff. BGB begründet sein. Dabei kann der Schadensersatzanspruch über den im Rahmen der Wertersatzpflicht zu leistenden Ausgleich für den geminderten oder verloren gegangenen Substanzwert hinaus auch sonstige Folgeschäden wie etwa einen Nutzungsausfall oder entgangenen Gewinn umfassen. Im Rückabwicklungsverhältnis ist problematisch, wann eine Pflicht des Rückgewährschuldners in Bezug auf die Unversehrtheit des zurück zu gewährenden Gegenstands besteht, deren Verletzung Voraussetzung für den Schadensersatzanspruch ist.[372] Diese Problematik ergibt sich daraus, dass die

---

368 RGZ 50, 255, 266 f.; BGHZ 16, 153, 155 f.; *Enneccerus/Lehmann*, § 38 II.

369 *Stoll*, Rücktritt (1921), S. 9 ff.

370 *Wolf*, AcP 153 (1954), S. 97, 105 ff.

371 *Herold* (2001), S. 72.

372 Leistungsstörungen, die bei Vorliegen eines entsprechenden Vertretenmüssens zu einer Schadensersatzhaftung führen, können nur bei derjenigen Vertragspartei auftreten, die die Sachleistung empfangen hat. Die Vertragspartei, an die eine Geldleistung erbracht wurde, kann den empfangenen Gegenstand weder verschlechtern noch kann die Rückgewähr unmöglich werden. Der Schuldner eines Geldanspruchs kann sich mithin nicht auf Unmöglichkeit berufen, da er unabhängig von einem Verschulden stets für seine finanzielle Leistungsfähigkeit einzustehen hat, vgl. *Hein-*

Rückgewährpflicht des Schuldners gem. § 346 Abs. 1 BGB, an deren Verletzung die Schadensersatzpflicht des § 346 Abs. 4 BGB anknüpft, erst im Zeitpunkt der Ausübung des Rücktrittsrechts entsteht. Fraglich ist, ob auch bereits vor diesem Zeitpunkt eine Schadensersatzhaftung des Rückgewährschuldners angenommen werden kann. Daneben ist problematisch, in welchem Verhältnis die Schadensersatzhaftung zu der Pflicht zum Wertersatz des Rückgewährschuldners steht. Soweit nämlich die Schadensersatzpflicht im gleichen Zeitraum wie die Pflicht zum Wertersatz Bestand haben kann, besteht die Gefahr, die in § 346 Abs. 2, 3 BGB enthaltenen Wertungen zu unterlaufen.

I. Entstehungszeitpunkt der schadensersatzrechtlichen Haftung

Zunächst ist fraglich, ab welchem Zeitpunkt eine schadensersatzrechtliche Haftung gem. §§ 346 Abs. 4, 280 ff. BGB angenommen werden kann. Nach der Gesetzesbegründung können die Parteien beim gesetzlichen – anders als beim vertraglichen – Rücktritt zunächst davon ausgehen, dass der ihnen übertragene Gegenstand endgültig Bestandteil ihres Vermögens geworden sei. Nach der Gesetzesbegründung entsteht „eine Rechtspflicht zur sorgsamen Behandlung erst, wenn die Partei weiß oder wissen müsse, dass die Rücktrittsvoraussetzungen vorliegen, spätestens mit Abgabe der Rücktrittserklärung“.[373] Aufgrund dieser Begründung bestehen im Schrifttum unterschiedliche Ansichten zu der Frage, mit dem Eintritt welchen Umstands die Schadensersatzhaftung gem. §§ 346 Abs. 4, 280 ff. BGB beginnt, und ob für den nicht davon betroffenen Zeitraum eine Schadensersatzhaftung nach allgemeinen Vorschriften gegeben sein kann.

1. Schadensersatzpflicht nach Abgabe der Rücktrittserklärung

Einigkeit besteht insoweit, dass ab der Rücktrittserklärung eine Schadensersatzhaftung nach §§ 346 Abs. 4, 280 ff. BGB möglich ist. Mit Ausübung des Rücktritts entsteht die Pflicht des Rückgewährschuldners, den empfangenen Gegenstand gem. § 346 Abs. 1 BGB zurückzugewähren. Diese Pflicht wird vom Schuldner verletzt, soweit die Rückgabe des empfangenen Gegenstands nicht, verspätet oder in einem qualitativ schlechteren Zustand erfolgt, als es einer bestimmungsgemäßen Nutzung entspricht. Ist ihm also die Rückgewähr des Gegenstands gem. § 275 BGB nicht möglich oder unzumutbar, kann der Gläubiger gem. §§ 346 Abs. 4,

---

richs, in: FS Schmidt (2005), S. 159, 164, mit Verweis auf die allg. Meinung: *Ernst*, in: MüKo, § 275 Rn 13 m.w.N.

373 BT-Drs. 14/6040, S. 195.

280 Abs. 1, 3, 283 BGB Schadensersatz statt der Rückgewähr verlangen, soweit die Unmöglichkeit auf einem Umstand beruht, den der Schuldner gem. §§ 276 ff. BGB zu vertreten hat.[374] Ebenso besteht für den Gläubiger die Möglichkeit, dem Schuldner nach Ausübung des Rücktritts eine Frist zur Leistung zu setzen und nach deren fruchtlosem Ablauf Schadensersatz statt der Rückgewähr gem. §§ 346 Abs. 4, 280 Abs. 1, 3, 281 BGB fordern. Da mit Rücktrittserklärung der Rückgewähranspruch des Gläubigers i.S.d. § 271 BGB fällig wird, kann Letzterer bei Verzögerung der Rückgewähr auch einen Verzugsschaden gem. §§ 346 Abs. 4, 280 Abs. 1, 2, 286 BGB gelten machen. Mit Eintritt des Verzugs haftet der Rückgewährschuldner gem. § 287 S. 2 BGB für zufällige Beeinträchtigungen am Rückgewährgegenstand. An Relevanz gewinnt die Verzugshaftung, wenn die Wertersatzpflicht wegen eines der in § 346 Abs. 3 BGB aufgeführten Tatbestände ausgeschlossen ist und durch die verschärfte Haftung nach § 287 S. 2 BGB die Zufallsgefahr wieder auf den Rückgewährschuldner verlagert wird.

2. Schadensersatzpflicht vor Abgabe der Rücktrittserklärung

Fraglich ist, ob eine Schadensersatzpflicht des Rückgewährschuldners nach §§ 346 Abs. 4, 280 ff. BGB auch schon vor der Abgabe der Rücktrittserklärung bestehen kann. Zu dieser Frage wird zum einen vertreten, dass keine Schadensersatzhaftung bestehe, zum anderen, dass bereits die positive Kenntnis bzw. die fahrlässige Unkenntnis vom Rücktrittsgrund für die Möglichkeit einer Schadensersatzhaftung genüge. Diese Lösungsansätze beruhen auf den zum alten Recht zur Frage nach einem Rücktrittsausschluss gem. § 351 BGB a.F. und zur Schadensersatzhaftung des Rücktrittsberechtigten gem. § 347 S. 1 BGB a.F. entwickelten Ansichten. Bereits im alten Recht war umstritten, unter Vorliegen welcher Umstände ein technisches Verschulden i.S.d. §§ 276 ff. BGB im Rahmen der §§ 347, 351 BGB a.F. angenommen werden konnte. Für den Rücktrittsgegner galt seit dem Empfang der Leistung die strenge Haftung des § 347 BGB a.F., da er den Rücktritt zu vertreten hatte.[375] Hingegen wurde für den gesetzlich zum Rücktritt Berechtigten die Frage nach seinem Verschulden hinsichtlich eines Rücktrittsausschlusses gem. § 351 BGB a.F. bei einer wesentlichen Verschlechterung, einem Untergang oder einer anderweitigen Unmöglichkeit der Herausgabe des empfangenen Gegenstands und hinsichtlich der Schadensersatzpflicht nach § 347 BGB a.F. bei unwesentlicher Verschlechterung des Gegenstands uneinheitlich beantwortet. Ein Rücktrittsausschluss nach § 351 BGB a.F. sollte nach überwiegen-

374 Dabei trifft den Schuldner wegen § 280 Abs. 1 S. 2 BGB die Darlegungs- und Beweislast dafür, dass er die Pflichtverletzung nicht zu vertreten hat.

375 BGH NJW-RR 1993, 627; *Hadding*, in: Soergel, § 347 a.F. Rn 9.

der Ansicht vor Kenntnis oder Kennenmüssen der Rücktrittsmöglichkeit nur bei Verletzung der in eigenen Angelegenheiten gebotenen Sorgfalt gegeben sein.[376] Für die Schadensersatzpflicht des § 347 S. 1 BGB a.F. wurde von der Rechtsprechung[377] und einer Ansicht im Schrifttum[378] vertreten, dass unter Zugrundelegung des Rechtsgedankens aus § 327 S. 2 BGB a.F. die Haftung des gesetzlich zum Rücktritt Berechtigten vor Kenntnis von den Rücktrittsvoraussetzungen auf das Bereicherungsrecht zu begrenzen sei.[379] Andere Vertreter machten den Eintritt der strengen Haftung nicht von der positiven Kenntnis vom Rücktrittsgrund abhängig, sondern ließen bereits grobfahrlässige Unkenntnis[380] oder sogar Kennenmüssen genügen.[381]

Die Frage, ob die Schadensersatzpflicht bereits ab Kenntnis bzw. fahrlässiger Unkenntnis oder erst mit Ausübung des Rücktritts besteht, wird durch die Gesetzesbegründung nicht so beantwortet, dass nicht Raum für verschiedene Ansichten bliebe. Der im alten Recht bestehende Streit setzt sich also im neuen Recht innerhalb der Frage fort, ab wann eine Schadensersatzpflicht des Rück-

---

376 Ob im Rahmen des § 351 BGB a.F. auf die Kenntnis (*Hadding*, in: Soergel, § 351 a.F. Rn 5) oder das Kennenmüssen (*Heinrichs*, in: Palandt (2002), § 351 Rn 3) abzustellen war, war umstritten. Vor diesem Zeitpunkt bestand weitgehend Einigkeit, dass der Berechtigte sein Rücktrittsrecht nur dann verlor, wenn er die in eigenen Angelegenheiten gebotene Sorgfalt verletzte (*Janßen*, in: MüKo (2001), § 351 Rn 5 f.; *Kaduk*, in: Staudinger (1994), § 351 Rn 22; *Medicus*, JuS 1990, 689, 692). Daneben bestand die Ansicht, dass bereits jede risikoerhöhende menschliche Handlung, die den Untergang zurechenbar bewirkt hat, i.S.d. § 351 BGB a.F. schuldhaft sei (*Larenz*, SchuldR AT, § 26 1, S. 408 ff.; *v.Caemmerer*, FS Larenz (1973), S. 621, 623).

377 BGHZ 53, 144, 148 f.; BGH NJW 1992, 1965; OLG Köln, OLGZ 1980, 210.

378 *Kaduk*, in: Staudinger (1994), § 347 Rn 26; *Medicus*, JuS 1990, 689, 692; *Wolf*, AcP 153 (1954), 97 ff.; *Thielmann*, VersR 1970, 1062, 1072; *Hadding*, in: Soergel, § 347 a.F. Rn 10; *Heinrichs*, in: Palandt, § 347 Rn 8. Gegen die Anwendung von § 327 S. 2 BGB a.F.: *Glaß*, S. 86 ff.; *Diesselhorst*, JZ 1970, 416, 418 f.; *Huber*, JZ 1987, 649, 654; *Weitnauer*, NJW 1970, 637 ff.; *Flume*, NJW 1970, 1161, 1165; *Otto*, in: Staudinger, § 327 Rn 19; *Janßen*, in: MüKo (2001), § 347 Rn 15; *Leser* (1975), S. 204 ff.; *Wiedemann*, in: Soergel, § 327 a.F. Rn 25.

379 Begründet wurde diese Begrenzung damit, dass § 347 S. 1 BGB a.F. auf dem Gedanken beruhe, dass die Parteien wegen des Rücktrittsvorbehalts mit dem Rücktritt rechnen müssten und sich darauf einrichten könnten (BGHZ 87, 300; *Heinrichs*, in: Palandt (2002), § 347 Rn 1). Dieser, der strengen Haftung des § 347 S. 1 BGB a.F. zugrunde liegende, Gedanke traf auf den gesetzlich zum Rücktritt Berechtigten nicht zu.

380 *Wiedemann*, in: Soergel, § 327 Rn 25.

381 *Flume*, NJW 1970, 1161, 1166; *Otto*, in: Staudinger, § 327 a.F. Rn 19; *Janßen*, in: MüKo (2001), § 347 Rn 17. Daneben wurde vertreten, dass ein Verschulden bereits dann anzunehmen sei, wenn der Schaden auf eine freie Handlung (*v.Caemmerer*, FS Larenz, S. 621, 629) oder auf einer das Risiko erhöhende Handlung des Berechtigten zurückgehe (*Leser* (1975), S. 204 ff.).

gewährschuldners bestehen kann und inwieweit die Privilegien des gesetzlich zum Rücktritt Berechtigten ab Kenntnis bzw. fahrlässiger Unkenntnis Anwendung finden. Als mögliche Zeitpunkte zum Beginn der schadensersatzrechtlichen Haftung kommen die Ausübung des Rücktritts, die positive Kenntnis und die fahrlässige Unkenntnis des Rücktrittsgrunds in Betracht.[382] Für den Rücktrittsgegner wird darüber hinaus angenommen, dass eine Schadensersatzhaftung auch bei schuldloser Unkenntnis bestehen könne.[383]

a) Kenntnis der Rücktrittsmöglichkeit

Fraglich ist zunächst, ob eine rücktrittsrechtliche Schadensersatzpflicht bereits ab Kenntnis des Rückgewährschuldners von der Rücktrittsmöglichkeit bestehen kann. Zu dieser Frage werden unterschiedliche Ansichten vertreten.

aa) Meinungsstand

Nach einem Teil im Schrifttum[384] wird ein Schadensersatzanspruch bei einem Restitutionshindernis, das nach Kenntnis des Rückgewährschuldners von der Rücktrittsmöglichkeit, aber vor Abgabe der Rücktrittserklärung eintritt, abgelehnt. Die Pflicht zur Rückgewähr des empfangenen Gegenstands gem. § 346 Abs. 1 BGB bestehe erst mit wirksamer Ausübung des Rücktrittsrechts und könne damit auch erst ab diesem Zeitpunkt mit der Folge eines Schadensersatzanspruchs nach §§ 346 Abs. 4, 280 ff. BGB verletzt werden. Vor der Rücktrittserklärung treffe den Schuldner hingegen keine Pflicht zur Rückgewähr, die verletzt werden könne, und auch die bloße Kenntnis der Möglichkeit einer Rückgewährpflicht könne diese Pflicht nicht ersetzen.[385] Nur eine solche Sichtweise sei mit dem Gesetzeswortlaut vereinbar. § 346 Abs. 4 BGB habe lediglich dahingehend klarstellende Funktion, dass mit Ausübung des Rücktrittsrechts ein Rückabwicklungsschuldverhältnis mit Pflichten entstehe, deren Verletzung nach den allge-

382 Einigkeit besteht insoweit darüber, dass bei Annahme eines Zeitpunktes, der zeitlich vor der Ausübung des Rücktritts liegt, der Anspruch auf Rückgewähr des Gegenstands erst mit selbiger fällig wird, vgl. *Hager*, in: FS Musielak, 195, 196.

383 Vgl. dazu unten Teil 3, C. I. 2. c).

384 *Lorenz/Riehm*, Rn 434; *Röthel*, in: Erman, § 346 Rn 40 f.; *Perkams*, Jura 2003, 150, 152; *Brox/Walker*, SchuldR AT, § 18 Rn 19; *Kaiser*, in: Westermann, S. 196, 202.

385 Vor Rücktrittserklärung seien vielmehr beide Vertragspartner als Vollrechtsinhaber anzusehen, *Kaiser*, JZ 2001, 1059, 1063 mit Verweis auf *Wolf*, AcP 153 (1954), 97, 124 f.

meinen Regeln der §§ 280 ff. BGB sanktioniert sei.[386] Hingegen könne dieser Norm nicht entnommen werden, dass eine Haftung des Rückgewährschuldners auch schon vor der Rücktrittserklärung bestehe. Soweit dies vom Gesetzgeber beabsichtigt gewesen sei, hätte er eine andere Regelung oder gar keine Regelung – mit der Folge einer uneingeschränkten Anwendung des § 280 BGB auch auf Pflichtverletzungen vor Erklärung des Rücktritts – erlassen müssen.[387] Es sei jedoch bewusst auf einen Verweis in das Eigentümer-Besitzer-Verhältnis verzichtet worden, weswegen den Rückgewährschuldner keine Rechtspflicht zur sorgsamen Behandlung des Gegenstands bei Kenntnis der Rücktrittsvoraussetzungen treffe. Die Rechtsfolgen einer vor Erklärung des Rücktritts erfolgten Beschädigung seien ausschließlich durch die § 346 Abs. 2 und 3 BGB geregelt.[388] Für dieses Verständnis spreche überdies, dass ein Nebeneinander von Schadens- und Wertersatz vermieden werde und sich damit die Frage nach einer analogen Anwendung des Haftungsprivilegs aus § 346 Abs. 3 S. 1 Nr. 3 BGB auf den Schadensersatzanspruch erübrige.[389]

Anknüpfend an diese Ansicht wird daneben vertreten, dass zwar § 346 Abs. 4 BGB wegen des eindeutigen Wortlauts nur für die Zeit nach Ausübung des Rücktritts greifen könne; für den Zeitraum davor eine Schadensersatzhaftung aber auf der Grundlage einer unmittelbaren Anwendung der §§ 280 ff. BGB möglich sei.[390] Bezugspunkt der Schadensersatzhaftung sei die Verletzung einer Pflicht zum sorgsamen Umgang mit dem Erlangten gem. § 241 Abs. 2 BGB.[391]

Der Gegenansicht[392] zufolge bestehen bereits ab Kenntnis des Rückgewährschuldners vom Rücktrittsgrund Sorgfaltspflichten, da er schon zu diesem Zeitpunkt nicht mehr davon ausgehen kann, dass der Leistungsgegenstand endgültiger Bestandteil seines Vermögens geworden sei. Diese Sichtweise werde durch

---

386 *Lorenz/Riehm*, Rn 434.

387 Eine auf den Gedanken zur anfänglichen Unmöglichkeit nach § 311 a Abs. 2 BGB gestützte Haftung sei überdies nicht begründbar, da § 346 Abs. 4 BGB gerade nicht auf diese Norm verweise, vgl. dazu *Perkams*, Jura 2003, 150, 151.

388 *Lorenz/Riehm*, Rn 434.

389 *Perkams*, Jura 2003, 150, 151, der die Frage aufwirft und i.E. verneint, ob unabhängig von § 346 Abs. 4 BGB eine Schadensersatzpflicht aus § 280 Abs. 1 BGB wegen unsorgfältiger Behandlung des Rückgewährgegenstands vor Rücktrittserklärung besteht.

390 *Willingmann/Hirse*, in: Micklitz/Pfeiffer/Tonner/Willingmann, S. 45, 130 f.

391 In ähnlicher Weise wird von *Arnold*, in: Dauner-Lieb/Arnold/Dötsch/Kitz, S. 252 vertreten, dass für diesen Zeitraum eine Schadensersatzhaftung wegen positiver Forderungsverletzung gem. § 280 Abs. 1 BGB möglich sei.

392 *Canaris*, Schuldrechtsreform, S. XLVII; *Gaier*, WM 2002, 1, 11; *Kamanabrou*, NJW 2003, 30, 31; *Schwab*, JuS 2002, 630, 636; *ders.*, in: Schwab/Witt, S. 372 f.; Arnold, in: Dauner-Lieb/Arnold/Dötsch/Kitz, S. 251; *Looschelders*, SchuldR AT, Rn 861.

die Gesetzesbegründung bestätigt, die auch auf die Kenntnis und fahrlässige Unkenntnis vom Rücktrittsgrund abstelle.[393] Innerhalb dieser Ansicht wird in Bezug auf das Vorliegen der Voraussetzungen eines Schadensersatzanspruchs – Pflichtverletzung und Vertretenmüssen – differenziert.

Nach einer Teilansicht[394] entstehe entsprechend der Lage beim vertraglichen Rücktritt, bei dem die Parteien seit dem Vertragsschluss mit dem Rücktritt rechnen müssen, beim gesetzlichen Rücktritt eine Pflicht zur sorgsamen Behandlung des empfangenen Gegenstands, wenn die Partei weiß oder wissen müsse, dass die Rücktrittsvoraussetzungen vorliegen. Ebenso wie beim vertraglichen Rücktrittsrecht resultierten diese Pflichten aus einer Vorwirkung des Rückabwicklungsschuldverhältnisses und seien als „vorgreifliche Rücksichtnahmepflichten" zu bezeichnen.[395] Eine Schadensersatzhaftung nach §§ 346 Abs. 4, 280 ff. BGB komme wegen schuldhafter Verletzung dieser Rechtspflicht in Betracht.

Einem anderen Lösungsvorschlag[396] zufolge müsse zwischen der Pflichtverletzung und dem Vertretenmüssen klar differenziert werden. Zwar sei das Vertretenmüssen streng genommen keine Anspruchsvoraussetzung für den Schadensersatzanspruch, sondern vielmehr das Nichtvertretenmüssen ein Haftungsausschlusstatbestand, für den der Schuldner die Darlegungs- und Beweislast trage. Dies ändere aber nichts daran, dass nach der Konzeption der Schuldrechtsreform beide Merkmale innerhalb der Prüfung eines Schadensersatzanspruchs unterschieden werden müssten.[397] Die Pflichtverletzung des Rückgewährschuldners werde begangen, wenn er die empfangene Leistung nach Erklärung des Rücktritts und nach Entstehung des Anspruchs aus § 346 Abs. 1 BGB nicht oder verschlechtert zurückgebe. Wann hingegen die Ursache für die Nicht- oder Schlechtleistung gesetzt wurde, sei für die Einordnung als Pflichtverletzung unerheblich und werde erst beim Vertretenmüssen relevant. Bei diesem Erfordernis komme es auch

393 Zu dieser Gesetzesbegründung stehe die Gegenansicht, die eine Schadensersatzhaftung erst nach Ausübung des Rücktritts annehme, in unüberbrückbarem Gegensatz, vgl. *Canaris*, Schuldrechtsreform 2002, S. XLVI.

394 *Faust*, in: Huber/Faust, S. 256 Rn 51; *ders*, in: jurisPK, § 346 Rn 95 f.; *Schulze*, in: Hk-BGB, § 346 Rn 18; *Stadler*, in: Jauernig, § 346 Rn 9; *Schwab*, JuS 2003, 630, 633.

395 *Canaris*, Schuldrechtsreform, S. XLVI; *Schwab*, in: Schwab/Witt, S. 372.

396 *Gaier*, WM 2002, 1, 12, *Heinrichs*, in: FS Schmidt (2005), S. 159, 166, der im Folgenden ausführt, dass die Ansicht, die eine Schadensersatzpflicht vor Erklärung des Rücktritts ablehne, aufgrund der Entstehungsgeschichte und der in der Schuldrechtskommission geführten Diskussion nicht haltbar sei. Die Beratungen in der Schuldrechtskommission ließen keinen Zweifel daran, dass der zeitliche Anwendungsbereich des § 346 Abs. 4 BGB bereits mit dem Empfang der Leistung beginne und nicht auf den erst nach Erklärung des Rücktritts beginnenden letzten Abschnitt der Vertragsabwicklung beschränkt werden dürfe.

397 *Heinrichs*, in: FS Schmidt (2005), S. 159, 165.

erst auf das Kennen oder Kennenmüssen des Rückgewährschuldners von den Rücktrittsvoraussetzungen an. Dabei knüpfe das Vertretenmüssen an eine den Schuldner schon vor Ausübung des Rücktritts verpflichtende Rechtsposition an, die bereits in dem Zeitraum bestehe, in dem er die die Rückabwicklung störende Handlung vornehme. Bereits vor Entstehung des Rückgewähranspruchs bestünden Sorgfaltspflichten im Umgang mit dem empfangenen Gegenstand. Diese Sorgfaltspflichten seien als Vorstufe vom Begriff der Pflichtverletzung in § 280 Abs. 1 BGB, an den § 346 Abs. 4 BGB anknüpfe, neben den Leistungs- und Leistungsnebenpflichten umfasst und nunmehr als Rücksichtnahmepflichten in § 241 Abs. 2 BGB enthalten.[398] Vom Zeitpunkt der Kenntnis bzw. des Kennenmüssens an, gehe die Behandlung des Leistungsgegenstands mit einer Einwirkung auf die Belange des Rückgewährgläubigers einher.[399] Der Rückgewährschuldner befinde sich mithin in einer Situation, die vergleichbar sei mit derjenigen, für die § 311 Abs. 2 Nr. 2 BGB eine Schutzpflicht an die gesteigerte Einwirkungsmöglichkeit auf die Belange des anderen Teils knüpft.[400] Deswegen seien seine Sorgfaltspflichten im Umgang mit der Sache als echte Rechtspflichten zu qualifizieren, deren Verletzung ein Verschulden im technischen Sinne darstelle.

Zum selben Ergebnis, aber mit einer anderen Begründung gelangt *Kohler*[401], der eine Schadensersatzhaftung über § 280 Abs. 1 S. 1 BGB ablehnt und diese mit dem im Privatrecht allgemein geltenden Prinzip begründet, dass eine in der Schwebe befindliche Rechtslage nach Beendigung in Bezug auf einen in der Schwebezeit gegebenen Kenntnisstand so beurteilt werde, als ob das seinerzeitige Wissen und Wissenmüssen die nun entschiedene Rechtslage zum Gegenstand gehabt hätte. Gegen eine Schadensersatzhaftung nach § 280 Abs. 1 BGB spreche die Konzeption dieser Norm, die eine Pflichtverletzung und nicht lediglich den Zustand der Nicht- oder Schlechterfüllung verlange. Aufgrund der Stellung der Parteien als Vollrechtsinhaber sei eine Rechtspflicht zum sorgfältigen Umgang mit dem Leistungsgegenstand nur schwer begründbar.[402] Das Verschulden des Rückgewährschuldners knüpfe deswegen vielmehr an die Pflicht an, sich in Kenntnis einer Schwebelage, die künftig zu einer aktuellen Rückgewährpflicht führen könne, schon während der Schwebelage so zu verhalten, dass diese eventuell entstehende Leistungspflicht erfüllbar sei, wenn sie schließlich aktuell wer-

398 *Heinrichs*, in: FS Schmidt (2005), S. 159, 167.
399 *Gaier*, in: MüKo, § 346 Rn 61.
400 *Gaier*, in: MüKo, § 346 Rn 61, der aus der Parallele zur *culpa in contrahendo* schließt, dass für eine Schadensersatzhaftung bereits fahrlässige Unkenntnis genügen müsse, vgl. sogleich Teil 3, C. I. 2. b).
401 *Kohler*, JZ 2002, 1127, 1131, 1132.
402 *Kohler* (JZ 2002, 1127, 1130) greift hiermit ein Argument von *Kaiser* (JZ 2001, 1057, 1063 f.) gegen eine Schadensersatzhaftung vor Abgabe der Rücktrittserklärung auf.

de.[403] Eine Schadensersatzhaftung zu Lasten dessen, der sich in Kenntnis der Schwebelage im Umgang mit dem Gegenstand nicht auf die Eventualität einer Herausgabepflicht einstelle, sei dem geltenden Recht in § 160 BGB, in § 989 BGB und darüber hinaus in § 820 Abs. 1 S. 2 BGB und §§ 292, 818 Abs. 4, 819 f. BGB mit Verweis auf § 989 BGB bekannt. Trotz Redlichkeit des Besitzers dürfe sich dieser bei Vorliegen der Voraussetzungen des § 989 BGB nicht mehr so verhalten, als könne er den Rechtsstreit nicht verlieren und brauche sein Verhalten nicht auf die Herausgabe des Besitzes einzustellen. Vielmehr müsse er sich schon vorher so behandeln lassen, als wäre die geschuldete Leistung bereits gegenwärtig geworden. Diese Lösung ergebe sich unmittelbar, wenn anerkannt würde, dass nach erfolgtem Rücktritt stets bereicherungsrechtliche Ansprüche mit den rücktrittsrechtlichen Ansprüchen konkurrierten.[404] Die Schadensersatzhaftung für die Zeit vor Ausübung des Rücktritts bestünde dann aus § 820 Abs. 1 S. 2 BGB i.V.m. §§ 818 Abs. 4, 292 Abs. 1, 989 BGB, da der Rücktritt wie das auflösend bedingte Schuldgeschäft eine *conditio ob causam finitam* auslöse. Ebenso sei eine Gesamtanalogie zu den §§ 160, 989 BGB – i.V.m. §§ 818 Abs. 4, 819 f. BGB – zu erwägen. Dieses auf Schadensersatz gerichtete Haftungsprinzip trete dann als ein selbständiges neben dasjenige aus § 280 Abs. 1 BGB wegen Verletzung einer gegenwärtigen Leistungspflicht.

bb) Stellungnahme

Für einen Schadensersatzanspruch nach Maßgabe der §§ 280 ff. BGB ist Voraussetzung, dass der Rückgewährschuldner eine bestehende Pflicht verletzt und diese Pflichtverletzung zu vertreten hat.

---

403 *Kohler* (JZ 2002, 1127, 1132) differenziert danach, ob eine objektive – etwa im Fall des § 160 BGB und § 820 Abs. 1 S. 2 BGB – oder eine subjektive – etwa in den Fällen der §§ 818 Abs. 4 und 989 BGB – Schwebelage gegeben ist.

404 Vgl. zur Begründung dieser Ansicht: *Kohler*, JZ 2002, 682, 684 f., der bereits vor der Schuldrechtsreform entgegen der h.M. eine mit dem Rücktrittsrecht konkurrierende Bereicherungshaftung vertrat, vgl. *ders.*, Rückabwicklung (1989), S. 65 f. Nach seiner Ansicht müsse § 346 Abs. 2 BGB teleologisch reduziert werden und sei nur dann anwendbar, wenn der Rückgewährpflichtige die Rücktrittsmöglichkeit schon bei Begründung des Rücktrittsrechts kannte oder wenn der Rücktritt unter keinen Umständen durch eine Äquivalenzstörung veranlasst worden sei. Wegen der differenzierten Ausgestaltung eines symmetrischen Haftungsregimes für den Rücktrittsberechtigten und -gegner sowie der in den §§ 346 ff. enthaltenen Privilegierungen des gesetzlich zum Rücktritt Berechtigten kann dieser Ansatz jedoch nicht überzeugen. Bei Restitutionsstörungen hält das Gesetz abgestimmte Regelungen bereit, die mit einer freien Anspruchskonkurrenz zum Bereicherungsrecht umgangen wären.

(1) Die Pflichtverletzung als Anknüpfungspunkt des Vertretenmüssens

Diesen Voraussetzungen eines Schadensersatzanspruchs entsprechend, erscheint es auf den ersten Blick im Sinne der ersten Ansicht konsequent, eine rücktrittsrechtliche Schadensersatzhaftung erst ab Ausübung des Rücktritts anzunehmen, da erst in diesem Zeitpunkt die Rückgewährpflicht des § 346 Abs. 1 BGB besteht. Dafür spricht zunächst auch der Wortlaut des § 346 Abs. 4 BGB, der auf die Verletzung einer Pflicht aus § 346 Abs. 1 BGB abstellt.

Eine Pflichtverletzung liegt jedoch nach richtigem Verständnis bereits dann vor, wenn der geschuldete Erfolg – in diesem Fall die unversehrte Rückgewähr des empfangenen Gegenstands – ausbleibt.[405] Kann demnach der Rückgewährschuldner nach Erklärung des Rücktritts die Sache nicht oder nur in einem qualitativ schlechteren Zustand, als es einem bestimmungsgemäßen Gebrauch entspricht, zurückgewähren, ist eine objektive Pflichtverletzung i.S.d. § 280 Abs. 1 S. 1 BGB gegeben. Der Wortlaut des § 346 Abs. 4 BGB lässt mithin nicht den zwingenden Schluss zu, dass vor Ausübung des Rücktritts keine Schadensersatzhaftung begründet werden kann.

Problematisch ist aber, woran das zum Schadensersatz erforderliche Vertretenmüssen des Schuldners geknüpft werden kann. Die Rückgewährpflicht nach § 346 Abs. 1 BGB entsteht erst mit Erklärung des Rücktritts. Das schuldhafte Verhalten des Rückgewährschuldners fand jedoch in einem Zeitraum statt, als diese Pflicht noch nicht bestand. Fraglich ist mithin, an welche Pflichtverletzung ein eventuelles Vertretenmüssen des Rückgewährschuldners in Bezug auf einen Umstand, der zur Restitutionsstörung führt, vor Erklärung des Rücktritts anknüpft. Diese Konstellation ist vergleichbar mit der strafrechtlichen Rechtsfigur der *actio libera in causa*. Auch hier wird versucht, die Sanktionierung einer Handlung trotz Schuldunfähigkeit im Zeitpunkt der Begehung der Tat zu ermöglichen. Als Lösungsansatz wird im Strafrecht zum einen die Tatbestandslösung vertreten, nach der bereits das Versetzen in einen schuldlosen Zustand als Anfang der Ausführung der Tat angesehen wird. Die strafbare Handlung wird vorverlegt und an diese knüpft das Verschulden an. Zum anderen existieren als Lösungsmöglichkeiten die Schuldverlagerungstheorie und das Ausnahmemodell, nach denen die

405 In diesem Punkt geht die Annahme von *Schwab* (in: Schwab/Witt, S. 372, Fn. 95) fehl, dass die Pflichtverletzung gem. § 280 Abs. 1 S. 1 BGB in der Herbeiführung der Unmöglichkeit durch positives Tun oder pflichtwidriges Unterlassen bestehe. Es würde dann nämlich den Gläubiger für solche Umstände die Beweislast treffen, die in den Bereich des Vertretenmüssens, für das sich der Schuldner nach § 280 Abs. 1 S. 2 BGB entlasten muss, gehören. Um zu einer gerechten Beweisverteilung zu gelangen, kann als Definition für die Pflichtverletzung nur das Ausbleiben des geschuldeten Erfolgs angesehen werden.

Schuld verlagert bzw. eine Ausnahme von § 20 StGB zugelassen wird.[406] Übertragen auf die Situation im Rücktrittsrecht, in der im Zeitpunkt der Vornahme der später zu sanktionierenden Handlung, der in einer Pflichtverletzung liegende Anknüpfungspunkt für das Vertretenmüssen fehlt, ergeben sich verschiedene Lösungswege. Zum einen kann angenommen werden, dass das Verschulden des Rückgewährschuldners durch eine Vorverlagerung der Rückgewährpflicht in einen Zeitraum, in dem sie eigentlich noch nicht bestand, an die Verletzung dieser Pflicht anknüpft. Der Rückgewährschuldner versetzt sich dann schuldhaft in eine Situation, durch die er später – nach Ausübung des Rücktritts – eine (schuldhafte) Pflichtverletzung begeht, wobei bereits das Versetzen in diesen Zustand als Tathandlung angesehen wird. Dies stellt eine Annäherung an die im Strafrecht vertretene Tatbestandslösung dar. Zum anderen könnte als Lösungsmöglichkeit – angelehnt an das Ausnahmemodell – fungieren, dass im Hinblick auf die Rückgewährpflicht bei jedem schuldhaften vorhergehenden Verhalten stets auch eine zu vertretende Pflichtverletzung des Rückgewährschuldners gegeben ist, wenn er den empfangenen Gegenstand nicht unversehrt zurückgewähren kann. Damit würde eine Ausnahme davon gemacht, dass im Zeitpunkt der Pflichtverletzung ein Verschulden gegeben sein muss. Dies würde jedoch zu einer Bewertung von Verhaltensweisen des Rückgewährschuldners in einem Zeitraum führen, in dem beide Parteien noch davon ausgingen, dass die jeweiligen Vermögensverschiebungen endgültig sind. Deswegen versucht die erste Teilansicht der zweiten Ansicht durch die Konstruktion einer Rücksichtnahmepflicht erst ab Kenntnis bzw. fahrlässiger Unkenntnis die Haftung des Rückgewährschuldners einzuschränken. Nach der zweiten Teilansicht liegt die Pflichtverletzung in dem Ausbleiben der unversehrten Rückgewähr des empfangenen Gegenstands und das Vertretenmüssen knüpft an eine bereits vorher bestehende Sorgfaltspflicht i.S.d. § 241 Abs. 2 BGB an. Dies stellt eine Annäherung an die im Strafrecht vertretene Schuldverlagerungstheorie dar, da das an die Verletzung der Sorgfaltspflicht anknüpfende Verschulden in den Tatbestand des Schadensersatzanspruchs bei Verletzung der Rückgewährpflicht verlagert wird. Fraglich ist, welcher dieser Lösungsansätze im Rücktrittsrecht überzeugen kann.

(2) Anknüpfung an vorgreifliche Rücksichtnahmepflichten?

Gestützt auf den Rechtsgedanken des § 242 BGB befürworten die Vertreter der zweiten Ansicht eine Schadensersatzpflicht bei schuldhafter Verletzung vorgreiflicher Rücksichtnahmepflichten, die – nach der zweiten Teilansicht – zu einer

406 Diese beiden letzten Lösungsansätze verstoßen im Strafrecht nach Ansicht des BGH (MDR 1996, 1276) gegen Art. 103 Abs. 2 GG.

Verletzung der Rückgewährpflicht aus § 346 Abs. 1 BGB führt. Dabei soll den Anknüpfungspunkt für das Vertretenmüssen die Verletzung einer bereits vor Ausübung des Rücktritts bestehenden Sorgfaltspflicht i.S.d. § 241 Abs. 2 BGB darstellen. Das für einen Schadensersatzanspruch erforderliche Vertretenmüssen wird also bei schuldhafter Verletzung dieser vorgreiflichen Sorgfaltspflichten angenommen. Damit liegt der Anknüpfungspunkt des Vertretenmüssens in einer Pflichtverletzung, die nicht identisch mit derjenigen der Verletzung der Rückgewährpflicht aus § 346 Abs. 1 BGB ist. Um eine schadensersatzrechtliche Haftung zu begründen, muss jedoch nach der grundsätzlichen Konzeption des Leistungsstörungsrechts[407] das Vertretenmüssen des Rückgewährschuldners an diejenige Pflichtverletzung anknüpfen, die sanktioniert werden soll. Diese kumulativ in einem Zeitpunkt – nämlich in demjenigen der Pflichtverletzung – vorliegenden Voraussetzungen zur Begründung eines Schadensersatzanspruchs kann nicht dadurch umgangen werden, dass zum einen eine Pflichtverletzung – wegen unterbliebener oder verschlechterter Rückgewähr als Verletzung der Pflicht aus § 346 Abs. 1 BGB – und zum anderen ein Vertretenmüssen – in Bezug auf eine Verletzung einer aus § 241 Abs. 2 BGB resultierenden Pflicht – angenommen wird. Die Pflichtverletzung muss vielmehr selbst den Anknüpfungspunkt für das Vertretenmüssen bilden. In diesem Fall bedeutet dies, dass die Verletzung der Rückgewährpflicht aus § 346 Abs. 1 BGB vom Schuldner in einer i.S.d. §§ 276 ff. BGB zu vertretenden Weise verletzt werden muss. Dieses Erfordernis kann auch nicht mit der Begründung umgangen werden, dass vom Begriff der Pflichtverletzung in § 280 Abs. 1 BGB, auf den § 346 Abs. 4 BGB Bezug nimmt, neben den Leistungspflichten auch die Sorgfaltspflichten i.S.d. § 241 Abs. 2 BGB umfasst seien. Denn gerade durch eine solche Aussage wird deutlich, dass von verschiedenen Pflichten die Rede ist, die Anknüpfungspunkte für ein Vertretenmüssen darstellen können. Als Anknüpfungspunkt eines Vertretenmüssens, das eine rücktrittsrechtliche Schadensersatzhaftung auslöst, kann aber als Anknüpfungspunkt nur die Rückgewährpflicht aus § 346 Abs. 1 BGB in Betracht kommen. Die Annahme einer Schadensersatzhaftung gem. §§ 346 Abs. 4, 280 ff. BGB unter Konstruktion eines Vertretenmüssens in Bezug auf eine vorgreifliche Rücksichtnahmepflicht i.S.d. § 241 Abs. 2 BGB kann mithin mangels Vorliegen der vollständigen Voraussetzungen nicht überzeugen.

Angenommen werden könnte – wie im Sinne der ersten Teilansicht der zweiten Meinung und der Teilansicht der ersten Meinung –, dass sich der Schadensersatzanspruch auf eine schuldhafte Verletzung der Rücksichtnahmepflichten gem. § 241 Abs. 2 BGB stützt. Dabei besteht nach der ersten Teilansicht der zweiten Meinung

407 Eine Ausnahme dazu stellt die Regelung des § 287 S. 2 BGB dar, deren Besonderheiten hier aber nicht erörtert werden sollen.

die Pflichtverletzung in der Verletzung der ebenso wie beim vertraglichen Rücktritt ab Leistungsaustausch beim gesetzlichen Rücktritt ab Kenntnis oder Kennenmüssen des Rücktrittsgrunds bestehenden Rücksichtnahmepflichten. An diese Pflichtverletzung soll das für einen Schadensersatzanspruch erforderliche Vertretenmüssen anknüpfen. Damit liegen zwar die Voraussetzungen einer schadensersatzrechtlichen Haftung vor. Diese kann aber mit dem Wortlaut des § 346 Abs. 4 BGB, der eine Schadensersatzpflicht wegen Verletzung einer Pflicht aus § 346 Abs. 1 BGB vorsieht, nicht vereint werden. Nach dieser Teilansicht liegt die Pflichtverletzung nämlich in der Verletzung der vorgreiflichen Rücksichtnahmepflichten und nicht in derjenigen der Rückgewährpflicht aus § 346 Abs. 1 BGB. Aber auch bei Annahme einer Verletzung der Rückgewährpflicht aus § 346 Abs. 1 BGB bei unterbliebener oder beeinträchtigter Rückgewähr des empfangenen Gegensands i.S.d. der zweiten Teilansicht der zweiten Meinung, kann eine solche Schadensersatzhaftung nicht überzeugen. Die vollständigen Voraussetzungen für einen Schadensersatzanspruch liegen nämlich lediglich in der schuldhaften Verletzung der Rücksichtnahmepflichten vor. Damit könnte ein Schadensersatzanspruch lediglich aus §§ 280, 241 Abs. 2 BGB und nicht etwa aus §§ 346 Abs. 4, 280 ff. BGB resultieren. Eine auf §§ 280, 241 Abs. 2 BGB gestützte Schadensersatzpflicht steht jedoch nicht im Einklang mit dem Willen des Gesetzgebers, der in § 346 Abs. 4 BGB klarstellt, dass die §§ 280 ff. BGB (nur) wegen Verletzung einer Pflicht aus § 346 Abs. 1 BGB Anwendung finden. Für eine solche Annahme können auch nicht die Gesetzesmaterialien fruchtbar gemacht werden, in der zum einen die Frage nach einer rücktrittsrechtlichen Schadensersatzpflicht mit der Aussage bejaht wird, dass eine Rechtspflicht zum sorgsamen Umgang mit dem Leistungsgegenstand entstehe, wenn der Rückgewährschuldner weiß oder wissen müsse, dass eine Rücktrittsmöglichkeit bestehe, zum anderen diese Antwort dadurch wieder eingeschränkt wird, dass diese Pflicht *spätestens* mit der Rücktrittserklärung einsetze.[408] Zunächst birgt diese Aussage bereits Unsicherheiten in sich, ob und ab wann eine Schadensersatzpflicht vor Erklärung des Rücktritts angenommen werden kann. Darüber hinaus ist zwar von einer Rechtspflicht zum sorgsamen Umgang die Rede; dies erlaubt jedoch nicht den Schluss, dass abweichend von § 346 Abs. 4 BGB eine Schadensersatzpflicht auf Grundlage der allgemeinen Vorschriften möglich ist. Für die Begründung eines Schadensersatzanspruchs wegen Verletzung vorgreiflicher Rücksichtnahmepflichten kann überdies nicht angebracht werden, dass hinsichtlich der Haftung auf Schadensersatz der vertraglich und gesetzlich zum Rücktritt Berechtigte gleichgestellt werden müssen. Zwar ist ein solcher Gleichlauf der Rücktrittsrechte in der Gesetzesberatung befürwortet worden.[409] Dies lässt je-

408 Vgl. BT-Drs. 14/6040, S. 195, ebenfalls in diese Richtung: *Kohler*, JZ 2002, 1127, 1129.
409 BT-Drs. 14/7052, S. 193 f.

doch nicht den zwingenden Schluss zu, dass auch der Lösungsweg derselbe sein muss, wenn das Ergebnis übereinstimmt. Vorgreifliche Rücksichtnahmepflichten wurden beim vertraglichen Rücktritt entwickelt[410], bei dem wegen der Vereinbarung einer Rücktrittsmöglichkeit bei Vertragsschluss in erheblicherem Ausmaß damit gerechnet werden muss, dass ein Rücktritt erfolgt. Der Rücktritt aufgrund eines gesetzlichen Rücktritts zeigt vielmehr Parallelen mit anderen gesetzlichen Rückabwicklungsmechanismen – zumal eine Annäherung des gesetzlichen Rückritts auch an das Bereicherungsrecht durch die Schuldrechtsreform gewollt war[411]. Bei anderen gesetzlichen Rückabwicklungsverhältnissen werden keine vorgreiflichen Rücksichtnahmepflichten kreiert, um zu einem gerechten Ausgleich zwischen den Parteien in Bezug auf Schadensersatzpflichten vor Geltendmachung eines Rückgewähranspruchs zu gelangen. Die Geltung der Grundsätze zum vertraglichen Rücktritt beim gesetzlichen Rücktritt kann mithin nicht überzeugen. Schließlich ist dieser Ansicht entgegenzuhalten, dass der Gedanke des § 311 Abs. 2 Nr. 2 BGB nicht passt, da es bei der Rückabwicklung um die Umkehrung eines bestehenden Schuldverhältnisses und nicht etwa um die Anbahnung eines Vertrags geht. Zwar wird jede Begründung einer Schadenseratzpflicht vor Abgabe der Rücktrittserklärung letztlich Ausdruck des Grundsatzes von Treu und Glauben sein. Es stellt sich aber die Frage, ob es nicht in anderen Rechtsinstituten vergleichbare Situationen gibt, deren geltende Grundsätze wegen der gleichen Interessenlage auf das Rücktrittsrecht übertragen werden können. Ziel eines solchen Lösungswegs ist zum einen eine dogmatisch überzeugende Lösung, zum anderen aber auch eine Lösung, die bereits vorgibt, ob die Kenntnis oder die grob oder leicht fahrlässige Unkenntnis erforderlich ist, um eine Schadensersatzhaftung vor Rücktrittserklärung zu begründen. Soweit nämlich aus Gerechtigkeitsgründen eine Haftung unter Zugrundelegung des Gedankens aus § 242 BGB angenommen wird, muss diese klar umschrieben sein und sich nicht eine weitere Diskussion – wie innerhalb der zweiten Ansicht[412] – über den Kenntnisstand als Auslöser der Haftung anschließen.

---

410 Vgl. etwa *Schwab* (in: Schwab/Witt, S. 372), der die Schadensersatzpflicht gem. §§ 346 Abs. 4, 280 ff. BGB beim vertraglichen Rücktritt wegen Verletzung einer Rückgewährpflicht, die, solange der Rücktritt noch möglich ist, als Vorwirkung des Rückabwicklungsverhältnisses ansieht. Ebenso *Arnold*, in: Dauner-Lieb/Arnold/Dötsch/Kitz, S. 251; *Looschelders*, SchuldR AT, Rn 861; a.A.: *Kaiser*, JZ 2001, 1057, 1063.

411 Vgl. BT-Drs. 14/6040, S. 194, 195.

412 Darüber, ob die Kenntnis (so: *Canaris*, Schuldrechtsreform, S. XLVI), die grobfahrlässige Unkenntnis (so: *Kamanabrou*, NJW 2003, 30, 31)oder auch die leicht fahrlässige Unkenntnis (so: *Gaier*, in: MüKo, § 346 Rn 61) maßgeblich für die Schadensersatzpflicht vor Abgabe der Rücktrittserklärung ist, besteht Uneinigkeit. Dazu siehe unten Teil 3, C. I. 2. b).

(3) Anknüpfung an die Rückgewährpflicht nach § 346 Abs. 1 BGB

Eine rücktrittsrechtliche Schadensersatzpflicht gem. §§ 346 Abs. 4, 280 ff. BGB wegen eines schuldhaft herbeigeführten Umstands, der nach Erklärung des Rücktritts eine Restitutionsstörung darstellt, kann nur dann angenommen werden, wenn das Vertretenmüssen an die Verletzung der Rückgewährpflicht aus § 346 Abs. 1 BGB anknüpft. Der Rückgewährschuldner verletzt diese Pflicht i.S.d. § 280 Abs. 1 S. 1 BGB, wenn der empfangene Gegenstand nicht oder nicht unbeeinträchtigt zurückgewährt wird. Um ein für eine Schadensersatzpflicht erforderliches Vertretenmüssen i.S.d. § 280 Abs. 1 S. 2 BGB annehmen zu können, muss sich der Rückgewährschuldner ab dem Zeitpunkt, in dem er Kenntnis von den Rücktrittsvoraussetzungen hat, bei Rücktrittserklärung so behandeln lassen, als wenn der Rückgewähranspruch schon begründet wäre. Die Rückgewährpflicht aus § 346 Abs. 1 BGB wirkt also bereits in dem Zeitraum, in dem sie mangels Ausübung des Rücktritts eigentlich noch nicht entstanden ist. Die Situation des Rückgewährschuldners ist vergleichbar mit derjenigen, in der sich ein Kondiktionsschuldner nach Anfechtung gem. § 142 Abs. 1 BGB des Kausalgeschäfts befindet. In beiden Fallkonstellationen ist der Schuldner bis zur Rückübertragung des Eigentums im Rahmen der Rückabwicklung Vollrechtsinhaber, obwohl ihm das Recht an der Sache rückwirkend nicht mehr uneingeschränkt zusteht. Ebenso wie bei der Anfechtung wird durch den Rücktritt der *status quo ante* durch vollständigen wirtschaftlichen Ausgleich sowohl hinsichtlich des Leistungsgegenstands als auch der Nutzungen und Verwendungen angestrebt. In den Rechtsfolgen bedeutet dies, dass mit Ausübung des Gestaltungsrechts der ursprüngliche Grund der Vermögensverschiebung rückwirkend erlischt. Zwar wird bei einer Anfechtung nach § 142 Abs. 1 BGB angenommen, dass der Rückgewähranspruch aus § 812 Abs. 1 S. 1 Alt. 1 BGB rückwirkend fingiert wird, wohingegen der Rückgewähranspruch infolge Rücktritts nach § 346 Abs. 1 BGB erst mit Ausübung des Rücktrittsrechts entsteht. Die Geltendmachung des Rückgewähranspruchs aus § 812 Abs. 1 S. 1 Alt. 1 BGB kann jedoch auch erst nach erklärter Anfechtung erfolgen. Die Interessenlage bei der Rückabwicklung infolge einer Leistungskondiktion ist mithin vergleichbar mit derjenigen infolge Rücktritts, zumal die Rückabwicklung nach letzterem Rechtsbehelf als *lex specialis* zu derjenigen nach einer Leistungskondition angesehen wird. Ebenso wie bei einer bereicherungsrechtlichen Abwicklung infolge einer Anfechtung muss demnach auch der Rückgewähranspruch aus § 346 Abs. 1 BGB für den Zeitraum vor Erklärung des Rücktritts fingiert werden, wenn der Rücktritt schließlich ausgeübt wird. Dabei wird im Bereicherungsrecht für die Haftung des Kondiktionsschuldners ab Kenntnis des Mangels vom rechtlichen Grund gem. §§ 818 Abs. 4, 819 Abs. 1 BGB über § 292 BGB auf das Eigentümer-Besitzer-Verhältnis nach §§ 989, 990 BGB verwiesen. Dies erfolgt dadurch, dass die Kenntnis vom Mangel in § 819 Abs. 1 BGB der Rechtshängigkeit des Rückgewähranspruchs in § 818 Abs. 4 BGB gleichgestellt wird. Ab diesem Zeitpunkt haftet der Kondiktionsschuldner bereits vor Geltendmachung des Rückgewähranspruchs und vor Ausübung des Gestaltungsrechts – in diesem Fall der Anfechtung nach § 142 Abs. 1 BGB – wegen schuldhafter Beeinträchtigung des empfangenen Gegenstands. In gleicher Weise ist im Rücktrittsrecht bei Ausübung des Rücktritts die Schadensersatzhaftung wegen Verletzung der fingierten Rückgewährpflicht so einzuschränken, dass die Kenntnis des Rückgewährschuldners von den Rücktrittsvoraussetzungen der Entstehung des Herausgabeanspruchs gleichzusetzen ist. Ab der Kenntnis muss sich der Rückgewährschuldner also so behandeln lassen, als wenn der Rückgewähranspruch bereits Bestand gehabt hätte, wenn sie später durch Erklärung des Rücktritts entsteht. Diese Lösung stellt eine Annäherung an die im Strafrecht im Rahmen der *actio libera in causa* vertretende Tatbestandslösung dar. Durch die Vorwirkung der Rückgewährpflicht ab Kenntnis des Rückgewährschuldners kann dessen schuldhaftes Verhalten in einen Zeitraum berücksichtigt werden, in dem die Rückgewährpflicht eigentlich noch nicht bestand. Die für den Tatbestand einer Schadensersatzpflicht erforderliche Pflicht als Voraussetzung einer Pflichtverletzung wird somit ausgeweitet. In gleicher Weise wird im Strafrecht das Verschulden des Täters an eine Handlung in einem Zeitraum angeknüpft, in dem noch kein Straftatbestand verwirklicht war.

Eine solche Lösung wird der Stellung des gesetzlichen Rücktritts innerhalb der gesetzlichen Rückabwicklungsverhältnisse – wie dem Bereicherungsrecht und dem Eigentümer-Besitzer-Verhältnis – gerecht. Dabei liegt im Eigentümer-Besitzer-Verhältnis der Grund für die Haftung des unrechtmäßigen Besitzers in dem bereits begründeten Herausgabeanspruch des Eigentümers aus § 985 BGB. Ebenso ist der bereicherungsrechtliche Rückgewähranspruch bei anfänglicher Unwirksamkeit des Vertrags bereits vor Geltendmachung des Anspruchs gegeben. Im Unterschied dazu besteht zwar im Rücktrittsrecht das Schuldverhältnis fort, da aufgrund fehlender vollständiger oder mangelfreier Erfüllung kein Erlöschen i.S.d. § 362 Abs. 1 BGB eingetreten ist[413], aber es ist kein Herausgabeanspruch bereits begründet, da dieser erst mit Erklärung des Rücktritts entsteht. Bei den genannten gesetzlichen Rückabwicklungsverhältnissen geht es aber in gleicher Weise um die Beurteilung einer ab Kenntnis von einer eventuell später geltend gemachten Herausgabepflicht bestehenden Schwebelage wie beim gesetz-

413 Aufgrund des Weiterbestehens des Schuldverhältnisses für den Zeitraum, bis die Gewährleistungsrechte wegen Zeitablaufs gem. § 214 BGB unwirksam werden, passt neben dem von *Gaier* (in: Müko, § 346 Rn 61) herangezogenen Gedanken des § 311 Abs. 2 Nr. 2 BGB auch derjenige einer anfänglichen Unmöglichkeit nach § 311 a Abs. 2 BGB nicht.

lichen Rücktritt. Dabei kann es keinen Unterschied machen, ob das Gesetz eine Rückwirkung des Herausgabeanspruchs auf den Zeitpunkt des Vertragsschlusses – wie bei einer bereicherungsrechtlichen Rückabwicklung infolge einer Anfechtung nach § 142 Abs. 1 BGB – vorsieht, oder den Herausgabeanspruch erst mit Ausübung des Gestaltungsrechts entstehen lässt.[414]

Auf diesen Ansatz stützt sich auch die Ansicht von *Kohler*, der auf das im BGB immanente Prinzip zur Behandlung von Schwebelagen zurückgreift. Gegen eine umfassende Befürwortung dieser Ansicht spricht, dass *Kohler* – sofern man seinen Ansatz eines stets konkurrierenden Bereicherungsrechts mit dem Rücktrittsrecht ablehnt – zu einer Gesamtanalogie zu §§ 160, 989, 818 Abs. 4, 819 BGB gelangt und eine Schadensersatzhaftung über § 280 BGB ablehnt. Eine planwidrige Gesetzeslücke ist jedoch wegen der möglichen Anknüpfung des Vertretenmüssens an die Verletzung der (vorwirkenden) Rückgewährpflicht nach § 346 Abs. 1 BGB nicht gegeben. Wegen der vergleichbaren Wertung ist aber dem Ansatz von *Kohler* zu folgen und auf die zu den anderen gesetzlichen Rückabwicklungsverhältnissen bestehenden Möglichkeiten, die Kenntnis von einem eventuellen Herausgabeverlangen der Gegenpartei im Zeitpunkt der Geltendmachung dieses Anspruchs zu berücksichtigen, abzustellen. Ebenso wie im Bereicherungsrecht in § 819 Abs. 1 BGB die Kenntnis vom Mangel des rechtlichen Grunds der Rechtshängigkeit des Anspruchs gem. § 818 Abs. 4 BGB gleichgestellt wird, wird in § 990 BGB im Eigentümer-Besitzer-Verhältnis auf eine Haftung nach den §§ 987, 989 BGB verwiesen, wenn der Besitzer bei Erwerb nicht in gutem Glauben war oder seine Nichtberechtigung später erfährt. In gleicher Weise ist im Rücktrittsrecht bei Ausübung des Rücktritts die Kenntnis des Rückgewährschuldners von den Rücktrittsvoraussetzungen der Entstehung des Herausgabeanspruchs gleichzusetzen. Zwar tritt mit Entstehung des Anspruchs nicht auch schon die Rechtshängigkeit des Anspruchs ein. Das Abstellen auf den Umstand der Rechtshängigkeit im Bereicherungsrecht ebenso wie im Eigentümer-Besitzer-Verhältnis begründet sich daraus, dass der Herausgabeanspruch vorher bereits bestand. Da dies aber im Rücktrittsrecht nicht so ist, muss hier vor dem Hintergrund eines interessensgerechten Ergebnisses die Anspruchsentstehung der Kenntnis von dieser Möglichkeit gleichgesetzt werden. Dies ergibt sich zum einen daraus, dass es für die Bewertung der Schwebelage vor Geltendmachung eines Herausgabeverlangens keinen Unterschied machen kann, ob der

414 In umgekehrter Weise, wie über § 347 S. 1 BGB a.F. eine Schadensersatzhaftung wegen schuldhafter Beeinträchtigung des Rückgewährgegenstands ab Empfang der Leistung bestehen konnte und für den gesetzlich zum Rücktritt Berechtigten in der Rechtsprechung und in der Literatur eine Einschränkung dieser Haftung erst ab Kenntnis bzw. Kennenmüssen angestrebt wurde, muss im neuen Recht die Schadensersatzhaftung ausgeweitet werden.

Anspruch schon vorher bestand oder erst später entsteht. Die Situation, in der sich der jeweilige Schuldner befindet, ist nämlich vergleichbar. In all diesen Konstellationen muss er sich in Kenntnis einer eventuellen Herausgabepflicht so verhalten, dass er diese Pflicht nicht durch ein vorhergehendes schuldhaftes Verhalten verletzt. Daneben hat es ein Rückgewährschuldner im Rücktrittsrecht – anders als im Bereicherungsrecht und im Eigentümer-Besitzer-Verhältnis – in der Regel selbst in der Hand, ob er einen Rückgewähranspruch des Gläubigers zur Entstehung bringt. Soweit ihm ein gesetzliches Rücktrittsrecht zusteht, gelangt er erst dann in die Situation, auf Schadensersatz wegen verschuldeter Beeinträchtigung des Rückgewährgegenstands zu haften, wenn er die Sache zurückgeben will und deswegen den Rücktritt erklärt hat. Auch in den Fällen, in denen er nicht zum Rücktritt berechtigt ist, aber die Gegenseite wegen Zahlungsverzugs zum Rücktritt nach § 323 BGB veranlasst hat, bestand für ihn die Möglichkeit, das Herausgabeverlangen durch Zahlung abzuwenden. Aus diesen Gründen muss eine Gleichsetzung der Kenntnis von den Rücktrittsvoraussetzungen mit der fingierten Entstehung des Rückgewähranspruchs erfolgen, wenn der Rücktritt erfolgt. Damit ist die nach Ausübung des Rücktritts in der ausbleibenden vollständigen Rückgewähr des empfangenen Gegenstands liegende Verletzung der Pflicht aus § 346 Abs. 1 BGB als Anknüpfungspunkt des Vertretenmüssens des Rückgewährschuldners anzunehmen.

cc) Ergebnis

Der Rückgewährschuldner ist gem. §§ 346 Abs. 4, 280 ff. BGB auch bei Restitutionshindernissen, die er vor Erklärung des Rücktritts schuldhaft herbeigeführt hat, zum Schadensersatz verpflichtet. Diese Schadensersatzpflicht knüpft an die nach Ausübung des Rücktritts bestehende Rückgewährpflicht gem. § 346 Abs. 1 BGB an, die der Schuldner infolge einer Rückwirkungsfiktion ab Kenntnis von der Rücktrittsmöglichkeit schuldhaft i.S.d. §§ 276 ff. BGB verletzen kann.

b) Fahrlässige Unkenntnis der Rücktrittsmöglichkeit

Fraglich ist, ob für die Schadensersatzhaftung des Rückgewährschuldners nach §§ 346 Abs. 4, 280 ff. BGB neben der Kenntnis von den Rücktrittsvoraussetzungen auch leicht oder grob fahrlässige Unkenntnis ausreichend ist. Hierzu werden unterschiedliche Ansichten vertreten.

aa) Meinungsstand

Nach einer Ansicht[415] genügt für die Begründung eines Schadensersatzanspruchs vor Erklärung des Rücktritts neben der Kenntnis auch die leicht fahrlässige Unkenntnis. Bestehe Kenntnis oder fahrlässige Unkenntnis des Rückgewährschuldners von den Rücktrittsvoraussetzungen, müsse er mit der Möglichkeit des Scheiterns des Vertrags und seiner eigenen Verpflichtung zur Rückgewähr rechnen. Von diesem Zeitpunkt an gehe die Behandlung des Leistungsgegenstands mit einer Einwirkung auf die Belange des Rückgewährgläubigers einher und es bestehe die Rechtspflicht zur sorgsamen Behandlung. Diese Situation sei mit der einer *culpa in contrahendo* vergleichbar, für die § 311 Abs. 2 Nr. 2 BGB Schutzpflichten an die gesteigerte Einwirkungsmöglichkeit auf die Interessen der anderen Partei knüpfe. Die Annahme, nur bei Kenntnis eine Schadensersatzhaftung zu begründen, würde der Vorschrift des § 276 BGB zuwiderlaufen. Insbesondere gäbe es – nach Streichung des § 327 S. 2 BGB a.F. mit Verweis auf das Bereicherungsrecht – keinen Grund mehr, im Hinblick auf § 819 BGB abweichende Ergebnisse zu vermeiden. Nur eine solche Sichtweise sei überdies mit den Vorstellungen des Gesetzgebers, der gesteigerte Sorgfaltspflichten schon mit dem Kennenmüssen von den Rücktrittsvoraussetzungen annehme, zu vereinen. Um eine Gleichbehandlung von vertraglichem und gesetzlichem Rücktritt hinsichtlich der Haftung auf Schadensersatz zu erreichen, müsse eine solche bereits dann anzunehmen sein, wenn dem Rücktrittsberechtigten die Voraussetzungen des Rücktritts bekannt sein müssen.

Einer anderen Ansicht[416] zufolge reiche nicht bereits jedes Kennenmüssen vom Rücktrittsgrund aus, um eine Schadensersatzhaftung bei schuldhafter Beeinträchtigung des Rückgewährgegenstands zu begründen. Vielmehr müsse der Rücktrittsgrund so evident sein, dass er sich dem Empfänger ohne weitere Nachforschungen aufdränge. Grundsätzlich könne der Rückgewährschuldner davon ausgehen, dass der Vertrag störungsfrei durchgeführt werde und er den Gegenstand auf Dauer erworben habe. Er brauche nicht nach Gründen dafür zu suchen, die zu einer Rückabwicklung des Vertrags führen könnten. Eine Pflicht zur Nachforschung, ob ein solches Recht zur Vertragsauflösung bestünde, sei mit dem Grundsatz *pacta sunt servanda* nicht vereinbar. Solange das Rücktrittsrecht nicht offenkundig sei, müssten die Parteien davon ausgehen, dass sie die vereinbarten Leistungen erbringen müssen und dass sie die zum Zwecke der Erfüllung erbrachten Leistungen behalten dürfen. Da hierdurch der nachlässige Rücktrittsberech-

415 *Gaier*, in: MüKo, § 346 Rn 61; *ders.*, WM 2002, 1, 11; *Faust*, in: Huber/Faust, S. 256; *Grüneberg*, in: Palandt, § 346 Rn 18; *Grothe*, in: Bamberger/Roth, § 346 Rn 59.

416 *Schwab*, in: Schwab/Witt, S. 373; *Kamanabrou*, NJW 2003, 30, 31; *Faust*, in: jurisPK, § 346 Rn 97.

tigte, der aufgrund seiner fahrlässigen Unkenntnis von der Haftung frei gestellt wäre, gegenüber dem sorgfältigen Rücktrittsberechtigten, der ab Kenntnis seines Rücktrittsrechts für den verschuldeten Untergang des Gegenstands hafte, unangemessen privilegiert werde, müsse die grobfahrlässige Unkenntnis der Kenntnis gleichgestellt werden. Eine Schadensersatzhaftung vor Erklärung des Rücktritts sei mithin anzunehmen, wenn der Rückgewährschuldner die Rücktrittsvoraussetzungen grob fahrlässig nicht kenne.

Die zu diesem Problemkreis bestehende dritte Meinung[417] verlangt positive Kenntnis vom Rücktrittsgrund, um zu einer Schadensersatzhaftung vor Rücktrittserklärung bei verschuldeter Beeinträchtigung des Rückgewährgegenstands zu gelangen. Zwar wäre in den Gesetzesmaterialien angedeutet, dass auch fahrlässige Unkenntnis vom Rücktrittsgrund genüge, dies könne aber wegen der zugleich gezeigten Unsicherheiten, welcher Zeitpunkt tatsächlich gelten solle, nicht überzeugen. Auch der Vergleich mit einem vertraglichen Rücktrittsrecht gehe fehl. Zwar stimme die Vertrauenslage mit derjenigen im Fall des vertraglichen Rücktrittsrechts überein, sobald ein Rücktrittsbeteiligter beim gesetzlichen Rücktrittsrecht Kenntnis von der Rücktrittsmöglichkeit habe. Für eine Schadensersatzhaftung auch bei bloßem Kennenmüssen der Rücktrittsmöglichkeit sei jedoch ein erhöhter Vertrauensschutz erforderlich, der im Gegensatz zum vertraglichen beim gesetzlichen Rücktrittsrecht nicht ohne weiteres angenommen werden könne. Ferner verbiete sich die Annahme einer Schadensersatzhaftung bei bloßem Kennenmüssen der Rücktrittsmöglichkeit aus systematischen Erwägungen. Im Bereicherungsrecht genüge eine Fahrlässigkeit in Bezug auf das Wissen um die mögliche Rückerstattungspflicht nicht, wie sich aus § 819 Abs. 1 BGB ergäbe. Wegen des Ziels einer Harmonisierung der Rückgewährschuldverhältnisse, müsse diese Grenze auch im Rücktrittsrecht gelten. Hingegen könne die grobfahrlässige Unkenntnis des § 990 Abs. 1 S. 1 BGB nicht gelten, da diese verschärfte Haftung nur dadurch gerechtfertigt sei, dass der Rückgewährpflichtige im Eigentümer-Besitzer-Verhältnis anders als im Bereicherungs- oder Rücktrittsrecht dinglich und gegenwärtig Nichtberechtigter sei. Daneben knüpfe ein Vindikationsverhältnis häufig an den Nichterwerb trotz Gutgläubigkeit des Erwerbers an, weswegen § 990 Abs. 1 S. 1 BGB an § 932 Abs. 2 BGB angepasst werden musste. Das Rücktrittsrecht habe hingegen mehr Gemeinsamkeiten mit dem Bereicherungsrecht als mit dem Vindikationsfolgenrecht, so dass der Maßstab im Bereicherungsrecht als Grenzziehung zur Schadensersatzhaftung heranzuziehen sei.

417 *Kohler*, JZ 2002, 1127, 1132, 1133; so wohl auch *Canaris*, Schuldrechtsreform, S. XLVII.

bb) Stellungnahme

Ein rücktrittsrechtlicher Schadensersatzanspruch gem. §§ 346 Abs. 4, 280 ff. BGB kann nur dadurch begründet werden, dass der Rückgewährschuldner den Umstand, der eine unversehrte Rückgewähr des empfangenen Gegenstands verhindert, i.S.d. §§ 276 ff. BGB zu vertreten hat. Dabei knüpft sein Verschulden an die Pflicht zur Rückgewähr an, die ab Kenntnis von der Rücktrittsmöglichkeit vor Erklärung des Rücktritts fingiert wird. Durch diese Lösung wird eine Harmonisierung mit anderen gesetzlichen Rückabwicklungsmechanismen – wie dem Eigentümer-Besitzer-Verhältnis und dem Bereicherungsrecht – erreicht. Deswegen können als Beurteilungsmaßstäbe die zu diesen Rechtsinstituten geltenden Grundsätze herangezogen werden. Im Bereicherungsrecht wird der Rechtshängigkeit des Herausgabeanspruchs nach § 818 Abs. 4 BGB nur die positive Kenntnis in § 819 Abs. 1 BGB gleichgestellt. In gleicher Weise schadet dem unrechtmäßigen Besitzer nach § 990 Abs. 1 S. 2 BGB nur positive Kenntnis, wenn sich die Sache bereits in seinem Besitz befindet. Die Frage nach einem Schadensersatz im Rücktrittsrecht wird nur dann relevant, wenn der Rückgewährschuldner zur unversehrten Rückgewähr des Gegenstands nicht in der Lage ist. In diesem Zeitpunkt wurden die Leistungen bereits ausgetauscht, d.h. der Besitz wurde dem späteren Rückgewährschuldner i.S.d. § 446 S. 1 BGB bzw. § 640 Abs. 1 BGB bereits übertragen. Demzufolge ist – abweichend von der dritten Ansicht – nicht auf § 990 Abs. 1 S. 1 BGB, sondern vielmehr auf § 990 Abs. 1 S. 2 BGB abzustellen. Letztere Norm verlangt aber ebenso wie § 819 Abs. 1 BGB die positive Kenntnis. Wegen des Ziels, eine Harmonisierung mit anderen gesetzlichen Rückabwicklungsmechanismen herbeizuführen, kann auch im gesetzlichen Rücktrittsrecht nichts anderes gelten. Insbesondere lässt sich ein Abstellen auf die grob oder leicht fahrlässige Unkenntnis im Rahmen des rücktrittsrechtlichen Schadensersatzanspruchs dogmatisch nur schwer begründen.[418] Um eine überzeugende Lösung zu finden, muss in gleicher Weise, wie im Bereicherungsrecht und im Eigentümer-Besitzer-Verhältnis die Kenntnis der Rechtshängigkeit gleichgestellt wird, im Rücktrittsrecht die Kenntnis der Entstehung des Rückgewähranspruchs gleichgestellt werden. Dieser Anspruch wird dann für die Zeit vor Ausübung des Rücktritts fingiert, um einen Anknüpfungspunkt für das Vertretenmüssen des Rückgewährschuldners an dem Umstand, der später zur Restitutionsstörung führt, zu bilden. Dieser Ansatz ist mit der Annahme der Schädlichkeit schon einer fahrlässigen Unkenntnis vom Rücktrittsgrund nicht zu vereinen. Überdies kann auch nicht § 276 BGB als Begründung dafür angeführt werden, eine Scha-

418 Vgl. dazu den geführten Meinungsstreit innerhalb der Frage, ob eine Schadensersatzpflicht vor Erklärung des Rücktritts möglich ist: Teil 3, C. I. 2. a).

densersatzpflicht ab fahrlässiger Unkenntnis anzunehmen. In § 276 BGB wird die Verantwortlichkeit des Schuldners in Hinblick auf eine Pflichtverletzung umschrieben. Ab dem Zeitpunkt, in dem eine Pflicht des Schuldners besteht, kann sein Verhalten unter Bezugnahme auf die §§ 276 ff. BGB beurteilt werden. Hingegen dient diese Norm nicht dazu, eine Pflicht erst zu begründen. Ein Widerspruch zu § 276 BGB ist damit bei der Annahme einer Schadensersatzpflicht erst ab Kenntnis nicht gegeben. Darüber hinaus kann auch die zweite Ansicht nicht überzeugen, die eine Nachforschungspflicht wegen des Grundsatzes *pacta sunt servanda* ablehnt und dabei verkennt, dass im Einzelfall auch bei grobfahrlässiger Unkenntnis Nachforschungspflichten bestehen können.[419] Hingegen genügt zur Annahme einer positiven Kenntnis eine unterlassene Nachforschung bei aufkommenden Zweifeln und billigende Inkaufnahme nicht. Vielmehr ist erforderlich, dass die Tatsachen, aus denen sich die Voraussetzungen des Rücktrittsrechts ergeben, sowie die Rechtsfolgen dieser Situation bekannt sind.[420] Kenntnis hat insoweit auch, wer sich rechtsblind der Einsicht des Vorliegens der Rücktrittsvoraussetzungen, gemessen an dem normativen Maßstab redlich und vom eigenen Vorteil unbeeinflusst Denkender, bewusst verschließt.[421] Damit wird derjenige Rückgewährschuldner, der nachlässig eine eventuelle spätere Rückgewährpflicht von sich weist, gegenüber demjenigen, der sich dessen bewusst ist, nicht privilegiert. Die Gefahr, den Nachlässigen gegenüber dem Sorgsamen zu privilegieren, wird mithin nicht nur dann vermieden, wenn auf die grobfahrlässige Unkenntnis abgestellt wird, sondern auch bei Annahme der positiven Kenntnis. Schließlich entspricht es auch der Systematik des § 346 BGB für einen rücktrittsrechtlichen Schadensersatzanspruch auf die positive Kenntnis abzustellen. Wäre eine Schadensersatzpflicht schon bei fahrlässiger Unkenntnis der Rücktrittsvoraussetzungen begründet, wäre die in § 346 Abs. 3 S. 1 Nr. 1 BGB angeordnete Wertung unterlaufen. Durch diesen Ausschlussgrund wird explizit auf die Kenntnis vom Rücktrittsgrund abgestellt und der Rückgewährschuldner vor diesem Zeitpunkt privilegiert. Darüber hinaus harmonisiert eine ab Kenntnis gegebene Schadensersatzhaftung mit derjenigen, die bei Entfallen der Wertersatzpflicht über § 346 Abs. 3 S. 2 BGB nach Bereicherungsrecht eröffnet wird. Im Bereicherungsrecht ist ab Kenntnis des rechtlichen Mangels nach §§ 818 Abs. 4, 819 Abs. 1, 292, 989, 990 BGB eine Schadensersatzhaftung möglich. Damit diese Haftung zum gleichen Zeitpunkt einsetzt, wie die rücktrittsrechtliche Schadensersatzhaftung,

---

419 BGH LM § 932 Nr. 29; BGH WM 1978, 1208; *Bassenge*, in: Palandt, § 932 Rn 10; *Quack*, in: MüKo, § 932 Rn 42 ff.

420 Dies stellt eine Übertragung der Definition der Kenntnis bei § 819 Abs. 1 BGB (nach *Sprau*, in: Palandt, § 819 Rn 2 mit Verweis auf BGHZ 133, 246; 118, 343) dar.

421 BGHZ 133, 246; BGH LM § 990 Nr. 10; NJW 1996, 2030; *Sprau*, in: Palandt, § 819 Rn 2; *Bassenge*, in: Palandt, § 990 Rn 5; *Martinek*, JZ 1996, 1099 f.

muss bei Letzterer entsprechend §§ 819 Abs. 1, 990 Abs. 1 S. 2 BGB auf die positive Kenntnis abgestellt werden.

cc) Ergebnis

Eine Schadensersatzhaftung gem. §§ 346 Abs. 4, 280 ff. BGB vor Ausübung des Rücktritts kann nur bei Vorliegen positiver Kenntnis von den Rücktrittsvoraussetzungen angenommen werden.

c) Schuldlose Unkenntnis der Rücktrittsmöglichkeit

Vereinzelt wird eine Schadensersatzhaftung vor Rücktrittserklärung beim gesetzlichen Rücktritt zu Lasten des Rücktrittsgegners unabhängig davon angenommen, ob dieser die Rücktrittsmöglichkeit kennt oder kennen muss. Begründet wird dieser Ansatz damit, dass der Rücktrittsgegner den Rücktritt stets zu vertreten habe[422] bzw. dass bei schuldhaft gesetztem Rücktrittsgrund zumindest Kennenmüssen der Rücktrittsvoraussetzungen mit der Folge eines Schadensersatzanspruchs vorliege[423]. Gegen eine generelle Schadenersatzhaftung des Rücktrittsgegners spricht jedoch, dass er in bestimmten Einzelfällen nicht per se für den Rücktrittsgrund verantwortlich ist. So hat der Rücktrittsgegner den Rücktritt des Rücktrittsberechtigten infolge einer Störung der Geschäftsgrundlage nach § 313 Abs. 3 BGB nicht zu vertreten. Gleiches gilt, wenn der Rücktrittsgegner deswegen nicht oder nicht fristgerecht vollständig leistet, weil er durch höhere Gewalt an der Lieferung gehindert wird.[424] Daneben kann auch der Ansatz nicht überzeugen, der eine Schadensersatzpflicht des Rücktrittsgegners damit befürwortet, dass bei Vorliegen eines Vertretenmüssens im Hinblick auf den Rücktrittsgrund zumindest Kennenmüssen der Rücktrittsvoraussetzungen anzunehmen ist. Dagegen spricht zunächst, dass das Kennenmüssen des Rückgewährschuldners nicht ausreichend ist, um eine rücktrittsrechtliche Schadensersatzhaftung nach §§ 346 Abs. 4, 280 ff. BGB vor Erklärung des Rücktritts zu begründen.[425] Darüber hinaus verkennen die Vertreter dieses Ansatzes, dass vom Gesetz eine Symmetrie der Beteiligten im Rückabwicklungsverhältnis angestrebt wird.[426] Nach

422 *Heinrichs*, FS Schmidt (2005), S. 159, 183; *ders.* in: Palandt (2002), § 346 Rn 17 mit Verweis auf die Rechtsprechung zum früheren Recht: BGH NJW-RR 1993, 627.

423 *Gaier*, WM 2002, 1, 13; *ders.*, in: MüKo, § 346 Rn 63.

424 *Kaiser*, JZ 2001, 1057, 1064, 1065, die darüber hinaus die Rückabwicklung nach den §§ 346 ff. BGB infolge eines Verbraucherwiderrufs, §§ 355 ff. BGB, nennt.

425 Siehe dazu oben Teil 3, C. I. 2. b).

426 *Kohler*, JZ 2002, 1127, 1133 mit Verweis auf den Diskussionsentwurf des BMJ vom 4.8.2000 (abgedr. bei *Canaris*, Schuldrechtsreform, S. 227).

Rücktrittserklärung stehen sich die Vertragspartner als gleichberechtigte Rückgewährschuldner gegenüber. Die Haftung für Störungen im Rückabwicklungsverhältnis richtet sich dabei nicht danach, wer für die den Rücktritt auslösende Leistungsstörung verantwortlich war, sondern danach, wer den Untergang oder die Beeinträchtigung der zurückzugewährenden Sachen zu verantworten hat.[427] Diese Symmetrie wird ausnahmsweise durch die Privilegierung des Rücktrittsberechtigten in § 346 Abs. 3 S. 1 Nr. 2 und Nr. 3 BGB durchbrochen. Da eine vergleichbare Regelung für den Schadensersatzanspruch fehlt, wird deutlich, dass vom Gesetz eine Besserstellung des gesetzlich zum Rücktritt Berechtigten bzw. eine Schlechterstellung des Rücktrittsgegners beim Schadensersatz nicht gewollt ist. Eine Haftungsasymmetrie ist demnach nur bei der Wertersatzpflicht und nicht auch bei der Schadensersatzhaftung vorgesehen. Schließlich können diese Ansätze auch dogmatisch nicht überzeugen. Durch eine solche Vorgehensweise würde nämlich systemwidrig die Verantwortlichkeit für die das Rücktrittsrecht begründende Leistungsstörung in das Rückabwicklungsverhältnis und damit in einen Sachzusammenhang in Hinblick auf den Umgang mit dem Erlangten hineingezogen.[428] Im Rückabwicklungsverhältnis können aber nur solche Verantwortlichkeiten berücksichtigt werden, die sich auf die Pflicht zur Rückgewähr des Erlangten beziehen. Nur eine zu vertretende Verletzung der Rückgewährpflicht aus § 346 Abs. 1 BGB kann eine rücktrittsrechtliche Schadensersatzhaftung nach den §§ 346 Abs. 4, 280 ff. BGB auslösen. Beim Abstellen auf das Vertretenmüssen des Rücktrittsgegners im Hinblick auf die zum Rücktritt führende Leistungsstörung liegen die Voraussetzungen für einen solchen Schadensersatzanspruch bereits nicht vor. Die zum Schadensersatz führende Pflichtverletzung muss nämlich grundsätzlich den Anknüpfungspunkt für das Vertretenmüssen darstellen.[429] Hingegen kann es nicht überzeugen, die Pflichtverletzung im Ausbleiben der unversehrten Rückgewähr zu sehen und das Vertretenmüssen an die Verletzung der primären Pflicht zur Leistung anzuknüpfen. Zumal es dem Rücktrittsberechtigten im Rahmen von Kauf- und Werkverträgen unbenommen bleibt, wegen der vom Rücktrittsgegner zu vertretenen Pflichtverletzung neben

427 *Kaiser*, JZ 2001, 1057, 1064.

428 *Kaiser*, JZ 2001, 1057, 1064 und *Kohler*, JZ 2002, 1127, 1134, der darüber hinaus durch eine solche Vorgehensweise das hinsichtlich des Rücktrittsgrunds bestehende Vertreten-müssen des Rücktrittsgegners als doppelt sanktioniert ansieht. Diese Begründung kann nicht überzeugen, da für ein Rücktrittsrecht der anderen Partei ein Vertretenmüssen hinsichtlich der Leistungsstörung nicht erforderlich ist. Eine Doppelsanktion ist somit nicht gegeben.

429 Dies wird von den diesen Ansatz befürwortenden Vertretern sowohl bei ihrer Ansicht zur vor Erklärung des Rücktritts bestehenden Schadensersatzpflicht beider Rückgewährbeteiligter als auch bei der hier angenommenen Schadensersatzhaftung des Rücktrittsgegners verkannt.

dem Rücktritt (§ 325 BGB) nach §§ 437 Nr. 3, 280 ff. BGB bzw. §§ 634 Nr. 4, 280 ff. BGB Schadensersatz zu verlangen. Damit wird das schuldhafte Verhalten des ehemaligen Schuldners und späteren Rücktrittsgegners im Hinblick auf eine beim Leistungsaustausch auftretende Pflichtverletzung sanktioniert. Diese Haftung stellt aber keine rücktrittsrechtliche Schadensersatzhaftung i.S.d. §§ 346 Abs. 4, 280 ff. BGB dar, da eine solche nur dann in Betracht kommt, wenn die Leistungen bereits ausgetauscht wurden und die Rückabwicklung wegen eines Restitutionshindernisses, das von einer Partei zu vertreten ist, gestört ist. Eine rücktrittsrechtliche Schadensersatzhaftung des Rücktrittsgegners, anknüpfend an ein Vertretenmüssen für den Umstand, der das Rücktrittsrecht der anderen Partei begründet, kann mithin nicht überzeugen.

3. Ergebnis

Eine rücktrittsrechtliche Schadensersatzpflicht kommt unstreitig nach Erklärung des Rücktritts in Betracht. Vor Ausübung des Rücktrittsrechts ist eine solche Haftung möglich bei Ausbleiben der geschuldeten Rückgewähr des Leistungsgegenstands und bei der positiven Kenntnis des Rückgewährschuldners vom Rücktrittsgrund.

II. Inhalt der schadensersatzrechtlichen Haftung

Der Inhalt der Schadensersatzpflicht bestimmt sich nach den §§ 249 ff. BGB. Gem. § 249 Abs. 1 BGB ist der Rückgewährschuldner grundsätzlich primär zur Naturalrestitution verpflichtet. Demzufolge trifft ihn die Verpflichtung, die Beeinträchtigung am Rückgewährgegenstand bis zur Grenze des § 251 BGB rückgängig zu machen. Bei einer Veräußerung bzw. Belastung des Rückgewährgegenstands ist eine Schadensersatzhaftung ab Kenntnis vom Rücktrittsgrund in der Regel gegeben, da diese Vorgänge nicht ohne den Willen des Rückgewährschuldners erfolgen. Der Schadensersatzanspruch ermöglicht es dem Gläubiger, im Rahmen der Naturalrestitution gem. § 249 Abs. 1 BGB einen Rückerwerb bzw. eine Beseitigung der Belastung bis zur Grenze des § 251 Abs. 1 BGB zu fordern. Damit gilt innerhalb des Schadensersatzanspruchs nicht der für den Rückgewähranspruch aus § 346 Abs. 1 BGB modifizierte Maßstab des § 275 BGB. Eine Schadenskompensation nach § 251 BGB kommt erst in Betracht, wenn eine Wiederherstellung des Rückgewährgegenstands in Natur nicht mehr möglich oder zur Entschädigung des Gläubigers nicht genügend ist. Hat der Rückgewährschuldner den Rückgewährgegenstand trotz Kenntnis vom Rücktrittsgrund verarbeitet bzw. umgestaltet, ist der Inhalt des Schadensersatzanspruchs wegen der gesetzlichen

Wertung in §§ 946 ff. BGB nicht auf Naturalrestitution, sondern lediglich auf Schadenskompensation gerichtet.

III. Verhältnis des Schadensersatz- zum Wertersatzanspruch

Eine rücktrittsrechtliche Schadensersatzhaftung gem. §§ 346 Abs. 4, 280 ff. BGB kann nach Rücktrittserklärung sowie davor bei Kenntnis von den Rücktrittsvoraussetzungen gegeben sein, wenn der Rückgewährschuldner die Rückgewährpflicht aus § 346 Abs. 1 BGB schuldhaft verletzt. Da diese Haftung verschuldensabhängig ist, steht sie im Spannungsverhältnis zur grundsätzlich verschuldensunabhängig gegebenen und – mit Ausnahme der Privilegierung des gesetzlich zum Rücktritt Berechtigten in § 346 Abs. 3 S. 1 Nr. 3 BGB – verschuldensunabhängig einschränkbaren Wertersatzpflicht aus § 346 Abs. 2 BGB. Dadurch ist es zum einen möglich, dass eine Wertersatzpflicht gem. § 346 Abs. 2 BGB besteht, ohne dass die Voraussetzungen des dem Grunde nach als Haftungsverstärkung angelegten Schadensersatzanspruchs gegeben sind. Zum anderen könnte angenommen werden, dass die in § 346 Abs. 3 S. 1 Nr. 3 BGB angeordnete Haftungserleichterung, die auf die Verletzung eigenüblicher Sorgfalt abstellt, durch einen nach dem allgemeinen Sorgfaltsmaßstab der §§ 276 ff. BGB zu bemessenden Schadensersatzanspruch unterlaufen wird. Um diese beiden Ansprüche miteinander in Einklang zu bringen, werden verschiedene Lösungen vorgeschlagen.[430]

Nach einer Ansicht[431] kann ein Unterlaufen der in § 346 Abs. 2 BGB angeordneten Wertungen dadurch vermieden werden, dass das Privileg aus § 346 Abs. 3 S. 1 Nr. 3 BGB ab Rücktrittserklärung bzw. ab Kenntnis der Rücktrittsvoraussetzungen eingeschränkt wird und anstelle des Haftungsmaßstab des § 277 BGB der allgemeine aus den §§ 276 ff. BGB gilt.

Nach anderer Ansicht soll das Privileg aus § 346 Abs. 3 S. 1 Nr. 3 BGB auf den konkurrierenden Schadensersatzanspruch aus §§ 346 Abs. 4, 280 ff. BGB übertragen werden.[432]

Einer dritten Ansicht[433] zufolge soll weder eine Übertragung des Privilegs aus § 346 Abs. 3 S. 1 Nr. 3 BGB auf den konkurrierenden Schadensersatzanspruch erfolgen, noch soll die Wertersatzpflicht ab Kenntnis der Rücktrittsvoraussetzungen eingeschränkt werden.

---

430 Vgl. zu diesem Streitstand ausführlich Teil 2, F. VI. 1.

431 *Kohler*, JZ 2002, 1127, 1134.

432 *Heinrichs*, in: FS Schmidt (2005), S. 159, 178; *Bezzenberger*, in: Erman (2004), § 346 Rn 37.

433 *Gaier*, WM 2002, 1, 11; *Faust*, in: Huber/Faust, S. 256.

Die letzte Lösung wird als einzige der Funktion des Schadensersatzes im System der verschiedenen Ausgleichsmechanismen gerecht.[434] Ein reibungsloses Ineinandergreifen der verschiedenen Ausgleichssysteme kann nur dann gewährleistet sein, wenn die aus den verschiedenen Mechanismen resultierenden Ansprüche – einerseits der Wertersatzanspruch auf Gefahrtragungsebene und andererseits der rücktrittsrechtliche Schadensersatzanspruch auf der Schadensersatzebene – bei Vorliegen der unmodifizierten Voraussetzungen unbeeinflusst nebeneinander Bestand haben. Der Schadensersatzanspruch aus §§ 346 Abs. 4, 280 ff. BGB existiert demnach unabhängig von den Wertungen der Wertersatzpflicht mit der Folge, dass beim gesetzlich zum Rücktritt berechtigten Rückgewährschuldner der Maßstab des Vertretenmüssens nicht durch das Privileg des § 346 Abs. 3 S. 1 Nr. 3 BGB modifiziert wird.

434 Vgl. zu der hier vertretenen Lösung: Teil 2, F. VI. 1. b).

Teil 4: Rückabwicklung nach Leistungskondiktion

Sowohl dem Rücktrittsrecht als auch der Leistungskondiktion ist das Ziel der Rückgängigmachung von Vermögensverschiebungen gemein, weswegen rechtspolitisch die Möglichkeit bestanden hätte, auf eine eigenständige Ausgestaltung des Rücktrittsrechts zu verzichten und stattdessen die Folgen einer wirksamen Ausübung der Rücktrittsbefugnis nach den §§ 812 ff. BGB zu bestimmen.[435] Der Gesetzgeber hat diesen Weg zwar weder bei der Ausgestaltung des alten noch des neuen Rechts beschritten, mitbestimmendes Ziel der Neuregelung des Rücktrittsrechts war es jedoch – wie eingangs erwähnt –, eine Harmonisierung der Rückabwicklungsmodelle des Rücktritts- und Bereicherungsrechts herbeizuführen.[436] Dem liegt der Gedanke zugrunde, dass der Schuldner im Rückabwicklungsverhältnis nach Leistungskondiktion, soweit sich nicht aus dem Grund seiner Rückgewährpflicht eine sachliche Rechtfertigung für eine ungleiche Behandlung ergibt, nach dem Gebot der Gleichbehandlung des Gleichartigen nicht anders behandelt werden darf als derjenige, der nach den §§ 346 ff. BGB zur Rückgewähr verpflichtet ist. Die Neuregelungen der §§ 346 ff. BGB wirken sich deshalb auch auf die Leistungskondiktion aus.

A. Gesetzlicher Rücktritt und Leistungskondiktion

Solange es den Parteien möglich ist, das jeweils Erlangte unbeeinträchtigt zurückzugewähren, ergeben sich aus dem Nebeneinander der verschiedenen Rückabwicklungstypen keine Probleme. Befindet sich der zurückzugewährende Gegenstand hingegen nicht mehr in dem ursprünglichen Zustand, stellt sich die Frage nach einem gerechten Ausgleich zwischen den Parteien, unabhängig davon, welches Rückabwicklungsmodell gewählt wurde.

I. Einheitlicher historischer Ausgangspunkt

Bei einer Betrachtung der historischen Entwicklung der Rückabwicklungsschuldverhältnisse des Rücktritts- und Bereicherungsrechts stellt sich heraus, dass bei-

435 *Kaiser*, Rückabwicklung (2000), S. 4 ff.; *Gaier*, in: MüKo, Vor § 346 Rn 2.
436 BT-Drs. 14/6040, S. 195.

den Instituten ein einheitlicher Ausgangspunkt zugrunde liegt. Im römischen Recht, auf das die Anfänge des deutschen Rechts zurückgehen, existierte eine Reihe verschiedener Rechtsbehelfe, mit denen primäre Rückabwicklungsgründe geltend gemacht werden konnten. War der Vertrag wegen Arglist und Irrtums bzw. Zwang und Drohung anfechtbar und demzufolge nichtig, konnte die Rückabwicklung mittels einer Vertragsklage durchgesetzt werden. Daneben bestand bei einer Nichtigkeit des Vertrags die Möglichkeit, bereits Geleistetes mit einer *rei vindicatio* oder einer *condictio indebiti* zurückzuverlangen. Ein gültiger Vertrag konnte im Falle eines Sachmangels im Wege der *actio redhibitoria* gewandelt werden.[437] Neben diesen Rechtsbehelfen des ius civile bestand stets subsidiär die Möglichkeit, einen gültigen Vertrag aus Billigkeitsgründen mit der *restitutio in integrum* rückgängig zu machen.[438]

Der Grundsatz *restitutio in integrum est reciproca* galt sowohl für die *restitutio in integrum* als außerordentlichen Rechtsbehelf als auch für die übrigen Klagearten. All diesen Rückabwicklungsmodellen war somit das Ziel gemein, den *status quo ante contractum* wiederherzustellen. Da der Berechtigte durch die Rückabwicklung keinen Vorteil dadurch erlangen sollte, dass er zusätzlich zur Wiedererlangung des Geleisteten die empfangene Gegenleistung behalten durfte, musste er – damit sein Restitutionsbegehren erfolgreich war – das seinerseits Erlangte anbieten. Ziel der Rückabwicklung war demnach die vollständige und gegenseitige Restitution. Dabei wurde für die Durchführung der Rückabwicklung nicht danach unterschieden, ob ein nichtiger Vertrag mittels einer Vertragsklage oder ein zunächst gültiger Vertrag mittels der *restitutio in integrum* rückabgewickelt wurde.[439]

Ausgehend vom römischen Recht war auch im deutschen Recht zunächst ein einheitlicher Rückabwicklungstypus anerkannt. Dies hatte zur Folge, dass Störungen im Rückabwicklungsverhältnis grundsätzlich gleich und insbesondere unabhängig vom Rechtsbehelf behandelt wurden.[440]

437 Die *actio redhibitoria* wurde von den kurilischen Ädilen durch ein Edikt im 2. Jahrhundert v. Chr. als Sondergewährleistungsrecht für Marktverkäufe über Sklaven und Zugvieh begründet, um den Käufer vor betrügerischem Verhalten der Verkäufer zu schützen (*Kaser*, in: FS Schulz (1951), S. 21, 69). Später wurde das Wandelungs- und Minderungsrecht auf alle Kaufsachen erstreckt (*Siber,* Römisches Recht (1928), S. 202 f.).

438 Im römischen Recht bestand das *ius civile* neben dem *ius honorarium*, während im deutschen Recht das gesetzte Recht und die Billigkeit unterschieden wurden. Mittels der *restitutio in integrum* konnte ein gültiger Vertrag aus Gründen aufgehoben werden, die sich nicht aus dem Recht ergaben, sondern aufgrund von Billigkeit, vgl. *Hellwege* (2004), S. 441.

439 Vgl. *Hellwege* (2004), S. 446.

440 Erwähnt wurde der bestehende Zusammenhang zwischen den Rückabwicklungsmodellen der einzelnen Rechtsbehelfe in den damaligen Quellen nur für die *actio redhibitoria* und die *restitutio in integrum*, vgl. *Hellwege* (2004), S. 419.

Diese Einheitlichkeit der Durchführung der Rückabwicklung eines gegenseitigen Vertrags ging im Laufe der Jahre verloren. Das Rücktritts- und das Bereicherungsrecht entwickelten sich auseinander.

Im 18. und 19. Jahrhundert wurde das Recht im Pandektensystem dargestellt, wobei es in fünf Bücher – Allgemeiner Teil, Sachenrecht, Schuldrecht, Familienrecht und Erbrecht – unterteilt wurde. Eine Einordnung der *restitutio in integrum* als außerordentlicher Rechtsbehelf in dieses System bereitete Schwierigkeiten.[441] Unter Weiterentwicklung der ordentlichen Rechtsbehelfe wurde bald gänzlich auf einen solchen Behelf aus Billigkeitsgründen verzichtet. Der Grundsatz der *restitutio in integrum est reciproca* bestand jedoch bei der Rückabwicklung eines gegenseitigen Vertrags fort. So verfolgte der Rücktritt das Ziel, die vor Vertragsschluss bestehende Rechtslage wiederherzustellen.[442] Im Unterschied zum römischen Recht, in dem der *status quo ante contractum* mit einer Wertersatzlösung erreicht werden sollte[443], wurde jedoch in das am 01. Januar 1900 in Kraft getretene BGB in Anlehnung an das Allgemeine Preußische Landrecht (ALR) von 1794 der Ausschluss des Rücktritts als Reaktion auf nachträgliche Störungen in der Rückabwicklung eingeführt.

Im Bereicherungsrecht blieb hingegen die Wertersatzlösung enthalten. Der Gesetzgeber unterließ es bei Schaffung des § 818 BGB jedoch – abweichend vom römischen Recht –, den Grundsatz des *restitutio in integrum est reciproca* zum Gesetz zu machen, indem er von einer Verknüpfung der Rückabwicklungsansprüche absah. Dies wurde aber durch die Rechtsprechung mit Begründung der Saldotheorie bzw. der Anwendung des faktischen Synallagmas korrigiert.[444] Im Unterschied zum römischen Recht, in dem der Bereicherungsschuldner bei Verbrauch, Untergang oder Veräußerung des Empfangenen Rückgewähr einer gleichen Summe oder Sache schuldete[445], wurde diese Herausgabepflicht aus Billigkeitsgründen auf die noch im Vermögen des Bereicherungsschuldners vorhandene Bereicherung beschränkt. Der Bereicherungsanspruch sollte nicht einen ungerechtfertigten Erwerbsvorgang korrigieren, sondern vielmehr dem

441 So wurde dieser Rechtsbehelf von einigen Autoren im ersten Buch des Allgemeinen Teils verortet, wohingegen andere die *restitutio in integrum* in einem separaten Buch hinter dem Erbrecht behandelten, vgl. *Windscheid/Kipp*, Pandektenrecht (1906), Bd. I, § 114 Fn 7, S. 586.

442 BT-Drs.14/6040, S. 189.

443 *Windscheid,* Pandektenrecht (1891), Bd. II, § 394, S. 441; *Dernburg*, Pandekten II (1903), § 101 Fn 10, S. 280; *Eck*, in: FS Georg Beseler (1885), S. 159, 168.

444 RGZ 54, 137, 140: „Er kann aber überhaupt nicht einzelne Ansprüche und Gegenansprüche zum Zwecke ihrer vorläufigen Erledigung herausgreifen, muss sich vielmehr die Wiederherstellung des ganzen früheren Zustands (...) gefallen lassen".

445 *Siber*, Römisches Recht II (1928), S. 218; *Kaiser*, Rückabwicklung (2000), S. 56.

Bereicherten einen nicht gerechtfertigten Vermögensvorteil nehmen.[446] An die gemeinrechtliche Lehre, das Rückforderungsrecht aus Billigkeitsgründen zu beschränken, schloss sich der Gesetzgeber des BGB mit der Schaffung des § 818 Abs. 3 BGB an.[447] Die kondiktionsrechtliche Haftung wurde demnach anders ausgestaltet, als diejenige infolge ausgeübten Rücktritts.

Diese fortgeschrittene Trennung beider verwandten Rechtsinstitute wurde maßgeblich durch die Entwicklung des modernen Nichtigkeits- und Anfechtungsbegriffs im 19. Jahrhundert bewirkt. Es wurde zwischen der ipso iure wirkenden Unwirksamkeit eines Vertrags und dem anfechtbaren, aber zunächst wirksamen Rechtsgeschäft unterschieden.[448] Der Anfechtungsbegriff wandelte sich dahin, dass nicht mehr – wie noch zuvor durch die Vertragsklage, die *rei vindicatio* oder die *condictio indebiti* – eine Klage auf Rückabwicklung des gesamten Vertrags erhoben, sondern ein Gestaltungsrecht ausgeübt wurde. Im Unterschied zum Rücktrittsrecht beinhaltete demzufolge ein Anfechtungsrecht nicht die Rückabwicklung des Vertrags, sondern lediglich das Vernichten des Vertragsverhältnisses.[449] Darauf aufbauend entwickelte sich die h.M. dahingehend, dass der Rücktritt den Vertrag nicht *ex tunc* vernichte, sondern *ex nunc* in ein Rückabwicklungsverhältnis umwandle.[450] Das bereicherungsrechtliche Rückabwicklungsverhältnis hatte als gesetzliches Schuldverhältnis, das die Unwirksamkeit des Vertrags voraussetzte, mit dem vertraglichen Rückabwicklungsverhältnis infolge ausgeübten Rücktritts nichts mehr gemein. Es bestanden demnach entscheidende Unterschiede zwischen dem Rücktritts- und dem Bereicherungsrecht. Der historische Hintergrund zeigt jedoch, dass beiden Rechtsinstituten ein einheitlicher Ausgangspunkt und ein gemeinsames Ziel – namentlich die Wiederherstellung des *status quo ante contractum* – zugrunde liegt.

II. Harmonisierungsbemühungen vor der Schuldrechtsreform

Neben dem Recht zurückzutreten besteht häufig der konkurrierende Rechtsbehelf des Bereicherungsausgleichs, da das Verschweigen eines Mangels als arglistige Täuschung gem. § 123 BGB zur Anfechtung mit der Folge der §§ 142, 812 ff. BGB berechtigt. Dabei erfolgt eine Wahl zwischen dem Rücktritt und der Anfechtung zumeist zufällig, so dass daraus keine unterschiedlichen Ergebnisse in Bezug

446 *v. Thur*, in: FS Bekker (1907), S. 293, 297; *Flessner* (1970), S. 4 ff.; *Kaiser*, Rückabwicklung (2000), S. 57.
447 Prot. II, S. 706.
448 *Puchta*, Pandekten (1877), § 67; *Hellwege* (2004), S. 454.
449 Vgl. *Hellwege* (2004), S. 456 m.w.N.
450 Zurück geht die h.M. auf einen Aufsatz von *Stoll*, AcP 131 (1929), S. 141 ff.

auf einen gerechten Ausgleich resultieren sollten.[451] Dementsprechend war im alten Recht anerkannt, dass derjenige Käufer, der den Kaufvertrag wegen arglistiger Täuschung angefochten hatte, trotz Untergangs bzw. Verschlechterung des Kaufgegenstands Anspruch auf den Kaufpreis in voller Höhe haben sollte, ohne sich den Wert der beschädigten Kaufsache abziehen lassen zu müssen.[452] In gleicher Weise erhielt der Käufer seinen Kaufpreis vollständig zurück, wenn er den Kaufvertrag wegen Irrtums über eine verkehrswesentliche Eigenschaft angefochten und sich der Leistungsgegenstand aufgrund eines Sachmangels verschlechtert hatte bzw. untergegangen war.[453] War die Leistung mangelhaft, durfte der Käufer wegen der vertraglichen Risikoverteilung bei der Rückabwicklung nach Bereicherungsrecht nicht schlechter stehen, als wenn der Sachmangel zum Rücktritt gedient hätte. Dementsprechend wurde von der Literatur eine Übertragung der Wertungen der §§ 350, 351 BGB a.F. auf den Entreicherungseinwand befürwortet. Wurde der Untergang des Leistungsgegenstands vom Bereicherungsschuldner nicht verschuldet, sollte in Anlehnung an die Wertung des § 350 BGB a.F. nicht die Saldo-, sondern die Zweikondiktionentheorie gelten.[454] Damit konnte der Käufer seinen Kaufpreis vollständig zurückfordern, ohne seinerseits in der Lage zu sein, die empfangene Leistung zurückzugewähren. Führte hingegen ein Verschulden des Bereicherungsschuldners zum Untergang des Leistungsgegenstands, wurden verschiedene Vorgehensweisen favorisiert. Nach der Rechtsprechung sollte der im Rahmen der Zweikondiktionentheorie bestehende Bereicherungsanspruch über den Grundsatz von Treu und Glauben (§ 242 BGB)

---

451 So bereits *Weitnauer*, NJW 1970, 637, 639: „Derart willkürlich und unberechenbar kann eine Zivilrechtsordnung nicht sein." und BGHZ 53, 144, 148: „Aber der Gedanke des Berufungsgerichts, der Betrüger dürfe – auch bei der Abwicklung nach der Anfechtung durch seinen Vertragsgegner – nicht besser stehen als ein Rücktrittschuldner leuchtet ein."

452 In BGHZ 53, 144 ff. hatte der Verkäufer den Käufer über den Tachometerstand arglistig getäuscht. Einen Tag nach dem Abschluss des Kaufvertrags wurde der Wagen beim Käufer unverschuldet stark beschädigt. Der Käufer erklärte wenig später die Anfechtung des Vertrags wegen arglistiger Täuschung nach § 123 Abs. 1 BGB. Der BGH entschied zugunsten des Käufers, dass dieser seine vollständige Kaufpreiszahlung zurückerhalte. Dabei ging er davon aus, dass sich ein gleiches Ergebnis auch bei einem Rücktritt ergeben hätte. Bei einem zufälligen Untergang der Kaufsache gelte zugunsten des getäuschten Käufers die Saldotheorie nicht, da bei arglistiger Täuschung die Rechtfertigung aus Billigkeitsgründen entfalle.
Bereits zuvor hatte das RG (RGZ 94, 253 ff.) entschieden, dass bei einem formnichtigen Kauf von verdorbenem Käse die bereicherungsrechtliche Abwicklung entsprechend § 350 BGB a.F. nach der Zweikondiktionentheorie vorzunehmen war. Damit entsprach die Rückabwicklung derjenigen bei einem gültigen Vertrag nach Rücktrittsrecht.

453 BGHZ 78, 216, 223 f.

454 *Huber*, JuS 1972, 439, 443 f.; *v. Caemmerer*, in: FS Larenz (1973), S. 621, 627 ff.; *Schwerdtner*, Jura 1982, 309, 315; *Kaiser*, in: Staudinger, Vor §§ 346 Rn 107.

entsprechend dem Verschuldensanteil des Käufers nach § 254 BGB gemindert werden.[455] Innerhalb der Literatur wurden unter Zugrundelegung der Wertung des § 351 BGB a.F. unterschiedliche Lösungen vertreten. Entweder sollte der Verkäufer bei Anwendung der Saldotheorie die Herausgabe des Kaufpreises verweigern können[456] oder der Käufer gem. § 818 Abs. 2 BGB trotz Wegfalls der Bereicherung zum Wertersatz verpflichtet sein[457]. Abweichend vom Rücktrittsrecht wurde dabei das Verschulden nicht als Verstoß gegen die eigenübliche Sorgfalt definiert, sondern überwiegend als jedes risikoerhöhende Verhalten verstanden.[458] Damit haftete der Bereicherungsschuldner strenger als der Rückgewährschuldner nach ausgeübtem Rücktritt. Dieses Ergebnis widersprach der insbesondere in § 327 S. 2 BGB a.F. zum Ausdruck kommenden Privilegierung des Bereicherungsschuldners gegenüber dem Rückgewährschuldner.[459] Zwar ist § 327 S. 2 BGB a.F. im Zuge der Schuldrechtsreform entfallen. Der Bereicherungsschuldner soll dennoch bei der Rückabwicklung eines gegenseitigen Vertrags nicht schlechter als ein Rücktrittschuldner zu behandeln sein.

Als Grundlage einer Harmonisierung der Rückabwicklungsschuldverhältnisse kam § 327 S. 2 BGB a.F. auch im Rücktrittsrecht eine Bedeutung zu. Im alten Recht war das Rücktrittsrecht als ein spezielles Rechtsinstitut für die Rückabwicklung fehlgeschlagener Schuldverhältnisse, die grundsätzlich über die Leistungskondiktion zu lösen waren, anerkannt.[460] Aufgrund der Spezialität des Rücktrittsrechts wurde das Bereicherungsrecht vollständig verdrängt und lediglich im Fall des § 327 S. 2 BGB a.F. angewandt. Dabei ersetzte § 327 S. 2 BGB a.F. die in § 347 BGB bestimmte strenge Haftung nach den §§ 987 ff. BGB durch eine Haftung nach Bereicherungsrecht und gab damit dem Rückgewährschuldner die Möglichkeit, sich auf den Wegfall der Bereicherung gem. § 818 Abs. 3 BGB zu berufen. Nach dem Gesetzeswortlaut wurde nur der Rücktrittsgegner begünstigt, sofern er den Rücktrittsgrund nicht zu vertreten hatte. Da er in den Fällen der §§ 325, 326 BGB a.F., auf die sich § 327 S. 2 BGB a.F. systematisch bezog, den Rücktrittsgrund stets zu vertreten hatte, waren die sich aus § 327 S. 2

455 BGHZ 57, 137, 151 ff.
456 *Honsell*, MDR 1970, 717, 720; *Huber*, JuS 1972, 439, 443 f.; *Wieling*, JuS 1973, 397 ff.; *v.Caemmerer*, in: FS Larenz (1973), S. 621, 638; *Schwerdtner*, Jura 1982, 309, 315; *Giesen*, Jura 1995, 281, 285.
457 *Canaris*, in: FS Lorenz (1991), S. 19, 26 ff.; *Lieb*, in: MüKo, § 818 Rn 102; *Lorenz*, in: Staudinger, (1999), § 818 Rn 41, 43; *Westermann*, in: Erman (1989), § 818 Rn 44 f.
458 *Huber*, JuS 1972, 439, 442; *v.Caemmerer*, in: FS Larenz (1973), S. 621, 638 f.
459 *Kaiser*, Rückabwicklung (2000), S. 324 ff.
460 *v. Caemmerer*, FS für Rabel (1954), S. 333, 342; *Reuter/Martinek*, S. 660 f.; *Stoll*, AcP 131 (1929), 141, 182 f.; *Wolf*, AcP 153 (1954), 97, 102 ff.; a.A. *Kohler* (1981), S. 21 ff. mit Verweis auf Entscheidungen älterer Rspr.: RGZ 116, 377, 380; BGH NJW 1952, 778, 779.

BGB ergebenden Rechtsfolgen mit den für das Verhältnis zwischen Rücktritts- und Bereicherungsrecht ausschlaggebenden Konsequenzen umstritten. Zum Teil wurde aus § 327 S. 2 BGB der allgemeine Rechtsgedanken herausgelesen, dass derjenige, der den Rücktritt nicht zu vertreten habe, nur nach Bereicherungsrecht hafte.[461] Nach der Gegenansicht war das Bereicherungsrecht umfassend von den §§ 346 ff. BGB verdrängt und nur bei Vorliegen der Voraussetzungen des § 327 S. 2 BGB blieb ein Anspruch des Rücktrittsgegners nach den §§ 818 ff. BGB möglich.[462] Daneben wurde z.T. erwogen, ausgehend von § 327 S. 2 BGB die §§ 346 ff. BGB erst ab Kenntnis des Rücktrittsgrunds zur Geltung kommen zu lassen und bis dahin uneingeschränkt Bereicherungsrecht anzuwenden.[463] Durch die Neuregelung des Rücktrittsrechts hat sich ein solcher Rückgriff auf das Bereicherungsrecht erübrigt. Nach der Gesetzesbegründung[464] wurde auf § 327 S. 2 BGB a.F. verzichtet, da die von der überwiegenden Ansicht vertretene Auslegungsalternative, nach der der Rücktrittsberechtigte stets nur nach Bereicherungsrecht hafte, nicht sachgerecht sei. Mit der Streichung des § 327 S. 2 BGB a.F. hat sich jedoch das Bedürfnis einer Harmonisierung der Stellung des Rückgewährschuldners beim Rücktritts- und Bereicherungsrechts nicht erübrigt. Eine solche soll jedoch nunmehr auf der Basis der auf die Rückabwicklung eines gegenseitigen Vertrags zugeschnittenen neuen Vorschriften der §§ 346 ff. erfolgen.

III. Auswirkungen der Neuregelungen der §§ 346 ff. BGB

Durch die Schuldrechtsreform 2002 wurde das Rücktrittsrecht dem Bereicherungsrecht wieder angenähert, indem die bis dahin in den §§ 346 ff. BGB geltende Ausschlusslösung durch ein „Modell der Rückabwicklung dem Werte nach" ersetzt wurde. Wie § 818 Abs. 2 BGB ordnet nun § 346 Abs. 2 S. 1 Nr. 1 bis 3 BGB für den Fall der Unmöglichkeit der Herausgabe des Erlangten nach seiner Natur oder infolge nachträglicher Umstände einen Wertersatz an. Im Gegensatz zum Rücktrittsrecht ist das Bereicherungsrecht aufgrund der Konzeption des historischen Gesetzgebers als reine Billigkeitshaftung auf die Abschöpfung jedweder ungerechtfertigten Vermögensverschiebung zugeschnitten. Hingegen hält das

461 Die Vorschrift wurde also entgegen dem Wortlaut auch zugunsten des Rücktrittsberechtigten angewandt, vgl. BGHZ 53, 144, 148; *Wolf*, AcP 153 (1954), 97.

462 *Huber*, JZ 1987, 649, 650; *Emmerich*, in: MüKo, § 327 a.F. Rn 9; *Weitnauer*, NJW 1970, 637, 640; *Reuter/Martinek*, S. 660 f. Danach fand das Bereicherungsrecht lediglich in den Fällen der §§ 636 Abs. 1 und 361 BGB a.F. sowie bei § 651 i Abs. 1 BGB über den Verweis des § 327 S. 2 BGB a.F. Anwendung.

463 *Flume*, NJW 1970, 1161, 1165 f; *Wilhelm* (1973), S. 67 ff.

464 BT-Drs. 14/6040, S. 194.

Rücktrittsrecht differenzierte Regelungen zur Rückabwicklung gegenseitiger Verträge unter Berücksichtigung der dem gescheiterten Austauschvertrag zugrunde liegenden Risikoverteilung bereit. Die in den §§ 346 ff. BGB enthaltenen Wertungen zur Rückabwicklung eines gegenseitigen Vertrags müssen deswegen in der bereicherungsrechtliche Rückabwicklung infolge einer Leistungskondiktion Beachtung finden. Demzufolge ist die in § 818 Abs. 3 BGB enthaltene Beschränkung der Bereicherungshaftung aus Billigkeitsgründen durch die im Rücktrittsrecht geltenden Wertungen beeinflusst.

B. Gefahrverteilung im Recht der Leistungskondiktion

Gem. § 818 Abs. 1 BGB hat der Bereicherungsschuldner neben den gezogenen Nutzungen nicht nur den ehemals empfangenen Gegenstand, sondern auch einen erworbenen Ersatzgegenstand oder -anspruch herauszugeben. Ist die Herausgabe in natura nicht möglich, hat er gem. § 818 Abs. 2 BGB Wertersatz zu leisten, soweit dieser nicht gem. § 818 Abs. 3 BGB ausgeschlossen ist. Damit ähnelt der Normaufbau strukturell demjenigen von § 346 BGB. Im Unterschied zum Rücktrittsrecht, in dem § 346 Abs. 3 BGB als Ausnahmetatbestand angesehen wird, ist § 818 Abs. 3 BGB jedoch nach der Konzeption des historischen Gesetzgebers die zentrale Norm im Bereicherungsrecht. Danach ist der Bereicherungsschuldner zur Herausgabe nur desjenigen Betrags verpflichtet, um den sein Vermögen unrechtmäßig zulasten des Bereicherungsgläubigers vermehrt ist. Die Bereicherungshaftung orientiert sich also konzeptionell an den dem Bereicherungsschuldner zugeflossenen Vermögensvorteilen. Dies wird – im Unterschied zum Rücktrittsrecht – insbesondere dadurch deutlich, dass sich § 818 Abs. 3 BGB sowohl auf die Herausgabepflicht nach § 818 Abs. 1 BGB als auch auf die Wertersatzpflicht nach § 818 Abs. 2 BGB bezieht, wohingegen § 346 Abs. 3 BGB die Pflicht zur Herausgabe des ursprünglich Erlangten aus § 346 Abs. 1 BGB unberührt lässt.

I. § 818 Abs. 3 BGB als Regelung der Entreicherungsgefahr

Die Gefahrverteilung im Recht der Leistungskondiktion wird maßgeblich durch die Frage bestimmt, ob eine Pflicht des Bereicherungsschuldners zum Wertersatz gem. § 818 Abs. 2 BGB besteht oder wegen Wegfalls der Bereicherung gem. § 818 Abs. 3 BGB ausgeschlossen ist. Um zu klären, wie die Gefahr im Einzelnen verteilt ist, ist zunächst von Relevanz, welche Bedeutung der Vorschrift des § 818 Abs. 3 BGB im Rückabwicklungsverhältnis nach Leistungskondiktion zukommt und wie der Entreicherungseinwand zu bestimmen ist.

1. Bedeutung des § 818 Abs. 3 BGB im Rückabwicklungsverhältnis

Nach der Vorstellung des historischen Gesetzgebers sollte das Bereicherungsrecht als Auffangtatbestand fungieren, um die unrechtmäßig im Vermögen eines anderen verbliebenen Vorteile abzuschöpfen.[465] Dementsprechend wurde § 818 Abs. 3 BGB von der früher ganz h.M. dahingehend verstanden, dass die gesetzlich angeordnete Herausgabepflicht des Bereicherungsschuldners nicht zu einer Verminderung über den Betrag der vorhandenen Bereicherung hinaus führen dürfe.[466] Die damit verbundene Privilegierung des Bereicherungsschuldners wurde damit begründet, dass dem Bereicherungsgläubiger ohnehin nur aus Gründen der Billigkeit die Rückforderung gestattet werde und deswegen zum Schutz des Empfängers eine weitgehende Beschränkung des Rückforderungsrechts erforderlich sei.[467] Für diese Haftung aus Billigkeitsgründen wurde ein „Einheitstatbestand" für die verschiedenen Kondiktionsarten – unabhängig davon, auf welcher Ursache die unrechtmäßige Vermögensmehrung beruhte – ausgestaltet. Von dieser Konzeption rückt die nunmehr vorherrschende Meinung[468] ab, indem sie die Bereicherungshaftung nicht mehr als reine Billigkeitshaftung ansieht, sondern ihr vielmehr eine eigenständige Funktion zur Korrektur irregulärer Vermögenszuordnungen zukommen lässt. Damit wird die Haftung nach den §§ 812 ff. BGB in die verschiedenen Haftungssysteme des BGB eingliedert und gilt nicht lediglich als Auffangtatbestand. Ausgehend von dieser Bestrebung ist es unerlässlich, zwischen den verschiedenen Arten der Kondiktionen zu unterscheiden. Für die Bereicherungshaftung kann demnach nicht unberücksichtigt bleiben, ob das unrechtmäßig Erlangte auf einer rechtsgrundlosen Leistung des Gläubigers, einem rechtswidrigen Eingriff des Schuldners oder auf einer „aufgedrängten Bereicherung" beruht.[469] Die Leistungskondiktion gliedert sich in das System derjenigen Schuldverhältnisse ein, die die Rückabwicklung eines (gegenseitigen) Vertrags, mit dem Ziel den *status quo ante contractum* herzustellen, zum Gegenstand haben. Demgegenüber beruht die Nichtleistungskondiktion auf einem „in sonstiger Weise" Erlangten und dient damit vor allem dem Rechtsgüterschutz. Diese verschiedenen Funktionen der Kondiktionsarten erfordern entgegen der Ansicht der überwiegenden

465 Prot. II, S. 706 f.; vgl. dazu auch *Kupisch*, in: FS Heldrich (2005), S. 275, 276.
466 RGZ 118, 185, 187; BGHZ 1, 75, 81; 55, 128, 134; *Lorenz*, in: Staudinger, § 818 Rn 33.
467 *Heimann-Trosien*, in: BGB-RGRK, § 818 Rn 24; *Lieb*, in: MüKo, § 818 Rn 63.
468 *v. Caemmerer*, FS Rabel (1954), S. 333, 338 f.; *Koppensteiner/Kramer* (1975), S. 17 ff.; *Lieb*, in: MüKo, § 818 Rn 52; *Reuter/Martinek*, S. 589 ff.; a.A. *Flume*, in: FS Niedermeyer (1953), S. 103, 147 ff.
469 *Reuter*, in: FS Georgiades (2006), S. 321, 323.

Literatur[470] und der Rechtsprechung[471] eine unterschiedliche Behandlung in den Rechtsfolgen.[472] Für die Rückabwicklung infolge einer Leistungskondiktion bedeutet dies, dass sich die Bereicherungshaftung am erlangten Gut des Bereicherungsgegenstands und nicht an der beim Bereicherungsschuldner vorhandenen Vermögensmehrung orientieren muss. Die Leistungskondiktion ist damit nicht auf die Abschöpfung des vom Schuldner aus dem Gläubigervermögen unrechtmäßig Erlangten, sondern vielmehr auf die Wiederherstellung des Zustands, der vor dem Austausch der Leistungen bestand, gerichtet. Zur Bestimmung des Bereicherungsanspruchs müssen also nicht mehr sämtliche Vor- und Nachteile, die adäquat auf dem Bereicherungsvorgang beruhen und das Vermögen des Schuldners beeinflusst haben, berücksichtigt werden.[473] Nur so kann ein Gleichlauf mit dem Rückabwicklungsverhältnis infolge eines gesetzlichen Rücktritts nach den §§ 346 ff. BGB erreicht werden. Soweit also ein Vertrag – unabhängig davon, ob er unwirksam ist oder ob der Leistungsaustausch gestört wurde – zurück abgewickelt wird, passen sich die Rechtsfolgen der verwandten Rechtsinstitute unter Beachtung des Gebots der Gleichbehandlung von Gleichem[474] an. Als notwendige Konsequenz regeln die §§ 818 Abs. 1, 2, 4, 819 BGB die grundsätzliche Haftung des Bereicherungsschuldners und § 818 Abs. 3 BGB ist als ausnahmsweise Privilegierung anzusehen. Damit hat letztere Norm im Rahmen der Abwicklung einer Leistungskondiktion ihre zentrale Stellung verloren.[475]

Dies hat zur Folge, dass der Bereicherungsschuldner u.U. eine über der vorhandenen Bereicherung liegende Herausgabe- bzw. Wertersatzpflicht erfüllen

---

470 *Larenz/Canaris*, SchuldR II/2, § 67, S. 127 f.; *Koppensteiner/Kramer* (1988), S. 111.

471 BGHZ 55, 128, 131; 72, 252, 256.

472 So überzeugend: *v.Caemmerer*, in: FS Rabel (1954), S. 359, 386 f.; *Wilburg* (1933/34), S. 138 ff.; *Reuter/Martinek*, S. 520 f., 598 f.; *Martinek*, in: jurisPK, § 818 Rn 6. Vgl. zum Meinungsstand die umfassende Darstellung bei *Reuter*, in: FS Georgiades (2006), S. 321 ff.

473 A.A der BGH (BGHZ 55, 128 ff.), der zwar den Anspruchsinhalt nach einer Gegenstandsorientierung gem. §§ 818 Abs. 1, 2, 4, 819, 820 BGB bestimmt und § 818 Abs. 3 BGB als Ausnahme des gutgläubigen und unverklagten Bereicherungsschuldner ansieht. Soweit die Voraussetzungen des § 818 Abs. 3 BGB aber vorliegen, wandelt sich der gegenstandsorientierte in einen vermögensorientierten Bereicherungsanspruch um, da der gutgläubige Bereicherungsschuldner nicht über den Betrag der Bereicherung hinaus haften soll. Damit sind im Grundsatz alle adäquat kausal auf dem Bereicherungsvorgang beruhenden Vermögensminderungen zu berücksichtigen.

474 *Reuter*, in: FS Georgiades (2006), S. 321, 329.

475 A.A. *Flume*, in: FS Niedermeyer (1953), S. 103, 154 ff. und *Wilhelm* (1973), S. 63 ff. Dabei soll für die Frage, welche adäquat kausal auf dem Bereicherungsvorgang beruhenden Vermögenseinbußen im Rahmen des § 818 Abs. 3 BGB relevant sind, der Bezug der Vermögensentscheidung zum durch den Bereicherungsvorgang übernommenen und sonstigem Vermögen als Abgrenzung dienen.

muss. Bei Zugrundelegung der §§ 818 Abs. 1, 2, 4, 819 BGB als Normalhaftung ergibt sich nämlich keine Einschränkung hinsichtlich des Umfangs des Bereicherungsanspruchs über den Betrag hinaus, um den sich das Vermögen des Schuldners vermehrt hat. Auch ist es nicht sachgerecht, eine vertrauensrechtliche „Opfergrenze" in Höhe der vom Bereicherungsschuldner selbst nach dem Vertrag geschuldeten Leistung anzunehmen.[476] Nach *Canaris* haftet der Käufer als späterer Bereicherungsschuldner nur bis zur Höhe des Kaufpreises und kann sich hinsichtlich des Betrags, um den der Kaufpreis vom objektiven Wert überstiegen wird, auf § 818 Abs. 3 BGB berufen. Dieser Ansatz überzeugt nicht. Denn sie begünstigt den Bereicherungsschuldner, der den Leistungsgegenstand zurückgeben muss, unbillig gegenüber demjenigen, der die in der Regel in Geld bestehende Gegenleistung herausgeben muss. Dieser pauschale Vorteil wäre dem Sachleistungsschuldner unabhängig von dem Umstand, der zur Restitutionsstörung geführt hat, gewährt. Die Bestimmung einer solchen „Opfergrenze" läuft damit im Ergebnis darauf hinaus, dass die im Rahmen der Rückabwicklung zu beachtende Gefahrverteilung zwischen den Parteien aus dem Grundgeschäft missachtet wird. Der Bereicherungsgläubiger der Sachleistung wäre nämlich im Ergebnis stets über die Höhe des Betrags, der vom Schuldner nach dem Vertrag zu erbringenden Leistung, mit der Gefahr des Verlusts belastet. Damit wäre ihm sachwidrig ein Risiko aufgebürdet, das sich nicht mit Vertrauensschutzgedanken des Bereicherungsschuldners begründen lässt. Denn dabei wird nicht beachtet, dass nicht stets der Sachschuldner in der bereicherungsrechtlichen Rückabwicklung derjenige sein muss, dessen Vertrauen zu schützen ist. Um diesem Umstand und zugleich der Ursache des Restitutionshindernisses Rechnung zu tragen, kann allein ausschlaggebend sein, wie die Gefahr im Grundgeschäft verteilt war und in der Rückabwicklung fortwirkt. Dafür ist eine *bereicherungsunabhängige* Wertersatzpflicht gem. § 818 Abs. 2 BGB, die unter bestimmten Voraussetzung gem. § 818 Abs. 3 BGB entfällt, erforderlich. Ebenso wie im Rücktrittsrecht richtet sich der Anspruch auf Wertersatz gem. § 818 Abs. 2 BGB also nach der dem Grundgeschäft zugrunde liegenden Risikoverteilung und den zur Restitutionsstörung führenden Verursachungsbeiträgen der Parteien.

2. Bestimmung des Entreicherungseinwands

Ausgehend von der in §§ 818 Abs. 1, 2, 4, 819, 819, 820 BGB geregelten Normalhaftung des Bereicherungsschuldners bleibt fraglich, welche Umstände zur Entreicherung gem. § 818 Abs. 3 BGB führen können. Das zu dieser Frage be-

---

476 So *Canaris*, in: FS Lorenz (1991), S. 19, 24 ff.

stehende Meinungsspektrum[477] reicht von der reinen Kausalität[478] über Vertrauensschutzerwägungen[479], der Lehre von der vermögensmäßigen Entscheidung[480], schadensersatzrechtliche Begrenzungsversuche[481] bis hin zu normativen Einschränkungen aufgrund von Risikoverteilungen[482].

Nach der Theorie der vermögensmäßigen Entscheidung[483] soll bei der Rückabwicklung gegenseitiger Verträge das Fehlen oder der Wegfall der Bereicherung beim Leistungsempfänger dessen eigener Vermögensentscheidung zugeschrieben werden. Im Grundsatz sei nicht das erlangte Etwas, sondern die Bereicherung herauszugeben. In den Fällen unwirksamer gegenseitiger Verträge müsse dabei aber beachtet werden, dass eine bewusste Einbeziehung der rechtsgrundlos empfangenen Leistung in das Vermögen des Bereicherungsschuldners erfolgt sei. Die damit verbundenen Risiken eines zufälligen Untergangs und etwaiger Folgeschäden habe demzufolge der Bereicherungsschuldner zu tragen. In diesen Fällen sei ihm der Einwand des Wegfalls der Bereicherung verwehrt.

Diese Ansicht steht jedoch zum einen entgegen, dass nach richtiger Auffassung[484] die Bereicherungshaftung infolge der Leistungskondiktion gegenständlich orientiert ist und sich nicht auf das gesamte Vermögen des Schuldners bezieht. Zum anderen spricht gegen diese Theorie, dass grundsätzlich jeder Schuldner, der das nunmehr zurückzugewährende Erlangte bewusst erworben hat, stets die

---

477 Vgl. ausführlich *Lieb*, in: MüKo, § 818 Rn 69 ff.

478 RGZ 94, 253, 254; 106, 4, 7; 114, 342, 346; BGH NJW 1951, 270, 271; MDR 1957, 598, 599; WM 1970, 1421, 1422; NJW 1981, 277, 278.

479 Danach können nur solche Aufwendungen den Bereicherungsanspruch beschränken, die der gutgläubig Bereicherte im Vertrauen auf die Beständigkeit des vermeintlichen Vermögenszuwachses gemacht hat, vgl. *Beuthien*, Jura 1979, 532, 533; *Hadding*, in: Soergel, § 818 Rn 57; *Lorenz*, in: Staudinger, § 818 Rn 37; *Sprau*, in: Palandt, § 818 Rn 30.

480 *Flume*, in: FS Niedermeyer (1953), S. 154 ff.; *ders.*, NJW 1970, 1161 f.; *Wilhelm*, S. 62 f.

481 *Schnitzler*, JZ 1972, 270, 272; *Rengier*, AcP 177 (1977), 418, 430 ff.; *Flessner* (1970), S. 103 ff.; *Wilburg* (1933/34), S. 145 ff.; *v.Thur*, in: FS Bekker (1907), S. 294, 314 ff. Dabei bestehen erhebliche Unterschiede zwischen den einzelnen Lösungsvorschlägen. Nach *Flessner* sollen im Anschluss an *Wilburg* verschiedene, rechtsvergleichend entwickelte Zurechnungskriterien im Rahmen des § 818 Abs. 3 BGB maßgeblich sein. *Rengier* will *v.Thur* zufolge den Ersatz des Vertrauensschadens in einer Analogie zu den §§ 122, 179 Abs. 2, 307, 309 BGB a.F. gewähren und nicht mehr als bereicherungsmindernde Vermögensposten im Rahmen des § 818 Abs. 3 BGB berücksichtigen.

482 Vgl. dazu *Lieb*, in: MüKo, § 818 Rn 101 ff.

483 *Flume*, in: FS Niedermeyer (1953), S. 103 ff.; *ders.*, NJW 1970, 1161 und JZ 2002, 321, 324 f. Ebenso *Blomeyer*, AcP 154, 527, 539; *Lehmann*, in: FS Nipperdey (1955), S. 31, 35.

484 Vgl. bereits oben, Teil 4, A. I.

vermögensmäßige Entscheidung trifft, das Erworbene seinem Vermögen einzuverleiben.[485]

Der von *Canaris*[486] entwickelten Theorie der Gegenleistungskondiktion zufolge soll dem Bereicherungsschuldner ein Berufen auf den Wegfall der Bereicherung i.S.d. § 818 Abs. 3 BGB verwehrt sein, wenn der Verlust bzw. die Beschädigung des Empfangenen dem Bereicherungsschuldner zurechenbar ist. Als zurechenbar sei die Entreicherung anzusehen, wenn sie auf einem Verhalten beruhe, das bei Kenntnis von der Rechtsgrundlosigkeit ein Verschulden darstellen würde. Bei Zurechenbarkeit des Bereicherungswegfalls – wie einer Weggabe, einer schuldhaften Zerstörung oder Dereliktion – sei der Bereicherungsschuldner nämlich davon ausgegangen, auch bei Wirksamkeit des Vertrags den Kaufpreis und die Sache selbst zu verlieren und der Wegfall der Bereicherung nach § 818 Abs. 3 BGB sei nicht gerechtfertigt. Vielmehr müsse sich der gutgläubige Bereicherungsschuldner dann wie ein bösgläubiger i.S. von § 819 Abs. 1 BGB behandeln lassen und es treffe ihn eine bereicherungsunabhängige Wertersatzpflicht nach § 818 Abs. 2 BGB.[487] Fehle die Zurechnung der Beeinträchtigung des Rückgewährgegenstands, könne sich der Bereicherungsschuldner hingegen uneingeschränkt auf die Entreicherung gem. § 818 Abs. 3 BGB berufen. Dies sei sowohl bei zufälliger Beeinträchtigung der rechtsgrundlos erlangten Leistung als auch dann der Fall, wenn einer der allgemeinen Zurechnungsausschlussgründe wie mangelnde oder beschränkte Geschäftsfähigkeit vorliege. Die Einstandspflicht sei ferner auf die *diligentia quam in suis* zu reduzieren, wenn der Schutzzweck der kondiktionsauslösenden Norm darin bestehe, den Bereicherungsschuldner vor den mit dem Vertrag verbundenen Gefahren zu bewahren und sich in dem Wegfall der Bereicherung das schutzzweckspezifische Risiko verwirklicht habe.

Trotz der grundsätzlich zu befürwortenden Annahme einer bereicherungsunabhängigen Wertersatzpflicht gem. § 818 Abs. 2 BGB, kann diese Ansicht nicht überzeugen. Denn sie widerspricht der in den §§ 818 Abs. 4, 819 Abs. 1 BGB enthaltenen Wertung, nach der der Bereicherungsschuldner erst nach Kenntniserlangung nach dem Maßstab der §§ 276 ff. BGB haftet. Diese – gesetzlich nicht angelegte – Benachteiligung des Bereicherungsschuldners wird auch nicht dadurch bereinigt, dass in bestimmten Fällen lediglich der Maßstab der *diligentia quam in suis* anzulegen ist. Zudem spricht gegen diese Ansicht, dass es nicht sachgerecht ist, den Leistenden einer rechtsgrundlosen Leistung pauschal für den zufälligen Untergang bzw. die zufällige Verschlechterung haften zu lassen. Ohne

---

485 *Reuter*, in: FS Georgiades (2006), S. 321, 334.

486 *Canaris*, in: FS Lorenz (1991), S. 19 ff.; *Larenz/Canaris*, SchuldR II 2, § 73 III, S. 334 ff.

487 Dabei soll der Bereicherungsschuldner aber nicht über den Wert der von ihm selbst nach dem Vertrag geschuldeten Leistung hinaus haften.

Berücksichtigung des Umstands, der zur Rechtsgrundlosigkeit des Vertrags geführt hat, würde nämlich einseitig der Bereicherungsschuldner über das erforderliche Maß hinaus geschützt. Schließlich kann nicht überzeugen, dass über den Wegfall der Bereicherung gem. § 818 Abs. 3 BGB allein die Zurechenbarkeit des Verhaltens des Bereicherungsschuldners entscheiden soll. Mit diesem Merkmal wird nämlich nur auf das Verhalten des Bereicherungsschuldners abgestellt, ohne die bereits zu diesem Zeitpunkt bestehende Gefahrverteilung zu beachten. Denn die Frage, ob ein Verhalten des Bereicherungsschuldners zu einem Übergang der Entreicherungsgefahr führt, kann erst dann gestellt werden, wenn bereits geprüft wurde, welche der Parteien im Grundsatz das Entreicherungsrisiko bspw. aufgrund einer einseitigen Verantwortlichkeit für die Unwirksamkeit des Vertrags zu tragen hat.

Nach der Ansicht von *Lieb*[488] ist der Einwand des Wegfalls der Bereicherung gem. § 818 Abs. 3 BGB nach risikozuweisenden Aspekten normativ einzuschränken. Das Risiko, das zum Wegfall des Erlangten bzw. der Bereicherung geführt habe, sei also dort zu befassen, wo es sich verwirklicht habe, nämlich beim Empfänger des betreffenden Gegenstands als Schuldner des gegen ihn gerichteten Bereicherungsanspruchs. Dieser habe – angelehnt an die Theorie von *Flume* – mit dem Abschluss des gegenseitigen Vertrags die vermögensmäßige Entscheidung getroffen, eine Gegenleistung für den Erwerb eines Guts aufzuwenden und bezüglich dieses Guts künftig alle Risiken, d.h. insbesondere das Risiko des Untergangs und damit des vergeblichen Aufwands der Gegenleistung, zu übernehmen. Trage er für den Umstand, der zum Wegfall des Erlangten geführt habe, das Risiko, sei ihm der Entreicherungseinwand mit der Folge der Verpflichtung zum bereicherungsunabhängigen Wertersatz verwehrt. Dieser Grundsatz gelte unter dem Vorbehalt der Zurechenbarkeit der für die Risikoübernahme erforderlichen vermögensmäßigen Entscheidung. Bei einer arglistigen Täuschung sei im Regelfall die Zurechenbarkeit des Empfängers gegeben, da das Risiko, dass sich bei bestimmungsgemäßer Verwendung die damit verbundenen Gefahren verwirklichten, nichts mit der Bösgläubigkeit des Leistenden zu tun habe. Bei Zurechenbarkeit des Empfängers beurteile sich die Frage, wann er sich auf den Wegfall der Bereicherung berufen dürfe, nach den die Risikoverteilung bei der Rückabwicklung eines gegenseitigen Vertrags enthaltenen §§ 346 ff. BGB. Dabei habe sich die Risikoverteilung grundsätzlich an § 346 Abs. 3 S. 1 Nr. 3 BGB zu orientieren, wobei zu erwägen sei, die in dieser Norm enthaltene Wertung im Bereicherungsrecht stets, d.h. ohne Berücksichtigung des jeweiligen Nichtigkeits- oder Anfechtungsgrunds, anzuwenden.

Gegen die Ansicht von *Lieb* spricht, dass unklar bleibt, unter welchen Umständen welche Partei die Gefahr zu tragen hat. Die Aussage, dass das Risiko,

488 *Lieb*, in: MüKo, § 818 Rn 123 ff.

das zum Wegfall der Bereicherung geführt habe, dort zu befassen sei, wo es sich verwirklicht habe, nämlich beim Empfänger des betreffenden Gegenstands, ist ungenau. Das zum Wegfall der Bereicherung führende Risiko kann nämlich unter Zugrundelegung der in die bereicherungsrechtliche Rückabwicklung hineinwirkenden Gefahrverteilung auch beim Leistenden liegen. Darüber hinaus ist die Erwägung irreführend, dass § 346 Abs. 3 S. 1 Nr. 3 BGB stets, d.h. ohne Berücksichtigung des jeweiligen Nichtigkeits- und Anfechtungsgrund, auf den Entreicherungseinwand des § 818 Abs. 3 BGB zu übertragen sei. Damit setzt sich *Lieb* in Widerspruch zu seinem Ausgangspunkt, dass der Einwand des Wegfalls der Bereicherung unter risikozuweisenden Aspekten normativ eingeschränkt werden soll. Durch die Übertragung der Wertung des § 346 Abs. 3 S. 1 Nr. 3 BGB auf den Entreicherungseinwand würde nämlich generell die Zufallsgefahr dem Bereicherungsgläubiger zugewiesen. Dieses Ergebnis kann jedoch im Hinblick auf die unterschiedlichen Gründe, die zur bereicherungsrechtlichen Rückabwicklung eines Vertrags führen könne, nicht überzeugen.

Vielmehr ist der Ansicht von *Reuter*[489] zu folgen, nach der § 818 Abs. 3 BGB als „offene Norm“ zu verstehen ist, wobei „offen“ bedeutet, dass sie nicht aus sich selbst heraus abschließend ausgelegt werden kann, sondern dem Einfluss von gesetzlichen Wertungen innerhalb und außerhalb des Bereicherungsrecht zugänglich bleiben muss. Danach kommt es nicht darauf an, ob der Schuldner nach dem „Rechtsgefühl aller billig und gerecht Denkenden“, sondern ob er im Lichte der Rechtsordnung noch „ungerechtfertigt“ bereichert ist. Da die Leistungskondiktion der Rückabwicklung fehlgeschlagener Schuldverhältnisse dient, verstößt es gegen das Gebot der Gleichbehandlung des Gleichen, wenn der bösgläubige Schuldner der Leistungskondiktion besser gestellt wird als der Rücktrittschuldner. Der bösgläubige Schuldner der Leistungskondiktion ist deswegen wegen seines Wissens um die Rückgabepflicht dem Rücktrittschuldner nach dem Rücktritt aufgrund eines vertraglichen Rücktrittsrecht gleichzustellen. Letzterer hat nach § 346 Abs. 2 BGB aufgrund seines Wissens um die Unsicherheit des Erwerbs Wertersatz zu leisten, ohne dass er sich auf das Fehlen oder den Wegfall der Bereicherung berufen kann. Würde § 818 Abs. 3 BGB auch für den bösgläubigen Schuldner der Leistungskondiktion gelten, wäre die angesichts der Interessenlage gebotene Gleichbehandlung von vertraglichen Rücktrittschuldnern und bösgläubigen Schuldnern aus Leistungskondiktion nicht zu erreichen. In Übereinstimmung mit der überwiegenden Meinung[490] ist deswegen § 818 Abs. 3 BGB nur auf den gutgläubigen und unverklagten Bereicherungsschuldner anwendbar. Da das Gutgläubigenprivileg den Empfänger aber nicht besser stellen kann, als wenn

489 *Reuter/Martinek*, S. 583 f.; *Reuter*, in: FS Georgiades (2006), S. 321 ff.
490 Vgl. nur *Larenz/Canaris*, SchuldR II/2, § 71 II, S. 257; *Reuter/Martinek*, S. 589 f.

das, woran er glaubt, der wahren Rechtslage entspräche, ist der Empfänger einer entgeltlichen Dienst-, Werk- oder Gebrauchsüberlassungsleistung zum Ersatz des objektiven Werts verpflichtet. Denn auch bei Rechtsbeständigkeit des Grundgeschäfts hätte er die Leistung nicht unentgeltlich erhalten. Dieses Anpassungsbedürfnis der Rückabwicklung nach Leistungskondiktion an die Rechtsfolgen des Rücktrittsrechts gilt auch bei der Rückgewähr gegenständlicher Leistungen, soweit der gute Glaube des Schuldners an ein endgültiges Behaltendürfen nichts Abweichendes erfordert. Wird eine gegenseitiger Vertrag rückabgewickelt, ist über das faktische Synallagma, das wegen der do-ut-des-Zweckbestimmung trotz der Unwirksamkeit des Vertrags besteht, die dem Vertrag zugrunde liegende Risikoverteilung – in gleicher Weise wie bei der Rückabwicklung nach Rücktrittsrecht – zu beachten. Damit wird der Leistungsempfänger, dem die Rückgewähr des Empfangenen aufgrund eines Restitutionshindernisses unmöglich ist, unabhängig davon, ob die Rückabwicklung wegen Unwirksamkeit des Vertrags oder aufgrund Rücktritts erfolgt, grundsätzlich gleich behandelt.

Dieser Ansicht entspricht auch die neuere Rechtsprechung[491], nach der im Einzelfall zu prüfen ist, inwieweit das (jeweilige) Entreicherungsrisiko gem. § 818 Abs. 3 BGB nach den Vorschriften zu dem fehlgeschlagenen Geschäft oder nach dem Willen der Vertragsschließenden jeweils der einen oder anderen Partei zugewiesen werden soll.

3. Ausgestaltung der Rückabwicklung

Im Rücktrittsrecht sind die nach Ausübung des Rücktritts gegenseitig zu erbringenden Pflichten aus §§ 346 ff. BGB über §§ 348, 320, 322 BGB verknüpft und Zug-um-Zug zu erfüllen. Da im Bereicherungsrecht eine Regelung zur Rückabwicklung gegenseitiger Verträge fehlt, ist fraglich, ob und wie diese bereicherungsrechtlichen Ansprüche miteinander verbunden sind.

Nach der alten Zweikondiktionentheorie[492] wurde die Rückabwicklung nichtiger Verträge durch zwei isolierte Ansprüche von Leistung und Gegenleistung vollzogen. Dies hatte zur Konsequenz, dass der Anspruchsfortfall einer Partei wegen Wegfalls der Bereicherung nach § 818 Abs. 3 BGB den Gegenanspruch der anderen Partei unberührt ließ. Da sich jeder Schuldner bei Verlust oder Beschädigung des Leistungsgegenstands auf den Wegfall der Bereicherung nach § 818 Abs. 3 BGB berufen konnte, trug jede Partei das Risiko des Verlusts seiner hingegebenen Leistung, auch wenn dieser in der Einflusssphäre der jeweils anderen Partei eingetreten war. So ging bspw. der Verkäufer leer aus, wenn die Kaufsache beim Käufer

491 BGH, NJW 1992, 1037; BGH, NJW 1990, 314, 315.
492 Vgl. *v.Thur*, DJZ 1916, 582; *Oertmann*, DJZ 1915, 1063 f.; *ders.*, JW 1918, 132.

untergegangen war, während Letzterer den Kaufpreis in voller Höhe zurückverlangen konnte. Durch die Zweikondiktionentheorie wurde die synallagmatische Verknüpfung von Leistung und Gegenleistung durchbrochen.[493] Lediglich die §§ 273, 274 BGB galten mit der Folge, dass der jeweilige Bereicherungsschuldner der Forderung des anderen auf Rückgewähr ein Zurückbehaltungsrecht wegen des eigenen Rückforderungsanspruchs entgegenhalten konnte. Eine Verknüpfung von Leistung und Gegenleistung über §§ 320, 322 BGB fand hingegen nicht statt, da diese Normen nur auf die Leistungserbringung im Rahmen gegenseitiger Verträge anwendbar sind und ein entsprechender Verweis im Bereicherungsrecht fehlt.

Da das Außerachtlassen der Risikoverteilung des rückabzuwickelnden Vertrags als unbillig empfunden wurde, entwickelte die Rechtsprechung[494] 1903 die Saldotheorie, nach der bereits das Erlangte i.S.d. § 812 BGB nur in einem positiven Saldo besteht. Herauszugeben war danach nur der Überschuss, der sich nach einer Saldierung der mit der Durchführung des nichtigen Austauschvertrags verbundenen Vor- und Nachteile für eine Seite ergibt. Nachdem sich die h.M. von der Vermögensorientierung des Bereicherungsanspruchs für die Leistungskondiktion abwandte und sich die Auffassung durchsetzte, dass das Erlangte i.S.d. § 812 BGB gegenständlich zu verstehen ist[495], konnte die Saldotheorie in dieser Form jedoch nicht aufrecht erhalten bleiben.[496] Es entwickelte sich eine zweite Fassung der Saldotheorie, die nicht mehr auf den Überschuss im Vermögen des Schuldners Bezug nimmt, sondern die dem beabsichtigten Grundgeschäft zugrunde liegende Risikoverteilung in die bereicherungsrechtliche Rückabwicklung einbezieht.[497] Eine Gesamtabrechnung über die mit der Durchführung des Vertrags verbundenen Vor- und Nachteile findet nicht mehr statt.[498] Diese Form der Saldotheorie geht maßgeblich auf *v.Caemmerer*[499] und *Leser*[500] zurück, die die Berücksichtigung der Gegenleistung im Bereicherungsanspruch infolge der Leistungskondiktion über das fortwirkende bzw. faktische Synallagma begründeten. Die Verknüpfung der beidseitig erbrachten Leistungen im Grundgeschäft findet aufgrund der trotz

493 *Büdenbender*, AcP 200 (2000), S. 627, 655.
494 RGZ 54, 137, 141, ebenso BGHZ 1, 75, 81.
495 BGHZ 55, 128, 133 f.
496 *Reuter/Martinek*, S. 595 f.; *Lieb*, in: MüKo, § 818 Rn 84.
497 Die Rspr. hielt noch lange an der Vermögensorientierung fest, indem sie – beim gutgläubigen und unverklagten Bereicherungsschuldner – im Rahmen des § 818 Abs. 3 BGB alle adäquat kausalen Vermögensminderungen berücksichtigte, vgl. BGHZ 55, 128 ff.; 72, 252 ff. Mittlerweile ist die Berücksichtigung des faktischen Synallagmas ständige Rspr., vgl. BGH NJW 1999, 1181; NJW 1999, 2890, 2891; BGHZ 145, 52, 55; 146, 298, 307; BGH WM 2002, 971, 973 f.
498 *Reuter/Martinek*, S. 600; *Braun*, JuS 1981, 813 f.
499 *v.Caemmerer*, in: FS Rabel (1954), S. 333, 386 f.
500 *Leser*, Faktisches Synallagma (1956), *ders.*, Rücktritt (1975), S. 110 ff.

Unwirksamkeit des Vertrags fortbestehenden do-ut-des-Zweckbestimmung, die die Leistung kennzeichnet, über das faktische Synallagma in der bereicherungsrechtlichen Rückabwicklung Beachtung. Denn die Hingabe und der Empfang der Leistungen sind im unwirksamen Grundgeschäft von dem Zweck des do-ut-des bestimmt, womit es unvereinbar ist, wenn der Empfänger sich seinem eigenen Beitrag ohne wenigstens wertmäßige Rückgewähr des Empfangenen entzieht.[501] Vielmehr muss der Bereicherungsgläubiger den geleisteten Gegenstand und, soweit dies unmöglich ist, dessen objektiven Wert zurückerhalten, unabhängig davon, ob sich das Vermögen des Bereicherungsschuldner durch den Erwerb vermehrt oder vermindert hat. Nur dann, wenn der Bereicherungsschuldner in seinem guten Glauben an die Rechtsbeständigkeit des Erwerbs Nachteile erlitten hat, ist die Gesamtvermögensentwicklung des Schuldners zu berücksichtigen. Die Saldotheorie lässt damit die dem gegenseitigen Vertrag innewohnende Risikoverteilung in der bereicherungsrechtlichen Rückabwicklung fortwirken.[502] Das bei der bereicherungsrechtlichen Rückabwicklung infolge der Leistungskondiktion zu beachtende faktische Synallagma gibt folglich darüber Aufschluss, ob und inwieweit eine Partei das ihrerseits Hingegebene trotz Unmöglichkeit der Rückgabe des selbst Empfangenen verlangen kann. Derjenige, der die erlangte Leistung nicht herausgeben kann, verliert damit grundsätzlich infolge einer Saldierung der gegenseitigen Ansprüche seinen Anspruch auf Herausgabe der Gegenleistung. Die Entreicherung, die dem Bereicherungsschuldner grundsätzlich bei einem Untergang bzw. einer Beschädigung des Leistungsgegenstands zugute kommt, wird zum Abzugsposten seines eigenen Bereicherungsanspruchs gegenüber dem Gläubiger. Damit verfolgt die Saldotheorie das Ziel, die einseitige Risikoverteilung zu vermeiden, die sich aus einer unabhängigen Betrachtung der beidseitigen Rückabwicklungsansprüche bei einer Entreicherung gem. § 818 Abs. 3 BGB ergäbe. Die bereicherungsrechtliche Rückabwicklung gegenseitiger Verträge soll nicht durch zwei getrennt voneinander stehende Ansprüche, sondern durch einen einheitlichen Bereicherungsvorgang erfolgen. Demzufolge wird der jeweilige Bereicherungsschuldner nicht als vollständig um die rechtsgrundlos erlangte Leistung bereichert angesehen, sondern es wird vielmehr von vornherein

501 *Reuter/Martinek*, S. 598.

502 Gegen das faktische Synallagma wird hervorgebracht, dass es unsachgerecht sei, die Parteien über die Rückabwicklung der Leistungen an den unwirksamen Vertrag zu binden. Das Bereicherungsrecht akzeptiere gerade das Fehlen einer rechtsgeschäftlich bindenden Einigung und ordne deswegen die Rückabwicklung an. Dem Bereicherungsgläubiger könne demzufolge nur insoweit geholfen werden, als dass das Gesetz dessen Entreicherungsrisiko, wie dies in § 122 Abs. 1 BGB, § 179 Abs. 2 BGB und bei der *culpa in contrahendo* (§§ 311, 241 Abs. 2, 280 BGB) geschehen ist, korrigiere, so *Kaiser*, Rückabwicklung (2001), S. 318 ff.

die von ihm erbrachte Gegenleistung berücksichtigt. Daraus ergibt sich, dass bei gleichartigen Leistungen – wie bei einem in Geld bestehenden Rückforderungsanspruch und einem ebenfalls in Geld bestehenden Wertersatzanspruch für den Untergang des Leistungsgegenstands – die Bereicherung nur in dem Überschuss besteht, der sich aus der Saldierung ergibt. Die Kürzung des Bereicherungsanspruchs erfolgt kraft Gesetzes, ohne dass es einer Aufrechnung nach § 387 BGB oder der Geltendmachung eines Zurückbehaltungsrechts nach §§ 273, 274 BGB bedarf.[503] Bei Ungleichartigkeit der Leistungen scheidet zwar eine Verrechnung aus, die Saldotheorie bewirkt aber, dass der materielle Anspruch – ohne Geltendmachung eines Zurückbehaltungsrechts – von vornherein nur eine Rückgewähr Zug-um-Zug gegen die Rückabwicklung der Gegenleistung umfasst.[504]

II. Inhalt der Entreicherungsgefahr

Die Entreicherungsgefahr umschreibt die Gefahr beider Parteien des bereicherungsrechtlichen Rückabwicklungsverhältnisses, wegen weggefallener oder fehlender Bereicherung des Bereicherungsschuldners die daraus folgenden finanziellen Nachteile tragen zu müssen. Für die Bestimmung des Inhalts der Entreicherungsgefahr ist maßgeblich, welche vermögensmindernden Umstände im Rahmen des Entreicherungseinwands Berücksichtigung finden können.

1. Beeinträchtigung des Leistungsgegenstands

Dies gilt zunächst für solche Vermögenseinbußen, die sich daraus ergeben, dass der empfangene Leistungsgegenstand wegen Verlusts oder Beschädigung nicht oder nicht mehr in dem ursprünglichen Zustand zurückgewährt werden kann. Dann regelt die Entreicherungsgefahr, welche der Parteien die aus der Beeinträchtigung des Rückgewährgegenstands resultierenden finanziellen Folgen zu tragen hat. Damit ähnelt diese Gefahrtragung derjenigen der Sach- und Gegenleistungsgefahr im rücktrittsrechtlichen Rückabwicklungsverhältnis. In vergleichbarer Weise ist nämlich bei der Frage, ob sich der Bereicherungsschuldner auf den Wegfall der Bereicherung nach § 818 Abs. 3 BGB berufen kann, zunächst zu berücksichtigen, welche der Parteien den Rechtsgrund für die Unwirksamkeit des Vertrags gesetzt hat. Daran anschließend ist – in gleicher Weise wie bei der Frage nach der Gegenleistungsgefahr – zu diskutieren, ob ein Verhalten einer der Parteien zu der Restitutionsstörung geführt hat.

503 BGH NJW 1999, S. 1181; *Büdenbender*, AcP 200 (2000), S. 627, 641.
504 BGH NJW 1988, 3011; BGH NJW 1999, 1181; *Flume*, JZ 2002, 321, 322.

2. Sonstige vermögensmindernde Nachteile

Daneben umfasst die Entreicherungsgefahr die Frage, inwieweit sich der Bereicherungsschuldner im Bezug auf sonstige vermögensmindernde Nachteile auf den Einwand der Entreicherung berufen kann. Zu unterscheiden sind insoweit zum einen die Kosten des Erwerbs – Frachtkosten, Makler- und Planungsgebühren, Grundbuchkosten, notarielle Kosten und Zölle[505] – und zum anderen Verwendungen auf die Sache – Reparaturkosten, gewöhnliche Unterhaltungskosten, Investitionen – sowie Rückabwicklungskosten. Dabei sind nur solche vermögensmindernden Aufwendungen erfasst, die der Bereicherungsschuldner im guten Glauben an die Rechtsbeständigkeit des Erwerbs getätigt hat. Hat nämlich der Bereicherungsschuldner Kenntnis von seiner Rückgewährpflicht bzw. von der Rechtsgrundlosigkeit des Erwerbs, hat er seine Dispositionen in dem Bewusstsein getroffen, sowohl für deren Auswirkungen als auch für die Rückgewähr einstehen zu müssen. Damit wäre es unvereinbar, wenn er die von ihm trotz Kenntnis von der Unwirksamkeit des Grundgeschäfts getätigten vermögensmindernde Aufwendungen dem Bereicherungsanspruch des Gläubigers über § 818 Abs. 3 BGB entgegenhalten könnte.

III. Verteilung der Entreicherungsgefahr

Die Entreicherungsgefahr ist je nachdem, welche der Parteien die auf der Restitutionsstörung bzw. auf anderen vermögensmindernden Umständen beruhende finanzielle Einbuße nach der Rückabwicklung zu tragen hat, verteilt. Gem. § 818 Abs. 2 BGB ist der Bereicherungsschuldner bei einer Restitutionsstörung zum Ersatz des objektiven Werts[506] des Erlangten verpflichtet. Die Wertersatzpflicht bestimmt sich bei nicht gegenständlichen Leistungen nach dem Wert im Zeitpunkt der Erlangung der Leistung, wohingegen im Übrigen auf den Zeitpunkt der Entstehung des Wertersatzes abzustellen ist.[507] Diese Pflicht besteht jedoch nicht, soweit der Empfänger gem. § 818 Abs. 3 BGB nicht mehr bereichert ist. Im Grundsatz weist damit das Gesetz dem Bereicherungsgläubiger die Entreiche-

505 BGH NJW 1970, 2059 f.; BGH WM 1993, 251, 257; *Sprau*, in: Palandt, § 818 Rn 42.

506 Die Wertersatzpflicht orientiert sich nach überwiegender Ansicht in der Rechtsprechung und der Literatur an dem objektiven Verkehrswert des Empfangenen, vgl. RGZ 147, 396, 398; BGHZ 5, 197, 201; 10, 171, 180; 17, 236, 240; 55, 128, 135; *Larenz*, in: FS v. Caemmerer (1978), S. 209, 218 ff.; *Lorenz*, in: Staudinger, § 818 Rn 26 f.; *Goetzke*, AcP 173 (1973), 289, 308 ff.

507 *Reuter/Martinek*, S. 570 f.

rungsgefahr zu. Diese Gefahrverteilung ist aber nicht endgültig. Vielmehr ist bei der Rückabwicklung eines gegenseitigen Vertrags das Synallagma zu beachten, das wegen der do-ut-des-Zweckbestimmung trotz der Unwirksamkeit des Vertrags fortbesteht. Damit ist die Möglichkeit des Bereicherungsschuldners, sich auf den Wegfall der Bereicherung zu berufen, durch die dem unwirksamen Vertrag zugrunde liegende Risikoverteilung begrenzt. Da die Leistungskondiktion der Rückabwicklung fehlgeschlagener Schuldverhältnisse dient, ist die Vorschrift des § 818 Abs. 3 BGB – unter Beachtung des Gebots der Gleichbehandlung von Gleichen – durch die im Rücktrittsrecht geltenden Wertungen zu bestimmen. § 818 Abs. 3 BGB ist – nach dem oben Ausgeführten[508] – als „offene Norm" zu verstehen, so dass die Wertungen des Rücktrittsrechts im Wege einer Auslegung dieser Norm Berücksichtigung finden. In gleicher Weise wie im Rücktrittsrecht orientiert sich die Verteilung der Entreicherungsgefahr damit daran, welche der Parteien den Grund für die Unwirksamkeit des Vertrags gesetzt hat und ob ein vorwerfbares Verhalten einer Partei die Restitutionsstörung verursacht hat. Lediglich für die Fälle einer entgeltlichen Dienst-, Werk- oder Gebrauchsüberlassungsleistung weist das Gesetz die Entreicherungsgefahr dem Bereicherungsschuldner unabhängig davon zu, ob er den Unwirksamkeitsgrund oder die Entreicherung zu vertreten hat. Dies folgt im Rücktrittsrecht aus der Regelung des § 346 Abs. 2 S. 1 Nr. 1 BGB, auf die keiner der in § 346 Abs. 3 BGB enthaltenen Ausschlusstatbestände Bezug nimmt. Diese Wertung stimmt mit derjenigen im Recht der Leistungskondiktion überein, nach der das Gutgläubigenprivileg den Empfänger nicht besser stellen kann, als wenn das, woran er glaubt, der wahren Rechtslage entspräche. Auch bei Rechtsbeständigkeit des Grundgeschäfts hätte er die Leistung nicht unentgeltlich erhalten, so dass es sachgerecht ist, ihn – ohne die Möglichkeit eines Entreicherungseinwands – gem. § 818 Abs. 2 BGB auf den Ersatz des objektiven Werts zu verpflichten. Im Übrigen – bei gegenständlichen Leistungen sowie bei sonstigen vermögensmindernden Umstände – sind hingegen die genannten Kriterien zu beachten.

1. Beeinträchtigung des Leistungsgegenstand

Beruht der Wegfall der Bereicherung auf dem Verlust bzw. der Beschädigung des Leistungsgegenstands ist für die Frage einer Entreicherung gem. § 818 Abs. 3 BGB unter Beachtung des faktischen Synallagmas die Gefahrverteilung zwischen den Parteien entscheidend. Nach dieser ist – ebenso wie im Rücktrittsrecht – zu beurteilen, wer die finanzielle Einbuße im Vermögen für die Beeinträchtigung des Leistungsgegenstands zu spüren bekommt.

508 Teil 4, B. I. 2.

a) Entreicherungsgefahr beim Bereicherungsgläubiger

Der Bereicherungsgläubiger trägt bei der Rückabwicklung nach Leistungskondiktion die Entreicherungsgefahr, wenn er trotz Beeinträchtigung des Leistungsgegenstands beim Bereicherungsschuldner keinen Wertersatz erhält.

aa) Einseitige Verantwortlichkeit für die Unwirksamkeit des Vertrags

Dies ist zunächst dann der Fall, wenn der Bereicherungsgläubiger einseitig für die Unwirksamkeit des Vertrags verantwortlich ist und damit den Grund für die Rückabwicklung gesetzt hat. Dahinter steht der Gedanke, dass der Empfänger die Übergabe der Sache gem. § 446 S. 1 BGB bzw. §§ 640, 644 BGB im Vertrauen auf die Rechtschaffenheit des Verhaltens des Verkäufers geschehen lässt. Bei Kenntnis der wahren Sachlage hätte er die Sache und deren Gefahr nicht übernommen, weswegen ihn nunmehr nicht die negativen Folgen treffen sollen. Der Gefahrübergang ist vielmehr nur gerechtfertigt, wenn die Sache ordnungsgemäß auf den Empfänger übergegangen ist.

Fraglich ist, wann eine einseitige Verantwortlichkeit des Leistenden für die Unwirksamkeit des Vertrags anzunehmen ist. Da das Verbleiben der Zufallsgefahr der Wertung des § 346 Abs. 3 S. 1 Nr. 1 und 3 BGB im Rücktrittsrecht entspricht, kann nicht jegliche Unwirksamkeit des Vertrags zulasten des Bereicherungsgläubigers gehen.[509]. Es ist deswegen angezeigt, nicht alle Gründe, die zu einer Unwirksamkeit des Vertrags führen, gleich zu behandeln. Damit scheiden solche Fallkonstellationen aus, bei denen beide Parteien an der Unwirksamkeit des Vertrags beteiligt waren.[510] So ist keine einseitige Verantwortlichkeit des Leistenden gegeben, wenn ein Dissens nach §§ 154 Abs. 1, 155 BGB gegeben ist.[511] Als einseitige Verantwortlichkeit könnten aber alle Verhaltensweisen angesehen werden, an die das Gesetz negative Rechtsfolgen knüpft. Diese Auslegung würde eine Annäherung an die Privilegierung des gesetzlich zum Rücktritt Berechtigten darstellen, die auf einer – verschuldeten oder schuldlosen – objektiven

---

509 Zu weit geht insofern *Hager*, in: Ernst/Zimmermann, S. 429, 443, nach dem „die von Gesetzes wegen eintretende Nichtigkeit, erst Recht der durch Ausübung des Anfechtungsrechts erzielte Wegfall des Vertrags, starke Ähnlichkeit mit dem unter Ausübung eines gesetzlichen Rücktrittsrechts erklärten Rücktritt" habe.

510 Deswegen kann der Vorschlag von *Lieb* (in: MüKo, § 818 Rn 137 a.E.) nicht überzeugen, dass die Risikoverteilung des § 346 Abs. 3 S. 1 Nr. 3 BGB im Bereicherungsrecht generell – ohne Rücksicht des jeweiligen Nichtigkeits- oder Anfechtungsgrunds – zur Anwendung kommen soll. Die Privilegierung des § 346 Abs. 3 S. 1 Nr. 3 BGB stellt ja gerade eine Ausnahme zur allgemeinen Gefahrverteilung dar.

511 Vgl. dazu Teil 4, B. III. 1. b).

Pflichtverletzung basiert.[512] Denn die in § 346 Abs. 3 S. 1 Nr. 3 BGB enthaltene Privilegierung beruht laut der Gesetzesbegründung[513] auf dem nicht ordnungsgemäßen Verhalten des Schuldners.

Dagegen spricht jedoch, dass bereits als objektive Pflichtverletzung die auf einem gem. § 119 Abs. 1, 2 BGB begründeten Irrtum erfolgte Anfechtung des Vertrags anzusehen ist. Dies ergibt sich daraus, dass zum einen das Gesetz an die Anfechtung die negative Rechtsfolge der Schadensersatzpflicht nach § 122 BGB knüpft. Zum anderen ist nach der h.M.[514] bei einem verschuldeten Irrtum eine Schadensersatzpflicht aus den Grundsätzen der *culpa in contrahendo* gem. §§ 311, 241 Abs. 2, 280 ff. BGB möglich, die neben dem Verschulden eine objektive Pflichtverletzung verlangt. Da über § 122 BGB aber der Anfechtungsgegner in seinem Vertrauen auf die Gültigkeit der Erklärung geschützt werden soll, genügt es nicht, die einseitige Verantwortung durch eine objektive Pflichtverletzung des Leistenden zu umschreiben. Denn auch bei Gültigkeit des Vertrags bekäme der Anfechtungsgegner den zufälligen Verlust des Leistungsgegenstands zu spüren. Dem widerspräche es, ihn von der Zufallsgefahr im Rahmen des Bereicherungsausgleichs zu befreien. Die aus der Zuweisung der Entreicherungsgefahr resultierende Benachteiligung des Bereicherungsgläubigers, erfordert deswegen eine weitere Voraussetzung. Neben dem objektiv pflichtwidrigen Verhalten muss hinzukommen, dass der Leistende zumindest fahrlässig die Unwirksamkeit des Vertrags verursacht hat. Dabei muss die Gegenpartei auf die Rechtschaffenheit des Leistenden vertrauen. Entsprechend dem Rücktrittsrecht geht die Zufallsgefahr dann trotz schuldhaften Verhaltens des Leistenden auf den Empfänger über, wenn Letzterer Kenntnis von dem Mangel des rechtlichen Grunds hatte.[515] Dabei ist das Pflichtenprogramm, das den Leistenden im Vorfeld trifft, durch die zu wahrenden Interessen des Empfängers festgelegt. Im Unterschied zum Rücktrittsrecht, in dem das Pflichtenprogramm durch den bereits bestehenden Vertrag – gem. § 433 BGB bzw. § 631 BGB – klar umschrieben ist, müssen im Bereicherungsrecht verschiedenste Ursachen, die zur Unwirksamkeit des Vertrags geführt haben, erfasst werden.

Unter Bezugnahme zur Haftung aus der *culpa in contrahendo* kann bestimmt werden, welches Pflichtenprogramm der Leistende beim Zustandekommen eines

---

512 So *Lorenz* (in: Schulze/Schulte-Nölke, S. 329, 347), nach dem „die Privilegierung (...) nicht generell, sondern nur dann in Betracht zu ziehen ist, wenn der Nichtigkeits- oder Anfechtungsgrund dem Gläubiger der untergegangenen Leistung ähnlich wie eine objektive Pflichtverletzung zurechenbar ist".

513 BT-Drs. 14/6040, S. 196.

514 *Ellenberger*, in: Palandt, § 122 Rn 6.

515 Ebenso wie §§ 442, 640 Abs. 2 BGB die Kenntnis vom Mangel verlangen, genügt auch hier die fahrlässige Unkenntnis nicht, um den Empfänger mit der Zufallsgefahr zu belasten.

Vertrags zu erfüllen hat. Soweit ihn hinsichtlich einer solchen Verletzung zumindest Fahrlässigkeit vorgeworfen werden kann, verbleibt bei ihm die Zufallsgefahr. Eine einseitige Verantwortlichkeit des Leistenden für die Unwirksamkeit des Vertrags ist zunächst bei einem vorwerfbaren Verhalten, wie der schuldhaften Herbeiführung eines Dissens wegen unklarer Ausdrucksweise oder wegen gegen §§ 307 ff. BGB verstoßenden Vertragsbedingungen, gegeben. Ebenso muss der Bereicherungsschuldner keinen Wertersatz trotz zufälligen Untergangs oder zufälliger Beschädigung des Leistungsgegenstands leisten, wenn er den Vertrag wegen arglistiger Täuschung oder Drohung der Gegenpartei gem. § 123 BGB angefochten hat.[516] Wurde die zur Wirksamkeit erforderliche Form des Vertrags nicht eingehalten (§ 125 BGB), beurteilt sich die Frage nach der Sachgefahr danach, ob den Leistenden ein Verschulden am Formmangel trifft. Gleiches gilt bei einem gem. § 134 BGB zur Nichtigkeit des Vertrags führenden einseitigen Verstoß gegen ein Verbotsgesetz. In gleicher Weise ist dem in „verwerflicher Gesinnung" handelnden Verkäufer die Berufung auf die Saldotheorie verwehrt, wenn bei einem wucherähnlichen gem. § 138 Abs. 1 BGB nichtigen Kaufvertrag die Kaufsache durch Zufall beim bewucherten Käufer untergegangen ist.[517] Die Entreicherungsgefahr trägt demnach in der Regel der Bereicherungsgläubiger, wenn die Unwirksamkeit des Vertrags auf Wucher oder Sittenwidrigkeit nach § 138 Abs. 1, 2 BGB beruht.[518]

Diese Gefahrverteilung wird – entsprechend der Wertung in § 346 Abs. 3 S. 1 Nr. 1 und 3 BGB – dann verändert, wenn der Bereicherungsschuldner trotz Kenntnis von der Unwirksamkeit des Vertrags den empfangenen Gegenstand umgestaltet, verarbeitet oder verbraucht (§ 346 Abs. 3 S. 1 Nr. 1 BGB) oder wenn der Untergang oder die Verschlechterung des Leistungsgegenstands auf mehr als die Verletzung eigenüblicher Sorgfalt des Bereicherungsschuldners zurückzuführen sind (§ 346 Abs. 3 S. 1 Nr. 3 BGB). Soweit also der Bereicherungsschuldner grob fahrlässig oder vorsätzlich die Beeinträchtigung des Rückgewährgegenstands herbeigeführt hat, trifft ihn gem. § 818 Abs. 2 BGB eine Pflicht zum Wertersatz, ohne dass ihm der Einwand der Entreicherung aus § 818 Abs. 3 BGB zusteht.[519]

516 Vgl. BGHZ 53, 144, 147 f.; 57, 137, 150 f.; 146, 299, 307 ff.; *Flessner*, NJW 1972, 1777; *Lieb*, JZ 1972, 442, 444; *Huber*, JuS 1972, 439; *Weitnauer*, NJW 1970, 637; *Diesselhorst*, JZ 1970, 416, 418; *Medicus*, Bürgerliches Recht, Rn 228 ff.

517 Vgl. dazu *Flume*, ZIP 2001, 1621 ff.; *Bork*, JZ 2001, 1138 f.

518 Dabei ist zu beachten, dass wegen § 817 S. 2 BGB in der Regel die Rückforderung des Geleisteten ohnehin ausgeschlossen ist.

519 Vgl. BGHZ 57, 137 f.

bb) Mangelhaftigkeit des Leistungsgegenstands

Zudem trägt der Bereicherungsgläubiger die Entreicherungsgefahr, wenn er durch eine mangelhafte Leistung i.S.d. §§ 434 ff. BGB bzw. § 633 BGB die Interessen des Schuldners verletzt hat. So entschied bereits der BGH[520], dass ein Käufer, der sich über eine verkehrswesentliche Eigenschaft der Kaufsache geirrt hat und den Vertrag anficht, seinen vollständigen Kaufpreis zurückverlangen konnte, wenn die Kaufsache bei ihm aufgrund von Sachmängeln erheblich verschlechtert worden ist. Darüber hinausgehend ist der Bereicherungsschuldner bei einem mangelhaften Leistungsgegenstand auch dann nicht zum Wertersatz verpflichtet, wenn der Verlust oder die Beschädigung auf einem zufälligen Ereignis beruht. Denn entsprechend der Wertungen im Rücktrittsrecht geht die Zufallsgefahr nicht auf den gutgläubigen Bereicherungsschuldner über, wenn der Bereicherungsgläubiger mangelhaft geleistet hat. Wegen der Austauschbarkeit der Rückabwicklungssysteme muss nämlich auch im Bereicherungsrecht das Vertrauen des Empfängers auf die Fehlerfreiheit der Ware geschützt werden und der Bereicherungsschuldner so gestellt werden, als hätte er sich nicht auf den Vertrag eingelassen und damit auch nicht die Sache und deren Gefahr übernommen. Diesem Schutz kann nur gerecht werden, wenn der mangelhaft leistende Bereicherungsgläubiger die Entreicherungsgefahr für eine zufallsbedingte Verschlechterung oder einen solchen Untergang trägt. Der Empfänger haftet deswegen – entsprechend der Wertungen in § 346 Abs. 3 S. 1 Nr. 1 und 3 BGB – bis zur Erlangung der Kenntnis um die Rechtsgrundlosigkeit seines Erwerbs nur für die Einhaltung der *diligentia quam in suis*. Erst bei grobfahrlässigem oder vorsätzlichem Verhalten, das zu einer Beeinträchtigung des mangelhaften Leistungsgegenstands führt, geht demnach die Entreicherungsgefahr mit der Folge auf ihn über, dass er gem. § 818 Abs. 2 BGB zum Wertersatz verpflichtet ist. Ab Kenntnis vom fehlenden Rechtsgrund muss der Empfänger mit der Rückgewähr der Leistung rechnen und er haftet gem. §§ 818 Abs. 4, 819 Abs. 1, 292, 989 BGB mit dem Verschuldensmaßstab der §§ 276 ff. BGB auf Schadensersatz. Soweit er lediglich Kenntnis vom Sachmangel hat, ohne dass diese Kenntnis mit derjenigen von der Rechtsgrundlosigkeit des Erwerbs einhergeht, kann er sich wegen zufälligen Untergangs oder Verschlechterung weiterhin auf den Einwand der Entreicherung berufen. Dies entspricht der Wertung zu § 346 Abs. 3 S. 1 Nr. 3 BGB, der als Ausschlusstatbestand trotz Kenntnis des Rückgewährschuldners vom Mangel eingreift. Die Möglichkeit eines Berufens auf den Entreicherungseinwand ist ihm hingegen dann verwehrt, wenn er – entsprechend der Wertung in § 346 Abs. 4 BGB – die Beeinträchtigung

520 BGHZ 78, 216, 223 (Mähdrescher); dazu *Schubert*, JR 1981, 154; *Berg*, NJW 1981, 2337, 2338; *Honsell*, JuS 1982, 810 f., *Grunewald*, in: FS Hadding (2004), S. 33, 34.

des Rückgewährgegenstands i.S.d. §§ 276 ff. BGB schuldhaft herbeigeführt hat oder die Sache – entsprechend der Wertung in § 346 Abs. 3 S. 1 Nr. 1 BGB – trotz Kenntnis vom Mangel verarbeitet, verbraucht oder umgestaltet hat.

cc) Einseitige Verantwortlichkeit für die Beeinträchtigung

In gleicher Weise wie § 346 Abs. 3 S. 1 Nr. 2 Alt. 1 BGB den Rückgewährschuldner im Rücktrittsrecht von der Wertersatzpflicht befreit, trägt auch der Bereicherungsschuldner dann nicht die Entreicherungsgefahr, wenn der Bereicherungsgläubiger einseitig den Verlust oder die Beschädigung des Leistungsgegenstands zu verantworten hat. Diese Fallgruppe ist – neben der mangelhaften Leistung – dann von Relevanz, wenn der Bereicherungsgläubiger den beim Bereicherungsschuldner befindlichen Leistungsgegenstand i.S.d. §§ 276 ff. BGB schuldhaft beeinträchtigt hat. Daneben sind auch Fälle erfasst, in denen sich der Leistungsgegenstand bspw. deswegen verschlechtert hat oder untergegangen ist, weil der Leistende den Empfänger falsche Instruktionen hinsichtlich der Bedienung, Pflege oder Wartung gegeben hat. Darüber hinaus weist die Verletzung einer Mitwirkungsobliegenheit bei der Rückabwicklung, die zu einer Beeinträchtigung des Rückgewährgegenstands geführt hat, dem Bereicherungsgläubiger die Gefahr der Entreicherung zu.

dd) Eintritt der Entreicherung auch beim Bereicherungsgläubiger

Schließlich trägt der Bereicherungsgläubiger auch dann die Entreicherungsgefahr, wenn – entsprechend § 346 Abs. 3 S. 1 Nr. 2 Alt. 2 BGB – die Entreicherung auch bei ihm eingetreten wäre. Damit sind diejenigen Fälle erfasst, in denen beim Bereicherungsschuldner eine Bereicherungsminderung bzw. ein -wegfall erfolgt, die ohne den Leistungsaustausch auch beim Bereicherungsgläubiger eingetreten wären. Nicht von Relevanz ist dabei, ob die Beeinträchtigung des Leistungsgegenstands, die zur Entreicherung geführt hat, auf demselben Ereignis beruht, wie dasjenige, das den Schaden beim Bereicherungsgläubiger verursacht hätte.

b) Entreicherungsgefahr beim Bereicherungsschuldner

Der zufällige Untergang bzw. eine solche Verschlechterung liegt im Risikobereich des Bereicherungsschuldners, wenn er die Unwirksamkeit des Vertrags (mit) zu verantworten hat. Dies ist der Fall, wenn die Nichtigkeit auf einem Dissens oder einem Formfehler beruht, da sich beide Seiten um die Vermeidung solcher Fehler gleichermaßen zu bemühen haben.[521] Nur dann, wenn der Bereicherungsschuldner durch den Bereicherungsgläubiger über einen Formfehler getäuscht wurde oder Letzterer den Dissens schuldhaft herbeigeführt hat, trägt dieser die Entreicherungsgefahr.[522] Für die Rückabwicklung nach Leistungskondiktion sind also – wegen der in § 346 Abs. 3 S. 1 Nr. 3 BGB enthaltenen und zu berücksichtigenden Wertung – nicht alle Nichtigkeitsgründe gleich zu behandeln. Die Zuweisung der Entreicherungsgefahr bei einem neutralen Rückabwicklungsgrund entspricht der Wertung im Rücktrittsrecht, dass mit der Übergabe der Sache i.S.d. § 446 S. 1 BGB bzw. mit der Abnahme i.S.d. §§ 640, 644 BGB die Zufallsgefahr auf den Empfänger übergeht. Diese Gefahrverteilung bleibt auch trotz Rückabwicklung des Vertrags so lange erhalten, bis die *dominus*-Stellung des Bereicherungsgläubigers wieder begründet ist. Dagegen kann auch nicht hervorgebracht werden, dass wegen der nach § 818 Abs. 1 BGB herauszugebenden Nutzungen der Gegenstand wirtschaftlich wieder dem Bereicherungsgläubiger zuzuordnen ist und dieser demnach auch die Zufallsgefahr tragen muss, da Nutzungen, Lasten und die Gefahrtragung zusammengehören.[523] Denn zur Begründung der *dominus*-Stellung gehört mehr, als lediglich die wirtschaftliche Zuordnung des Gegenstands zum Vermögen einer Partei.[524] Erst in dem Zeitpunkt, in dem der Leistungsgegenstand im Wege eines willentlichen „Übertragungsakts" analog §§ 446 S. 1, 3, 447 BGB vom Bereicherungsschuldner wieder auf den Bereicherungsgläubiger zurück übertragen wurde, geht auch die Zufallsgefahr über. Diese Rechtslage ergibt sich daraus, dass auf der einen Seite das Ziel besteht, den *status quo ante contractum* herzustellen und auf der anderen Seite die *dominus*-Stellung nach § 446 S. 1 BGB bzw. §§ 644, 640 BGB auf den späteren Bereicherungsschuldner übergegangen ist. Aufgrund dieses Spannungsverhältnisses kommt es in diesem Zeitraum der Rückabwicklung ausnahmsweise zu einem Auseinanderfallen von Lasten und Nutzen auf der einen und der Zufallsgefahr auf der anderen Seite.[525] Im Ergebnis hat damit der Bereicherungsschuldner bei einem neutralen Rückabwicklungsgrund dem Bereicherungsgläubiger bei zufälligem Untergang oder Verschlechterung des Leistungsgegenstands dessen objektiven Wert gem. § 818 Abs. 2 BGB zu ersetzen, ohne dass er sich wegen des Wegfalls der Bereicherung auf § 818 Abs. 3 BGB berufen kann. Diese grundsätzlich vom Bereicherungsschuldner zu tragende Entreicherungsgefahr geht jedoch unter bestimmten Voraussetzungen

521 *Grunewald*, in: FS Hadding (2004), S. 33, 38 mit Verweis auf: *Diesselhorst*, JZ 1970, 416, 418; *Reuter/Martinek*, S. 603; *König*, Gut. zur Überarbeitung d. Schuldrecht, S. 1515, 1548.
522 Vgl. dazu bereits oben, Teil 4, B. III. 1. a) aa).
523 So aber: *Kaiser*, Rückabwicklung (2001), S. 264 f.; 351 f.
524 Vgl. bereits die Ausführungen zum Rücktrittsrecht in Teil 2, A. I.
525 Vgl. zu den parallelen Wertungen im Rücktrittsrecht Teil 2, A. I.

auf den Bereicherungsgläubiger über. So hat der Bereicherungsgläubiger die Entreicherungsgefahr – wie bereits ausgeführt – dann zu tragen, wenn er den Untergang oder die Verschlechterung schuldhaft i.S.d. §§ 276 ff. BGB zu vertreten hat oder der Schaden bei ihm gleichfalls eingetreten wäre. In gleicher Weise hat der Bereicherungsschuldner die Entreicherungsgefahr bei einer einseitigen Verantwortlichkeit des Bereicherungsgläubigers für die Unwirksamkeit der Vertrags oder bei einer mangelhaften Leistung nicht zu tragen. In diesen Fällen geht sie erst dann auf den Bereicherungsschuldner über, wenn er die Verschlechterung oder den Untergang des Leistungsgegenstands grob fahrlässig oder vorsätzlich herbeigeführt hat.

2. Sonstige vermögensmindernde Nachteile

Auch hinsichtlich der sonstigen vermögensmindernden Nachteile ist die Möglichkeit des gutgläubigen Bereicherungsschuldners sich nach § 818 Abs. 3 BGB auf die Einrede der Entreicherung zu berufen, durch die im Rücktrittsrecht geltenden Wertungen – nach dem Gebot der Gleichbehandlung des Gleichen – zu beschränken. Diese Möglichkeit besteht für den Bereicherungsschuldner zunächst dann, wenn er den Gegenstand zurückgibt oder für die Beeinträchtigung Wertersatz leisten muss. Dabei ist der Entreicherungseinwand des Bereicherungsschuldners – entsprechend § 347 Abs. 2 BGB – auf notwendige Verwendungen und dem Bereicherungsgläubiger zugute kommende Aufwendungen zu begrenzen.[526] Darüber hinaus kann er sich im Bezug auf diese Einbußen an seinem sonstigen Vermögen auf Entreicherung gem. § 818 Abs. 3 BGB berufen, wenn der Leistungsgegenstand sachmangelbedingt oder durch ein einseitig vom Bereicherungsgläubiger zu verantwortendes Verhalten untergegangen ist oder sich verschlechtert hat. Fraglich ist, ob dies auch bei einer zufälligen Beeinträchtigung des Leistungsgegenstands gilt. Im Rücktrittsrecht kann der gesetzlich zum Rücktritt Berechtigte, dann nicht gem. § 347 Abs. 2 S. 1 BGB Ersatz seiner notwendigen Verwendungen verlangen, wenn seine Wertersatzpflicht gem. § 346 Abs. 3 S. 1 Nr. 3 BGB ausgeschlossen ist. Sinn und Zweck des § 347 Abs. 2 BGB ist es, den Rückgewährgläubiger im Falle des § 346 Abs. 3 S. 1 Nr. 3 BGB nicht unbillig mit einem Verwendungsersatz zu belasten, wenn er aufgrund der Risikoverteilung weder den Gegenstand zurück noch einen Wertersatz erhält. Eine Übertragung dieser Wertung in die Rückabwicklung nach Leistungskondiktion verbietet sich aber, weil in diesem Fall der gute Glaube des Bereicherungsschuldners an das endgültige Behaltendürfen der Leistung etwas Abweichendes erfordert. Zwar wären die zum Erwerb aufgewandten Kosten auch bei Wirksamkeit des Vertrags angefallen. In dem Fall aber,

526 So schon *Reuter*, in: FS Georgiades (2006), S. 321, 344.

in dem der Bereicherungsgläubiger einseitig die Unwirksamkeit des Vertrags zu verantworten hat, muss der Bereicherungsschuldner im Hinblick auf die im guten Glauben an die Rechtsbeständigkeit des Erwerbs getätigten Aufwendungen geschützt werden. Deswegen kann sich der gutgläubige Bereicherungsgläubiger selbst dann auf den Einwand der Entreicherung wegen sonstiger Einbußen an seinem Vermögen berufen, wenn seine Wertersatzpflicht wegen zufälligen Untergangs ausgeschlossen ist. Soweit das Verbleiben der Zufallsgefahr beim Bereicherungsgläubiger hingegen darauf beruht, dass er sachmangelhaft geleistet hat, ist dem Bereicherungsschuldner der Entreicherungseinwand – entsprechend der Wertung in § 347 Abs. 2 S. 1 BGB – zu verwehren.

C. Schadensersatz im Recht der Leistungskondiktion

Gem. §§ 818 Abs. 4, 819 Abs. 1, 292, 989, 990 BGB haftet der Rückgewährschuldner ab Rechtshängigkeit bzw. ab Kenntnis vom Mangel des rechtlichen Grunds auf Schadensersatz, wenn er den Umstand, auf dem das Restitutionshindernis beruht, i.S.d. §§ 276 ff. BGB zu vertreten hat. Damit tritt die bereicherungsrechtliche Schadensersatzhaftung unter gleichen Voraussetzungen ein wie die – nach richtiger Ansicht mit der Kenntnis bestehende – rücktrittsrechtliche Schadensersatzhaftung gem. §§ 346 Abs. 4, 280 ff. BGB.

Teil 5: Zusammenfassung und Ergebnisse

1. Die *Gefahrverteilung* wird allgemein durch den Grundsatz *casum sentit dominus* bestimmt. Als *dominus* ist außer dem formalen Eigentümer auch der wirtschaftliche Eigentümer anzusehen, der die Bestimmungsmacht über die Sache hat und dem die Nutzungen und Lasten der Sache gebühren. Zur Begründung der *dominus*-Stellung im primären Austauschverhältnis ist ein willentlicher „Übertragungsakt" des ehemaligen *domini* i.S.d. §§ 446 S. 1, 3; 447; 644 S. 1; 2380 BGB erforderlich. Als *casus* sind alle Umstände zu verstehen, für die der *dominus* keinen finanziellen Ersatz erhält. Die Reichweite des *casus* wird im Gegenseitigkeitsverhältnis maßgeblich durch die Gegenleistungsgefahr bestimmt.

2. Im *rücktrittsrechtlichen Rückabwicklungsschuldverhältnis* ist grundsätzlich der Rückgewährschuldner als *dominus* anzusehen und er trägt demzufolge die *Sachgefahr*. Den wirtschaftlichen Verlust bei Beeinträchtigung des Restitutionsgegenstands muss er jedoch dann nicht tragen, wenn die Gegenleistungsgefahr auf den Rückgewährgläubiger übergegangen ist. Dies ist im Rückabwicklungsverhältnis der Fall, wenn der Rückgewährschuldner gem. § 346 Abs. 3 S. 1 Nr. 2 BGB nicht zum Wertersatz verpflichtet ist.

Die Sachgefahr ist hingegen beim Rückgewährgläubiger verblieben, wenn die Sache mangelhaft ist und der Empfänger auf die Mangelfreiheit vertraute. In diesem Fall muss der Rückgewährschuldner nur dann den wirtschaftlichen Verlust bei Beeinträchtigung der Sache tragen, wenn die Gegenleistungsgefahr auf ihn übergegangen ist. Dies ist der Fall, wenn er i.S.d. § 346 Abs. 3 S. 1 Nr. 1 BGB die Sache trotz Kenntnis des Mangels verarbeitet bzw. umgestaltet oder wenn er i.S.d. § 346 Abs. 3 S. 1 Nr. 3 BGB die Beeinträchtigung des Leistungsgegenstands grob fahrlässig oder vorsätzlich verursacht hat.

3. Die *Leistungsgefahr* wird durch das Verhältnis von der Rückgewährpflicht gem. § 346 Abs. 1 BGB zur Wertersatzpflicht gem. § 346 Abs. 2 BGB umschrieben. Unter Berücksichtigung der Besonderheiten im Rückabwicklungsverhältnis – namentlich der Rücktrittsursache, der Restitutionsstörung und eines eventuellen Vertretenmüssens einer der Parteien – ist § 275 Abs. 2 BGB auf die Pflicht des Rückgewährschuldners zur (vollständigen) Rückgewähr des Leistungsgegenstands modifiziert anwendbar. Dies gilt mit Ausnahme der Fälle des Untergangs und des Verbrauchs für alle Tatbestände des § 346 Abs. 2 BGB.

4. Für die Frage, welche der Parteien die *Gegenleistungsgefahr* im Rückabwicklungsverhältnis trägt, ist entscheidend, ob und in welcher Höhe eine Werter-

satzpflicht gem. § 346 Abs. 2 BGB besteht. Bei der Bemessung des Wertersatzes ist grundsätzlich gem. § 346 Abs. 2 S. 2 BGB die Höhe der vertraglich vereinbarten Gegenleistung zu Grunde zu legen, die bei einer mangelhaften Leistung entsprechend §§ 441 Abs. 3, 638 Abs. 3 BGB zu mindern ist. Diese Regelung ist im Falle eines Rücktrittsrechts des Rückgewährgläubigers bei einer über Wert veräußerten Sache teleologisch auf den objektiven Wert zu reduzieren. In den Fällen des § 346 Abs. 2 S. 1 Nr. 1 BGB bestimmt sich die Wertersatzpflicht nach dem Wert im Zeitpunkt der Erlangung der Leistung, wohingegen für § 346 Abs. 2 S. 1 Nr. 2 und 3 BGB auf den Zeitpunkt der Entstehung der Wertersatzpflicht abzustellen ist.

5. Die Vorschriften des § 346 Abs. 2 und 3 BGB sind als *Regelungen der Gefahrverteilung* anzusehen. Dabei regeln die §§ 346 Abs. 2 S. 1 Nr. 2 und 3 BGB sowie § 346 Abs. 3 S. 1 Nr. 1 bis 3 BGB die Sach-, Leistungs- und Gegenleistungsgefahr, wohingegen durch § 346 Abs. 2 S. 1 Nr. 1 BGB die Verteilung der Entreicherungsgefahr zum Ausdruck kommt.

6. Das in § 346 Abs. 3 S. 1 Nr. 3 BGB enthaltene *Haftungsprivileg* (*diligentia quam in suis*) bleibt auch bei Kenntnis des Rückgewährschuldners vom Rücktrittsgrund bestehen. Nur ein solches Ergebnis wird dem Verbleiben der Zufallsgefahr beim Rückgewährgläubiger bei der Leistung einer mangelhaften Sache gerecht. Ab diesem Zeitpunkt haftet der Rückgewährschuldner jedoch auf Schadensersatz gem. §§ 346 Abs. 4, 280 ff. BGB nach Maßgabe der §§ 276 ff. BGB.

7. Eine *rücktrittsrechtliche Schadensersatzhaftung* gem. §§ 346 Abs. 4, 280 ff. BGB kommt nicht nur nach Erklärung des Rücktritts in Betracht, sondern ist bereits vor Ausübung des Rücktritts bei Kenntnis des Rückgewährschuldners vom Rücktrittsgrund möglich. Diese Schadensersatzhaftung knüpft an die nach Ausübung des Rücktritts bestehende Rückgewährpflicht gem. § 346 Abs. 1 BGB an, die der Schuldner infolge einer Rückwirkungsfiktion ab Kenntnis von der Rücktrittsmöglichkeit schuldhaft i.S.d. §§ 276 ff. BGB verletzen kann. Hingegen genügt die grob- oder leichtfährlässige Unkenntnis nicht, um eine rücktrittsrechtliche Schadensersatzhaftung zu begründen.

8. Die *bereicherungsrechtliche Rückabwicklung* infolge einer Leistungskondiktion richtet sich nicht auf die Abschöpfung des vom Schuldner aus dem Gläubigervermögen unrechtmäßig Erlangten, sondern vielmehr auf die Wiederherstellung des Zustands, der vor dem Austausch der Leistungen bestand. Dies hat zur Folge, dass die §§ 818 Abs. 1, 2, 4, 819 BGB als Normalhaftung und § 818 Abs. 3 BGB als ausnahmsweise Privilegierung anzusehen sind.

9. Die Frage, wann sich der Bereicherungsschuldner auf § 818 Abs. 3 BGB berufen darf, bestimmt sich nach der über das *faktische Synallagma* zu berücksichtigenden Gefahrverteilung zwischen den Parteien. Bei der Rückabwicklung eines gegenseitigen Vertrags nach Leistungskondiktion wird die Entreicherungsgefahr durch die Wertungen der §§ 346 ff. BGB bestimmt.

10. Die *Entreicherungsgefahr* trägt im bereicherungsrechtlichen Rückabwicklungsverhältnis der Bereicherungsgläubiger insbesondere dann, wenn er einseitig für die Unwirksamkeit des Vertrags verantwortlich ist oder mangelhaft geleistet hat. Diese Gefahr geht aber auf den Bereicherungsschuldner mit der Folge einer Wertersatzpflicht gem. § 818 Abs. 2 BGB über, wenn dieser den Leistungsgegenstand grob fahrlässig oder vorsätzlich zerstört bzw. verschlechtert hat. In gleicher Weise hat der Bereicherungsschuldner bei „neutralen Nichtigkeitsgründen" die Entreicherungsgefahr zu tragen. Auch diese Gefahrverteilung ist jedoch nicht endgültig, sondern ändert sich zulasten des Bereicherungsgläubigers dann, wenn er die Beeinträchtigung des Leistungsgegenstands zu verantworten hat oder die Entreicherung auch bei ihm eingetreten wäre.

12. Gem. §§ 818 Abs. 4, 819 Abs. 1, 292, 989, 990 BGB haftet der Bereicherungsschuldner ab Rechtshängigkeit bzw. ab Kenntnis vom Mangel des rechtlichen Grunds auf *Schadensersatz*, wenn er den Umstand, auf dem das Restitutionshindernis beruht, gem. §§ 276 ff. BGB zu vertreten hat.

Literaturverzeichnis

Ackermann, Thomas: Die Nacherfüllungspflicht des Stückverkäufers, JZ 2002, S. 378 ff.

Arnold, Arnd: Das neue Recht der Rücktrittsfolgen, Jura 2002, S. 154 ff.

– Rücktritt und Schadensersatz, ZGS 2003, S. 427 ff.

Arnold, Arnd / Dötsch, Wolfgang: Verschärfte Verbraucherhaftung beim Widerruf?, NJW 2003, 187 ff.

Bälz, Ulrich: Leistung-Rückgriff-Durchgriff, in: Festschrift für Joachim Gernhuber zum 70. Geburtstag, Hrsg. v.: Hermann Lange, Knut Wolfgang Nörr, Harm Peter Westermann, Tübingen 1993, S. 1 ff. (zit.: FS Gernhuber)

Bamberger, Heinz Georg / Roth, Herbert: Kommentar zum Bürgerlichen Gesetzbuch, Bd. 1 , §§ 1–610, 2. Auflage, München 2007 (zit.: *Bearbeiter*, in: Bamberger/Roth)

– Kommentar zum Bürgerlichen Gesetzbuch, Bd. 2, §§ 611–1296, 2. Auflage, München 2008 (zit.: *Bearbeiter*, in: Bamberger/Roth)

– Kommentar zum Bürgerlichen Gesetzbuch, Bd. 1 , §§ 1–610, München 2003 (zit.: *Bearbeiter*, in: Bamberger/Roth (2003))

Benicke, Christoph: Pflicht zum Wertersatz im neuen Rücktrittsrecht bei Verbrauch und Veräußerung, ZGS 2002, 369 ff.

Berg, Hans: Rückgewähr des vollen Kaufpreises nach Irrtumsanfechtung, NJW 1981, S. 2337 ff.

Beuthien, Volker: Anmerkung zum Urteil vom OLG Frankfurt vom 16.09.1971, JZ 1972, 247 ff.

– Das Rätsel Saldotheorie, Jura 1979, S. 532 ff.

Biederbeck, Rolf: Gefahrübergang bei Säumnis des Käufers im deutschen und amerikanischen Recht, Diss., Marburg 1982

Bitter, Georg/ Meidt, Eva: Nacherfüllungsrecht und Nacherfüllungspflicht des Verkäufers im neuen Schuldrecht, ZIP 2001, 2114 ff.

Blomeyer, Arwed: Fortschritte der modernen Schuldrechtsdogmatik, AcP 154, S. 527 ff.

Boehmer, Gustav: Schranken des Rücktrittsrechts des Käufers einer gestohlenen Sache, JZ 1952, S. 521 ff.

Bork, Reinhard: Anmerkung zum BGH-Urteil vom 19.01.2001 – V ZR 437/99, JZ 2001, S. 1138 ff.

Braun, Johann: Einführung in die Saldotheorie, JuS 1981, S. 813 f.

Brox, Hans / Walker, Wolf-Dietrich: Allgemeines Schuldrecht, 32. Auflage 2007 (zit.: SchuldR AT)

Büdenbender, Ulrich: Rückgewähransprüche im Bürgerlichen Recht, JuS 1998, S. 38 ff.

– Die Berücksichtigung der Gegenleistung bei der Rückabwicklung gegenseitiger Verträge, AcP 200 (2000), S. 627 ff.

Caemmerer, Ernst v.: Bereicherung und unerlaubte Handlung, in: Festschrift für Ernst Rabel, hrsg. v. Wolfgang Kunkel, Julius Wolff; Tübingen 1954, S. 333 ff. (zit.: FS Rabel)

– Leitungsrückgewähr bei gutgläubigem Erwerb, in: Festschrift für Gustav Boehmer, dem Siebziger von Freunden und Kollegen dargebracht, Röhrscheid 1954, S. 145 ff. (zit.: FS Boehmer)

– „Mortuus Redhibetur" – Bemerkungen zu den Urteilen BGHZ 53, 144 und 57, 137, in: Festschrift für Karl Larenz zum 70. Geburtstag; hrsg. v. Gotthard Paulus, Uwe Diederichsen, Claus-Wilhelm Canaris, München 1973, S. 621 ff. (zit.: FS Larenz)

– Bereicherungsausgleich bei Verpfändung fremder Sachen, in Festschrift für Hans Lewald bei Vollendung des 40.Amtsjahres als ordentlicher Professor im Oktober 1953, Basel 1953, Neudruck: Vaduz/Liechtenstein 1978, S. 443 ff. (zit.: FS Lewald)

Canaris, Claus-Wilhelm: Die Gegenleistungskondiktion, Festschrift für Werner Lorenz zum 70. Geburtstag, hrsg. v. Bernhard Pfister, Michael R. Will, Tübingen 1991, S. 19 ff. (zit.: FS Lorenz)

– Schuldrechtsreform 2002, München 2002 (zit.: Schuldrechtsreform)

– Die Reform des Rechts der Leistungsstörungen, JZ 2001, 499 ff.

– Die Nacherfüllung durch Lieferung einer mangelfreien Sache beim Stückkauf, JZ 2003, S. 831 ff.

– Zur Bedeutung der Kategorie der „Unmöglichkeit" für das Recht der Leistungsstörungen, in: Schulze, Reiner / Schulte-Nölcke, Hans (Hrsg.), Die Schuldrechtsreform vor dem Hintergrund des Gemeinschaftsrechts, 1. Auflage, Tübingen 2001, S. 43 ff.

– Die Neuregelung des Leistungsstörungs- und Kaufrecht – Grundstrukturen und Problemschwerpunkte, in: Karlsruher Forum 2002 – Schuldrechtsmodernisierung hrsg. v. Egon Lorenz, Claus-Wilhelm Canaris, S. 5 ff. (zit.: Karlsruher Forum 2002 – Schuldrechtsmodernisierung)

Creifelds, Carl: Rechtswörterbuch, hrsg.v. Hans Kauffmann, 19. Auflage, München 2007

Dauner-Lieb, Barbara / Heidel, Thomas / Lepa, Manfred / Ring Gerhard (Hrsg.): Anwaltkommentar – Band 2: Schuldrecht – Teilband 1, §§ 241– 610 BGB, Bonn 2005 (zit.: *Bearbeiter*, in: AnwKomm)

– Das Neue Schuldrecht – Ein Lehrbuch, Heidelberg 2002 (zit.: *Bearbeiter*, in: Dauner-Lieb/Heidel/Lepa/Ring)

Dauner-Lieb, Barbara / Arnold, Arnd / Dötsch, Wolfgang / Kitz, Volker: Fälle zum Neuen Schuldrecht, Heidelberg 2002

Dernburg, Heinrich: Pandekten – Zweiter Band, Obligationsrecht, 7. Auflage, Berlin 1903 (zit.: Pandekten II)

Diesselhorst, Malte: Anmerkung zum BGH-Urteil vom 08.01.1970, JZ 1970, S. 416 ff.

Drenkmann, Alexander v: Anmerkung zum BGH-Urteil vom 10.07.1998, JZ 1999, S. 952 ff.

Eck, Ernst: Beitrag zur Lehre von den ädilizischen Klagen – I. Die Statthaftigkeit der ädilizischen Klagen trotz Verfügung des Käufers über die Sache, II. Das Ziel der actio redhibitoria, in Festschrift für Georg Beseler zum 06. Januar 1885, S. 159 ff.

Ehmann, Horst / Sutchet, Holger: Modernisiertes Schuldrecht – Lehrbuch der Grundsätze des neuen Rechts und seiner Besonderheiten, München 2002

Emmerich, Volker: Das Recht der Leistungsstörungen, 4. Auflage, München 1997

Enneccerus, Ludwig / Lehmann, Heinrich: Lehrbuch des Bürgerlichen Rechts, Recht der Schuldverhältnisse, 15. Bearbeitung, Tübingen 1958

Erman, Walter: Handkommentar zum Bürgerlichen Gesetzbuch, hrsg. v. Harm Peter Westermann, Bd. 1, §§ 1–853, 12. Auflage, Köln 2008 (zit.: *Bearbeiter*, in: Erman)

– Handkommentar zum Bürgerlichen Gesetzbuch, hrsg. v. Harm Peter Westermann, Bd. 2, §§ 854 – 2385, 12. Auflage, Köln 2008 (zit.: *Bearbeiter*, in: Erman)

– Handkommentar zum Bürgerlichen Gesetzbuch, hrsg. v. Harm Peter Westermann, Bd. 1, §§ 1– 853, 11. Auflage, Köln 2004 (zit.: *Bearbeiter*, in: Erman (2004))

– Handkommentar zum Bürgerlichen Gesetzbuch, hrsg. v. Harm Peter Westermann, Bd. 1, §§ 1–853, 8. Auflage, Köln 1989 (zit.: *Bearbeiter*, in: Erman (1989))

– Der Sphärengedanke als Gesichtspunkt für die Verteilung der Preisgefahr beim Werkvertrag, JZ 1965, S. 657 ff.

Ernst, Wolfgang: Periculum est emptoris, Diss., Bonn 1981

Ernst, Wolfgang / Zimmermann, Reinhard (Hrsg.): Zivilrechtswissenschaft und Schuldrechtsreform, Tübingen 2001

Esser, Josef: Schuldrecht – Allgemeiner und besonderer Teil, 2. Auflage, Karlsruhe 1960

Esser, Josef / Weyers, Hans-Leo: Schuldrecht – Band II, Besonderer Teil, Teilband 2 – Gesetzliche Schuldverhältnisse, 8. Auflage, Heidelberg 2000

– Schuldrecht, Besonderer Teil, Teilband 2 – Gesetzliche Schuldverhältnisse, 6. Auflage, Heidelberg 1984

Fikentscher, Wolfgang: Schuldrecht, 9. Auflage, Berlin/New York 1992

Filios, Paul Christian: Die Gefahrtragung beim Kauf (§ 446 BGB) im Rahmen des Synallagmas, Diss., Berlin 1964

Fischer, Hans Albrecht: Bereicherung und Schaden, in: Festschrift für Ernst Zitelmann zum 60. Geburtstag, München/Leipzig 1913, S. 1 f. (zit.: FS Zitelmann)

Flessner, Axel: Wegfall der Bereicherung: Rechtsvergleichung und Kritik, Diss., Berlin1970

– Haftung und Gefahrbelastung des getäuschten Käufers, NJW 1972, S. 1777 ff.

Flume, Werner: Die Entreicherungsgefahr und die Gefahrtragung bei Rücktritt und Wandelung, NJW 1970, 1161 ff.

– Gesetzesreform und Sachmängelhaftung beim Kauf?, AcP 193 (1993), S. 107 ff.

– Der Wegfall der Bereicherung in der Entwicklung vom römischen zum geltenden Recht, in: Festschrift für Hans Niedermeyer zum 70. Geburtstag, Göttingen 1953, S. 103 ff. (zit.: FS Niedermeyer)

– Die Rückabwicklung nichtiger Kaufverträge nach Bereicherungsrecht – Zur Saldotheorie und „ihren" Ausnahmen, JZ 2002, S. 321 ff.

– Die Saldotheorie und die Rechtsfigur der ungerechtfertigten Bereicherung, AcP 194 (1994), S. 427 ff.

– Zur Anwendung der Saldotheorie im Fall der Nichtigkeit eines Grundstücks-Kaufvertrags nach § 138 Abs. 1 BGB wegen verwerflicher Gesinnung des Verkäufers, ZIP 2001, S. 1621 ff.

Gaier, Reinhard: das Rücktritts(folgen)recht nach dem Schuldrechtsmodernisierungsgesetz, WM 2002, S. 1 ff.

Giesen, Dieter: Grundsätze der Konfliktlösung im Besonderen Schuldrecht – Die ungerechtfertigte Bereicherung, Jura 1995, S. 281 ff.

Glaß, Eberhard: Gefahrtragung und Haftung beim gesetzlichen Rücktritt, Diss., FU Berlin 1957, Berlin 1959

Goetzke, Heinrich: Subjektiver Wertbegriff im Bereicherungsrecht? – Zugleich eine Besinnung auf der Wert dogmatischen Denkens im heutigen Zivilrecht, AcP 173 (1973), S. 289 f.

Grunewald, Barbara: Saldotheorie und neues Rücktrittsrecht, in: Festschrift für Walther Hadding zum 70. Geburtstag am 8. Mai 2004, hrsg. v. Franz Häuser, Horst Hammen u.a., Berlin 2004, S. 33 ff. (zit.: FS Hadding)

Hagen, Horst: Funktionale und dogmatische Zusammenhänge zwischen Schadens- und Bereicherungsrecht, in: Festschrift für Karl Larenz zum 70. Geburtstag, hrsg.v. Gotthard Paulus, Uwe Diederichsen, Claus-Wilhelm Canaris, München 1973, S. 867 ff. (zit.: FS Larenz)

Hager, Günter: Die Gefahrtragung beim Kauf – Eine rechtsvergleichende Untersuchung, Habil.-Schr., Frankfurt a.M. 1982

Hager, Johannes: Das geplante Recht des Rücktritts und Widerrufs, in: Ernst, Wolfgang / Zimmermann, Reinhard, Zivilrechtswissenschaft und Schuldrechtsreform, Tübingen 2001, S. 429 ff. (zit.: *Hager*, in: Ernst/Zimmermann)

– Der Wert- und Schadensersatzanspruch beim Rücktritt, in: Festschrift für Hans-Joachim Musielak zum 70. Geburtstag, hrsg. v. Christian Heinrich, München 2004, S. 195 ff. (zit.: FS Musielak)

– Das Rücktrittsrecht, in: Dauner-Lieb, Barbara/Heidel, Thomas/Lepa, Manfred/Ring, Gerhard, Das Neue Schuldrecht – Ein Lehrbuch, Heidelberg 2002

Handkommentar zum Bürgerlichen Gesetzbuch, hrsg. v. Heinrich Dörner, Ina Ebert, Jörn Eckert, Thomas Hoeren, Rainer Kemper, Ingo Saenger, Hans Schulte-Nölcke, Reiner Schulze, Ansgar Staudinger: 4. Auflage, Baden-Baden 2005 (zit.: Bearbeiter, in: Hk-BGB)

Hartmann, Gustav: Der Zivilgesetzentwurf, das Aequitätsprinzip und die Richterstellung, AcP 73 (1888), S. 309 ff.

Heinemann, Andreas / Pickartz, Thomas: Die Nacherfüllung beim Stückkauf, ZGS 2003, S. 149 ff.

Heinrichs, Helmut: Schadensersatzansprüche wegen Pflichtverletzung gegen den nach § 346 BGB zur Rückgewähr verpflichteten Schuldner, liber amicorum für Eike Schmidt zum 65. Geburtstag am 26.11.2004, hrsg. v. Gert Brüggemeier, Heidelberg 2005, S. 159 ff. (zit.: FS Schmidt)

Hellwege, Phillip: Die Rückabwicklung gegenseitiger Verträge als einheitliches Problem – Deutsches, englisches und schottisches Recht in historisch-vergleichender Perspektive, Diss., Tübingen 2004

– Ein einheitliches Regelungsmodell für die Rückabwicklung gegenseitiger Verträge, JZ 2005, S. 337 ff.

Henssler, Martin: Risiko als Vertragsgegenstand, Habil.-Schr., Tübingen 1994

Henssler, Martin / Westphalen, Graf Friedrich v. (Hrsg.): Praxis der Schuldrechtsreform, 2. Auflage, Köln 2003 (zit.: *Bearbeiter*, in: Henssler/Graf v. Westphalen)

Herold, Kathrin: Das Rückabwicklungsschuldverhältnis aufgrund vertraglichen oder gesetzlichen Rücktritts, Diss., Berlin 2001

Honsell, Heinrich: Gefahrtragung und Schadensersatz bei arglistiger Täuschung, MDR 1970, S. 717 ff.

– Mortuus redhibetur, in: Festschrift für Peter Schwerdtner zum 65. Geburtstag, hrsg. v. Jobst-Hubertus Bauer, Dietrich Boewer, München/Unterschleißheim 2003, S. 575 ff. (zit.: FS Schwerdtner)
– Der defekte Mähdrescher – BGHZ 78, 216, JuS 1982, S. 810 ff.
Huber, Ulrich: Verpflichtungszweck, Vertragsinhalt und Geschäftsgrundlage, JuS 1972, S. 57 ff.
– Der Unfall des betrogenen Gebrauchtwagenkäufers, JuS 1972, S. 439 ff.
– Rücktritt vom Vertrag und Ersatz des Verzugsschadens, JZ 1984, S. 409 ff.
– Die Haftung des Rücktrittsgläubigers beim gesetzlichen Rücktritt und des Käufers bei der Wandlung, JZ 1987, 649 ff.
– Handbuch des Schuldrechts – Leistungsstörungen, Die allgemeinen Grundlagen – Der Tatbestand des Schuldnerverzugs – Die vom Schuldner zu vertretenden Umstände, Bd. I, hrsg. v. Joachim Gernhuber, Tübingen 1999 (zit.: Leistungsstörungen)
Huber, Peter: Der Nacherfüllungsanspruch im neuen Kaufrecht, NJW 2002, S. 1004 ff.
Huber, Peter / Faust, Florian: Schuldrechtsmodernisierung – Einführung in das neue Recht, München 2002
Jauernig, Othmar (Hrsg.): Kommentar zum Bürgerlichen Gesetzbuch, 12. Auflage, München 2007 (zit.: *Bearbeiter*, in: Jauernig)
– Kommentar zum Bürgerlichen Gesetzbuch, 9. Auflage, München 1999 (zit.: *Bearbeiter*, in: Jauernig (1999))
Jakobs, Horst Heinrich / Schubert, Werner: Die Berratungen des Bürgerlichen Gesetzbuchs in systematischer Zusammenstellung der unveröffentlichten Quellen – Recht der Schuldverhältnisse, Bd. II, Berlin 1985 (zit.: *Jakobs/ Schubert*, Beratungen SchR II)
Jakobs, Horst Heinrich: Lucrum ex negotiatione: Kondiktionsrechtliche Gewinnhaftung in geschichtlicher Sicht, Tübingen 1993
jurisPraxiskommentar, hrsg. v. Maximilian Herberger / Michael Martinek / Helmut Rüßmann /Stephan Weth / Markus Junker: Band 2.1 – Schuldrecht (Teil 1: §§ 241–432), 2. Auflage, Saarbrücken 2004 (zit.: *Bearbeiter*, in: jurisPK)
– Band 2.3 – Schuldrecht (Teil 3: §§ 631–853), 2. Auflage, Saarbrücken 2004 (zit.: *Bearbeiter*, in: jurisPK)
Kaiser, Dagmar: Die Rückabwicklung gegenseitiger Verträge wegen Nicht- und Schlechterfüllung nach BGB, Habil., Tübingen 2000 (zit.: Rückabwicklung)
– Die Rechtsfolgen des Rücktritts in der Schuldrechtsreform, JZ 2001, S. 1057 ff.
– Rücktrittsrecht, in: Das Schuldrecht 2002 – Systematische Darstellung der Schuldrechtsreform, hrsg. v. Harm Peter Westermann, Stuttgart/München u.a. 2002 (zit.: *Kaiser*, in: Westermann)

Kamanabrou, Sudabeh: Haftung des Rücktrittsberechtigten bei Untergang der empfangenen Sache, NJW 2003, S. 30 ff.

Kaser, Max: Zum Ediktsstil, in: Festschrift Fritz Schulz – Zweiter Band, hrsg. v. Hans Niedermeyer, Werner Flume, Weimar 1951, S. 21 ff.

Kniese, Andreas G.H.: Die Verteilung von Nutzungen und Lasten nach § 446 Absatz 1 Satz 2 BGB, Diss., Hamburg 1993

Köbl, Ursula: Das Eigentümer-Besitzer-Verhältnis im Anspruchssystem des Bürgerlichen Gesetzbuches – zugleich ein Beitrag zur Konkurrenzlehre, Diss., Berlin 1971

Kohler, Jürgen: Die gestörte Rückabwicklung gescheiterter Austauschverträge, Habil.-Schr., Köln 1981 (zit.: Rückabwicklung)

– Das Rücktrittsrecht in der Reform, JZ 2001, S. 325 ff.

– Rücktrittsrechtliche Bereicherungshaftung, JZ 2002, 682 ff.

– Rücktrittsrechtliche Schadensersatzhaftung, JZ 2002, S. 1127 ff.

– Bemerkungen zur vorgeschlagenen Überarbeitung des Rücktrittsrechts, WM 2003, S. 45 ff.

Koller, Ingo: Aufgedrängte Bereicherung und Wertersatz bei der Wandlung im Werkvertrags- sowie Kaufrecht, DB1974, S. 2385 ff.

– Die Risikozurechnung bei Vertragsstörungen in Austauschverträgen, Diss., München 1979

Kommission zur Überarbeitung des Schuldrechts: Abschlussbericht, hrsg. v. Bundesminister der Justiz, Bundesanzeiger, Köln 1992 (zit.: Abschlussbericht)

König, Detlef: Ungerechtfertigte Bereicherung, in: Gutachten und Vorschläge zur Überarbeitung des Schuldrechts, hrsg. v. Bundesminister der Justiz, Band II, Köln 1981, S. 1515 ff. (zit.: Gutachten zur Überarbeitung des Schuldrechts)

Koppensteiner, Hans Georg: Probleme des bereicherungsrechtlichen Wertersatzes (II), NJW 1971, S. 1769 ff.

Koppensteiner, Hans Georg / Kramer, Ernst A.: Ungerechtfertigte Bereicherung, Berlin/New York 1975

– Ungerechtfertigte Bereicherung, 2. Auflage, Berlin/New York 1988

Kornmeier, Udo: Anmerkung zur Entscheidung vom OLG Hamm (NJW 1978, 1060), NJW 1978, S. 2035 ff.

Krebs, Peter: Die große Schuldrechtsreform, DB 2000 (Beilage), S. 1 ff.

Kreß, Hugo: Lehrbuch des Allgemeinen Schuldrechts, München 1929 (zit.: Allg. SchuldR)

Kronke, Herbert: Konkretisierung der Risikozurechnungskriterien im Leistungsstörungsrecht – BGHZ 83, 197, JuS 1984, 758 ff.

Kupisch, Berthold: Leistungsbereicherung „auf Kosten" des Bereicherungsgläubigers? Anmerkungen zur Gesetzgebungsgeschichte des § 812 Abs. 1 Satz 1

BGB, in: Festschrift für Andreas Heldrich zum 70. Geburtstag, hrsg. v. Stephan Lorenz u.a., München 2005, S.275 ff. (zit.: FS Heldrich)

Larenz, Karl: Zur Bedeutung des „Wertersatzes" im Bereicherungsrecht, in: Festschrift für Ernst v. Caemmerer zum 70. Geburtstag, hrsg. v. Hans Claudius Fischer, Detlef König, Karl F. Kreuzer, Hans G. Leser, Wolfgang Frhr. von Bieberstein, Peter Schlechtriem, Tübingen 1978, S. 209 ff.

– Lehrbuch des Schuldrechts, Zweiter Band – Besonderer Teil, Halbband 1, 13. Auflage, München 1986 (zit.: SchuldR II 1)

– Lehrbuch des Schuldrechts, Erster Band – Allgemeiner Teil, München 1987, (zit.: SchuldR AT)

– Methodenlehre der Rechtswissenschaft, 6. Auflage, Berlin/Heidelberg/New York u.a. 2006 (zit.: Methodenlehre)

Larenz, Karl / Canaris, Claus-Wilhelm: Lehrbuch des Schuldrechts, Zweiter Band – Besonderer Teil, Halbband 2, 13. Auflage, München 1994 (zit.: SchuldR II 2)

Lehmann, Heinrich: Berücksichtigung der für den Erwerb einer fremden Sache gemachten Aufwendungen bei der Bereicherungshaftung, in: Festschrift für Hans Carl Nipperdey zum 60. Geburtstag, hrsg. v. Rolf Dietz, Alfred Hueck, Rudolf Reinhardt, München/Berlin1955, S. 31 ff.

Leser, Hans Georg: Der Rücktritt vom Vertrag – Abwicklungsverhältnis und Gestaltungsbefugnisse bei Leistungsstörungen, Tübingen 1975

– Von der Saldotheorie zum faktischen Synallagma – Ein Beitrag zur Lehre vom Wegfall der Bereicherung, Diss., Freiburg 1956

Lieb, Manfred: Anmerkung zum BGH-Urteil vom 14.10.1972 – VII ZR 313/69, JZ 1972, S. 442

Looschelders, Dirk: Schuldrecht Allgemeiner Teil, 5. Auflage, Köln 2007 (zit.: SchuldR AT)

Lorenz, Stephan: Die Lösung vom Vertrag, insbesondere Rücktritt und Widerruf, in: Schulze, Reiner / Schulte-Nölcke, Hans (Hrsg.), Die Schuldrechtsreform vor dem Hintergrund des Gemeinschaftsrechts, 1. Auflage, Tübingen 2001, S. 329 ff. (zit.: *Lorenz*, in: Schulze/Schulte-Nölcke)

Lorenz, Stephan/Riehm, Thomas: Lehrbuch zum neuen Schuldrecht, München 2002

Löwisch, Gottfried: Die Zufallshaftung im Eigentümer-Besitzer-Verhältnis unter besonderer Berücksichtigung der Haftung aus Verzug; Diss., Münster 1968

Martinek, Michael: Zur Kenntnis des Bereicherungsschuldners vom Rechtsgrundmangel als Voraussetzung seiner verschärften Haftung, JZ 1996, S. 1099 ff.

Medicus, Dieter: Typen bei der Rückabwicklung von Leistungen, JuS 1990, S. 689 ff.

– Bürgerliches Recht – eine nach Anspruchsgrundlagen geordnete Darstellung zur Examensvorbereitung, 20. Auflage, Köln/Berlin/Bonn/München 2007 (zit.: Bürgerliches Recht)

– Schuldrecht I, Allgemeiner Teil, 17. Auflage, München 2006 (zit.: SchuldR AT)
– Schuldrecht I, Allgemeiner Teil, 11. Auflage, München 1999 (zit: SchuldR AT 1999)
– Schuldrecht II, Besonderer Teil, 14. Auflage, München 2007 (zit.: SchuldR BT)
– Zum Stand der Überarbeitung des Schuldrechts, AcP 188 (1988), S. 168 ff.
– Typen der Rückabwicklung von Leistungen, JuS 1990, S. 689 ff.

Micklitz, Hans-Wolfgang /Pfeiffer, Thomas/ Tonner, Klaus/ Willingmann, Armin: Schuldrechtsreform und Verbraucherschutz, Schriftenreihe des Instituts für Europäische Wirtschafts- und Verbraucherrechte, 1. Auflage, Baden-Baden 2001

Motive zu dem Entwurf eines Bürgerlichen Gesetzbuchs für das deutsche Reich, Band II – Recht der Schuldverhältnisse, Berlin/Leipzig 1888 (zit.: Mot. II)

Motsch, Richard: Neues Schuldrecht: Rücktritt vom Kauf, JR 2002, S. 221 ff.

Mugdan, Benno (Hrsg.): Die gesamten Materialien zum Bürgerlichen Gesetzbuch für das deutsche Reich, Bd. II – Recht der Schuldverhältnisse, Berlin 1899 (zit.: Mugdan II)

Müller, Georg: Fragen zur Beweislast zu § 324 BGB, NJW 1993, S. 1678 ff.

Münchener Kommentar zum Bürgerlichen Gesetzbuch, Hrsg.: Kurt Rebmann; Franz Jürgen Säcker, (zit.: *Bearbeiter*, in: MüKo)
– Band 2, Schuldrecht Allgemeiner Teil, §§ 241–432, 4. Auflage, München 2001
– Band 2a, Schuldrecht Allgemeiner Teil, §§ 241–432, 4. Auflage, München 2003
– Band 2, Schuldrecht Allgemeiner Teil, §§ 241–432, 5. Auflage, München 2007
– Band 3, Schuldrecht Besonderer Teil I, §§ 433–610, 5. Auflage, München 2008
– Band 5, Schuldrecht Besonderer Teil III, §§ 705–853, 4. Auflage, München 2004
– Band 6, Sachenrecht, §§ 854–1296, 4. Auflage, München 2004

Muscheler, Karlheinz: Anmerkung zum BGH-Urteil vom 10.07.1998, JR 1999, S. 283 ff.

Nassauer, Friedemann: "Sphärentheorien" zu Regelungen der Gefahrtragungshaftung in vertraglichen Schuldverhältnissen, Marburg 1978

Nierwetberg, Rüdiger: Die Rechtsfolgen einer Verschlechterung des nach § 346 S. 1 BGB zurückzugewährenden Gegenstands, JuS 1984, S 33 ff.

Oertmann, Paul: Wandlung beim Werkvertrag, Das Recht 1920, Sp. 153 ff.
– Bereicherungsansprüche bei nichtigen Geschäften, DJZ 1915, S. 1063 ff.

– Zum Begriff der Bereicherung, JW 1918, S. 132

Oetker, Hartmut / Maultzsch, Felix: Vertragliche Schuldverhältnisse, 3. Auflage, Berlin 2007

Otte, Gerhard: Die Kostentragung beim Rücktritt des Käufers wegen Sachmangels – der „Dachziegelfall" (BGHZ 87, 104 ff.) im Lichte des neuen Schuldrechts, in: Festschrift für Peter Schwerdtner zum 65. Geburtstag, hrsg. v. Jobst Hubertus Bauer, Dietrich Boewer, München/Unterschleißheim 2003, S. 598 ff. (zit.: FS Schwerdtner)

Palandt, Otto: Kommentar zum Bürgerlichen Gesetzbuch, 67. Auflage, München 2008 (zit.: *Bearbeiter*, in: Palandt)

– Kommentar zum Bürgerlichen Gesetzbuch, 61. Auflage, München 2002 (zit.: *Bearbeiter*, in: Palandt (2002))

Pammler, Sebastian: Zum Ersatzlieferungsanspruch beim Stückkauf, NJW 2003, S. 1992 ff.

Perkams, Guido: Die Haftung des Rücktrittsberechtigten im neuen Schuldrecht, Jura 2003, S. 150 ff.

Peters, Frank: Die Wandlung des Werkvertrages, JR 1979, S. 265 ff.

Pinger, Winfried: Funktion und dogmatische Einordnung des Eigentümer-Besitzer-Verhältnisses – die §§ 987 ff. als wechselseitiges haftungsverschärfendes Schuldverhältnis, Habil.-Schr., München 1973

Protokolle der Kommission für die zweite Lesung des Entwurfs des Bürgerlichen Gesetzbuchs, bearbeitet von Achilles, Gebhard und Spahn

– Bd. I, Allgemeiner Teil und Recht der Schuldverhältnisse, Berlin 1897 (zit.: Prot. I)

– Bd. II, Recht der Schuldverhältnisse, Berlin 1898 (zit.: Prot. II)

Puchta, Georg Friedrich: Pandekten, 12. Auflage, Leipzig 1877

Rabel, Ernst: Das Recht des Warenkaufs – eine rechtsvergleichende Darstellung, Bd. II, Berlin 1958

Raiser, Ludwig: Eigentumsanspruch und Recht zum Besitz, in: Festschrift für Martin Wolff, Beiträge zum Zivilrecht und internationales Privatrecht, hrsg. v. Ernst v. Caemmerer, Walter Hallstein; Tübingen 1952, S. 123 ff.

Reinhardt, Wilhelm: Die Gefahrtragung beim Kauf: unter besonderer Berücksichtigung der Regelungsvorschläge des Schuldrechtsreformentwurfs, Diss., Berlin 1998 (zit.: Gefahrtragung)

– Gefahrtragungsregeln beim Kauf unter besonderer Berücksichtigung des Schuldrechtsmodernisierungsgesetz, in: Festschrift für Horst Ehmann zum 70. Geburtstag, Tradition und Moderne – Schuldrecht und Arbeitsrecht nach der Schuldrechtsreform, hrsg. v. Holger Sutschet, Berlin 2005, S. 135 ff. (zit.: FS Ehmann)

Reinicke, Dietrich / Tiedtke, Klaus: Kaufrecht, 6 Auflage, Kriftel/Berlin 1997
Rengier, Bernhard: Wegfall der Bereicherung, AcP 177 (1977), S. 418 ff.
Reuter, Dieter: Gegenstand und Inhalt des Bereicherungsanspruchs im deutschen Recht, in: Festschrift für Apostolos Georgiades zum 70. Geburtstag, hrsg. v. Michael Stathopoulos, Kostas Beys, Philippos Doris, Ioannis Karakostas, München 2006, S. 321 ff. (zit.: FS Georgiades)
Reuter, Dieter / Martinek, Michael: Ungerechtfertigte Bereicherung, Handbuch des Schuldrechts, hrsg. v. Joachim Gernhuber, Tübingen 1983
RGRK: Kommentar zum Bürgerlichen Gesetzbuch mit besonderer Berücksichtigung der Rechtsprechung des Reichsgerichts und des Bundesgerichtshofs, hrsg. v. Mitgliedern des Bundesgerichtshofs, Bd. II, 1. Teil, §§ 241–413, 12. Auflage, Berlin/New York 1976 (zit.: *Bearbeiter*, in: BGB-RGRK)
– Bd. II, 4. Teil, §§ 361–811, 12. Auflage, Berlin/New York 1978
– Bd. II, 5. Teil, §§ 812–831, 12. Auflage, Berlin/New York 1989
Rheinländer, Peter: Die Haftung des Zurücktretenden bei Kenntnis der Rücktrittsberechtigung, ZGS 2004, S. 178 ff.
Ribka, Thomas / Baier, Helmut: Analoge Anwendung von § 571 BGB bei Wandelung von Grundstückskaufverträgen, NJW 1997, 1221 f.
Rümelin, Max: Die Gründe der Schadenszurechnung und die Stellung des deutschen bürgerlichen Gesetzbuchs zur objektiven Schadensersatzpflicht, Freiburg/Leipzig 1896
Säcker, Fanz-Jürgen: Zum Begriff des Herstellers in § 950 BGB, JR 1966, 51 ff.
Schenk, Dedo v.: Der Begriff der „Sphäre“ in der Rechtswissenschaft insbesondere als Grundlage der Schadenszurechnung, Berlin 1977
Schnitzler, Elmar: Unbeachtlichkeit des Bereicherungswegfalls trotz guten Glaubens?, JZ 1972, S. 270 ff.
Schubert, Werner: Anmerkung zum BGH-Urteil vom 09.10.1980 – VII ZR 332/79, JR 1981, S. 154 ff.
Schulz, Fritz: System der Rechte auf den Eingriffserwerb, AcP 105 (1909), S. 1 ff.
Schulze, Reiner / Ebers, Martin: Streitfragen im neuen Schuldrecht, JuS 2004, S. 366 ff.
Schulze, Reiner / Schulte-Nölke, Hans (Hrsg.): Die Schuldrechtsreform vor dem Hintergrund des Gemeinschaftsrechts, 1. Auflage, Tübingen 2001
Schwab, Martin: Schuldrechtsmodernisierung 2001/2002 – Die Rückabwicklung von Verträgen nach §§ 346 f. BGB n.F., JuS 2002, S. 630 ff.
Schwab, Martin / Witt, Carl-Heinz: Examenswissen zum neuen Schuldrecht, JuS-Schriftenreihe, 2. Auflage, München 2003
Schwenn, Herrmann: Die Gefahrtragung beim Rücktritt, AcP 152 (1952/53), S. 138 ff.

Schwenzer, Ingeborg: Zession und sekundäre Gläubigerrechte, AcP 182 (1982), S. 214 ff.

Schwerdtner, Peter: Ungerechtfertigte Bereicherung, Jura 1982, 309 ff.

Siber, Heinrich: Römisches Recht in Grundzügen für die Vorlesung in zwei Teilen, Berlin 1928 (zit.: Römisches Recht)

Sickinger, Christian: Gefahrtragung und Haftung beim Rücktritt vom Kaufvertrag, Diss., Bonn 1994

Soergel, Hs. Th.: Kommentar zum Bürgerlichen Gesetzbuch (zit.: *Bearbeiter*, in: Soergel)
- Band 2, Schuldrecht I, §§ 241–432, 12. Auflage, Stuttgart/Berlin/Köln 1990
- Band 3, Schuldrecht II, §§ 433–515, 12. Auflage, Stuttgart/Berlin/Köln 1991
- Band 5, Schuldrecht IV/1, §§ 705–822, 12. Auflage 2007

Spickhoff, Andreas: Der Nacherfüllungsanspruch des Käufers: Dogmatische Einordnung und Rechtsnatur, BB 2003, 589 ff.

Staudinger, Julius v. (Begr.): J.v. Staudingers Kommentar zum Bürgerlichen Gesetzbuch mit Einführungsgesetz und Nebengesetzen (zit.: *Bearbeiter*, in: Staudinger)
- Buch 2, Recht der Schuldverhältnisse, §§ 315–327, Neubearbeitung, Berlin 2001
- Buch 2, Recht der Schuldverhältnisse, §§ 328–397, 12. Auflage, Berlin 1994
- Buch 2, Recht der Schuldverhältnisse, §§ 328–361, Neubearbeitung, Berlin 1995
- Buch 2, Recht der Schuldverhältnisse, §§ 328–361 b, Neubearbeitung, Berlin 2001
- Buch 2, Recht der Schuldverhältnisse, §§ 328–359, Neubearbeitung, Berlin 2004

Staudinger, Julius v. (Begr.): J.v. Staudingers Kommentar zum Bürgerlichen Gesetzbuch mit Einführungsgesetz und Nebengesetzen (zit.: *Bearbeiter*, in: Staudinger)
- Buch 2, Recht der Schuldverhältnisse, §§ 433–487, Neubearbeitung, Berlin 2004
- Buch 2, Recht der Schuldverhältnisse, §§ 631–651, Neubearbeitung, Berlin 2000
- Buch 2, Recht der Schuldverhältnisse, §§ 812–822, Neubearbeitung, Berlin 2007
- Buch 3, Sachenrecht, §§ 985–1011, Neubearbeitung, Berlin 2006

Stoll, Heinrich: Die Wirkungen des vertragsgemäßen Rücktritts, Diss., Bonn 1921
- Rücktritt und Schadensersatz, AcP 131 (1929), S. 141 ff.

Thielmann, Georg: Schadensersatz und Nutzungen bei der Wandlung – Fragen des Haftungsbeginns und der Aufrechnung, VersR 1970, S. 1069 ff.

Thier, Andreas: Rücktrittsrecht und Bereicherungshaftung: Zur Reichweite von § 346 Abs. 3 S. 1 Nr. 3 BGB und seinen Wirkungen für die bereicherungsrechtliche Rückabwicklung gegenseitiger Verträge, in: Festschrift für Andreas Heldrich zum 70. Geburtstag, hrsg. v. Stephan Lorenz, Alexander Trunk, Horst Eidenmüller, Christiane Wendhorst, Johannes Adolff, München 2005, S. 439 ff. (zit.: FS Heldrich)

Thode, Reinhold: Die wichtigsten Änderungen im BGB – Werkvertragsrecht – Schuldrechtsmodernisierungsgesetz und erste Probleme – Teil 2, NZBau 2002, 360 ff.

Thur, Andreas v.: Zur Lehre von der ungerechtfertigten Bereicherung, in Festschrift für Ernst Immanuel Bekker zum 16. August 1907 überreicht, Aus römischem und bürgerlichem Recht, Weimar 1907, S. 291 ff. (zit.: FS Bekker)

– Der 86. Band der Entscheidungen des Reichsgerichts in Zivilsachen, DJZ 1916, S. 582 ff.

Titze, H.: Bürgerliches Recht – Recht der Schuldverhältnisse, 4. Auflage, Berlin 1932

Waltjen, Dagmar: Das Eigentümer-Besitzer-Verhältnis und Ansprüche aus ungerechtfertigter Bereicherung, AcP 175 (1975), S. 109 ff.

Weitnauer, Hermann: Der arglistig getäuschte Käufer, NJW 1970, S. 637 ff.

– Vertragsaufhebung und Schadensersatz nach dem Einheitlichen Kaufgesetz und nach geltendem deutschen Recht, in: Rechtsvergleichung und Rechtsvereinheitlichung, Festschrift zum fünfzigjährigen Bestehen des Instituts für ausländisches und internationales Privat- und Wirtschaftsrecht der Universität Heidelberg, hrsg. v. Eduard Wahl, Heidelberg 1967, S. 71 ff. (zit.: FS Heidelberg)

Werneburg, H.: Die Ansprüche des Bestellers bei Mängeln des Bauwerks, JR 1930, S. 210 ff.

Westermann, Harm Peter: BGB-Sachenrecht, 11. Auflage, Heidelberg 2005

– Das Schuldrecht 2002 – Systematische Darstellung der Schuldrechtsreform, Stuttgart/München/Hannover/Berlin/Weimar/Dresden 2002

Wieling, Hans Josef: Synallagma bei Nichtigkeit und gesetzlichem Rücktritt, JuS 1973, S. 397 ff.

– Bereicherungsrecht, 3. Auflage, Berlin/Heidelberg/New York u.a. 2004

– Sachenrecht, Band I – Sachen, Besitz und Rechte an beweglichen Sachen, Berlin/Heidelberg/New York u.a. 1990

Wilburg, Walter: Die Lehre von der ungerechtfertigten Bereicherung nach österreichischem und deutschem Recht – Kritik und Aufbau, in: Festschrift der Universität Graz, Graz 1933/34

Wilhelm, Jan: Rechtsverletzung und Vermögensentscheidung als Grundlagen und Grenzen des Anspruchs aus ungerechtfertigter Bereicherung, Bonn 1973

Willingmann, Armin / Hirse, Thomas: Schuldrechtsmodernisierung und Allgemeines Schuldrecht, in: Schuldrechtsreform und Verbraucherschutz, Schriftenreihe des Instituts für Europäische Wirtschafts- und Verbraucherrechte, 1. Auflage, Baden-Baden 2001, hrsg. v. Micklitz, Hans-Wolfgang /Pfeiffer, Thomas/ Tonner, Klaus/ Willingmann, Armin, S. 45 ff. (zit.: *Willingmann/Hirse*, in: Micklitz/Pfeiffer/Tonner/Willingmann)

Windscheid, Bernhard: Lehrbuch des Pandektenrechts, Bd. II, 7. Auflage, Frankfurt a.M. 1891 (zit.: Pandektenrecht II)

Windscheid, Bernhard / Kipp, Theodor: Lehrbuch des Pandektenrechts, Bd. I, 9. Auflage, Frankfurt a.M. 1906 (zit.: Pandektenrecht I)

– Lehrbuch des Pandektenrechts, Bd. II, 8. Auflage, Frankfurt a.M. 1900 (zit.: Pandektenrecht I)

Wolf, Ernst: Rücktritt, Vertretenmüssen und Verschulden, AcP 153 (1954), S. 97 ff.

Wolf, Manfred: Sachenrecht, 23. Auflage, München 2007 (zit.: SachenR)

Wunner, Sven Erik: Die Rechtsnatur der Rückgewährpflichten bei Rücktritt und auflösender Bedingung mit Rückwirkungsklausel, AcP 168 (1968), S. 425 ff.

– Zielkonflikte bei der Anwendung des § 286 Abs. 1 BGB neben dem Rücktritt, NJW 1985, S. 825 ff.

Zimmermann, Reinhard: Restitutio in integrum – Die Rückabwicklung fehlgeschlagener Verträge nach den Principles of European contract law, den Unidroit Principles und dem Avant-projet eines Code Européen des Contrats, in Festschrift für Ernst A. Kramer, Privatrecht und Methode, hrsg. v. Heinrich Honsell, Roger Zäch, Franz Hasenböhler, Friedrich Harrer, René Rhinow, Basel/Genf/München 2004, S. 735 ff.

Zivilrechtliche Schriften
Beiträge zum Wirtschafts-, Bank- und Arbeitsrecht

Herausgegeben von Peter Kreutz und Dieter Reuter

Band 1 Sabine Koch: Eigenkapitalleistungen und eigenkapitalersetzende Leistungen des Kommanditisten in der gesetzestypischen Kommanditgesellschaft. 1992.

Band 2 Knut Weigle: Die leitenden Angestellten zwischen Sprecherausschuß und Betriebsrat. 1993.

Band 3 Stephan Worpenberg: Die konzerninterne Arbeitnehmerüberlassung. 1993.

Band 4 Carsten Führling: Sonstige Unternehmensverträge mit einer abhängigen GmbH. 1993.

Band 5 Heike Grote-Seifert: Das englische Arbeitskampfrecht unter besonderer Berücksichtigung der Entwicklung seit 1979. Zugleich: Vergleichende Analyse der Rechtslage in Deutschland und England. 1994.

Band 6 Uwe Theobald: Gesamthaftungsverhältnisse. Die Gesamtschuld als Ausgleichsmodell bei der mehrfachen Drittsicherung einer Forderung. 1994.

Band 7 Kay-Uwe Jacobs: Die Wahlvorstände für die Wahlen des Betriebsrats, des Sprecherausschusses und des Aufsichtsrats. 1995.

Band 8 Horst-Jürgen Michallek: Die Verteilung des wirtschaftlichen Risikos der Nothilfe. Eine rechtsvergleichende Studie. 1995.

Band 9 Sibylle Kessal-Wulf: Die Innenverbände. Am Beispiel Publikumsgesellschaft, Franchising, Mitarbeiterbeteiligung und Betriebsverband. 1995.

Band 10 Britta Holdorf-Habetha: Der Übergang von gewerblich genutztem Vermögen im Wege der Erbfolge im Einkommensteuerrecht. 1996.

Band 11 Sönke-Peter Nehlsen: Nutzungsausfallersatz. Ein notwendiges Übel? Versuch einer dogmatischen Begründung und Alternativlösungen. 1997.

Band 12 Sebastian Graf von Wallwitz: Tarifverträge und die Wettbewerbsordnung des EG-Vertrages. Wettbewerbsbeschränkende Tarifverträge und das Kartellverbot des Artikel 85 EGV. 1997.

Band 13 Hans-Joachim Arnold: Die Bilanzierung des Geschäfts- oder Firmenwertes in der Handels-, Steuer- und Ergänzungsbilanz. 1997.

Band 14 Volker Hoes: Die Überschuldung Privater als Problem von Ungleichgewichten. 1997.

Band 15 Dörte Christiansen: Betriebszugehörigkeit. Die Zuordnung von Arbeitnehmern aus betriebsverfassungsrechtlicher Sicht. 1998.

Band 16 Axel Boysen: Betriebsverband und Arbeitsverhältnis am Beispiel der Gruppenarbeit. Ein Beitrag zur Entwicklung der arbeitsrechtlichen Dogmatik im Wandel der Industriearbeit. 1998.

Band 17 Kristoffer Blydt-Hansen: Die Rechtsstellung der Destinatäre der rechtsfähigen Stiftung Bürgerlichen Rechts. 1998.

Band 18 Per Christiansen: Über die reale Seite der Verbände. Die Bedeutung der tatsächlichen Zweckverfolgung in einem Verband für dessen Legitimität, Existenz und Kontinuität. 1999.

Band 19 Annette Grotkamp: Die Bedeutung des Gesamtbetriebsrats und die Abgrenzung seiner Zuständigkeit zu den Einzelbetriebsräten im Rahmen des Strukturwandels in der deutschen Wirtschaft. 1999.

Band 20 Oliver Ebert: Die Kosten der Einigungsstelle gemäß § 76 a BetrVG 1972 unter besonderer Berücksichtigung der Honorierung von Einigungsstellenmitgliedern. 1999.

Band 21 Christoph Nawroth: Die steuerliche Anerkennung von Familienpersonengesellschaften bei fehlerhaftem Gesellschaftsvertrag. Zur Anwendung der Lehre von der fehlerhaften Gesellschaft im Steuerrecht. 1999.

Band 22 Kai Litschen: Die juristische Person im Spannungsfeld von Norm und Interesse. Am Beispiel der Gesellschafterhaftung in der GmbH. 1999.

Band 23 Eva Günther-Gräff: Kündigung und Kündigungsschutz von Absatzmittlungsverträgen. Dargestellt am Beispiel des Handelsvertreters, des Vertragshändlers und des Franchisenehmers. 1999.

Band 24 Martin Steiner: Entgelte der Kreditinstitute. Regelungen beim Girovertrag mit rechtsvergleichender Darstellung des anglo-amerikanischen Rechts. 2000.

Band 25 Sven Claussen: Grenzen der Insichgeschäfte im Gesellschaftsrecht. 2000.

Band 26 Sönke Peters: Der gesellschaftsrechtliche Grundsatz der Einheitlichkeit der Mitgliedschaft. 2000.

Band 27 Gabriele Komp: Die juristische Person als Geschäftsführungsorgan einer Kapitalgesellschaft. Betrachtungen zu §§ 76 Abs. 3 S. 1 AktG und 6 Abs. 2 S. 1 GmbHG. 2000.

Band 28 Gunnar Mayer: Das außerdienstliche Verhalten von Arbeitnehmern. Ein Beitrag zu Geschichte, Grundlagen und Erscheinungsformen außerdienstlicher Verhaltenspflichten. 2000.

Band 29 Michael Mönke: Die Sicherung der Bauunternehmer nach § 648 a BGB. Unter besonderer Berücksichtigung der Vereinbarkeit der Regelung mit den Prinzipien des Zivilrechts. 2000.

Band 30 Oliver May: Die Zulässigkeit der Regelung von Lohn und Arbeitszeit in Betriebsvereinbarungen. 2001.

Band 31 Robert Pape: Die tarifvertragliche Unkündbarkeit. Zugleich ein Beitrag zu den Grenzen der Tarifautonomie im Kündigungsschutzrecht und zum partiell zweiseitig-zwingenden Charakter des § 1 Abs. 2 und 3 KSchG. 2002.

Band 32 Wilm-Christian Jaekel: Die Bindung an formnichtige Grundstücksverträge nach Treu und Glauben. 2002.

Band 33 Susanne Müller: Die Gesellschafterklage als rechtsformübergreifendes Institut. 2002.

Band 34 Freia Peters: Treuhand und Unterbeteiligung an Gesellschaftsanteilen. Eine vergleichende Betrachtung für den Bereich des Gesellschafts- und des Steuerrechts. 2003.

Band 35 Mario Nahrwold: Die wirtschaftliche Betätigung von Idealvereinen am Beispiel der Ausgliederungsvorhaben der Fußballbundesligavereine. Eine Untersuchung zu Geltungsgrund und Grenzen des Nebentätigkeitsprivileges. 2003.

Band 36 Henning Plöger: Sonderarbeitsrechte im Pressebereich. Auswirkungen eines institutionellen Grundrechtsverständnisses auf das Arbeitskampf- und arbeitsrechtliche Statusrecht der Presse. 2003.

Band 37 Christian Springmann: Der Betriebsrat und die Betriebsbeauftragten. Ein Vergleich zweier betrieblicher Funktionsträger unter besonderer Berücksichtigung ihres Verhältnisses zueinander. 2004.

Band 38 Holger Meyer: Der Tatbestand des Betriebsübergangs nach der Rechtsprechung des Europäischen Gerichtshofs und des Bundesarbeitsgerichts. 2004.

Band 39 Philipp Christopher Brügge: Das Gesetz über Teilzeitarbeit. Eine Analyse unter arbeitsrechtlichen und beschäftigungspolitischen Gesichtspunkten. 2004.

Band 40 Sebastian Klausch: Unmöglichkeit und Unzumutbarkeit im System des allgemeinen Leistungsstörungsrechts nach der Schuldrechtsmodernisierung 2002. 2004.

Band 41 Felix Hütte: Die individualistische GbR als Mitglied anderer Vereinigungen. 2005.

Band 42 Tobias Schommer: Die Berücksichtigung und Gewichtung der Interessen der Arbeitsvertragsparteien im Rahmen des kollektiven und allgemeinen Weiterbeschäftigungsanspruchs des Arbeitnehmers. 2005.

Band 43 Christa Wettzel: Die unternehmerische Entscheidungsfreiheit im Rahmen der betriebsbedingten Kündigung. 2006.

Band 44 Andrea Scheibe: Die Mitbestimmung der Arbeitnehmer in der SE unter besonderer Berücksichtigung des monistischen Systems. 2006.

Band 45 Sebastian Ritz: Die Auswirkungen des Gesetzes zu Reformen am Arbeitsmarkt auf den Anwendungsbereich der dreiwöchigen Klagefrist gemäß den §§ 4 bis 7 KSchG. 2007.

Band 46 Anne Pfister: Die Übertragung von Aufgaben auf Arbeitsgruppen gemäß § 28a BetrVG unter besonderer Berücksichtigung der Förderungspflicht aus § 75 Abs. 2 Satz 2 BetrVG. 2007.

Band 47 Merve Ehlers: Personalkostenabbau durch betriebliche Bündnisse für Arbeit. Welche Gesetzesänderungen des geltenden Rechts sind zur Anpassung an die heutigen Wirtschafts- und Arbeitsbedingungen und zur Legalisierung der gängigen Rechtspraxis erforderlich? 2007

Band 48 Nicole Hasselmann: Die Lehre *Ulmers* zur Gesellschaft bürgerlichen Rechts im Wandel der Jahrzehnte. Das Rechts- und Haftungssystem der Gesellschaft bürgerlichen Rechts. 2007.

Band 49 Ina Maria Wiesner: Die Schriftform im Betriebsverfassungsgesetz. 2008.

Band 50 Christian Rebel: Grundprobleme des Nachteilsausgleichs gemäß § 113 Abs. 3 BetrVG. 2008.

Band 51 Benedikt von Wissel: Die Beeinflussung des eigenen Börsenkurses durch die Aktiengesellschaft. Erscheinungsform, Zulässigkeit und Grenzen im deutschen Kapitalmarktrecht. 2008.

Band 52 Malte Kriebitzsch: Die Inhaltskontrolle von Allgemeinen Arbeitsbedingungen anhand der §§ 305 ff. BGB. 2008.

Band 53 Torsten Volkholz: Geltung und Reichweite der Privatautonomie bei der Errichtung von Stiftungen. Die Weiterentwicklung des Stiftungsrechts nach Neufassung der §§ 80 bis 88 BGB durch das Gesetz zur Modernisierung des Stiftungsrechts zum 1. September 2002. 2008.

Band 54 Kirstin Trautvetter: Die Übernahme von Aktiengesellschaften und die Verhaltenspflichten von Vorstand und Aufsichtsrat der Zielgesellschaft. 2008.

Band 55 Petra Boldt: Ethikregeln als verbindlicher Verhaltensmaßstab für die Arbeitsverhältnisse in deutschen Unternehmen. 2008.

Band 56 Liv Heimbach: Das Verhältnis der außerordentlichen Kündigung des Arbeitgebers zur ordentlichen Kündigung nach dem KSchG. 2009.

Band 57 Entwicklungen im Arbeits- und Wirtschaftsrecht. Festgabe für Peter Kreutz zum 70. Geburtstag. Herausgegeben von Jakob Hoffmann und Claudia Schubert. 2009.

Band 58 Marlena Hütte: Gefahrverteilung und Schadensersatz im Rückabwicklungsschuldverhältnis nach gesetzlichem Rücktritt. Unter Berücksichtigung der Auswirkungen auf die Rückabwicklung nach Leistungskondiktion. 2010.

Alexander Müller-Teckhof

Gefahrtragung und Haftung beim Rücktritt vom Vertrag

Frankfurt am Main, Berlin, Bern, Bruxelles, New York, Oxford, Wien, 2009.
XL, 326 S.
Europäische Hochschulschriften: Reihe 2, Rechtswissenschaft. Bd. 4807
ISBN 978-3-631-58482-8 · br. € 56.50*

Das Bürgerliche Gesetzbuch behandelt die Rechtsfolgen eines Rücktritts vom Vertrag in den §§ 346 ff. BGB. Das Gefüge der Rückabwicklungsschuldverhältnisse ist durch das Gesetz zur Modernisierung des Schuldrechts in grundlegender Art und Weise in Bewegung geraten. Die Arbeit widmet sich den durch das neue Recht vorgenommenen Neubewertungen. Dies geschieht dadurch, dass problematische Fälle in ihrer Lösung nach altem und neuem Recht gegenübergestellt werden. Es werden zunächst die zugrunde liegenden Wertungen des alten Rechts erarbeitet, und das alte Recht auf seinen Modernisierungsbedarf hin untersucht. Die Arbeit setzt sich sodann vor diesem Hintergrund mit den einzelnen Vorschriften der neuen Rücktrittsregelung auseinander, die alte Streitfragen überwinden will. Dabei zeigt sich, dass das neue Recht korrekturbedürftig ist, weil es Wertungswidersprüche aufweist. Anschließend wird ein Ansatz vorgestellt, die neuen Rücktrittsvorschriften durch Auslegungs-, aber auch Änderungsvorschläge mit den gewachsenen Grundsätzen und grundlegenden Wertungen des alten Rücktrittsrechts und der anderen Rückabwicklungsschuldverhältnisse zu harmonisieren.

Aus dem Inhalt: Die Neuregelung der Haftung und Gefahrtragung im Rücktrittsrecht nach dem Gesetz zur Modernisierung des Schuldrechts · Das System und die Wertungen des alten Rechts als Maßstab zur Bewertung der neuen Vorschriften des Rücktrittsrechts · Die Untersuchung der Haftung im rücktrittsrechtlichen Rückgewährschuldverhältnis nach neuem Recht · Die Harmonisierung des neuen Rechts mit den Wertungen des Bürgerlichen Gesetzbuches für Rückabwicklungsschuldverhältnisse